譯註
禮記類編大全
❹

譯註
禮記類編大全

최석정崔錫鼎 저
정병섭鄭秉燮 역

　본 역서는 조선후기 학자인 최석정(崔錫鼎)의 『예기유편대전(禮記類編大全)』을 번역한 것이다. 최석정은 예학이나 조선사에서 자주 거론되는 인물이므로, 별도로 설명을 덧붙이지는 않겠다. 역자가 이 책을 번역한 것은 최석정의 학문적 업적을 밝히려거나 조선 예학사의 특징을 규명하고자 하는 거창한 의도에 의한 것이 아니다. 또 그럴 만한 그릇도 안 된다. 이 책을 번역하게 된 것은 아주 사소한 이유 때문이다. 모교에 있는 한국유경편찬센터에 잠시 들렀다가 책장에 꼽혀 있는 『예기유편』과 『예기유편대전』을 보게 되었다. 호기심에 책을 뽑아 펼쳐보니 『예기』에 대한 주석서인 것 같은데, 경문(經文) 순서가 내가 알고 있던 것과 전혀 달라서 유심히 살펴보게 되었다. 내용을 읽어나가다 보니 최석정이 자신의 견해에 따라 『예기』 전체 문장을 재배열하였다는 것을 알게 되었다. 그 당시는 때마침이라는 표현이 적합할 정도로 강의가 끝난 방학 중이었고 밀린 일거리도 없어서 약간의 휴식기에 접어들던 참이었다. 휴식이라고 해보았자 한없이 나태해질 것이 뻔하였으므로, 이 책을 펼친 김에 번역을 시작하게 되었다. 이것이 내가 이 책을 번역한 지극히도 사소하고 자잘한 이유이다.

　최석정의 『예기유편(禮記類編)』은 본래 『예기』의 경문(經文)만 수록하고, 간단한 음주(音註) 등을 덧붙인 책이다. 이후 진호(陳澔)의 『집설(集說)』과 최석정의 부주(附註)가 덧붙여져 『예기유편대전(禮記類編大全)』이 편찬되었는데, 역자가 번역한 것은 바로 『예기유편대전』이다. 이 책의 가장 큰 특징은 『예기』 경문의 배열을 재배치했다는 점이다. 권근(權近)의 『예기천견록(禮記淺見錄)』 또한 경문의 배열을 바꾸고 있지만, 하나의 편 안에서만 이루어진 작업이었다. 반면 이 책은 편의 구분에 구애되지 않고 동일한 주제에 따라 경문을 새롭게 배열했다는 점에서, 예학사와 경학사적 측면에서 중요한 자료가 된다. 또 『효경(孝經)』을 『예기』의 부류라고 여겨서, 하나의 편으로 삽입한 것 또한 주목해볼 점이다.

나는 재질도 보잘것없고 성격도 게을러서 학문도 깊지 못하다. 따라서 번역서를 내놓을 때마다 항상 부끄럽고 또 부끄럽다. 이 책에 나온 오역은 모두 역자의 실력이 부족해서이다. 다른 사람에게 도움이 되고자 출판하는 것이 번역서인데, 보잘것없는 재주로 인해 오히려 해를 끼치고 있지 않은가 반성하게 된다. 다만 이 책을 발판으로 더 좋은 번역서가 나왔으면 하는 바람이다. 끝으로 『예기유편대전』을 출판할 수 있도록 허락해주신 학고방의 하운근 사장님께 감사를 전한다.

- 본 책은 역주서(譯註書)로써, 『예기유편대전(禮記類編大全)』을 완역하고, 자세한 주석을 첨부했다.

- 『예기유편대전』은 진호(陳澔)의 『예기집설(禮記集說)』에 대한 주석서로, 『예기』의 경문(經文)과 진호의 『집설』을 수록하고 자신의 견해를 덧붙이고 있다.

- 『예기유편대전』의 가장 큰 특징은 경문 배열을 수정한 것이다. 각 편의 구분에 구애되지 않고, 각 문장들을 주제별로 묶어서 순서를 바꾼 것이 많다. 이러한 점들을 나타내기 위해, 각 편의 첫 부분에는 『예기집설』의 문장순서와 『예기유편대전』의 문장순서를 비교하여 도표로 제시하였고, 각 경문 기록 뒤에는 〈001〉·〈002〉·〈003〉 등으로 표시하여, 이 문장이 『예기집설』에서는 몇 번째 문장에 해당하는지 나타내었다. 또다른 편에서 가져온 기록인 경우, 숫자 앞에 각각의 편명을 제시하였다.

- 『예기』 경문 해석은 진호의 『집설』에 따랐다. 최석정의 부주(附註)에는 진호의 해석에 대해 이견을 나타낸 것이 많은데, 특별한 경우를 제외하면 주석을 통해 최석정의 경문 해석을 확인할 수 있으므로, 최석정의 주석에 따른 새로운 경문 해석은 별도로 제시하지 않았다.

- 『예기유편대전』은 수권(首卷), 1~40권, 말권(末卷)으로 구성되어 있다. 말권에는 예류혹문(禮類或問)과 부록(附錄)이 수록되어 있다. 그러나 혹문과 부록의 원문이 입력되지 않은 상태여서 번역을 하지 못했다. 따라서 이 책은 수권으로부터 40권까지를 번역한 것이며, 혹문과 부록의 원문이 이후 입력된다면 나중에 보권으로 출판할 계획이다.

- 본 역서의 『예기유편대전(禮記類編大全)』 원문과 표점은 한국유경편찬센터(http://ygc.skku.edu)의 자료를 사용하였다.

- 『예기유편대전』의 주석 대상이 되는 『예기집설』의 저본은 다음과 같다.
  『禮記』, 서울 : 保景文化社, 초판 1984 (5판 1995)

- 經文 으로 표시된 것은 『예기』의 경문 기록이다.

- 集說 로 표시된 것은 진호의 『집설』 기록이다.

- 類編 으로 표시된 것은 『예기유편』의 본래 주석이다.

- 附註 로 표시된 것은 『예기유편』을 『예기유편대전』으로 출판하며 덧붙여진 최석정의 부주이다.

禮記類編大全卷之十四

『예기유편대전』 14권

◈ 經解第十三 / 「경해」 13편

類編 此篇論六經之爲敎. 其下專言禮, 恐是他記之錯簡, 今正之.
이 편은 육경의 가르침에 대해 논의하고 있다. 그 뒤에서는 전적으로 예를 언급하고 있는데, 아마도 다른 기록이 착간된 것 같으므로, 이곳에서는 이를 바로잡는다.

類編 本居祭統之下.
본래는 『예기』「제통(祭統)」편 뒤에 수록되어 있었다.

「경해」편 문장 순서 비교		
『예기집설』	『예기유편대전』	
	구분	문장
001		001前
002		001中
003		001後
004		
005		
006		
007		

【001】

孔子曰: "入其國, 其教可知也. 其爲人也, 溫柔敦厚, 詩教也; 疏通知遠, 書教也; 廣博易[異]良, 樂教也; 絜靜精微, 易教也; 恭儉莊敬, 禮教也; 屬[燭]辭比[毗志反]事, 春秋教也."〈001〉[1]

공자는 "그 나라에 들어서게 되면, 그 나라에서 시행된 가르침을 알 수 있다. 그 나라의 사람들이 온화하고 부드러우며 돈독하고 두텁다면 『시』의 가르침이 시행된 것이다. 소통하고 앎이 깊다면 『서』의 가르침이 시행된 것이다. 광대하고 넓으며 평이하고[『易』자의 음은 '異(이)'이다.] 선량하다면 『악』의 가르침이 시행된 것이다. 청결하고 정미하다면 『역』의 가르침이 시행된 것이다. 공손하고 겸소하며 장엄하고 공경하다면 『예』의 가르침이 시행된 것이다. 말을 연결하여[『屬』자의 음은 '燭(촉)'이다.] 비유를[『比』자는 '毗(비)'자와 '志(지)'자의 반절음이다.] 든다면 『춘추』의 가르침이 시행된 것이다."라 했다.

集說 石梁王氏曰: 孔子時, 春秋之筆削者未出. 又曰: 加我數年, 卒以學易, 性與天道, 不可得聞, 豈遽以此教人哉? 所以教者, 多言詩·書·禮·樂, 且有愚誣奢賊煩亂之失, 豈詩·書·樂·易·禮·春秋使之然哉? 此決非孔子之言也.

석량왕씨가 말하길, 공자 당시에 『춘추』의 필법이라는 것은 아직 나타나지 않았다. 또 말하길, 공자는 "나에게 몇 년의 수명을 빌려주어 마침내 『역』을 배우게 한다면"[2]이라고 했고, 공자가 본성과 천도를 말한 것을 들어보지 못했다고 했는데,[3] 어떻게 갑작스럽게 이것을 통해 사람들을

---

1) 『예기』「경해」001장: <u>孔子曰: "入其國, 其教可知也. 其爲人也, 溫柔敦厚, 詩教也; 疏通知遠, 書教也; 廣博易良, 樂教也; 絜靜精微, 易教也; 恭儉莊敬, 禮教也; 屬辭比事, 春秋教也. 故詩之失愚, 書之失誣, 樂之失奢, 易之失賊, 禮之失煩, 春秋之失亂. 其爲人也, 溫柔敦厚而不愚, 則深於詩者也; 疏通知遠而不誣, 則深於書者也; 廣博易良而不奢, 則深於樂者也; 絜靜精微而不賊, 則深於易者也; 恭儉莊敬而不煩, 則深於禮者也; 屬辭比事而不亂, 則深於春秋者也."</u>

2) 『논어』「술이(述而)」: 子曰: "<u>加我數年, 五十以學易</u>, 可以無大過矣."

3) 『논어』「공야장(公冶長)」: 子貢曰, "夫子之文章, 可得而聞也, 夫子之言<u>性與天</u>

가르쳤다고 할 수 있는가? 이른바 가르침이라는 것은 대체로 『시』 · 『서』 · 『예』 · 『악』을 뜻하는데, 어리석음 · 속임 · 사치 · 그르침 · 번잡함 · 문란함 등의 잘못이 생기는 것이 어찌 『시』 · 『서』 · 『악』 · 『역』 · 『예』 · 『춘추』가 그처럼 만든 것이겠는가? 이것은 결코 공자의 말이 아니다.

附註 石梁之說, 專以反求爲主. 凡經文少有不合於己意處, 輒斷之曰決非孔子之言, 恐未安. 且所以論春秋易者, 亦有未盡.

석량의 주장은 오로지 자신에게 돌이켜보는 것을 위주로 하고 있다. 경문 중에 조금이라도 자신의 뜻에 합치되지 않는 부분이 있으면, 번번이 단정을 하며, "결코 공자의 말이 아니다."라 하는데, 아마도 타당하지 않은 것 같다. 또 『춘추』와 『역』에 대해 논의한 것에도 미진한 부분이 있다.

道, 不可得而聞也."

『예』에 조예가 깊은 자이다. 말을 연결하여 비유를 들면서도 문란하지 않다면 『춘추』에 조예가 깊은 자이다."라 했다.

集說 應氏曰: 淳厚者, 未必深察情僞, 故失之愚; 通達者, 未必篤確誠實, 故失之誣; 寬博者, 未必嚴立繩撿, 故失之奢; 沉潛思索, 多自耗蠹, 且或害道, 故失之賊; 節文繁多, 易致煩擾, 且或眩人, [此十二字, 本缺, 今補.] 故失之煩; 弄筆褒貶, 易紊是非, 且或召亂, 故失之亂. 惟得之深, 則養之固, 有以見天地之純全. 古人之大體, 而安有所謂失哉?

응씨가 말하길, 돈독하고 두터운 자는 실정과 허위에 대해서 반드시 깊이 살피는 것은 아니기 때문에 어리석은 잘못에 빠지게 된다. 소통하고 두루 통한 자는 진실에 대해 반드시 독실하게 확신하는 것은 아니기 때문에 속이는 잘못에 빠지게 된다. 관대하고 두터운 자는 규제에 대해 반드시 엄격히 지키는 것은 아니기 때문에 사치하는 잘못에 빠지게 된다. 깊이 침잠하여 사색하는 자들은 제 스스로 기력을 소진하는 일이 많고 또한 간혹 도를 해치기 때문에 그르치는 잘못에 빠지게 된다. 예에 대한 규정들이 번다하면 번거롭고 어지럽게 되기가 쉬우며, 또한 간혹 사람들을 어둡게 만들기 [여기에 나온 12개 글자는 본문에는 누락되어 있어서 지금 보충해 넣는다.] 때문에 번잡한 잘못에 빠지게 된다. 글에 멋을 부려서 기리거나 깎아내리는 자들은 옳고 그름을 바꾸거나 문란하게 하고 또한 간혹 혼란을 초래하기 때문에 문란하게 되는 잘못에 빠지게 된다. 오직 터득한 것이 깊어야만 배양하는 것도 확고하여 천지의 완전함을 볼 수 있다. 이것이 고대인들이 터득한 큰 바탕인데, 어찌 잘못이라는 것이 있었겠는가?

◇ 學記第十四 / 「학기」 14편

類編 此篇記君子教人進學之方, 卽大學之羽翼也.
이 편은 군자가 사람들을 가르치고 학문으로 나아가는 방도를 기록하였으니, 「대학」편을 보좌하는 기록에 해당한다.

類編 本居少儀之下.
본래는 『예기』「소의(少儀)」편 뒤에 수록되어 있었다.

「학기」편 문장 순서 비교		
『예기집설』	『예기유편대전』	
	구분	문장
001		001
002		002
003		003
004		004
005		005
006		006
007		007
008		008
009		009
010		010
011		011
012		012
013		013
014		014
015		015
016		016
017		017
018		018
019		019

른다."고 했으니, 바로 이러한 뜻을 나타낼 것이다.

集說 前言成俗, 成其美俗也. 此言易俗, 變其汙俗也. 以此大成之
士而官使之, 其功效如此, 是所謂大學教人之道也. 蛾子, 蟲之微者,
亦時時述學銜土之事而成大垤, 以喩學者由積學而成大道也. 此古
記之言, 故引以證其說.

앞에서는 '성속(成俗)'이라고 했는데, 아름다운 풍속으로 완성시킨다는
뜻이다. 이곳에서는 '역속(易俗)'이라고 했는데, 잘못된 풍속을 변화시킨
다는 뜻이다. 여기에서 말한 크게 이룬 선비를 관리로 등용하면 그 효과
가 이와 같으니, 이것이 바로 대학에서 사람을 가르치는 도라는 뜻이다.
개미는 곤충 중에서도 미물에 해당하는데, 또한 수시로 배운 것에 따라
흙을 물고 날라서 큰 개밋둑을 이루니, 이것을 통해 학생들이 배움을 쌓
는 것에 따라 큰 도를 이루게 됨을 비유한 것이다. 이것은 고대 『기』의
말이기 때문에, 이 내용을 인용하여 주장에 대한 증거로 삼은 것이다.

【008】
大學始教, 皮弁祭菜, 示敬道也.〈008〉
대학에 학생들이 처음으로 입학하여 가르칠 때에는 유사가 피변복을 착용
하고, 선사들에게 나물 등으로 제사를 지내서, 도예를 공경한다는 사실을
나타낸다.

集說 始教, 學者入學之初也. 有司衣皮弁之服, 祭先師以蘋藻之菜,
示之以尊敬道藝也.

'시교(始教)'는 학생들이 학교에 입학한 첫날을 뜻한다. 유사는 피변의
복장을 착용하고, 선사(先師)[10]들에 대해서 빈조 등의 나물로 제사를 지

---

10) 선사(先師)는 전 세대에 태학(太學)에서 교육을 담당하였던 자들로, 도덕(道德)

내서, 이를 통해 도예를 존경한다는 사실을 나타낸다.

【009】

宵雅肄[異]三, 官其始也. 〈009〉

『시』「소아」세 편의 시를 익히게[‘肄’자의 음은 ‘異(이)’이다.] 하여, 벼슬살이를 하는 것에 대해 가르친다.

集說 當祭菜之時, 使歌小雅中鹿鳴·四牡·皇皇者華之三篇而肄習之. 此三詩皆君臣燕樂相勞苦之辭, 蓋以居官受任之美, 誘喻其初志, 故曰官其始也.

나물로 제사를 지내야 할 때에는 『시』「소아(小雅)」중 「녹명(鹿鳴)」·「사모(四牡)」·「황황자화(皇皇者華)」라는 세 편의 시를 노래 불러서 익히게 한다. 이 세 편의 시는 모두 군주와 신하가 연회를 하며 서로의 노고를 위로하는 말들이 수록되어 있으니, 관직에 몸담아 임무를 받았을 때의 아름다운 일을 통해서 그들이 최초 마음먹은 뜻을 깨우쳐주는 것이다. 그렇기 때문에 "그 최초의 마음가짐에 대해 벼슬살이를 하는 것을 가르친다."라고 말한 것이다.

集說 朱子曰: 聖人敎人, 合下便要他用, 便要用賢以治不賢, 擧能

을 갖춘 자들을 뜻한다. 이들이 죽게 되면 뛰어난 자들을 각 학문의 시조로 삼아 제사를 지내게 되므로, 또한 이전 세대에 태학에서 교육을 담당했던 자들을 가리키기도 한다. 『예기』「문왕세자(文王世子)」편에는 "凡學, 春官釋奠于其先師, 秋冬亦如之."라는 기록이 있고, 이에 대한 정현의 주에서는 "周禮曰: ‘凡有道者有德者, 使敎焉. 死則以爲樂祖, 祭於瞽宗.’ 此之謂先師之類也."라고 풀이했다. 즉 『주례』에는 "무릇 도(道)를 가지고 있고 덕(德)을 가지고 있는 자들로 하여금 교육을 담당하게 한다. 그들이 죽게 되면, 그들을 악(樂)의 시조로 삼아서, 고종(瞽宗)에서 제사를 지낸다."라고 하였는데, 이러한 자들이 바로 ‘선사’들이다.

以敎不能, 所以公卿大夫在下思各擧其職.

주자가 말하길, 성인이 사람을 교육할 때에는 그의 재능을 사용하여, 현명한 자를 써서 현명하지 않은 자를 다스리도록 했고, 유능한 자를 써서 유능하지 못한 자를 가르치도록 했으니, 이것이 바로 공·경·대부들이 그 휘하에 있으면서 각각 그들의 직무를 실천했던 이유이다.

附註 官其始也, 言於其始學, 便敎以居官受任之事.

'관기시야(官其始也)'는 처음 학문을 시작할 때에 곧 관직에 머물며 임무를 받는 사안을 가르친다는 뜻이다.

【010】

入學鼓篋, 孫[去聲]其業也.〈010〉

학교에 들어가게 되면 북을 울리고 상자를 열어 책을 꺼내니, 그들이 공손히['孫'자는 거성으로 읽는다.] 학업에 전념하도록 만들기 위해서이다.

集說 入學時, 大胥之官擊鼓以召學士, 學士至, 則發篋以出其書籍等物, 警之以鼓聲, 使以遜順之心進其業也. 書言惟學遜志.

학교에 들어갔을 때, 대서라는 관리는 북을 쳐서 학생들을 불러 모으고, 학생들이 모두 도착하면, 상자를 열어서 책 등의 물건을 꺼내는데, 북소리로 그들에게 주의를 주어, 그들로 하여금 공손히 따르는 마음으로 학업에 전념하도록 하는 것이다. 『서』에서는 "오직 배움에 있어서는 뜻을 겸손히 한다."[1]라고 했다.

【011】

夏[古雅反]楚二物, 收其威也.〈011〉

개오동나무와['夏'자는 '古(고)'자와 '雅(아)'자의 반절음이다.] 가시나무를 이용해서 회초리를 만드는 것은 자신을 가다듬어 위엄스러운 행동을 하도록 만들기 위해서이다.

集說 夏, 榎也. 楚, 荊也. 榎形圓, 楚形方, 以二物爲扑, 以警其怠忽者, 使之收斂威儀也.

'하(夏)'는 개오동나무이다. '초(楚)'는 가시나무이다. 개오동나무는 형체가 둥글고 가시나무는 형체가 네모지니, 이 두 사물을 이용해 회초리를 만들어서 태만하게 구는 자를 경각시키는 것은 그들로 하여금 자신을 가다듬어서 위엄스러운 행동을 하도록 만들기 위해서이다.

---

1) 『서』「상서(商書)·열명하(說命下)」 : <u>惟學遜志</u>, 務時敏, 厥修乃來.

附註 收, 成也. 威, 威嚴也. 所謂扑作敎刑也.

'수(收)'자는 이룬다는 뜻이다. '위(威)'자는 위엄을 뜻한다. 이른바 "회초리는 학교의 형벌로 만들다."[2]는 뜻이다.

---

2) 『서』「우서(虞書)·순전(舜典)」: 肇十有二州, 封十有二山, 濬川, 象以典刑, 流宥五刑, 鞭作官刑, 扑作敎刑, 金作贖刑, 眚災肆赦, 怙終賊刑.

未卜禘不視學, 游其志也. 時觀而弗語[去聲], 存其心也. 幼者聽而弗問, 學[石梁王氏曰: 此學字如字讀]不躐等也. 此七者, 教之大倫也. 記曰: "凡學, 官先事, 士先志", 其此之謂乎!〈012〉

아직 체제사 지낼 날짜에 대해 거북점을 치지 않았다면, 천자는 시학을 하지 않으니, 학생들의 뜻을 우대하기 위해서이다. 스승은 수시로 학생들을 관찰하지만 모든 것을 말해주지['語'자는 거성으로 읽는다.] 않으니, 그의 마음을 보존하기 위해서이다. 나이가 어린 자는 듣기만 하며 질문을 하지 않으니, 학문을['學'자에 대해 석량왕씨는 "이곳의 '學'자는 글자대로 읽는다."라고 했다.] 할 때에는 등급을 뛰어넘을 수 없기 때문이다. 이러한 7가지 사안은 대학 교육의 큰 법칙이다. 고대의 『기』에서는 "무릇 배움에 있어서, 관직에 있는 자는 우선적으로 자신이 맡고 있는 일과 관련된 사안을 배우고, 아직 벼슬에 나아가지 않은 자는 우선적으로 그 뜻을 기를 수 있는 것을 배운다."라고 했으니, 바로 이러한 뜻을 나타낼 것이다.

集說 禘者, 五年之大祭也. 不五年不視學, 所以優游學者之心志也. 此又非仲春·仲秋視學之禮. 使觀而感於心, 不言以盡其理, 欲其自得之也. 故曰存其心. 幼者未必能問, 問亦未必知要, 故但聽受師說而無所請. 亦長幼之等當如是, 不可躐躐也.

'체(禘)'는 5년마다 지내는 큰 제사이다. 5년째가 되지 않아서 시학을 하지 않는 것은 학생들의 뜻을 우대하기 위해서이다. 여기에서 말한 것은 또한 중춘과 중추에 시학하는 예법은 아니다. 스승으로 하여금 그들을 살펴서 마음을 감화시키도록 하고, 일일이 말해주지 않음으로써 그 이치를 다하도록 한 것은 그들로 하여금 스스로 터득하게끔 하기 위해서이다. 그렇기 때문에 "그 마음을 보존한다."고 말한 것이다. 나이가 어린 자는 아직까지 질문을 잘 할 수 없고, 질문을 하더라도 또한 반드시 요점을 알아듣는 것은 아니다. 그렇기 때문에 단지 스승의 말을 듣기만 하고 청해 묻는 것이 없고, 이것은 또한 장유의 등급에 따라서도 마땅히 이처럼 해야 하니, 등급을 뛰어넘을 수 없기 때문이다.

集說 劉氏曰: 自皮弁祭菜至聽而不問, 凡七事, 皆大學爲敎之大倫. 大倫, 猶言大節耳. 官先事, 士先志, 竊意官是已仕者, 士是未仕者, 謂已仕而爲學, 則先其職事之所急, 未仕而爲學, 則未得見諸行事, 故先其志之所尙也. 子夏曰: "仕而優則學." 是已居官而爲學也. 王子墊問士何事, 孟子曰: "尙志." 是未仕而學, 則先尙志也. 然大學之道, 明德·新民而已, 先志者, 所以明德, 先事者, 所以新民. 七事上句皆發者之事, 下句皆學者之志.

유씨가 말하길, 피변을 착용하고 나물로 제사를 지낸다는 것으로부터 듣기만 하며 질문을 하지 않는다는 것까지는 모두 7가지 사안이 되는데, 이 모두는 대학에서 가르침의 큰 법도로 삼는 것들이다. '대륜(大倫)'은 큰 규범이라는 말과 같을 따름이다. '관선사(官先事)'와 '사선지(士先志)'는 내가 생각하기에 '관(官)'은 이미 벼슬살이를 하고 있는 자를 뜻하며, '사(士)'는 아직 벼슬에 오르지 못한 자를 뜻하는데, 이미 벼슬살이를 하는 자가 학문을 연마하게 되면, 직무로 맡고 있는 것 중 급선무로 여기는 것에 대해 우선적으로 배우고, 아직 벼슬살이를 하지 않은 자가 학문을 연마하게 되면, 아직 시행해야 할 사안들에 대해서 확인할 수 없기 때문에, 그의 뜻이 숭상하는 것들에 대해 우선적으로 배운다. 자하는 "벼슬을 하면서 여유가 생기면 배운다."[1]라고 했으니, 이것은 이미 관직에 몸담고 있는 자라 하더라도 학문을 연마한다는 사실을 나타낸다. 왕자 점이 선비는 무엇을 일삼느냐고 물었을 때, 맹자는 "뜻을 고상하게 만든다."[2]라고 했으니, 이것은 아직 벼슬에 나아가지 않은 자가 학문을 연마한다면, 우선적으로 뜻을 고상하게 해야 함을 나타낸다. 그런데 대학의 도는 곧 덕

---

1) 『논어』「자장(子張)」: 子夏曰, "仕而優則學, 學而優則仕."
2) 『맹자』「진심상(盡心上)」: 王子墊問曰, "士何事?" 孟子曰, "尙志."

을 밝히고 백성들을 새롭게 만드는데 있을 따름이니, 먼저 뜻을 고상하게 만든다는 것은 곧 덕을 밝히는 것이며, 먼저 그 사안을 익힌다는 것은 백성들을 새롭게 만드는 것이다. 7가지 사안 중 앞의 구문은 모두 가르치는 자의 일에 해당하고, 뒤의 구문은 모두 배우는 자의 뜻에 해당한다.

【013】

大學之敎也, 時敎必有正業, 退息必有居學[句]. 不學操縵[莫半反], 不能安弦; 不學博依[上聲], 不能安詩; 不學雜服, 不能安禮; 不興[去聲] 其藝, 不能樂[五敎反]學. 故君子之於學也, 藏焉, 脩焉, 息焉, 游焉.〈013〉

대학의 가르침에 있어서, 각 계절에 따른 가르침에는 반드시 정해진 과업이 있고, 학생들이 물러나서 휴식을 취할 때에도 개인적으로 익히는 것이 있다.['學'자에서 구문을 끊는다.] 학생들이 휴식을 취할 때 현악기를['縵'자는 '莫(막)'자와 '半(반)'자의 반절음이다.] 손에 익도록 연습하지 않는다면, 현악기를 연주하는 일에 있어서 안정될 수 없다. 또 『시』에 나타난 다양한 비유와['依'자는 상성으로 읽는다.] 사물의 이치에 대해서 개인적으로 연습하지 않는다면, 『시』에 대해서 안정되게 사용할 수 없다. 또 선왕이 제정한 각종 복식 제도에 대해서 개인적으로 배우지 않는다면, 예를 실천하는데 있어서 안정되게 할 수 없다. 그러므로 이러한 배움에 대해서 개인적으로 흥기시키지['興'자는 거성으로 읽는다.] 못한다면, 학문을 좋아할['樂'자는 '五(오)'자와 '敎(교)'자의 반절음이다.] 수 없다. 그래서 군자는 학문에 대해, 간직하고 수양할 때 정규 과업을 통해 익히고, 휴식을 취하고 한가롭게 있을 때, 개인적인 노력을 통해 익힌다.

集說 舊說, 大學之敎也時, 句絶. 退息必有居, 句絶. 今讀時字連下句, 學字連上句, 謂四時之敎, 各有正業, 如春秋敎以禮樂, 冬夏敎以詩書, 春誦夏絃之類是也. 退而燕息, 必有燕居之學, 如退而省其私, 亦足以發, 是也. 弦也, 詩也, 禮也, 此時敎之正業也. 操縵, 博依, 雜

服, 此退息之居學也. 凡爲學之道, 貴於能安, 安則心與理融而成熟
矣. 然未至於安, 則在乎爲之不厭, 而不可有作輟也. 操縵, 操弄琴
瑟之絃也. 初學者手與絃未相得, 故雖退息時, 亦必操弄之不廢, 乃
能習熟而安於絃也. 詩人比興之辭, 多依托於物理. 而物理至博也,
故學詩者但講之於學校, 而不能於退息之際, 廣求物理之所依附者,
則無以驗其實, 而於詩之辭, 必有疑殆而不能安者矣. 雜服, 冕升衣
裳之類. 先王制作, 禮各有服, 極爲繁雜. 學者但講之於學, 而不於
退息時游觀行禮者之雜服, 則無以盡識其制, 而於禮之文, 必有髣髴
而不能安者矣. 興者, 意之興起而不能自已者. 藝, 卽三者之學是也.
言退息時, 若不興此三者之藝, 則謂之不能好學矣. 故君子之於學
也, 藏焉脩焉之時, 必有正業, 則所習者專而志不分; 息焉游焉之際,
必有居學, 則所養者純而藝愈熟, 故其學易成也.

옛 학설에서는 '대학지교야시(大學之敎也時)'에서 구문을 끊었고, '퇴식
필유거(退息必有居)'에서 구문을 끊었다. 그러나 현재는 '시(時)'자를 뒤
의 구문과 연결해서 구문을 끊고, '학(學)'자를 앞의 구문과 연결해서 구
문을 끊으니, 사계절마다 가르치는 일에 있어서는 각각 정해진 과업이
있다는 뜻으로, 예를 들어 봄과 가을에는 예와 악을 가르치고, 겨울과
여름에는 『시』와 『서』를 가르치며, 봄에는 암송하고 여름에는 현악기로
연주하는 부류가 바로 이러한 것들을 가리킨다. 물러나서 한가롭게 휴식
을 취할 때에는 반드시 한가롭게 거처하며 배워야 할 것이 있으니, 마치
물러나서 그 사생활을 살펴보니, 또한 충분히 이치를 드러낸다고 한 말3)
이 바로 이러한 것이다. 현악기를 연주하고, 『시』를 배우며, 예를 익히는
것들은 모두 각 계절마다 가르치는 정규 과업에 해당한다. 현악기를 손에
익도록 하고, 시를 통해 비유를 하며, 각종 복장 등의 제도를 익히는 것들

---

3) 『논어』 「위정(爲政)」: 子曰, "吾與回言終日, 不違如愚. 退而省其私, 亦足以發,
回也不愚."

은 물러나 휴식을 취하며 학습하는 것들이다. 무릇 학문의 도에서는 안정
되게 할 수 있음을 귀하게 여기니, 안정된다면 마음과 이치가 융합하고
성숙하게 된다. 그러나 아직 안정되는 단계에 이르지 못했다면, 그 성패
가 학문을 익힘에 싫증을 내지 않음에 달려 있어서, 단절됨이 발생하도록
만들어서는 안 된다. '조만(操縵)'은 금슬의 현들을 만지작거리며 손에
익도록 한다는 뜻이다. 처음 학문을 하는 자는 손이 현들에 대해 아직
익숙하지 않기 때문에, 비록 물러나 휴식을 취하는 때라 하더라도, 또한
반드시 현악기를 다루는 연습을 그쳐서는 안 되니, 이처럼 하게 되면 익
숙하게 탈 수 있어서 현악기 연주에 대해 안정되게 할 수 있다. 『시』는
사람들이 비흥(比興)4)을 통해 표현한 말들이니, 대부분 사물의 이치에
의탁한 것들이다. 그런데 사물의 이치는 지극히 광대하기 때문에, 『시』
를 배우는 자가 단지 학교에서만 익히고, 물러나 휴식을 취할 때 사물의
이치가 깃들에 있는 것들에 대해 널리 배우지 못한다면, 그 실질을 증험
할 수 없고, 『시』의 말들에 대해서 반드시 의심되고 불안한 면이 생겨서
안정되게 할 수 없다. '잡복(雜服)'은 면류관·변·상의·하의 등의 부류
를 뜻한다. 선왕이 제도를 만들 때 예법에 따라 각각 해당하는 복장을
제정해 두었는데, 그 제도는 지극히 복잡하다. 학생들이 단지 학교에서만
익히고, 물러나 휴식을 취할 때, 의례를 시행하는 자들이 착용하는 다양
한 복식 제도에 대해 살펴보지 않는다면, 그 제도에 대해 모두 알 수 없
고, 예의 형식에 대해서도 반드시 곡진하지 않은 점이 있어서 안정되게
할 수 없다. '흥(興)'은 뜻이 흥기하여 스스로 그만둘 수 없음을 뜻한다.
'예(藝)'는 곧 이 세 가지의 배움을 뜻한다. 즉 물러나서 휴식을 취할 때,
이러한 세 가지의 배움을 흥기시키지 못한다면, 학문을 좋아할 수 없다고

---

4) 비흥(比興)은 본래 『시』의 육의(六義) 중 하나인 비(比)와 흥(興)을 가리킨다.
'비'는 저 사물을 통해 이 사물에 대해 비교를 하는 것이다. '흥'은 먼저 다른 사물을
언급하여, 시로 표현하고자 하는 말들을 이끌어내는 것이다. 후대에는 시가(詩歌)
를 창작하는 용어로도 사용되었다.

말한다. 그렇기 때문에 군자는 학문에 대해서 간직하고 수양할 때 반드시 익혀야 하는 정규 과업이 있다면, 익히는 것이 전일하여 뜻이 분열되지 않는다. 그리고 휴식을 취할 때 반드시 홀로 익히는 것이 있다면, 배양하는 것이 순일하여 도예가 더욱 성숙하게 된다. 그렇기 때문에 그 학문을 쉽게 이루게 된다.

集說 朱子曰: 古人服各有等降, 若理會得雜服, 則於禮思過半矣.
주자가 말하길, 고대인의 복식에는 각각 등급에 따라 낮추는 규정이 있었는데, 이러한 복잡한 복식제도를 이해할 수 있다면, 예에 대해서 그 생각이 반을 넘기게 된다.5)

【014】
夫然, 故安其學而親其師, 樂其友而信其道, 是以雖離師輔而不反也. 兌命曰: "敬孫[去聲]務時敏, 厥脩乃來", 其此之謂乎!〈014〉
무릇 이처럼 하기 때문에, 그 학문을 안정되게 할 수 있고 스승을 친애할 수 있으며, 벗들을 좋아하고 그 도리를 믿을 수 있게 된다. 이러한 까닭으로 비록 스승이나 벗들과 멀리 떨어져 있더라도 도리를 위배하지 않게 된다. 「열명」편에서 "공경히 따르고['孫'자는 거성으로 읽는다.] 항상 민첩하도록 힘쓰면, 그 공력은 곧 이루어지게 된다."6)고 했으니, 바로 이러한 뜻을 나타낼 것이다.

集說 此承上文而言, 藏脩游息無不在於學, 是以安親樂信, 雖離師友亦不畔於道也. 時敏, 無時而不敏也. 厥脩乃來, 言其進脩之益,

---

5) 『역』「계사하(繫辭下)」: 噫! 亦要存亡吉凶, 則居可知矣. 知者觀其象辭, 則思過半矣.
6) 『서』「상서(商書)·열명하(說命下)」: 惟學遜志, 務時敏, 厥修乃來. 允懷于兹, 道積于厥躬.

如水之源源而來也.

이것은 앞 문장을 이어서 한 말이니, 간직하고 수양하며 노닐고 휴식을 취할 때 학문에 힘쓰지 않은 적이 없으니, 이로써 안정되고 친애하며 좋아하고 신의를 가지게 되어, 비록 스승이나 벗과 멀리 떨어져 있어도 그 도리를 위배하지 않는다. '시민(時敏)'은 때에 따라 민첩하지 않은 적이 없다는 뜻이다. '궐수내래(厥修乃來)'는 진척되고 수양한 노력이 마치 물이 끊임없이 밀려오는 것과 같다는 뜻이다.

【015】

今之敎者, 呻[申]其佔[覘]畢, 多其訊, 言及于數, 進而不顧其安, 使人不由其誠, 敎人不盡其材, 其施之也悖, 其求之也佛[弗]. 夫然, 故隱其學而疾其師, 苦其難而不知其益也. 雖終其業, 其去之必速. 敎之不刑, 其此之由乎! 〈015〉

현재의 교육에 있어서는 가르치는 자들은 단지 눈에 보이는['佔'자의 음은 '覘(첨)'이다.] 글자만을 읊조리고['呻'자의 음은 '申(신)'이다.] 여러 가지 질문을 해서 학생들을 힐책하며, 말도 다방면의 것을 언급하여, 진도는 나가지만 학생들이 학과목에 대해 안정되게 시행할 수 있는지는 살펴보지 않고, 학생들을 시키되 진실된 뜻에 따르게끔 하지 못하고, 학생들을 가르치되 그의 장점을 살리지 못하니, 가르침도 어그러지고, 학생들이 배우고자 하는 것들도 어그러지게['佛'자의 음은 '弗(불)'이다.] 된다. 이처럼 되었기 때문에 학생들은 배운 것들을 감추고 자신의 스승을 질시하며, 어려운 것에 대해서는 곤욕스러워하며 학문이 자신에게 보탬이 된다는 사실을 모른다. 따라서 비록 그 과업을 끝내더라도 신속히 떠나가게 된다. 교육이 완성되지 못한 것은 바로 이러한 이유 때문일 것이다.

集說 呻, 吟諷之聲也. 佔, 視也. 畢, 簡也. 訊, 問也. 言今之敎人者, 但吟諷其所佔視之簡牘, 不能通其縕奧, 乃多發問辭以訊問學者而所言又不止一端, 故云言及于數也. 不顧其安, 不恤學者之安否也. 不由其誠, 不肯實用其力也. 不盡其材, 不能盡其才之所長也.
夫多其訊而言及于數, 則與時敎必有正業者異矣. 使人不由其誠, 敎
人不盡其材, 則與退息必有居學者異矣. 惟其如此, 是以師之所施
者, 常至於悖逆; 學者之所求, 每見其拂戾也. 隱其學, 不以所學自表
見也. 終業而又速去之, 以其用工間斷, 鹵莽滅裂而不安不樂故也.
刑, 成也.

‘신(呻)’은 시가를 읊조리는 소리이다. ‘첨(佔)’은 “보다.”는 뜻이다. ‘필
(畢)’은 서책을 뜻한다. ‘신(訊)’은 “질문하다.”는 뜻이다. 즉 오늘날 남을
가르치는 자들은 단지 눈에 보이는 서적의 글자만을 읊조리고, 그 글자
속에 담겨진 뜻에는 능통하지 못하여, 질문을 여러 차례 던져서 학생들에
게 따져 묻고, 언급하는 말들도 하나의 단서에만 그치지 않는다. 그렇기
때문에 “말이 여러 가지에 대해서 언급한다.”라고 말한 것이다. “그들의
안정됨에 대해서는 돌아보지 않는다.”고 했는데, 학생들이 안정되게 할
수 있는가의 여부를 살펴보지 않는다는 뜻이다. “그 진실됨에서 비롯되지
않는다.”고 했는데, 실제로 그 힘을 사용하는 것에 기꺼워하지 않는다는
뜻이다. “그 재주를 다하지 않는다.”는 말은 뛰어난 재주를 다 사용하지
못한다는 뜻이다. 무릇 심문하듯 수차례 질문을 던지고, 말도 여러 가지
것들을 언급한다면, 고대에 각 계절마다의 가르침에 있어서 반드시 정규
과업을 두었던 것과는 달라진다. 남을 시킴에 진실됨에 따르도록 하지
않고, 남을 가르침에 재주의 장점을 다하도록 하지 않는다면, 고대에 물
러나 휴식을 취할 때에도 반드시 홀로 즐겁게 익히던 것이 있었던 것과는
달라진다. 단지 이처럼만 하기 때문에 스승이 가르치는 것들은 항상 도리
에 어긋나는 지경에 빠지고, 학생들이 원하는 것도 매번 그 잘못됨을 드
러내게 된다. “배운 것을 감춘다.”는 말은 배운 것을 스스로 드러내지 못
한다는 뜻이다. 과업을 끝내고 또 신속히 떠나가는 이유는 노력함이 단절
되어, 구차하고 지리멸렬해지고 안정되지 못하며 즐거워하지도 않기 때
문이다. ‘형(刑)’자는 “이루다.”는 뜻이다.

朱子曰: 橫渠作簡與人言, 其子日來誦書不熟且敎他熟誦, 以
盡其誠與材. 他解此兩句, 只作一意解, 言人之材足以有爲, 但以不
由於誠, 則不盡其材.

주자가 말하길, 장횡거는 책을 쓰거나 남과 이야기를 하는 경우로 여겨
서, 그 사람이 날마다 찾아와서 책을 읽는데 잘하지 못하여, 또한 그가
잘 읽을 수 있도록 가르쳐서, 정성과 재주를 다한다고 했다. 다른 자는
이 두 구문을 해석하여, 단지 하나의 뜻이라고 풀이를 했으니, 그 자의
재주로는 충분히 할 수 있지만, 진실된 마음에서 비롯되지 않는다면, 그
재주를 다 사용할 수 없다는 뜻이라고 했다.

[016]
大學之法, 禁於未發之謂豫, 當其可之謂時, 不陵節而施之謂孫, 相
觀而善之謂摩. 此四者, 敎之所由興也.〈016〉

대학의 법도에 있어서, 아직 발생되지 않은 일에 대해서 미리 방지하는
것을 '예(豫)'라 부른다. 가르쳐도 될 시기에 가르치는 것을 '시(時)'라 부
른다. 절차를 뛰어넘지 않고 가르치는 것을 '손(孫)'이라 부른다. 서로 살펴
서 본받고 좋은 길로 인도하는 것을 '마(摩)'라 부른다. 이 네 가지 것들은
가르침이 흥기되는 계기이다.

豫者, 先事之謂; 時者, 不先不後之期也. 陵, 踰犯也. 節, 如節
候之節. 禮有禮節, 樂有樂節, 人有長幼之節, 皆言分限所在. 不陵節
而施, 謂不敎幼者以長者之業也. 相觀而善, 如稱甲之善, 則乙者觀而
效之, 乙有善可稱, 甲亦如之. 孫以順言; 摩, 以相厲而進爲言也.

'예(豫)'는 해당 일보다 앞서는 것을 뜻한다. '시(時)'는 앞서지도 않고 늦
지도 않은 적절한 시기를 뜻한다. '능(陵)'자는 "뛰어넘어 범한다."는 뜻이
다. '절(節)'자는 절기와 기후를 뜻할 때의 '절(節)'자와 같다. 예에는 예법
에 따른 절도가 있고, 악에는 음악에 따른 악절이 있으며, 사람에게는

나이에 따른 마디가 있는데, 이 모두는 한계가 있는 곳을 뜻한다. "한계를 범하지 않고 베푼다."는 말은 나이가 어린 자에게 나이가 많은 자가 익혀야 할 학업으로 가르치지 않는다는 뜻이다. "서로 살펴보며 선하게 한다."는 말은 마치 갑이 선하다고 일컫는다면 을이 그것을 살펴서 본받고, 을에게 칭송할만한 선한 점이 있다면 갑 또한 을을 본받는다는 것과 같다. '손(孫)'자는 "따른다."는 뜻으로 한 말이고, '마(摩)'는 서로 수양하며 나아간다는 뜻으로 한 말이다.

集說 方氏曰: 若七年男女不同席, 不共食, 幼子常視毋誑, 則可謂之豫矣. 若十年學書計, 十三年舞勺, 成童舞象, 可謂之時矣.

방씨가 말하길, "7세가 되면, 남자아이와 여자아이는 같은 자리에 앉지 않고, 함께 음식을 먹지 않는다."[7]라는 말이나 "어린아이에게는 항상 거짓되지 않고 속임이 없는 것만을 보여주어야 한다."[8]라는 말 등은 '예(豫)'라고 부를 수 있다. "남자아이의 나이가 10세가 되면 육서와 구수를 배운다."[9]는 말이나 "남자아이의 나이가 13세가 되면 작(勺)이라는 춤을 추게 한다. 15세 이상이 된 남자아이들은 상(象)이라는 춤을 추게 한다."[10]라는 말 등은 '시(時)'라고 부를 수 있다.

集說 石梁王氏曰: 註專以時爲年, 二十之時, 非也.

석량왕씨가 말하길, 정현의 주에서는 '시(時)'자를 전적으로 나이에 대한 뜻으로만 여겨서, 20세가 되는 때라고 했는데, 잘못된 주장이다.

---

7) 『예기』「내칙(內則)」 106장 : 六年, 敎之數與方名. 七年, 男女不同席, 不共食. 八年, 出入門戶, 及卽席飮食, 必後長者, 始敎之讓.

8) 『예기』「곡례상(曲禮上)」 049장 : 幼子, 常視毋誑.

9) 『예기』「내칙(內則)」 107장 : 九年, 敎之數日. 十年, 出就外傅, 居宿於外, 學書計.

10) 『예기』「내칙(內則)」 109장 : 十有三年, 學樂, 誦詩, 舞勺, 成童, 舞象, 學射御.

【017】

發然後禁, 則扞格[胡客反]而不勝[升]; 時過然後學, 則勤苦而難成; 雜施而不孫, 則壞[恠]亂而不脩; 獨學而無友, 則孤陋而寡聞; 燕朋逆其師; 燕辟[僻]廢其學. 此六者, 敎之所由廢也.〈017〉

이미 발생한 이후에 금지한다면, 저항을 일으키고['格'자는 '胡(호)'자와 '客(객)'자의 반절이다.] 감당하지['勝'자의 음은 '升(승)'이다.] 못하게 된다. 때가 지나친 뒤에야 가르친다면, 고생을 하더라도 이루기가 어렵다. 등급과 절차를 무시하고 마구잡이로 가르치며 순서에 따르지 않는다면, 무너지고['壞'자의 음은 '恠(괴)'이다.] 학문을 닦지 못한다. 홀로 배우기만 하고 도와줄 벗이 없다면, 고루하고 편협하며 학식이 천박해진다. 놀기만 하는 친구와 사귀게 되면 스승의 가르침을 거스르게 된다. 놀기만 하며 사벽한 짓을['辟'자의 음은 '僻(벽)'이다.] 하면 학문을 버리게 된다. 이러한 여섯 가지는 가르침이 폐지되는 이유이다.

集說 扞, 拒扞也. 格, 讀如凍洛之洛, 謂如地之凍, 堅强難入也. 不勝, 不能承當其敎也. 一讀爲去聲, 謂敎不能勝其爲非之心, 亦通. 雜施, 謂躐等陵節也. 燕私之朋, 必不責善, 或相與以慢其師. 燕遊邪僻, 必惑外誘, 得不廢其業乎? 此燕朋燕辟之害, 皆由於發然後禁以下四者之失, 皆與上文四者相反也.

'한(扞)'자는 저항한다는 뜻이다. '격(格)'자는 '동학(凍洛)'이라고 할 때의 '학(洛)'자이니, 얼어붙은 땅은 견고하여 땅속으로 들어가기 어려움을 뜻한다. '불승(不勝)'은 가르침을 감당할 수 없다는 뜻이다. 한편으로는 거성으로 읽으니, 가르침이 잘못을 시행하려는 마음을 이기지 못한다는 뜻이라고 하는데, 그 의미 또한 통한다. '잡시(雜施)'는 등급을 뛰어넘고 절차를 침범한다는 뜻이다. 한가롭게 놀기만 하는 친구에 대해서 기어코 선함에 대해 책망하지 않고, 혹은 서로 참여하여 스승을 섬기는데 태만하게 군다. 한가롭게 놀며 사사롭고 편벽된다면 반드시 외적인 유혹에 끌리게 되는데, 학업을 폐지하지 않을 수 있겠는가? 이것이 놀기만 하는 친구

와 어울리며 사벽한 짓을 하는 해로움은 모두 어떤 일이 발생한 이후에
금지를 한다는 것으로부터 그 이하의 네 가지 사안에 나타난 잘못에서
비롯된 것이니, 앞 문장에 나온 네 가지 사안과는 상반된다.

集說 鄭氏曰: 燕, 猶褻也. 褻其朋友, 褻師之譬喩.

정현이 말하길, '연(燕)'자는 "너무 친근해서 버릇없이 군다."는 뜻이다.
벗들에 대해서 버릇없이 구는 것이며, 스승에게 버릇없이 구는 것을 비유
했다.

附註 扞格之格, 如字, 不必作凍洛字. 栗谷李文成小學題辭註, 亦
如此. 燕朋, 陳註是. 燕辟, 似指嗜好之私, 如聲色 · 狗馬之屬是已.
若讀書之屬, 雖癖而無害矣.

'한격(扞格)'의 격(格)자는 글자대로 읽으니 동학(凍洛)으로 고칠 필요가
없다. 율곡 이문성의 「소학제사」에 대한 주에서도 이와 같이 기록했다.
'연붕(燕朋)'에 대해서는 진호의 주가 옳다. '연벽(燕辟)'은 아마도 즐기
고 좋아하는 것 중 사적인 것을 가리키는 것 같으니, 예를 들어 음악이나
여색 또 개와 말 등의 부류에 해당한다. 독서와 같은 부류들은 비록 버릇
을 들이더라도 해될 것이 없다.

【018】

君子旣知敎之所由興, 又知敎之所由廢, 然後可以爲人師也. 故君子之敎喩也, 道而不牽, 强而不抑, 開而不達. 道而不牽則和, 强而不抑則易[異], 開而不達則思. 和易以思, 可謂善喩矣. 〈018〉

군자가 가르침이 흥성하게 되는 이유와 폐지되는 이유를 알고 있다면, 그런 뒤에는 남의 스승이 될 수 있다. 그렇기 때문에 군자가 가르침을 베풀 때에는 도로 들어가는 방법은 알려주되 억지로 이끌지는 않고, 뜻과 기상을 굳세게 만들지만 억누르지 않으며, 단서를 열어주지만 모든 절차에 대해 알려주지 않는다. 도로 들어가는 방법만 알려주고 억지로 이끌지 않는다면, 가르침을 받아들임에 조화롭게 되고, 뜻과 기상을 굳세게 만들어주고 억누르지 않는다면, 가르침을 받아들임에 쉽게['易'자의 음은 '異(이)'이다.] 익히게 되며, 단서를 열어주되 모든 것을 알려주지 않는다면, 학생들이 스스로 생각하여 터득하게 된다. 조화롭고 쉽게 학문을 익혀 생각하게 된다면, 좋은 가르침이라고 평가할 수 있다.

集說 示之以入道之所由, 而不牽率其必進; 作興其志氣之所尙, 而不沮抑之使退; 開其從入之端, 而不竟其所通之地. 如此, 則不扞格而和, 不勤苦而易, 不雜施以亂其心, 有相觀以輔其志, 而思則得之矣.

도로 들어가는 경로를 보여주지만 반드시 나아가야 한다고 억지로 끌지 않으며, 그 뜻과 기운이 숭상하는 것을 흥기시켜주지만 억눌러서 물러나도록 하지 않으며, 따라서 들어갈 수 있는 단서를 열어주지만 거쳐야하는 경로까지 모두 말해주지 않는다. 이처럼 한다면 저항하지 않고 조화롭게 되며, 고생하거나 곤욕스러워하지 않고 쉽게 따르며, 뒤죽박죽으로 가르침을 베풀어서 마음을 혼란하게 하지 않고, 서로 살펴보아서 그 뜻을 보완하도록 도와주는 자가 있어서, 생각한 것들이 알맞게 된다.

【019】

學者有四失, 教者必知之. 人之學也或失則多, 或失則寡, 或失則易
[異], 或失則止. 此四者, 心之莫同也. 知其心, 然後能救其失也. 教也
者, 長善而救其失者也. 〈019〉

배우는 자에게는 네 가지 잘못이 발생할 수 있으니, 가르치는 자는 반드시
이러한 사안을 알아야만 한다. 사람이 학문을 함에 어떤 자는 깊이가 없이
많은 것만 보고 듣는데 힘쓰는 잘못을 범하고, 또 어떤 자는 범위를 적게
잡아 적은 것만을 보고 듣는 잘못을 범한다. 어떤 자는 너무 쉽게['易'자의
음은 '異(이)'이다.] 여겨서 대충하는 잘못을 범하고, 또 어떤 자는 스스로 한계
를 정해서 더 이상 정진하지 못하는 잘못을 범한다. 이러한 네 가지 잘못이
발생하는 것은 각각의 마음이 다르기 때문이다. 따라서 그 마음을 알아본
뒤에야 그들이 범할 잘못을 구원할 수 있다. 가르치는 자는 상대의 좋은
점을 배양해주고, 상대의 잘못을 구원해주는 자이다.

集說　方氏曰: 或失則多者, 知之所以過. 或失則寡者, 愚之所以不
及. 或失則易, 賢者之所以過. 或失則止, 不肖者之所以不及. 多聞
見而適乎邪道, 多之失也. 寡聞見而無約無卓, 寡之失也. 子路好勇
過我無所取材, 易之失也. 冉求之今女畵, 止之失也. 約我以禮, 所
以救其失之多; 博我以文, 所以救其失之寡; 兼人則退之, 所以救其
失之易; 退則進之, 所以救其失之止也.

방씨가 말하길, '혹실즉다(或失則多)'는 지혜로운 자가 지나치게 되는 이
유이다. '혹실즉과(或失則寡)'는 우매한 자가 미치지 못하게 되는 이유이
다. '혹실즉이(或失則易)'는 현명한 자가 지나치게 되는 이유이다. '혹실
즉지(或失則止)'는 어리석은 자가 미치지 못하게 되는 이유이다. 많이
보고 들었지만 사벽한 도리에 빠지는 것은 지식만 많은 자의 잘못이다.
적게 보고 들어서 요약됨이 없고 널리 아는 것이 없는 것은 지식이 적은
자의 잘못이다. 자로가 용맹을 좋아함은 나보다 낫지만 재목으로 취할
것이 없다고 한 말[1]이 바로 쉽게 여기는 자의 잘못이다. 염구가 현재

스스로 한계를 지은 것²⁾은 멈추는 자의 잘못이다. 자신을 예에 따라 요약하도록 하는 것이 지식만 많은 자의 잘못을 구원하는 방법이고, 자신을 글을 통해 널리 익히도록 하는 것이 지식이 적은 자의 잘못을 구원하는 방법이다.³⁾ 또 남보다 낫다면 물러나게 하니, 이것이 쉽게 여기는 자의 잘못을 구원하는 방법이다. 스스로 물러난다면 나아가게 하니, 이것이 스스로 멈추는 자의 잘못을 구원하는 방법이다.⁴⁾

附註 或失則多, 則猶諸也.

'혹실즉다(或失則多)'라고 했는데, '즉(則)'자는 저(諸)자와 같다.

---

1) 『논어』「공야장(公冶長)」: 子曰, "道不行, 乘桴浮于海. 從我者其由與?" 子路聞之喜. 子曰, "由也好勇過我, 無所取材."

2) 『논어』「옹야(雍也)」: 冉求曰, "非不說子之道, 力不足也." 子曰, "力不足者, 中道而廢. 今女畫."

3) 『논어』「옹야(雍也)」: 子曰, "君子博學於文, 約之以禮, 亦可以弗畔矣夫!"

4) 『논어』「선진(先進)」: 子路問, "聞斯行諸?" 子曰, "有父兄在, 如之何其聞斯行之?" 冉有問, "聞斯行諸?" 子曰, "聞斯行之." 公西華曰, "由也問聞斯行諸, 子曰, '有父兄在', 求也問聞斯行諸, 子曰, '聞斯行之'. 赤也惑, 敢問." 子曰, "求也退, 故進之, 由也兼人, 故退之."

【020】

善歌者, 使人繼其聲; 善教者, 使人繼其志. 其言也約而達, 微而臧, 罕譬而喩, 可謂繼志矣.〈020〉

노래를 잘 부르는 자는 사람들이 그의 소리를 배워서 계승하고자 한다. 잘 가르치는 자는 사람들이 그의 뜻을 배워서 계승하고자 한다. 잘 가르치는 자의 말은 간략하면서도 의미가 분명하게 통하고, 엄하게 하지 않지만 선한 도리를 말해주어 뜻이 분명해지고, 비유를 적게 들면서도 잘 깨우쳐 주니, 이처럼 하게 되면 그 뜻을 계승할 수 있다고 평가할 수 있다.

集說 約而達, 辭簡而意明也. 微而臧, 言不峻而善則明也. 罕譬而喩, 比方之辭少而感動之意深也. 繼志, 謂能使學者之志與師無間也.

'약이달(約而達)'은 말이 간략하지만 의미가 분명하다는 뜻이다. '미이장(微而臧)'은 말을 엄하게 하지 않지만 좋아서 뜻이 분명해진다는 뜻이다. '한비이유(罕譬而喩)'는 비유를 드는 말이 적지만 감동시키는 뜻이 깊다는 의미이다. '계지(繼志)'는 학생들의 뜻을 스승과 차이가 없게끔 할 수 있다는 뜻이다.

【021】

君子知至學之難易而知其美惡, 然後能博喩, 能博喩然後能爲師, 能爲師然後能爲長, 能爲長然後能爲君. 故師也者, 所以學爲君也. 是故擇師不加不愼也. 記曰: "三王四代唯其師", 此之謂乎!〈021〉

군자는 학생들이 학문에 도달하는 수준 차이를 알고 재능의 차이를 알아야만 하며, 그런 뒤에야 널리 가르칠 수 있다. 널리 가르칠 수 있은 뒤에야 스승이 될 수 있다. 스승이 될 수 있는 뒤에야 수장이 될 수 있다. 수장이 될 수 있은 뒤에야 군주가 될 수 있다. 그렇기 때문에 스승이 된다는 것은 군주가 되기 위한 방법을 배우는 것이다. 이러한 까닭으로 스승을 택할 때에는 신중을 기하지 않을 수 없다. 고대의 『기』에서는 "삼왕 및 사대 때의 군주는 훌륭한 스승이었다."고 했으니, 바로 이러한 뜻을 나타낼 것이다.

集說 至學, 至於學也. 鈍者至之難, 敏者至之易, 質美者向道, 不美者叛道. 知乎此, 然後能博喩, 謂循循善誘, 不拘一塗也. 周官·太宰長以貴得民, 師以賢得民. 長者一官之長, 君則一國之君也. 言爲君之道, 皆自務學充之, 三王四代之所以治, 以能作之君, 作之師爾. 周子曰: "師道立, 則善人多, 善人多, 則朝廷正而天下治矣."

'지학(至學)'은 배움에 이른다는 뜻이다. 우둔한 자는 도달하기가 어렵고 민첩한 자는 도달하기가 수월하며, 재질이 아름다운 자는 도를 지향하지만 아름답지 못한 자는 도를 위반한다. 이러한 것들을 알고 있은 뒤에야 널리 깨우칠 수 있으니, 차근차근 잘 이끌어서 한 가지 방법으로만 얽어매지 않는다. 『주례』「태재(太宰)」편에서는 "수장은 존귀함으로 백성들을 얻고, 선생은 현명함으로 백성들을 얻는다."1)고 했다. '장(長)'은 한 관부의 수장을 뜻하며, '군(君)'은 한 나라의 군주를 뜻한다. 즉 군주가 되는 도는 모두 스스로 학문에 힘써서 가득 채우는데 있으니, 삼왕과 사대의 군주가 잘 다스릴 수 있었던 까닭은 군주가 될 수 있고 스승이 될 수 있는 방도로 시행했기 때문이다. 주자2)는 "스승의 도리가 확립되면 선한 사람이 많아지고, 선한 사람이 많아지면 조정이 올바르게 되고 천하가 다스려진다."라고 했다.

---

1) 『주례』「천관(天官)·대재(大宰)」: 以九兩繫邦國之名: 一曰牧, 以地得民; 二曰長, 以貴得民; 三曰師, 以賢得民; 四曰儒, 以道得民; 五曰宗, 以族得民; 六曰主, 以利得民; 七曰吏, 以治得民; 八曰友, 以任得民; 九曰藪, 以富得民.

2) 주돈이(周敦頤, A.D.1017 ~ A.D.1073): =염계선생(濂溪先生)·주자(周子)·주렴계(周濂溪)·주무숙(周茂叔). 북송(北宋) 때의 학자이다. 북송오자(北宋五子) 및 송조육현(宋朝六賢) 중 한 사람으로 손꼽힌다. 초명(初名)은 돈실(惇實)이었지만, 영종(英宗)에 대한 피휘 때문에, 돈이(敦頤)로 개명하였다. 자(字)는 무숙(茂叔)이다. 염계서당(濂溪書堂)에서 강학을 하였기 때문에, '염계선생(濂溪先生)'이라고도 부른다. 저서로는 『태극도설(太極圖說)』·『통서(通書)』 등이 있다.

【022】

凡學之道, 嚴師爲難. 師嚴然後道尊, 道尊然後民知敬學. 是故君之所不臣於其臣者二: 當其爲尸, 則不臣也; 當其爲師, 則不臣也. 大學之禮, 雖詔於天子無北面, 所以尊師也. 〈022〉

무릇 학문의 도에 있어서는 스승을 존엄하게 여기는 것이 가장 어려운 일이다. 스승이 존엄하게 된 이후에야 도가 존엄하게 되고, 도가 존엄하게 된 이후에야 백성들이 학문을 공경해야 할 줄 안다. 이러한 까닭으로 군자가 자신의 신하들 중 신하로 여기지 않는 대상은 두 종류가 있다. 첫 번째는 군주의 제사에서 시동이 된 자에게는 신하로 대하지 않는다. 두 번째는 군주의 스승이 된 자에게는 신하로 대하지 않는다. 대학에서 시행되는 의례에서도 비록 경사들이 천자에게 아뢰는 일이 있지만, 일반 신하들처럼 북면을 함이 없는 것은 스승을 존엄하게 대하기 때문이다.

集說 嚴師, 如孝經嚴父之義, 謂尊禮嚴重之也. 無北面, 不處之以臣位也.

'엄사(嚴師)'는 『효경』에서 "부친을 존엄하게 여긴다."[3]는 뜻과 같으니, 예법에 따라 존숭하며 존엄하게 대하여 공경한다는 의미이다. 북면함이 없다는 말은 신하의 지위로 처신하지 않는다는 뜻이다.

集說 石梁王氏曰: 詔於天子無北面, 註引武王踐阼, 出大戴禮.

석량왕씨가 말하길, 천자에게 아뢰며 북면함이 없다는 말에 대해서, 정현의 주에서는 무왕이 동쪽 계단을 밟았던 일을 인용했는데, 이것은 『대대례기』의 기록에 따른 것이다.

---

3) 『효경』「성치장(聖治章)」: 人之行莫大於孝, 孝莫大於嚴父.

【023】

善學者, 師逸而功倍, 又從而庸之; 不善學者, 師勤而功半, 又從而怨之. 善問者如攻堅木, 先其易者, 後其節目, 及其久也, 相說[如字]以解[下个反]; 不善問者反此. 善待問者如撞鍾, 叩之以小者則小鳴, 叩之以大者則大鳴, 待其從[舂]容, 然後盡其聲; 不善答問者反此. 此皆進學之道也. 〈023〉

배우기를 잘하는 학생에 대해서는 스승도 가르치기 편하고 그 결과도 배가 되며, 또 학생은 그에 따라 스승의 은혜에 감격한다. 반면 배우기를 잘하지 못하는 학생은 스승도 가르치기 어렵고 그 결과도 절반에 이르며, 또 학생도 그에 따라 스승을 원망하게 된다. 질문을 잘하는 학생은 단단한 나무를 베는 것과 같으니, 쉬운 부분을 먼저 자르고, 단단한 옹이는 뒤에 자르게 되는데, 공부에 있어서도 이처럼 하면, 쉬운 것부터 배워나가서 그 기간이 오래되면, 그 동안 배운 것이 서로 풀이를 해주어['說'자는 글자대로 읽는다.] 해답을['解'자는 '下(하)'자와 '个(개)'자의 반절음이다.] 찾게 된다. 반면 질문을 잘하지 못하는 학생은 이와 반대로 시행한다. 또 질문에 대답을 잘하는 스승은 마치 종을 치는 것과 같으니, 작은 것으로 종을 치면 작은 소리를 내고, 큰 것으로 종을 치면 큰 소리를 내어, 급박하지 않게 차분하게['從'자의 음은 '舂(용)'이다.] 종을 친 뒤에야 종도 그 나름의 소리를 모두 내게 된다. 반면 질문에 대답을 잘하지 못하는 스승은 이와 반대로 시행한다. 이러한 것들은 모두 학문에 나아가는 도에 해당한다.

集說 庸, 功也, 感師之有功於己也. 相說以解, 舊讀說爲悅, 今從朱子說讀如字.

'용(庸)'자는 공덕을 뜻하니, 스승이 자신에게 공덕을 베풀어준 것에 감격한다는 뜻이다. '상설이해(相說以解)'에 대해서, 옛 해석에서는 '설(說)'자를 열(悅)자로 풀이했는데, 현재는 주자의 주장에 따라서 글자대로 읽는다.

集說 疏曰: "從讀爲舂者, 舂, 謂擊也, 以爲聲之形容. 言鍾之爲體,

必待其擊, 每一舂而爲一容, 然後盡其聲. 善答者, 亦待其一問, 然後
一答, 乃盡說義理也." 愚謂: 從容, 言優游不迫之意. 不急疾擊之, 則
鍾聲之小大長短得以自盡, 故以爲善答之喩.

소에서 말하길, "'종(從)'자는 용(舂)자로 풀이하니, '용(舂)'자는 치다는
뜻으로, 소리를 형용하는 것이다. 즉 종은 본체가 되는데 반드시 치기를
기다려야 하니, 매번 한 차례 치면 한 차례 소리를 내니, 그런 뒤에야
그 소리를 다 내게 된다. 대답을 잘하는 자 또한 한 가지 질문을 기다린
뒤에야 한 가지 대답을 해주니, 이처럼 하면 그 의리를 모두 설명하게
된다."라고 했다. 내가 생각하기에, '종용(從容)'은 여유롭고 급박하지 않
다는 뜻이다. 급박하고 빠르게 치지 않는다면, 종의 소리에 있어서 크고
작음 길고 짧음이 알맞게 되어 모두 나타나게 된다. 그렇기 때문에 대답
을 잘하는 자의 비유로 삼은 것이다.

集說 朱子曰: 說字人以爲悅, 恐只是說字. 先其易者, 難處且放下,
少間見多了, 自然相證而解, 解物爲解, 自解釋爲解, 恐是相證而曉
解也.

주자가 말하길, '설(說)'자에 대해서 사람들은 열(悅)자로 여기는데, 아마
도 이 글자는 본래의 설(說)자에 해당하는 것 같다. 쉬운 것을 먼저 한다
는 말은 어려운 것을 잠시 그대로 남겨놓고, 그 사이에 여러 가지 것들을
보게 되면 저절로 서로 증명이 되어 그 해답이 나오게 되는데, 사물을
이해하는 것도 해답이 되며, 스스로 해석하는 것도 해답이 되니, 아마도
서로 증명하여 해답을 깨우친다는 의미인 것 같다.

附註 待其從容, 註旣不用疏說, 而從下註舂字, 未當.

'대기종용(待其從容)'에 대해 주에서는 이미 소의 주장에 따르지 않고
있는데도 '종(從)'자 뒤의 음주에서 용(舂)자를 기록한 것은 합당하지 않다.

【024】

記問之學不足以爲人師, 必也其聽語乎! 力不能問, 然後語[去聲]之.
語之而不知, 雖舍之可也.〈024〉

단순히 옛 기록만 암송하고 기억하는 것으로는 남의 스승이 되기에 부족하
니, 반드시 학생들이 질문하는 말뜻을 알아들어야 한다. 학생들의 수준으
로 더 이상 질문을 할 수 없게 된 뒤에야 알려준다.['語'자는 거성으로 읽는다.]
알려주되 그가 알아듣지 못한다면, 비록 알려주지 않더라도 괜찮다.

集說　記問, 謂記誦古書以待學者之問也. 以此爲學, 無得於心, 而
所知有限, 故不足以爲人師. 聽語, 聽學者所問之語也. 不能問則告
之, 不知而舍之, 以其終不可入德也. 不以三隅反則不復, 亦此意.

'기문(記問)'은 옛 서적을 기억하고 암송했던 것으로 학생들의 질문에 대
답한다는 뜻이다. 이것을 배움으로 삼는다면 마음에 얻는 것이 없고 아는
것도 한계가 있게 된다. 그렇기 때문에 남의 스승이 되기에는 부족하다.
'청어(聽語)'는 학생들이 질문하는 말을 알아듣는다는 뜻이다. 질문을 더
이상 하지 못한다면 알려주되, 알아듣지 못하면 그만두니, 그는 끝내 덕
으로 들어갈 수 없기 때문이다. "나머지 세 귀퉁이에 대해 반추하지 못한
다면, 다시 알려주지 않는다."[1]고 한 말 또한 이러한 의미이다.

【025】

良冶之子, 必學爲裘; 良弓之子, 必學爲箕. 始駕馬者反之, 車在馬
前. 君子察於此三者, 可以有志於學矣.〈025〉

대장간 일을 잘하는 집의 자제들은 대장간 일보다 반드시 갓옷 만드는 일
을 먼저 배운다. 활을 잘 만드는 집의 자제들은 활 만드는 일보다 반드시

---

1) 『논어』 「술이(述而)」 : 子曰, "不憤不啓, 不悱不發. 擧一隅, <u>不以三隅反, 則不
復也</u>."

키 만드는 일을 먼저 배운다. 처음 말에 멍에를 메게 할 때에는 그 말을 수레의 뒤로 돌려서 수레가 말 앞에 오도록 하여 따라오도록 만든다. 군자는 이러한 세 가지 것들을 살펴야만 학문에 뜻이 있다고 할 수 있다.

集說 疏曰: 善治之家, 其子弟見其父兄陶鎔金鐵, 使之柔合以補治破器, 故此子弟能學爲袍裘, 補續獸皮, 片片相合, 以至完全也. 箕, 柳箕也. 善爲弓之家, 使幹角撓屈, 調和成弓, 故其子弟亦觀其父兄世業, 學取柳條和軟撓之成箕也. 馬子始學駕車之時, 大馬駕在車前, 將馬子繫隨車後而行, 故云反之. 所以然者, 此駒未曾駕車, 若忽駕之必驚奔. 今以大馬牽車於前, 而繫駒於後, 使日日見車之行, 慣習而後駕之, 不復驚矣. 言學者亦須先教小事操縵之屬, 然後乃示其業, 則易成也.

소에서 말하길, 대장간 일을 잘하는 집안에서, 그 자제들은 부친과 형이 금이나 철을 주조하여 깨진 그릇 등을 수리하는 것을 보았기 때문에, 그 자제들은 솜옷이나 가죽옷 만드는 일을 배울 수 있어서, 짐승의 가죽을 꿰매어 조각들을 합쳐 완성품을 만들게 된다. '기(箕)'자는 버드나무로 만든 키이다. 활을 잘 만드는 집안에서는 등뼈나 뿔을 굽혀 휘어지게 하여 활을 만들게 된다. 그렇기 때문에 그 자제들은 또한 그들의 부친과 형이 대대로 이어온 가업을 살펴보고, 버드나무 가지들을 가져다가 부드럽게 휘어서 키 만드는 것을 배운다. 말의 새끼가 처음으로 수레에 멍에를 메는 것을 배울 때, 큰 말에는 멍에를 메어 수레 앞에 두고 말의 새끼는 수레에 연결하여 뒤에서 따라오게 한다. 그렇기 때문에 "반대로 돌려 놓는다."고 말한 것이다. 이처럼 하는 이유는 망아지는 일찍이 수레에 멍에를 메어 본 적이 없어서, 만약 갑작스럽게 멍에를 메게 하면 반드시 놀라서 달아나기 때문이다. 현재 큰 말이 수레를 끌도록 앞에 두고, 망아지를 연결하여 그 뒤에 있게 한 것은 수레가 움직이는 것을 매일 보도록 하여, 습관을 들인 이후에 멍에를 메게 해서 재차 놀라는 일이 없게끔 하기 위해서이다. 이것은 학생들에게는 또한 우선적으로 금슬 등의 악기가 익숙하도록 손으로 놀리는 일 등을 가르쳐야 하고, 그런 뒤에 그가 익혀야 할 과업을 제시한다면 쉽게 완성할 수 있다는 뜻이다.

集說 應氏曰: 冶鑛難精, 而裘軟易紉; 弓勁難調, 而箕曲易製; 車重難駕, 而馬反則易馴. 皆自易而至於難, 自粗而至於精, 習之有漸而不可驟進, 學之以類而不可泛求, 是之謂有志矣.

응씨가 말하길, 쇳돌을 단련하는 일은 정밀히 하기가 어렵지만 부드러운 가죽은 연결하기는 쉽다. 활은 견고하여 휘기가 어렵지만 키를 굽어지게 만드는 일은 하기가 쉽다. 수레는 무거워서 멍에를 메는 것은 어렵지만 말을 반대로 돌려서 뒤에 둔다면 길들이기가 쉽다. 이 모두는 쉬운 것으로부터 시작하여 어려운 것에 이르는 것이며, 거친 것으로부터 시작하여 정밀한 것에 이르는 것으로, 학습을 함에 있어서도 점진적으로 해야 하며 갑작스럽게 나아갈 수 없으니, 배움에 있어서는 비슷한 부류를 통해서 차근차근 익혀야 하며, 갑작스럽게 광범위한 것들을 구해서는 안 되니, 이것을 뜻이 있다고 말한다.

【026】

古之學者, 比[毗]物醜類. 鼓無當[去聲]於五聲, 五聲弗得不和; 水無當於五色, 五色弗得不章; 學無當於五官, 五官弗得不治; 師無當於五服, 五服弗得不親. 〈026〉

고대의 학생들은 사물을 견주고['比'자의 음은 '毗(비)'이다.] 같은 부류에 견주어서 이치를 이해했다. 예를 들어 북소리는 오성에 해당하지['當'자는 거성으로 읽는다.] 않지만, 오성은 북소리가 없으면 조화를 이루지 못한다. 물은 오색에 해당하지 않지만, 오색은 물의 무색을 얻지 못하면 선명하게 드러나지 못한다. 배움은 신체의 오관에 해당하지 않지만, 오관은 배움을 얻지 못하면 다스릴 수 없다. 스승은 오복에 해당하는 친족이 아니지만, 오복의 친족은 스승을 얻지 못하면 서로 친근하게 될 수 없다.

集說 比物醜類, 謂以同類之事相比方也. 當, 猶主也. 鼓聲不宮不
商, 於五聲本無所主, 然而五聲不得鼓, 則無諧和之節; 水無色, 不在
五色之列, 而繢盡者不得水, 則不章明. 五官, 身口耳目心之所職, 卽
洪範之五事也. 學於吾身五者之官, 本無所當, 而五官不得學則不能
治. 師於弟子不當五服之一, 而弟子若無師之敎誨, 則五服之屬不相
和親.

'비물추류(比物醜類)'는 같은 부류의 사안을 통해서 서로 비교한다는 뜻
이다. '당(當)'자는 "주관하다."는 뜻이다. 북의 소리는 궁음도 아니고 상
음도 아니어서, 오성에 있어서 본래부터 주관하는 음이 없다. 그러나 오
성은 북을 얻지 못하면 조화를 이루게 하는 절도가 없게 된다. 물은 색이
없어서 오색의 대열에 끼지 못하지만, 수를 놓거나 그림을 그릴 때 물을
얻지 못하면 색감이 선명하게 드러나지 않는다. '오관(五官)'은 몸·입·
귀·눈·마음이 담당하는 것으로, 『서』「홍범(洪範)」편에서 말한 오사
(五事)[2]에 해당한다. 배움은 자신의 신체에 있는 다섯 가지 관부에 있어
서 본래 담당하고 있는 것이 없지만, 다섯 관부는 배움을 얻지 못하다면
다스릴 수 없다. 스승은 제자에 대해서 오복 중 하나의 관계에 속하는
자가 아니지만, 제자에게 만약 스승의 가르침이 없었다면 오복에 속한
친족들은 서로 화목하고 친근하게 될 수 없다.

集說 陳氏曰: 類者, 物之所同, 醜之爲言衆也. 理有所不顯, 則比物

---

2) 오사(五事)는 본래 모(貌), 언(言), 시(視), 청(聽), 사(思)를 뜻한다. 즉 언행, 보고
듣는 것, 사려함을 가리킨다. 또 단순히 이러한 행위만을 뜻하는 것이 아니라 수신
(修身)이라는 측면에서 각각의 항목에 규범이 첨가된다. 즉 '오사가 실질적으로
가리키는 것은 행동을 공손하게 하고, 말은 순리에 따라 하며, 보는 것은 밝게
하고, 듣는 것은 밝게 하며, 생각은 깊게 하는 것이다. 『서』「주서(周書)·홍범(洪
範)」편에는 "五事, 一曰貌, 二曰言, 三曰視, 四曰聽, 五曰思. 貌曰恭, 言曰從,
視曰明, 聽曰聰, 思曰睿."라는 기록이 있다.

以明之; 物有所不一, 則醜類以盡之. 然後因理以明道, 而善乎學矣.
總而論之, 鼓非與乎五聲, 而五聲待之而和; 水非與乎五色, 而五色
待之而章; 學非與乎五官, 而五官待之而治; 師非與乎五服, 而五服
待之而親. 是五聲 · 五色 · 五官 · 五服雖不同, 而同於有之以爲利;
鼓也 · 水也 · 學也 · 師也雖不一, 而一於無之以爲用. 然則古之學者
比物醜類, 而精微之意有寓於是, 非窮理之至者孰能與此?

진씨가 말하길, '유(類)'는 사물의 동일한 점이다. '추(醜)'는 무리를 뜻한
다. 이치에 드러나지 않는 점이 있다면 다른 사물에 견주어서 드러내고,
사물에 동일하지 않은 점이 있다면 부류를 많이 하여 다 드러낸다. 그런
뒤에야 이치에 따라서 도를 밝히고 학업을 잘할 수 있다. 총괄적으로 논
의를 해보면, 북은 오성에 관여되지 않지만, 오성은 북소리에 따라서 조
화를 이루게 된다. 물은 오색에 관여되지 않지만, 오색은 물에 따라서
드러나게 된다. 배움은 오관에 관여되지 않지만, 오관은 배움에 따라서
다스려지게 된다. 스승은 오복에 관여되지 않지만, 오복의 친족은 스승에
따라서 친근하게 된다. 따라서 오성 · 오색 · 오관 · 오복은 비록 동일하지
않지만, 그것을 갖추는 것을 이로움으로 삼는다는 측면에서는 동일하며,
북 · 물 · 배움 · 스승은 비록 한 가지가 아니지만, 그것을 드러내지 않는
것을 쓸모로 여긴다는 측면에서는 동일하다. 그렇다면 고대의 학생들은
동일한 점을 비교하고 그 예시를 많이 하였고, 정밀하고 은미한 뜻은 여
기에 깃들어 있었으니, 이치를 지극히 탐구하는 것이 아니라면 누가 이처
럼 할 수 있겠는가?

附註 古之學者比物醜類, 朱子曰: "此八字合屬上章."
'고지학자비물추류(古之學者比物醜類)'에 대해 주자는 "이 여덟 글자는
앞 장에 연결되어야 한다."라 했다.

【027】

察於此四者, 可以有志於本矣. 〈027〉¹⁾ [本在"大時不齊"下]

이러한 네 가지 것들을 살핀다면, 근본에 뜻을 둘 수 있다. [본래는 "자연의 시간은 하나로 통일시킬 수 없다."라고 한 문장 뒤에 수록되어 있었다.]

集說 凡此四者, 皆以本原盛大而體無不具, 故變通不拘而用無不周也. 君子察於此, 可以有志於學而洪其本矣.

무릇 이러한 네 가지 것들은 모두 본래의 근원이 성대하고 본체에 구비하지 않은 것이 없기 때문에, 변화하고 두루 통하여 구애되지 않고, 쓰임에도 두루 하지 않는 것이 없다. 군자가 이러한 것들을 살핀다면 학문에 뜻을 두어서 근본을 넓힐 수 있다.

附註 此四者, 卽上文鼓之於聲, 水之於色, 學之於官, 師之於服. 集說不知大德不官四句是錯簡, 强解如此.

'차사자(此四者)'라는 것은 앞 문장에서 말한 북소리와 오성, 물과 오색, 배움과 오관, 스승과 오복에 해당한다. 『집설』에서는 '대덕불관(大德不官)' 등의 네 구문이 착간에 해당한다는 사실을 알지 못해서 이와 같이 억지로 해석한 것이다.

---

1) 『예기』「학기」027장 : 君子曰: "大德不官, 大道不器, 大信不約, 大時不齊. 察於此四者, 可以有志於本矣."

【028】

三王之祭川也, 皆先河而後海, 或源也, 或委[去聲]也. 此之謂務本.〈028〉

삼왕은 하천에 제사를 지낼 때, 모든 경우에 우선적으로 강에 제사를 지내고, 그 이후에 바다에 제사를 지냈으니, 강물은 근원이 되고, 바닷물은 강물이 쌓인['委'자는 거성으로 읽는다.] 것이기 때문이다. 이러한 것을 근본에 힘쓴다고 말한다.

集說 河爲海之源, 海乃河之委. 承上文志於本而言, 水之爲物, 盈科而後進, 放乎四海, 有本者如是也. 君子之於學, 不成章不達, 故先務本.

강물은 바닷물의 근원이 되니, 바닷물은 곧 강물이 쌓인 것이다. 이것은 앞 문장에서 근본에 뜻을 둔다는 내용과 연결해서 한 말이니, 물이라는 사물은 구덩이에 가득 찬 뒤에 나아가서 사해에 이르니,[1] 근본을 둔 것은 이와 같을 따름이다. 군자는 학문에 대해서 문장을 이루지 않으면 통달하지 못한다.[2] 그렇기 때문에 우선적으로 근본에 힘쓰는 것이다.

---

1) 『맹자』「이루하(離婁下)」: 孟子曰, 原泉混混, 不舍晝夜, <u>盈科而後進, 放乎四海</u>. 有本者如是, 是之取爾.

2) 『맹자』「진심상(盡心上)」: 觀水有術, 必觀其瀾. 日月有明, 容光必照焉. 流水之爲物也, 不盈科不行, <u>君子之志於道也, 不成章不達</u>.

禮記類編大全卷之十五

『예기유편대전』 15권

◇ 樂記第十五(上) / 「악기」 15편(상편)

類編 樂經久已亡逸. 劉向所得樂記二十三篇中其十一篇, 合爲此篇, 蓋記古人論樂之義者也. 其聲容節奏之妙, 有不可攷者矣. 朱子曰: "樂記之言純粹明暢." 又曰: "其文似中庸."

『악경』은 이미 오래 전에 망실되었다. 유향[1]이 습득한 『악기』 23편 중 11편을 합쳐 이 편을 만들었는데, 아마도 옛 사람들이 악의 뜻을 논의한 것들을 기록해둔 글일 것이다. 소리와 행동 및 절주의 오묘함에는 상고할 수 없는 점이 있다. 주자는 "「악기」의 말은 순수하고 분명하다."라 했고, 또 "그 문장은 「중용」과 유사하다."라 했다.

類編 今分爲十三節.

지금은 13개 절로 분절한다.

「악기」편 문장 순서 비교		
『예기집설』	『예기유편대전』	
	구분	문장
001	上篇-樂本	001
002		002
003		003
004	上篇-樂政	004
005		005
006		006
007		007
008	上篇-樂節	008

---

1) 유향(劉向, B.C77 ~ A.D.6) : 전한(前漢) 때의 학자이다. 자(字)는 자정(子政)이다. 유흠(劉歆)의 부친이다. 비서성(秘書省)에서 고서들을 정리하였다. 저서로는 『설원(說苑)』·『신서(新序)』·『열녀전(列女傳)』·『별록(別錄)』 등이 있다.

「악기」편 문장 순서 비교		
『예기집설』	『예기유편대전』	
	구분	문장
009		009
010		010
011		011
012		012
013		013
014		014
015		015
016		016
017		017
018		018
019		019
020	上篇-樂化	020
021		021
022		022
023		023
024		024
025		025
026	上篇-樂敎	026
027		027
028		028
029		029
030		030
031		031
032	上篇-樂形	032
033		033
034		034
035		035
036		036
037		037
038	上篇-樂象	038
039		039
040		040

「악기」편 문장 순서 비교		
『예기집설』	『예기유편대전』	
	구분	문장
041		041
042		042
043		043
044	下篇-樂禮上	044
045		046
046		047
047		048
048		049
049	下篇-樂禮下	075
050		076
051		077
052		078
053	下篇-樂和	079
054		080
055		081
056		082
057	下篇-魏文侯問樂	050
058		051
059		052
060		053
061		054
062		055
063		056
064		057
065		058
066		059
067		060
068		061
069	下篇-賓牟賈論樂	062
070		063
071		064
072		065

「악기」편 문장 순서 비교		
『예기집설』	『예기유편대전』	
	구분	문장
073		066
074		067
075		068
076		069
077		070
078		071
079		072
080		073前
081		073中
082		074前
083		祭義-046中
084		073後
085		074後
	下篇-子貢問樂	083
		084
		085前

◇ 악본(樂本)

【001】

凡音之起, 由人心生也. 人心之動, 物使之然也. 感於物而動, 故形
於聲. 聲相應, 故生變. 變成方, 謂之音. 比[毗至反]音而樂[如字]之, 及
干戚羽旄, 謂之樂.〈001〉

무릇 음악의 기원은 사람의 마음으로부터 생겨났다. 사람의 마음이 움직이
게 된 것은 외부 사물이 그렇게 시켜서 된 것이다. 즉 마음이 외부 사물을
느껴서 움직이기 때문에 그것이 소리로 형용화된다. 소리의 말과 뜻이 서
로 호응하기 때문에 변화가 생겨난다. 변화는 곧 법칙과 형태를 이루니,
이것을 '음(音)'이라 부른다. 음을 견주어서['比'자는 '毗(비)'자와 '至(지)'자의 반절
음이다.] 악기로 연주하고['樂'자는 글자대로 읽는다.] 방패나 도끼 또는 깃털과
꼬리털을 들고 춤을 추게 되면, 이것을 '악(樂)'이라 부른다.

> **集說** 凡樂音之初起, 皆由人心之感於物而生. 人心虛靈不昧, 感而
> 遂通, 情動於中, 故形於言而爲聲. 聲之辭意相應, 自然生淸濁高下
> 之變, 變而成歌詩之方法, 則謂之音矣. 成方, 猶言成曲調也. 比合
> 其音而播之樂器, 及舞之干戚羽旄, 則謂之樂焉. 干戚, 武舞也. 羽
> 旄, 文舞也.

무릇 음악이 최초 기원한 것은 모두 사람의 마음이 사물에 감응한 것으로
부터 생겨났다. 사람의 마음은 영묘하여 어둡지 않고 느껴서 결국 통달하
니, 정감은 그 안에서 움직인다. 그렇기 때문에 말을 통해 형용화되어
소리가 된다. 소리의 말과 뜻은 서로 호응하여, 자연스럽게 소리의 맑고
탁함 또는 높고 낮은 변화가 생기고, 변화를 이루어 시가의 법칙과 형태
를 이루면, 이것을 '음(音)'이라 부른다. 법칙과 형태를 이룬다는 것은 곡
조를 이룬다는 뜻이다. 그 음들을 견주고 합하여 악기로 연주하고, 또
방패와 도끼 및 깃털과 꼬리털 등을 이용해 춤으로 춘다면, 그것을 '악
(樂)'이라 부른다. 방패와 도끼를 이용해 추는 춤은 무무이고, 깃털과 꼬

리털을 이용해 추는 춤은 문무이다.

【002】

樂者, 音之所由生也, 其本在人心之感於物也. 是故其哀心感者, 其
聲噍[焦]以殺[色介反]; 其樂[洛]心感者, 其聲嘽[昌展反]以緩; 其喜心感
者, 其聲發以散; 其怒心感者, 其聲粗以厲; 其敬心感者, 其聲直以
廉; 其愛心感者, 其聲和以柔. 六者非性也, 感於物而后動. 〈002〉

악이라는 것은 음을 통해 생겨나는 것이니, 그 근본은 사람의 마음이 외부
대상에 대해 느끼는 것에 달려 있다. 이러한 까닭으로 슬픈 마음이 느껴지
게 되면, 그 소리는 건조하여 윤기가 없고['噍'자의 음은 '焦(초)'이다.] 줄어들게
['殺'자는 '色(색)'자와 '介(개)'자의 반절음이다.] 된다. 또 즐거운['樂'자의 음은 '洛(락)'이
다.] 마음이 느껴지게 되면, 그 소리는 분명하며['嘽'자는 '昌(창)'자와 '展(전)'자의
반절음이다.] 완곡하고 급하지 않다. 또 기뻐하는 마음이 느껴지게 되면, 그
소리는 발산하여 끊임없이 생겨나서 흩어지게 된다. 또 성난 마음이 느껴
지게 되면, 그 소리는 높고 다급하여 난폭하게 된다. 또 공경하는 마음이
느껴지게 되면, 그 소리는 곧게 나와서 구분이 생긴다. 또 사랑하는 마음이
느껴지게 되면, 그 소리는 조화롭고 유순하게 된다. 이러한 여섯 가지 것들
은 본성에 따른 것이 아니니, 마음이 외부 대상에게 느낀 이후에야 마음이
움직여서 생긴 정감에 해당한다.

集說　方氏曰: 人之情, 得所欲則樂, 喪所欲則哀; 順其心則喜, 逆其
心則怒; 於所畏則敬, 於所悅則愛. 噍則竭而無澤, 殺則減而不隆, 蓋
心喪其所欲, 故形於聲者如此. 嘽則闡而無餘, 緩則紓而不迫, 蓋心
得其所欲, 故形於聲者如此. 發則生而不窮, 散則施而無積, 蓋順其
心, 故形於聲者如此. 直則無委曲, 廉則有分際, 蓋心有所畏, 故形於
聲者如此. 和則不乖, 柔則致順, 蓋心有所悅, 故形於聲者如此.

방씨가 말하길, 사람의 정감은 바라던 것을 얻으면 즐거워하고, 바라던
것을 잃으면 슬퍼하며, 그 마음에 따르면 기뻐하고, 그 마음을 거스르면

성을 내며, 외경하는 대상에 대해서는 공경하고, 좋아하는 대상에 대해서는 사랑하게 된다. 소리가 다급하면 말라서 윤기가 없고, 깎이면 줄어들어 높지 않으니, 마음이 바라던 것을 잃었기 때문에 소리를 통해 이처럼 나타나는 것이다. 소리가 밝아지면 분명하여 드러내지 않는 것이 없고, 느리면 완곡하여 급하지 않으니, 마음이 바라던 것을 얻었기 때문에 소리를 통해 이처럼 나타나는 것이다. 소리가 발산하면 생겨남에 끝이 없고, 흩어지면 퍼져서 남겨둠이 없게 되니, 그 마음에 따랐기 때문에 소리를 통해 이처럼 나타나는 것이다. 소리가 곧으면 완곡함이 없고, 낮춰서 물리면 구분이 생기니, 마음에 외경하는 것이 있기 때문에 소리를 통해 이처럼 나타나는 것이다. 소리가 조화로우면 어그러지지 않고, 유순하면 순종함을 다하니, 마음에 좋아하는 것이 있기 때문에 소리를 통해 이처럼 나타나는 것이다.

集說 愚謂: 粗以厲者, 高急而近於猛暴也. 六者心感物而動, 乃情也, 非性也, 性則喜怒哀樂未發者也.

내가 생각하기에, '조이려(粗以厲)'는 소리가 높고 급하여 난폭함에 가깝다는 뜻이다. 이러한 여섯 가지는 마음이 외부 사물을 느껴서 움직이게 된 것으로, 정감에 해당하는 것이지 본성에 해당하는 것은 아니다. 본성이라는 것은 기쁨·성냄·슬픔·즐거움이 아직 발산하지 않은 상태에 해당한다.

【003】

是故先王愼所以感之者, 故禮以道其志, 樂以和其聲, 政以一[樂書作壹]其行[去聲], 刑以防其姦. 禮樂刑政, 其極一也, 所以同民心而出治道也. 〈003〉

이러한 까닭으로 선왕들은 사람의 마음을 느끼게 하는 것에 대해서 신중을 기했다. 그래서 예를 통해 백성들의 뜻을 옳은 방향으로 선도했고, 악을 통해 백성들의 소리를 조화롭게 했으며, 정치를 통해 백성들의 행동을('行'자는 거성으로 읽는다.] 올바르게 일치시켰고('악서』에서는 '일(壹)'자로 기록했다.] 형벌을 통해 백성들의 간사함을 방지했다. 예·악·형벌·정치는 각각 다른 사안이지만, 그 지극함에 있어서는 일치하니, 이것들은 바로 백성들의 마음을 합치시키고 다스림의 도리를 창출하는 방법이다.

集說 劉氏曰: 愼其政之所以感人心者, 故以禮而道其志之所行, 使必中節; 以樂而和其聲之所言, 使無乖戾. 政以敎不能而一其行, 刑以罰不率而防其姦. 禮樂刑政四者之事雖殊, 而其致則一歸於愼其所以感之者, 所以同民心而出治道也.

유씨가 말하길, 정치가 사람의 마음을 느끼게 하는 것에 대해 신중히 하기 때문에, 예로써 그 뜻이 시행하는 바를 선도하여 반드시 절도에 맞게 하는 것이고, 악으로써 그 소리가 말하고자 하는 바를 조화롭게 하여 어그러짐이 없도록 하는 것이다. 정치를 시행하여 잘하지 못하는 자들을 교화하여 그 행동을 일치시키고, 형벌을 시행하여 통솔되지 않는 자들을 벌하여 간사함을 방지한다. 예·악·형·정이라는 네 가지 것들은 그 사안이 비록 다르지만, 그 지극함에 있어서는 느끼게 하는 것에 대해 신중히 한다는 것으로 귀결되니, 이것은 백성들의 마음을 합치시키고 다스림의 도리를 창출하는 방법이 된다.

類編 右樂本.
여기까지는 '악본(樂本)'에 대한 내용이다.

◇ 악정(樂政)

【004】

凡音者, 生人心者也. 情動於中, 故形於聲, 聲成文, 謂之音. 是故治世之音安以樂, 其政和; 亂世之音怨以怒, 其政乖; 亡國之音哀以思, 其民困. 聲音之道, 與政通矣. 〈004〉

무릇 음이라는 것은 사람의 마음을 통해서 생겨나는 것이다. 정감은 마음 속에서 움직여 생기기 때문에 소리로 나타나고, 소리가 무늬와 제도를 이루게 되면 그것을 '음(音)'이라 부른다. 이러한 까닭으로 태평하게 다스려질 때의 음은 안정되고 즐거우니, 그 정치가 조화롭기 때문이다. 또 난세의 음은 원망하여 분노에 가득 차니, 그 정치가 어그러졌기 때문이다. 또 망하게 될 나라의 음은 슬프고 옛날을 그리워하게 되니, 그 백성들이 고달프기 때문이다. 따라서 소리와 음의 도리는 정치와 통하게 된다.

集說 此言音生於人心之感, 而人心哀樂之感, 由於政治之得失, 此所以愼其所以感之者也. 治世政事和諧, 故形於聲音者安以樂; 亂世政事乖戾, 故形於聲音者怨以怒; 將亡之國其民困苦, 故形於聲音者哀以思. 此聲音所以與政通也.

이 내용은 음이 사람의 마음이 느끼는 것에서 생겨나니, 사람의 마음이 슬픔과 즐거움을 느끼는 것은 정치의 득실에서 비롯되므로, 이것이 느끼게 함을 신중히 하는 이유라는 뜻이다. 잘 다스려지는 세상의 정사는 조화롭기 때문에, 소리와 음으로 나타나는 것들이 안정되어 즐거우며, 난세의 정사는 어그러졌기 때문에, 소리와 음으로 나타나는 것들이 원망하여 분노하게 되고, 장차 망하게 될 나라에서는 백성들이 고달프기 때문에, 소리와 음으로 나타나는 것들이 슬퍼서 시름에 겨워한다. 이것은 소리와 음이 정치와 통하는 이유를 나타낸다.

集說 詩疏曰: 雜比曰音, 單出曰聲. 哀樂之情, 發見於言語之聲, 於時雖言哀樂之事, 未有宮商之調, 惟是聲耳. 至於作詩之時, 則次序淸濁, 節奏高下, 使五聲爲曲, 似五色成文, 卽是爲音. 此音被絃管, 乃名爲樂.

『시』의 소에서 말하길, 여러 음들이 섞여서 나열되는 것을 '음(音)'이라 부르고, 하나의 음이 나오는 것을 '성(聲)'이라 부른다. 슬프고 즐거운 감정은 언어라는 소리를 통해 나타나며, 때에 따라 비록 슬프고 즐거운 일을 말하더라도, 아직 궁음이나 상음 등의 조화가 갖춰지지 않았으니, 단지 '성(聲)'에 해당할 따름이다. 시를 짓게 된 때에 이르게 되면, 맑고 탁한 음을 차례대로 나열하고, 음의 높낮이를 조절하고 연주해서, 오성을 통해 악곡을 만드니, 마치 오색이 무늬를 이루는 것과 같으므로, 이것은 곧 '음(音)'에 해당한다. 이러한 음들이 현악기나 관악기를 통해 나타나게 되면, 곧 '악(樂)'이라 부른다.

【005】

宮爲君, 商爲臣, 角爲民, 徵爲事, 羽爲物. 五者不亂, 則無怗[覘]懘[昌制反]之音矣. 〈005〉

궁음은 군주에 해당하고, 상음은 신하에 해당하며, 각음은 백성에 해당하고, 치음은 사안에 해당하며, 우음은 물건에 해당한다. 다섯 가지 것들이 문란하지 않다면, 어긋나서['怗'자의 음은 '覘(첨)'이다.] 조화롭지 못한['懘'자는 '昌(창)'자와 '制(제)'자의 반절음이다.] 음도 없게 된다.

集說 劉氏曰: 五聲之本, 生於黃鍾之律, 其長九寸, 每寸九分, 九九八十一, 是爲宮聲之數. 三分損一以下生徵, 則去二十七, 得五十四也. 徵三分益一以上生商, 則加十八, 得七十二也. 商三分損一以下生羽, 則去二十四, 得四十八也. 羽三分益一以上生角, 則加十六, 得六十四也. 角聲之數, 三分之不盡一筭, 其數不行, 故聲止於五, 此其相生之次也. 宮屬土, 絃用八十一絲爲最多, 而聲至濁, 於五聲獨尊,

故爲君象. 商屬金, 絃用七十二絲, 聲次濁, 故次於君而爲臣象. 角
屬木, 絃用六十四絲, 聲半淸半濁, 居五聲之中, 故次於臣而爲民象.
徵屬火, 絃用五十四絲, 其聲淸, 有民而後有事, 故爲事象. 羽屬水,
絃用四十八絲爲最少, 而聲至淸, 有事而後用物, 故爲物象. 此其大
小之次也. 五聲固本於黃鍾爲宮, 然正相爲宮, 則其餘十一律皆可爲
宮. 宮必爲君而不可下於臣, 商必爲臣而不可上於君, 角民·徵事·
羽物, 皆以次降殺. 其有臣過君, 民過臣, 事過民, 物過事者, 則不用
正聲而以半聲應之. 此八音所以克諧而無相奪倫也. 然聲音之道與
政相通, 必君臣民事物五者, 各得其理而不亂, 則聲音和諧而無怗懘
也. 怗懘者, 敝敗也.

유씨가 말하길, 오성의 근본은 십이율 중 황종에서 생기니, 그 길이는
9촌으로, 매 촌마다 9등분으로 하면, 9 곱하기 9는 81이 되는데, 이것이
궁음의 수에 해당한다. 이 수에서 3등분을 하여 그 중 1만큼을 덜어내면
그 아래로 치음이 생기니, 27을 제거하면 54라는 수가 나온다. 치음의
수를 3등분하여, 그 중 1만큼을 더하면 그 위로 상음이 생기니, 18을 더하
면 72라는 수가 나온다. 상음의 수를 3등분하여, 그 중 1만큼을 덜어내면
그 아래로 우음이 생기니, 24를 제거하면 48이라는 수가 나온다. 우음의
수를 3등분하여, 그 중 1만큼을 더하면 그 위로 각음이 생기니, 16을 더하
면 64라는 수가 나온다. 각음의 수인 64를 3등분하면 딱 떨어지지 않으
니, 수를 나누는 것이 더 이상 진행되지 않기 때문에, 오성은 이 다섯
가지에서 멈추게 된다. 이것은 음률 중 서로 생겨나게 하는 순서에 해당
한다. 궁음은 오행에 배분하면 토에 해당하고, 그 음을 내는 현악기의
줄은 81가닥의 끈을 엮어서 만들어 가장 많으므로 소리가 매우 탁하고,
오성 중에서 독보적으로 존귀하므로 군주의 상이 된다. 상음은 금에 해당
하고, 그 음을 내는 현악기의 줄은 72가닥의 끈을 엮어서 만들어 그 소리
가 궁음 다음으로 탁하다. 그렇기 때문에 군주 다음 순번이 되는 신하의
상이 된다. 각음은 목에 해당하고, 그 음을 내는 현악기의 줄은 64가닥의

끈을 엮어서 만드는데, 그 소리는 맑고 탁한 정도가 중간에 해당하여, 오성 중에서도 가운데 위치한다. 그렇기 때문에 신하 다음 순번이 되는 백성의 상이 된다. 치음은 화에 해당하고, 그 음을 내는 현악기의 줄은 54가닥의 끈을 엮어서 만드는데, 그 소리가 맑고 백성이 있은 뒤에 사안이 생기기 때문에 사안의 상이 된다. 우음은 수에 해당하고, 그 음을 내는 현악기의 줄은 48가닥의 끈을 엮어서 만들어 가장 적고, 그 소리는 매우 맑고 사안이 생긴 뒤에 물건이 쓰이게 되므로 물건의 상이 된다. 이것은 크기에 따른 순서에 해당한다. 오성은 진실로 황종을 궁음으로 삼는데 근본을 두고 있지만, 그러나 서로 도와서 궁음이 되니, 나머지 11개 율 모두 궁음이 될 수 있다. 궁음은 반드시 군주가 되어 신하보다 낮출 수 없고, 상음은 반드시 신하가 되어 군주보다 높일 수 없으며, 각음에 해당하는 백성, 치음에 해당하는 사안, 우음에 해당하는 물건들도 모두 각각의 순서에 따라 높이고 낮추게 된다. 신하에 해당하는 상음이 군주에 해당하는 궁음을 넘어서거나 백성에 해당하는 각음이 신하에 해당하는 상음을 넘어서거나 사안에 해당하는 치음이 백성에 해당하는 각음을 넘어서거나 물건에 해당하는 우음이 사안에 해당하는 치음을 넘어서는 일이 생기면, 정성을 사용하지 않고 반성으로 호응한다. 이것은 팔음이 지극히 조화로워서 서로 질서를 어기는 일이 없는 이유이다. 그러나 소리와 음의 도는 정치와 서로 통하니, 반드시 군주ㆍ신하ㆍ백성ㆍ사안ㆍ물건에 해당하는 다섯 가지 것들이 각각 그 이치를 얻어서 문란하지 않는다면, 소리와 음이 조화롭게 되어 어긋나는 일이 없게 된다. '첩체(怗懘)'는 서로 맞지 않아 어긋난다는 뜻이다.

【006】
宮亂則荒, 其君驕; 商亂則陂[卑], 其臣壞; 角亂則憂, 其民怨; 徵亂則哀, 其事勤; 羽亂則危, 其財匱. 五者皆亂, 迭相陵, 謂之慢. 如此則

國之滅亡無日矣.〈006〉

궁음이 문란하다면 소리가 거칠게 되니, 그 이유는 군주가 교만하기 때문이다. 상음이 문란하다면 소리가 치우치게['陂'자의 음은 '뿌(비)'이다.] 되니, 그이유는 신하가 도리를 무너트렸기 때문이다. 각음이 문란하다면 소리가 근심스럽게 되니, 그 이유는 백성들이 원망하기 때문이다. 치음이 문란하다면 그 소리가 슬프게 되니, 그 이유는 사안이 괴롭기 때문이다. 우음이 문란하다면 그 소리가 위태롭게 되니, 그 이유는 재화가 모자라기 때문이다. 이 다섯 가지가 모두 문란하여, 교대로 상대를 침범하는 것을 교만하다고 부른다. 이처럼 된다면 그 나라는 얼마 가지 않아서 멸망하게 될 것이다.

集說 此言審樂以知政, 若宮亂則樂聲荒散, 是知由其君之驕恣使然也. 餘四者例推.

이 문장은 악을 살펴서 정치를 안다는 뜻이니, 만약 궁음이 문란하게 되면 악과 소리도 거칠고 흩어지게 되니, 이것을 통해 그 이유가 군주가 교만하고 바르지 못함에서 비롯되어 이처럼 만들었음을 알 수 있다. 나머지 네 부류 또한 이와 같이 추론할 수 있다.

集說 陳氏曰: 五聲含君臣民事物之象, 必得其理, 方調得律呂, 否則有臣陵君, 民過臣, 而謂之奪倫矣. 此却不比漢儒附會效法之言, 具有此事, 毫髮不可差, 設或樂聲奪倫, 即其國君臣民物必有不盡分之事. 如州鳩師曠皆能以此知彼, 此是樂與政通.

진씨가 말하길, 오성은 군주·신하·백성·사안·물건의 상을 포함하고 있으니, 반드시 해당하는 이치를 얻어야만 음률도 조화롭게 할 수 있다. 그렇지 않다면 신하가 군주를 업신여기고 백성이 신하를 뛰어넘게 되니, 이러한 것을 두고 인륜을 없앤다고 말한다. 이러한 것들에 대해서는 한나라 때의 유학자들이 만들어낸 견강부회의 설명들을 붙이지 않더라도, 문장 자체에 이러한 일들이 포함되어 있으니, 조금도 어긋나게 할 수 없다. 만약 악과 소리가 질서를 잃어버렸다면, 그 나라의 군주·신하·백성·

물건에는 반드시 본분을 다하지 못한 일이 있는 것이다. 예를 들어 악관인 주구와 사광과 같은 자들도 모두 음악을 통해서 정치의 실정을 알 수 있었으니, 이것이 바로 음악이 정치와 통한다는 뜻을 나타낸다.

【007】

鄭衛之音, 亂世之音也, 比[毗至反]於慢矣. 桑間濮[卜]上之音, 亡國之音也, 其政散, 其民流, 誣上行私而不可止也.〈007〉

정나라와 위나라의 음은 난세의 음이니, 교만함에 가깝다.['比'자는 '毗(비)'자와 '至(지)'자의 반절음이다.] 복수['濮'자의 음은 '卜(복)'이다.] 물가 뽕나무 숲에서 들리는 음은 망하게 될 나라의 음이니, 정치의 도리가 흩어져 없어지고, 백성들도 정처 없이 떠돌게 되어, 윗사람을 속이고 사사로운 짓을 벌이면서도 그치지 못한다.

集說 此慢字, 承上文謂之慢而言. 比, 近也. 桑間濮上, 衛地, 濮水之上, 桑林之間也. 史記言衛靈公適晉, 舍濮上, 夜聞琴聲, 召師涓聽而寫之. 至晉, 命涓爲平公奏之. 師曠曰: "此師延靡靡之樂. 武王伐紂, 師延投濮水死. 故聞此聲, 必於濮水之上也." 政散故民罔其上, 民流故行其淫蕩之私也.

이곳의 '만(慢)'자는 앞 문장에서 "교만하다고 부른다."고 했을 때의 '만(慢)'자를 이어서 한 말이다. '비(比)'자는 "가깝다."는 뜻이다. '상간복상(桑間濮上)'은 위나라의 땅으로, 복수가의 뽕나무 숲 사이를 뜻한다. 『사기』에서는 위나라 영공이 진나라로 가다가 복수가에 머물렀는데, 밤에 금을 타는 소리를 들어서, 사연을 불러다가 그 음악을 듣고 베끼도록 했다. 그리고 진나라에 도착하자 사연에게 명하여, 평공을 위해 연주하도록 했다. 그러자 사광은 "이것은 사연이 지은 음이 가녀린 음악입니다. 무왕이 주임금을 정벌하여, 사연은 복수에 몸을 던져 죽었습니다. 그렇기 때문에 이 소리를 들은 것은 분명 복수가였을 것입니다."라고 했다. 정치의 도리가 흩어졌기 때문에 백성들이 위정자를 속이는 것이며, 백성들이 정처 없이 떠돌기 때문에 사사롭게 음탕한 행위를 하는 것이다.

集說 張子曰: 鄭衛地濱大河, 沙地土薄, 故其人氣輕浮; 其地平下, 故其質柔弱; 其地肥饒, 不費耕耨, 故其人心怠惰. 其人情性如此, 其聲音亦然. 故聞其樂, 使人知此懈慢也.

장자가 말하길, 정나라와 위나라의 땅은 황하에 닿아 있고 모래로 깔려 있으며 토지가 좁기 때문에, 사람들의 기풍이 경박하며, 그 땅은 평평하고 낮기 때문에 사람들의 본바탕이 유약하고, 그 땅은 비옥하여 경작하는 일에 힘을 쓰지 않기 때문에 사람들의 마음이 나태해진다. 사람의 정감과 본성이 이와 같아서 그 소리와 음 또한 이와 같은 것이다. 그래서 그 음악을 듣게 되면 이처럼 사람들을 나태하게 만든다.

集說 朱子曰: 鄭聲之淫甚於衛. 夫子論爲邦獨以鄭聲爲戒, 蓋擧重而言也.

주자가 말하길, 정나라의 음악은 음란함이 위나라보다 심하다. 공자는 나라 다스리는 일을 논의하며, 유독 정나라의 음악을 경계하였으니,[1] 아마도 그 중에서도 정도가 심한 것을 들어 언급한 것이다.

類編 右樂政.

여기까지는 '악정(樂政)'에 대한 내용이다.

---

1) 『논어』 「위령공(衛靈公)」: 顔淵問爲邦. 子曰, "行夏之時, 乘殷之輅, 服周之冕, 樂則韶舞. 放鄭聲, 遠佞人. 鄭聲淫, 佞人殆."

◇ 악절(樂節)

【008】

凡音者, 生於人心者也. 樂者, 通倫里者也. 是故知聲而不知音者,
禽獸是也. 知音而不知樂者, 衆庶是也. 唯君子爲能知樂. 是故審聲
以知音, 審音以知樂, 審樂以知政, 而治道備矣. 是故不知聲者, 不
可與言音; 不知音者, 不可與言樂. 知樂則幾於禮矣. 禮樂皆得, 謂
之有德. 德者得也. 〈008〉

무릇 음(音)이라는 것은 사람의 마음에서 생겨난다. 악(樂)이라는 것은 사
물들이 각각 가지고 있는 이치에 통한다. 이러한 까닭으로 소리는 알되
음(音)을 모르는 자는 짐승에 해당한다. 또 음(音)은 알되 악(樂)을 모르는
자는 일반 대중에 해당한다. 오직 군자만이 악(樂)을 알 수 있다. 그렇기
때문에 소리를 살펴서 음(音)을 알고, 음(音)을 살펴서 악(樂)을 알며, 악
(樂)을 살펴서 정치를 하니, 다스림의 도리가 거기에 모두 갖춰지게 된다.
이러한 까닭으로 소리를 알지 못하는 자와는 함께 음(音)에 대해서 말을
할 수 없고, 음(音)을 알지 못하는 자와는 함께 악(樂)에 대해서 말을 할
수 없다. 악(樂)을 안다면, 예(禮) 또한 거의 알 수 있게 된다. 예(禮)와
악(樂)을 모두 얻게 되면, 이러한 자를 유덕한 자라고 부른다. '덕(德)'자는
얻는다는 뜻이다.

集說 倫理, 事物之倫類各有其理也.

'윤리(倫理)'는 사물의 부류들이 각각 가지고 있는 이치를 뜻한다.

集說 方氏曰: 凡耳有所聞者皆能知聲, 心有所識者則能知音, 道有
所通者乃能知樂. 若瓠巴鼓瑟, 流魚出聽; 伯牙鼓琴, 六馬仰秣, 此禽
獸之知聲者也. 魏文侯好鄭衛之音, 齊宣王好世浴之樂, 此衆庶之知
音者也. 若孔子在齊之所聞, 季禮聘魯之所觀, 此君子之知樂者也.

방씨가 말하길, 무릇 귀로 들리는 것이 있다면 모두 그 소리를 알 수 있
고, 마음에 알고 있는 것이 있다면 음을 알 수 있으며, 도에 대해서 통달

한 점이 있는 자는 곧 악을 알 수 있다. 호파라는 자가 슬을 연주하자 물고기가 뛰어올라 그 소리를 들었고, 백아라는 자가 금을 연주하자 여섯 마리의 말이 머리를 치켜들고 꼴을 먹었다고 한 경우1)는 바로 짐승들도 소리를 알아듣는 것을 뜻한다. 위문후가 정나라와 위나라의 음악을 좋아했고, 제선왕이 세속의 음악을 좋아했던 경우2)는 대중들이 음을 알아듣는 것을 뜻한다. 공자가 제나라에서 음악을 들었던 경우3)와 계찰이 노나라에 빙문으로 찾아와서 음악을 살펴보았던 경우4)는 군자가 악을 알아듣는 것을 뜻한다.

集說 應氏曰: 倫理之中, 皆禮之所寓, 知樂則通於禮矣. 不曰通而曰幾者, 辨析精微之極也.

응씨가 말하길, 윤리에 해당하는 것들은 모두 예가 깃들어 있는 것이니, 악을 안다면 예에도 달통하게 된다. "달통한다."라고 말하지 않고, "거의 가깝다."라고 말한 이유는 매우 세밀하게 글자를 구분하여 썼기 때문이다.

【009】
是故樂之隆, 非極音也. 食[嗣]饗之禮, 非致味也. 淸廟之瑟, 朱絃而疏越[如字], 壹倡而三歎, 有遺音者矣. 大饗之禮, 尙玄酒而俎腥魚, 大[泰]羹不和[去聲], 有遺味者矣. 是故先王之制禮樂也, 非以極口腹耳目之欲也, 將以敎民平好[去聲]惡[去聲]而反人道之正也. 〈009〉

---

1) 『순자(荀子)』 「권학(勸學)」: 昔者瓠巴鼓瑟, 而流魚出聽; 伯牙鼓琴, 而六馬仰秣. 故聲無小而不聞, 行無隱而不形.
2) 『맹자』 「양혜왕하(梁惠王下)」: 他日, 見於王曰, "王嘗語莊子以好樂, 有諸?" 王變乎色, 曰, "寡人非能好先王之樂也, 直好世俗之樂耳."
3) 『논어』 「술이(述而)」: 子在齊聞韶, 三月不知肉味, 曰, "不圖爲樂之至於斯也."
4) 이 일화는 『춘추좌씨전』 「양공(襄公) 29년」에 기록되어 있다.

이러한 까닭으로 악의 융성함은 음을 지극히 하는 것이 아니다. 또 사향의
['食'자의 음은 '嗣(사)'이다.] 예는 음식의 맛을 지극히 하는 것이 아니다. 청묘라
는 시를 슬로 연주할 때에는 주색의 현을 매달고 바람이 구멍을['越'자는 글자
대로 읽는다.] 통하게 하며, 한 사람이 선창하면 세 사람이 화답하니, 다 표현
하지 않은 음들이 있는 것이다. 대향의 예에서는 현주를 숭상하고, 조리하
지 않은 물고기를 도마에 올리며, 태갱에는['人'자의 음은 '泰(태)'이다.] 조미를
가미하지['和'자는 거성으로 읽는다.] 않으니, 다 표현하지 않은 맛들이 있는 것
이다. 이러한 까닭으로 선왕이 예와 악을 제정한 것은 단순히 사람의 입·
배·귀·눈이 바라는 것을 지극히 충족시키기 위해서가 아니며, 장차 이러
한 것들을 통해서 백성들이 좋아함과['好'자는 거성으로 읽는다.] 싫어함에['惡'자
는 거성으로 읽는다.] 대해서 균평하도록 하고, 인도의 올바름으로 되돌리도록
가르치기 위해서이다.

集說 樂之隆盛, 不是爲極聲音之美; 食饗禘祫之重禮, 不是爲極滋
味之美. 蓋樂主於移風易俗, 而祭主於報本反始也. 鼓淸廟之詩之
瑟, 練朱絲以爲絃, 絲不練則聲淸, 練之則聲濁. 疏, 通也. 越, 瑟底
之孔也. 疏而通之, 使其聲遲緩. 瑟聲濁而遲, 是質素之聲, 非要妙
之音也. 此聲初發, 一倡之時, 僅有三人從而和之, 言和者少也. 以
其非極聲音之美, 故好者少. 然而其中則有不盡之餘音存焉, 故曰有
遺音者矣. 尊以玄酒爲尙, 俎以生魚爲薦, 大羹無滋味之調和, 是質
素之食, 非人所嗜悅之味也. 然而其中則有不盡之餘味存焉, 故曰有
遺味者矣. 由此觀之, 是非以極口腹耳目之欲也. 教民平好惡, 謂不
欲其好惡之偏私也. 人道不正, 必自好惡不平始, 好惡得其平則可以
復乎人道之正, 而風移俗易矣.

악 중 지극히 융성한 것은 소리와 음의 아름다움을 지극히 하지 않는다.
사향(食饗)5)과 체협과 같이 중대한 예법에 있어서는 음식의 맛을 지극히

---

5) 사향(食饗)은 술과 음식을 준비하여, 빈객(賓客)들을 대접하거나, 종묘(宗廟)에
   서 제사를 지내는 등의 일을 뜻한다. 『예기』「악기(樂記)」편에는 "食饗之禮, 非致

하지 않는다. 무릇 악은 풍속을 좋은 쪽으로 바꾸는 것을 위주로 하고, 제사에서는 근본에 보답하고 시초를 돌이키는 것을 위주로 하기 때문이다. '청묘(淸廟)'라는 시를 슬로 연주할 때, 붉은색의 끈을 누여서 줄을 만드는데, 끈을 누이지 않는다면 소리가 맑게 되고, 누이게 되면 소리가 탁하게 된다. '소(疏)'자는 "통한다."는 뜻이다. '월(越)'은 슬의 바닥에 있는 구멍이다. 바람을 구멍으로 통하게 하여 그 소리가 느려지도록 하는 것이다. 슬의 소리는 탁하고 느리니 질박한 소리에 해당하며, 정밀하고 은미한 음이 아니다. 이러한 소리가 처음 나오게 되면, 한 사람이 선창할 때 겨우 세 사람 정도가 그에 따라서 화답하게 되니, 이것은 화답하는 것이 적음을 뜻한다. 그 소리는 지극히 아름다운 소리가 아니기 때문에 좋아하는 자도 적은 것이다. 그러나 그 속에는 다 표현하지 않고 남겨진 음이 숨어 있다. 그렇기 때문에 "남겨진 음이 있는 것이다."라고 말한 것이다. 술동이에 있어서는 현주를 숭상하고, 도마에 있어서는 조리하지 않은 물고기를 바치게 되며, 태갱에는 조미를 가미하여 맛을 내는 일이 없으니, 이것들은 소박한 음식에 해당하며, 사람들이 즐겨먹는 음식이 아니다. 그러나 그 속에는 다 내지 않은 남겨진 맛이 숨어 있다. 그렇기 때문에 "남겨진 맛이 있는 것이다."라고 말한 것이다. 이것을 통해 살펴본다면, 이러한 것들을 이용해 입·배·귀·눈이 바라는 것을 지극히 하기 위함이 아니다. 백성들이 좋아함과 싫어함을 균평하게 하도록 교화한다는 말은 좋아하고 싫어함이 편벽되고 삿되지 않도록 한다는 뜻이다. 인도가 바르지 못하면 반드시 좋아함과 싫어함도 균평하게 다스려지지 않고, 좋아함과 싫어함이 균평함을 얻어야만 인도의 바름을 회복할 수 있고, 풍속도 좋은 방향으로 바꿀 수 있다.

味也."라는 기록이 있는데, 이에 대한 공영달(孔穎達)의 소(疏)에서는 "食饗, 謂宗廟祫祭."라고 풀이했으며, 『공자가어(孔子家語)』「논례(論禮)」편에는 "食饗之禮, 所以仁賓客也."라는 기록이 있다.

朱子曰: 一倡而三歎, 謂一人倡而三人和. 今解者以爲三歎息, 非也.

주자가 말하길, '일창이삼탄(一倡而三歎)'은 한 사람이 선창하여 세 사람이 화답한다는 뜻이다. 현재 주석가들은 세 사람이 탄식한다고 여겼는데, 이것은 잘못된 해석이다.

【010】

人生而靜, 天之性也. 感於物而動, 性之欲也. 物至知知. 〈010〉

사람은 태어나면서부터 고요하니, 하늘이 부여한 본성에 해당한다. 마음은 외부 사물을 느껴서 움직이게 되니, 본성에서 나타난 욕망이다. 외부 사물이 다다르면, 지각 능력이 그것을 알게 된다.

朱子曰: 上知字是體, 下知字是用.

주자가 말하길, '지지(知知)'에서 앞의 '지(知)'자는 본체에 해당하고, 뒤의 '지(知)'자는 작용에 해당한다.

【011】

然後好惡形焉. 好惡無節於內, 知誘於外, 不能反躬, 天理滅矣. 夫物之感人無窮, 而人之好惡無節, 則是物至而人化物也. 人化物也者, 滅天理而窮人欲者也. 於是有悖逆詐僞之心, 有淫泆作亂之事. 是故强者脅弱, 衆者暴寡, 知[去聲]者詐愚, 勇者苦怯, 疾病不養, 老幼孤獨不得其所, 此大亂之道也. 〈011〉

그런 뒤에 좋고 싫어함이 나타나게 된다. 좋고 싫어함에 대해 내적으로 절제함이 없고, 지각 능력이 외부 사물의 꾐에 넘어가서, 스스로 돌이켜서 그 이치를 따져볼 수 없다면, 천리가 없어지게 된다. 무릇 사물이 사람의 마음을 느끼게 함에는 끝이 없는데, 사람의 좋고 싫어함에 절제함이 없다면, 이것은 사물이 다다라서 사람이 사물에게 이끌려 사물화 되는 것이다. 사람이 사물에게 이끌려 사물화 되는 자는 천리를 없애고 인욕을 끝없이 다하는 자이다. 여기에서 어그러지고 거짓된 마음이 생겨나고, 음란하고 난리를 일으키는 일이 생긴다. 이러한 까닭으로 강자는 약한 자를 위협하고, 다수는 소수에게 난폭하게 대하며, 똑똑한 자는['知'자는 거성으로 읽는다.] 아둔한 자를 속이고, 용맹한 자는 겁이 많은 자를 괴롭히니, 병에 걸린 자들은 부양을 받지 못하고, 노인이나 어린이 또 고아나 홀아비는 자신의 자리를 얻지 못한다. 이것이 바로 크게 혼란스럽게 되는 도이다.

集說 劉氏曰: 人生而靜者, 喜怒哀樂未發之中, 天命之性也. 感於物而動, 則性發而爲情也. 人心虛靈知覺事至物來, 則必知之而好惡形焉. 好善惡惡, 則道心之知覺, 原於義理者也. 好妍惡醜, 則人心之知覺, 發於形氣者也. 好惡無節於內, 而知誘於外, 則是道心昧而不能爲主宰, 人心危而物交物, 則引之矣. 不能反躬以思其理之是非, 則人欲熾而天理滅矣. 況以無節之好惡, 而接乎無窮之物感, 則心爲物役, 而違禽獸不遠矣. 違禽獸不遠, 則瓜剛者決, 力强者奪. 此所以爲大亂之道也.

유씨가 말하길, "사람이 태어나면서 고요하다."는 말은 기쁨·성냄·슬픔·즐거운 감정이 아직 나타나기 이전의 중(中)으로, 천명인 성(性)이다. 외부 사물을 느껴서 움직이게 된다면, 성(性)이 발현되어 정(情)이 된다. 사람의 마음이라는 것은 비어 있으면서 영묘하며 지각 능력이 있어서, 어떤 사안이나 물건이 도래하게 되면, 반드시 그것을 알아서 좋고 싫음을 나타내게 된다. 좋은 것을 좋아하고 나쁜 것을 싫어한다면 도심(道心)에 따른 지각 능력으로, 의리(義理)에 근원한 것이다. 고운 것을 좋아하고 추한 것을 싫어하는 것은 인심(人心)에 따른 지각 능력으로, 형체와 기운에서 나타난 것이다. 좋고 싫어함에 대해 내적으로 절제함이 없고, 지각 능력이 외부 사물의 꾐에 넘어가게 되면, 도심은 어둡게 되어 주재를 할 수 없게 되고, 인심은 위태롭게 되어 외부 사물이 신체의 기간과 교섭하게 되니, 끌려 다니게만 된다. 이것을 자신에게로 되돌려서 그 이치의 옳고 그름을 헤아릴 수 없다면, 인욕(人欲)이 왕성하게 되고 천리 (天理)가 없어지게 된다. 하물며 좋고 싫어함에 대해서 절제함이 없고 끊임없이 외부 사물과 교섭하며 느끼기만 한다면, 마음은 외부 사물에게 부림을 당하고, 짐승과 거의 차이가 나지 않게 된다. 짐승과 차이가 나지 않는다면 손아귀가 강한 자는 끊어버리고, 힘이 강한 자는 빼앗아버린다. 이것이 큰 혼란의 도가 되는 이유이다.

【012】
是故先王之制禮樂, 人爲之節. 衰麻哭泣, 所以節喪紀也. 鍾鼓干戚, 所以和安樂[洛]也. 昏姻冠笄, 所以別男女也. 射鄕食[嗣]饗, 所以正交 接. 禮節民心, 樂和民聲, 政以行之, 刑以防之. 禮樂刑政, 四達而不 悖, 則王道備矣.〈012〉

이러한 까닭으로 선왕이 예와 악을 제정하여, 사람들은 그것을 절도로 삼 았다. 즉 상복 및 상례제도를 두어서 상을 치르는 기간에 대해 조절을 한 것이다. 또 종이나 북 방패나 도끼 등 음악과 관련된 제도를 만들어서 안정 되고 즐거워하는['樂'자의 음은 '洛(락)'이다.] 마음을 조화롭게 한 것이다. 또 혼 인 및 관례나 계례 등의 의식을 두어서, 남녀사이에 구별을 둔 것이다. 또 사례나 향음주례 및 사향['食'자의 음은 '嗣(사)'이다.] 등의 의식을 두어서, 서로 교류하는 일을 바로잡은 것이다. 따라서 예는 백성들의 마음을 조절하고, 악은 백성들의 소리를 조화롭게 만들며, 정치는 이를 통해 시행하고, 형벌 은 이를 통해 나쁜 것을 방지한다. 예 · 악 · 형벌 · 정치가 사방에 두루 시 행되어 어그러지지 않는다면, 왕도가 모두 갖춰지게 된다.

集說 劉氏曰: 先王之制禮樂, 因人情而爲之節文. 因其哀死而喪期 無數, 故爲衰麻哭泣之數以節之. 因其好逸樂而不能和順於義理, 故 爲鍾鼓干戚之樂以和之. 因其有男女之欲而不知其別, 故爲昏姻冠 笄之禮以別之. 因其有交接之事而或失其正, 故爲射鄕食饗之禮以

正之. 節其心, 所以使之行而無過不及; 和其聲, 所以使之言而無所
乖戾; 爲之政以率其怠倦, 而使禮樂之教無不行; 爲之刑以防其恣
肆, 而使禮樂之道無敢廢, 禮樂刑政四者通行於天下, 而民無悖違之
者, 則王者之治道備矣.

유씨가 말하길, 선왕이 예와 악을 제정함에, 사람의 정감에 따라서 그것
에 대한 격식과 제도를 만들었다. 죽은 자를 애도할 때 그 기한에 끝이
없음에 연유했기 때문에, 상복이나 곡을 하며 우는 것들에 대해 정해진
수치를 두어서 조절했다. 또 안일하고 안락함을 좋아하여 의리에 순종하
거나 조화롭게 되지 못함에 연유했기 때문에, 종ㆍ북 등의 악기와 방패ㆍ
도끼 등의 무용도구를 두어 조화롭게 했다. 또 남녀 간의 욕망으로 인해
구별됨을 알지 못함에 연유했기 때문에, 혼인 및 관례와 계례의 규정을
두어 구별한 것이다. 또 서로 교류하는 사안에 있어서 간혹 올바름을 잃
어버리는 일이 있음에 연유했기 때문에, 사례ㆍ향음주례ㆍ사향 등의 예
법을 제정하여 바르게 했던 것이다. 그 마음을 조절하는 것은 그들로 하
여금 시행하되 지나치거나 미치지 못함이 없게끔 하는 것이다. 그 소리를
조화롭게 하는 것은 그들로 하여금 말을 함에 어긋나는 것이 없게끔 하는
것이다. 그들을 위해 정치를 시행하여 태만한 마음을 이끌어, 예와 악의
가르침을 시행하지 못하는 일이 없게끔 한 것이다. 그들을 위해 형벌을
시행하여 방자한 마음을 방지해서, 예와 악의 도리를 감히 저버리는 일이
없게끔 한 것이다. 예ㆍ악ㆍ형벌ㆍ정치라는 네 가지가 천하에 통행되어,
백성들 중 어그러트리거나 위배하는 자가 없다면, 왕의 다스리는 도리가
모두 갖춰지게 된다.

【013】
樂者爲同, 禮者爲異. 同則相親, 異則相敬. 樂勝則流, 禮勝則離. 合
情飾貌者, 禮樂之事也. 禮義立, 則貴賤等矣. 樂文同, 則上下和矣.

好惡著, 則賢不肖別矣. 刑禁暴, 爵擧賢, 則政均矣. 仁以愛之, 義以正之, 如此則民治行矣.〈013〉

악은 동일하게 만들고, 예는 다르게 만든다. 동일하게 되면 서로 친애하게 되고, 다르게 되면 서로 공경하게 된다. 악이 예보다 지나치면 방탕한 곳으로 빠지고, 예가 악보다 지나치면 서로 떠나게 된다. 정감을 합치고 모양을 꾸미는 것은 예와 악에 해당하는 일들이다. 예의 뜻이 확립되면, 귀천의 등급이 고르게 된다. 악의 격식이 동일하게 되면, 상하 계층이 화합하게 된다. 좋고 싫어함이 드러나면, 현명하고 불초한 자들이 구별된다. 형벌로 난폭함을 금하고 작위로 현명한 자를 등용하면, 정치가 균평하게 시행된다. 인으로 서로를 사랑하고, 의로 바르게 하니, 이처럼 한다면, 백성들을 다스리는 일이 시행된다.

集說 和以統同, 序以辨異. 樂勝則流, 過於同也. 禮勝則離, 過於異也. 合情者, 樂之和於內, 所以救其離之失; 飾貌者, 禮之檢於外, 所以救其流之失. 此禮之義, 樂之文, 所以相資爲用者也. 仁以愛之, 則相敬而不至於離; 義以正之, 則相親而不至於流. 此又以仁義爲禮樂之輔者也. 等貴賤, 和上下, 別賢不肖, 均政, 此四者皆所以行民之治, 故曰民治行矣.

조화롭게 함으로써 동일함을 통솔하고, 차례를 지음으로써 다름을 변별한다. 악이 지나치면 방탕하게 흐른다는 말은 동일하게 하는데 지나치다는 뜻이다. 예가 지나치면 떠나게 된다는 말은 다르게 하는데 지나치다는 뜻이다. 정감을 합한다는 말은 악이 내적으로 조화를 이루는 것으로, 떠나게 되는 잘못을 구제할 수 있는 방법이다. 모양을 꾸민다는 말은 예가 외적으로 검속하는 것으로, 방탕하게 흐르는 잘못을 구제할 수 있는 방법이다. 이것은 예의 뜻과 악의 형식이 서로 보탬이 되어 쓰임이 되는 것이다. 인으로써 사랑한다면 서로 공경하여 떠나게 되는 지경에 이르지 않고, 의로써 바르게 한다면 서로 친하게 되어 방탕한 지경에는 이르지 않는다. 이것은 또한 인과 의를 예와 악을 도와주는 것으로 삼는 것이다.

귀천의 등급이 균등하게 되고, 상하의 계층이 조화를 이루며, 현명하고 불초한 자들을 구별하고, 정치를 균등하게 하는 네 가지 것들은 모두 백성들을 다스리는 일을 시행하는 방법이다. 그렇기 때문에 "백성들을 다스리는 일이 시행된다."라고 말한 것이다.

集說 應氏曰: 上言王道備, 言其爲治之具也. 此言民治行, 言其爲治之效.

응씨가 말하길, 앞에서는 "왕도가 갖춰진다."고 했는데, 이것은 다스림을 시행하는 도구를 말한 것이다. 이곳에서는 "백성들을 다스리는 일이 시행된다."라고 했는데, 이것은 다스림을 시행해서 나타난 결과를 말한 것이다.

【014】

樂由中出, 禮自外作. 樂由中出故靜, 禮自外作故文. 大樂必易, 大禮必簡. 樂至則無怨, 禮至則不爭. 揖讓而治天下者, 禮樂之謂也. 暴民不作, 諸侯賓服, 兵革不試, 五刑不用, 百姓無患, 天子不怒, 如此, 則樂達矣. 合父子之親, 明長幼之序, 以敬四海之內, 天子如此, 則禮行矣.〈014〉

악은 마음으로부터 나오고, 예는 외부로부터 만들어진다. 악은 마음으로부터 나오기 때문에 고요하며, 예는 외부로부터 만들어지기 때문에 문채가 난다. 큰 악은 반드시 쉽고, 큰 예는 반드시 간략하다. 악이 지극해지면 원망함이 없고, 예가 지극해지면 다투지 않는다. 옛날의 선왕이 인사하고 겸양하는 것만으로도 천하를 다스릴 수 있었다는 말은 바로 예와 악이 지극했음을 뜻한다. 난폭한 백성이 생기지 않고, 제후들이 복종하며, 병장기가 사용되지 않고, 오형이 사용되지 않으며, 백성들에게 근심이 없고, 천자가 성내지 않게 되니, 이처럼 한다면 악이 두루 통하게 된다. 천자가 부자관계의 친애함을 합하여 널리 시행하고, 장유관계에서의 질서를 밝혀서, 이를 통해 천하의 모든 사람들을 공경하니, 천자가 이처럼 한다면, 예가 시행된다.

應氏謂四海之內四字, 恐在合字上, 如此則文理爲順.

응씨는 '사해지내(四海之內)'라는 네 글자는 아마도 '합(合)'자 앞에 있어야 하니, 이처럼 되어야만 문맥이 순탄하다고 했다.

劉氏曰: 欣喜歡愛之和出於中, 進退周旋之事著於外. 和則情意安舒, 故靜; 序則威儀交錯, 故文. 大樂與天地同和, 如乾以易知而不勞; 大禮與天地同節, 如坤以簡能而不煩. 樂至則人皆得其所而無怨, 禮至則人各安其分而不爭. 如帝世揖讓而天下治者, 禮樂之至也. 達者, 徹於彼之謂. 行者, 出於此之謂. 行者達之本, 達者行之效. 天子自能合其父子之親, 明其長幼之序, 則家齊族睦矣. 又能親吾親以及人之親, 長吾長以及人之長, 是謂以敬四海之內, 則禮之本立而用行矣. 禮之用行, 而後樂之效達. 故於樂但言天子無可怒者, 而於禮則言天子如此. 是樂之達, 乃天子行禮之效也. 周子曰: "萬物各得其理而後和, 故禮先而樂後", 是也.

유씨가 말하길, 기뻐하며 사랑하는 조화로움은 마음에서 비롯되고, 나아가고 물러나며 움직이는 질서는 외부로 드러난다. 조화롭다면 정감과 뜻이 편안하게 된다. 그렇기 때문에 고요하다. 질서를 지키면 위엄을 갖춘 의례들이 교차하게 된다. 그렇기 때문에 문채가 난다. 큰 악은 천지와 조화로움을 함께 하니, 건이 평이함으로 주장하여 수고롭지 않음과 같고, 큰 예는 천지와 절도를 함께 하니, 곤이 간략함으로써 능하여 번잡하지 않음과 같다.6) 악이 지극해지면 사람들은 모두 제자리를 얻어서 원망함이 없게 되고, 예가 지극해지면 사람들은 각각 본분을 편안하게 여겨서

___

6) 『역』「계사상(繫辭上)」: 乾以易知, 坤以簡能, 易則易知, 簡則易從, 易知則有親, 易從則有功, 有親則可久, 有功則可大, 可久則賢人之德, 可大則賢人之業.

다투지 않는다. 예를 들어 오제시대에는 인사하고 겸양만 하더라도 천하가 다스려졌는데, 이것은 예와 악이 지극했기 때문이다. '달(達)'이라는 말은 저곳에도 통한다는 뜻이다. '행(行)'이라는 말은 이곳에서 나온다는 뜻이다. 행은 달의 근본이며 달은 행을 통한 효과이다. 천자가 스스로 부자관계에서 지켜야 하는 친애함에 합할 수 있고, 장유관계에서의 질서를 밝힐 수 있다면, 집안이 다스려지고 친족이 화목하게 된다. 또 자신의 부모를 친애하는 마음을 미루어서 남의 부모에게까지 미칠 수 있고, 자신의 어른을 어른으로 섬기는 마음을 미루어서 남의 어른에게까지 미치는 것을 바로 "이를 통해 천하의 모든 사람들을 공경한다."라고 부르니, 이처럼 한다면, 예의 근본이 확립되고 그 쓰임이 시행된 것이다. 예의 쓰임이 시행된 이후에 악의 효과도 두루 통하게 된다. 그렇기 때문에 악에 대해서는 단지 "천자에게 성낼만한 것이 없다."라고 말하고, 예에 대해서는 "천자가 이처럼 한다."라고 말한 것이다. 이것은 곧 악이 두루 통하는 것은 천자가 예를 시행한 효과에 해당한다는 뜻이다. 주자는 "만물은 각각 그 이치를 얻은 이후에 조화롭게 된다. 그렇기 때문에 예가 먼저이고, 악이 뒤이다."라고 했다.

【015】

大樂與天地同和, 大禮與天地同節. 和故百物不失, 節故祀天祭地. 明則有禮樂, 幽則有鬼神. 如此, 則四海之內合敬同愛矣. 禮者殊事合敬者也. 樂者異文合愛者也. 禮樂之情同, 故明王以相沿也. 故事與時並, 名與功偕.〈015〉

큰 악은 천지와 조화로움을 함께 하고, 큰 예는 천지와 절제함을 함께 한다. 조화롭기 때문에 모든 사물이 그들의 본성을 잃지 않고, 절제하기 때문에 천지에 대한 제사를 지내는 것이다. 밝은 인간 세상에는 예와 악이 있고, 그윽한 저 세상에는 작용인 귀와 신이 있다. 이와 같다면 천하 사람들은 공경함을 함께 하고 사랑함을 동일하게 따른다. 예라는 것은 그 사안을 제각각 구별하지만 공경함에 합치되도록 하는 것이다. 악이라는 것은 그 격식을 다르게 하지만 사랑함에 합치되도록 하는 것이다. 예와 악의 실정이 같기 때문에, 성왕들은 이를 통해서 서로 그 본질을 따랐다. 그렇기 때문에 사안은 때와 함께 시행되었고, 이름과 공덕은 함께 어울리게 되었다.

集說 百物不失, 言各遂其性也.

'백물불실(百物不失)'은 각각 그 본성에 따른다는 뜻이다.

集說 朱子曰: 禮主減, 樂主盈, 鬼神, 亦止是屈伸之義. 禮樂鬼神一理. 又曰: 在聖人制作處便是禮樂, 在造化處便是鬼神. 禮有經禮 · 曲禮之事殊, 而敬一; 樂有五聲 · 六律之文異, 而愛一. 所以能使四海之內合敬同愛者, 皆大樂 · 大禮之所感化也. 禮樂之制, 在明王, 雖有損益, 而情之同者, 則相因述也. 惟其如此, 是以王者作興, 事與時並. 如唐虞之時, 則有揖讓之事. 夏殷之時, 則有放伐之事. 名與功偕者, 功成作樂, 故歷代樂名, 皆因所立之功而名之也.

주자가 말하길, 예는 줄이는 것을 위주로 하고 악은 채우는 것을 위주로 한다. '귀신(鬼神)'이라는 말 또한 단지 굽히고 펴는 뜻에 해당할 따름이다. 예와 악 및 귀와 신은 그 이치가 동일하다. 또 말하길, 성인이 만든 것이 바로 예와 악이고, 그것이 만들어지고 변화하며 쓰이는 것은 곧 귀와 신이다. 예에는 경례와 곡례처럼 다른 사안이 있지만, 공경함의 측면에서는 동일하다. 악에는 오성이나 육률처럼 격식이 다른 점이 있지만, 사랑함의 측면에서는 동일하다. 천하 사람들로 하여금 공경함에 합치시키고 사랑함을 동일하게 따르게 할 수 있는 것은 모두 큰 악과 큰 예에 따라 감화된 것이다. 예와 악을 제정한 것은 성왕 때인데, 비록 각 시대마다 덜고 더한 점이 있지만, 정감의 측면에서는 동일하니, 서로 그에 따라서 조술했기 때문이다. 오직 이와 같아야만 천자가 일어남에 그 사안이 때와 병행되는 것으로, 예를 들어 당우시대에는 읍과 겸양을 통해 제위를 양보한 일이 있었다. 또 하나라와 주나라 때에는 내치고 정벌하여 제위에 오른 일이 있었다. "이름과 공덕이 함께 한다."는 말은 공덕이 이루어지면 악을 만들기 때문에, 역대 악의 이름은 모두 수립한 공덕에 따라서 명명한 것이다.

集說 蔡氏曰: 禮樂本非判然二物也. 人徒見樂由陽來, 禮由陰作, 卽以爲禮屬陰, 樂屬陽, 判然爲二, 殊不知陰養一氣也. 陰氣流行卽爲陽, 陽氣凝聚卽爲陰, 非眞有二物也. 禮樂亦止是一理. 禮之和卽是樂, 樂之節卽是禮, 本非二物也. 善觀者, 旣知陰陽禮樂之所以爲二, 又知陰陽禮樂之所以爲一, 則達禮樂之體用矣.

채씨가 말하길, 예와 악은 본래 확연하게 구별되는 두 가지 대상이 아니다. 사람들은 단지 악이 양으로부터 비롯되어 나타나고, 예는 음으로부터 비롯되어 만들어진다는 것을 보고서, 곧 예가 음에 속하고 악이 양에 속한다고 여겨, 확연하게 갈라 두 가지 대상으로 여겼던 것이다. 그러나 이것은 음과 양이 동일한 기운임을 알지 못했기 때문이다. 음기가 두루 흐르게 되면 곧 양기가 되고, 양기가 응집되면 곧 음기가 되니, 진실로 두 가지 대상이 있을 수 없다. 예와 악 또한 단지 하나의 이치일 따름이다. 예의 조화로움은 곧 악에 해당하고, 악의 절제는 곧 예에 해당하니, 이 또한 두 대상이 아니다. 잘 살펴볼 수 있는 자가 음기와 양기 및 예와 악이 둘이 되는 이유를 알았고, 또 음기와 양기 및 예와 악이 하나가 되는 이유를 알았다면, 예와 악의 본체 및 쓰임에 통달하게 된다.

【016】
故鍾鼓管磬, 羽籥干戚, 樂之器也. 屈伸俯仰, 綴[拙]兆舒疾, 樂之文也. 簠簋俎豆, 制度文章, 禮之器也. 升降上下, 周還[旋]裼襲, 禮之文也. 故知禮樂之情者能作, 識禮樂之文者能述. 作者之謂聖, 述者之謂明. 明聖者, 述作之謂也.〈016〉

그러므로 종·북·피리·석경 등의 악기들과 깃털·피리·방패·도끼 등의 무용도구들은 악의 도구들에 해당한다. 굽히고 펴며 굽어보고 치켜듦, 무용수들의 대열과['綴'자의 음은 '抽(졸)'이다.] 춤을 추는 공간 및 천천히 하고 빠르게 하는 동작들은 악의 격식에 해당한다. 보·궤·조·두와 같은 제기들과 제도 및 각종 형식들은 예의 도구들에 해당한다. 오르고 내리며 위로 올라가고 내려가며, 선회하고['還'자의 음은 '旋(선)'이다.] 석과 습을 하는 것은 예의 격식에 해당한다. 그렇기 때문에 예와 악의 실정을 아는 자는 예와 악을 새롭게 만들 수 있고, 예와 악의 격식을 아는 자는 그것을 조술할 수 있다. 새로 만드는 자를 '성인(聖人)'이라 부르며, 조술하는 자를 '명자(明者)'라 부른다. 명자와 성인은 곧 조술하고 새로 만드는 자들을 뜻한다.

集說 綴, 舞者行位相連綴也. 兆, 位外之營兆也. 裼襲, 說見曲禮. 情, 謂理趣之深奧者. 知之悉, 故能作. 文, 謂節奏之宣著者. 識之詳, 故能述. 若黃帝·堯·舜之造律呂垂衣裳, 禹·湯·文·武之不相沿襲, 皆聖者之作也. 周公經制, 盡取先代之禮樂而參用之, 兼聖明之作述也. 季札觀樂而各有所論, 此明者之述也. 夫子之聖, 乃述而不作者, 有其德無其位故耳.

'졸(綴)'은 무용수들의 대열과 자리가 서로 연결되어 있음을 뜻한다. '조(兆)'는 무용수들이 서 있는 자리 밖의 영역이다. '석(裼)'과 '습(襲)'에 대한 설명은 『예기』「곡례(曲禮)」편에 나온다. '정(情)'은 매우 심오한 의리와 뜻을 의미한다. 깊이 알고 있기 때문에 만들 수 있다. '문(文)'은 연주에 현저히 드러나는 점이다. 상세히 알고 있기 때문에 조술할 수 있다. 황제·요·순 등은 율려를 만들고 의복 등을 제정했으며, 우·탕·문왕·무왕 등은 서로 답습만 하지 않았으니, 이 모두는 제작을 할 수 있는 성인들에 해당한다. 주공이 만든 전장제도는 이전 세대의 예악을 모두 취하여 참고해서 사용하였으니, 성인과 명자가 짓고 조술하는 것을 겸하고 있다. 계찰은 음악을 살펴보고 각각에 대해 논의했는데, 이것은 명자의 조술에 해당한다. 공자와 같은 성인도 조술만 하고 만들지 않았는데, 그 이유는 그에 해당하는 덕은 있었지만, 해당하는 지위가 없었기 때문이다.

類編 右樂節.
여기까지는 '악절(樂節)'에 대한 내용이다.

◇ 악화(樂化)

【017】

樂者天地之和也. 禮者天地之序也. 和故百物皆化, 序故群物皆別.
樂由天作, 禮以地制. 過制則亂, 過作則暴. 明於天地, 然後能興禮
樂也.〈017〉

악은 천지의 조화로움에 해당한다. 예는 천지의 질서에 해당한다. 조화롭
기 때문에 만물은 모두 조화롭게 되는 것이고, 질서가 있기 때문에 만물은
모두 구별되는 것이다. 악은 하늘로부터 만들어지고, 예는 땅으로부터 제
정된다. 잘못 제정되면 어지럽게 되고, 잘못 만들어지면 난폭하게 된다.
천지에 대해서 해박하게 안 뒤에야 예와 악을 흥성하게 만들어서 천지의
작용을 도울 수 있다.

〔集說〕 朱子曰: 樂由天作屬陽, 故有運動底意. 禮以地制, 如由地出,
不可移易.

주자가 말하길, 악은 하늘로부터 비롯되어 만들어지니 양에 해당한다.
그렇기 때문에 두루 운행되는 뜻이 있다. 예는 땅을 통해서 제정되니 땅
으로부터 비롯되어 나온 것과 같으므로, 옮기거나 바꿀 수 없다.

〔集說〕 劉氏曰: 前言大樂與天地同和, 大禮與天地同節, 以成功之所
合而言也. 此言樂者天地之和, 禮者天地之序, 以效法之所本而言
也. 蓋聖人之禮樂, 與天地之陰陽相爲流通, 故始也法陰陽以爲禮
樂, 終也以禮樂而贊陰陽. 天地之和, 陽之動而生物者也. 氣行而不
乖, 故百物皆化. 天地之序, 陰之靜而成物者也. 質具而有秩, 故群
物皆別. 樂由天作者, 法乎氣之行於天者而作, 故動而屬陽. 聲音,
氣之爲也. 禮以地制者, 法乎質之具於地者而制, 故靜而屬陰. 儀則,
質之爲也. 過制則失其序, 如陰過而肅, 則物之成者復壞矣, 故亂.
過作則失其和, 如陽過而亢, 則物之生者反傷矣, 故暴. 明乎天地之

和與序, 然後能興禮樂以贊化育也.

유씨가 말하길, 앞에서는 큰 악은 천지와 조화로움을 함께 하고 큰 예는 천지와 절제함을 함께 한다고 했으니, 공덕을 이룸에 부합되는 것을 기준으로 말한 것이다. 이곳에서는 악은 천지의 조화로움이고 예는 천지의 질서라고 했는데, 이것은 법도를 본받음에 근본으로 삼는 것을 기준으로 말한 것이다. 무릇 성인이 제정한 예악은 천지의 음양과 서로 더불어 유행하며 두루 통한다. 그렇기 때문에 최초에는 음양을 본받아서 예악을 만들고, 끝으로는 예악을 통해서 음양을 돕는다. 천지의 조화로움은 양이 움직여서 만물을 생겨나게 함이다. 기운이 운행하며 어그러지지 않기 때문에 만물이 모두 조화롭게 된다. 천지의 질서는 음이 고요하여 만물을 완성하게 함이다. 바탕이 갖춰지고 질서가 있기 때문에 만물이 모두 구별된다. "악이 하늘로부터 만들어졌다."는 말은 기운이 하늘에서 운행하는 것을 본받아 만들었다는 뜻이다. 그렇기 때문에 움직여서 양에 속한다. 소리와 음은 기운이 나타난 것이다. "예는 땅으로써 제정한다."는 말은 바탕이 땅에서 갖춰진 것을 본받아 제정했다는 뜻이다. 그렇기 때문에 고요하여 음에 속한다. 법칙은 바탕이 나타난 것이다. 잘못 제정되면 그 질서를 잃으니, 마치 음이 지나쳐서 숙살하게 되면 만물 중 완성된 것들이 다시 무너지는 것과 같다. 그렇기 때문에 어지럽게 된다. 잘못 만들어지면 조화로움을 잃으니, 마치 양이 지나쳐서 오래되면 만물 중 생겨나는 것들이 반대로 상처를 입는 것과 같다. 그렇기 때문에 난폭하게 된다. 천지의 조화로움과 질서에 대해 밝게 안 뒤에라야 예악을 흥성하게 만들어서 천지의 화육하는 작용을 도울 수 있다.

【018】

論倫無患, 樂之情也; 欣喜歡愛, 樂之官也; 中正無邪, 禮之質也; 莊敬恭順, 禮之制也. 若夫禮樂之施於金石, 越於聲音, 用於宗廟·社

稷, 事乎山川・鬼神, 則此所與民同也.〈018〉

노래에 가사가 있고 율려가 있어서 근심이 없게 되는 것은 악의 실정에 해당한다. 기뻐하고 사랑하게 함은 악의 기능에 해당한다. 중도에 맞고 올바르며 사벽함이 없는 것은 예의 본질에 해당한다. 장엄하고 공경하며 공손하고 순종하는 것은 예가 제재하는 것에 해당한다. 이러한 것들은 파악하기 어려우니 오직 군자만 알 수 있다. 그런데 예와 악을 쇠나 돌로 된 악기로 연주하고 소리나 음으로 표현하여, 종묘와 사직의 제사에서 사용하고 산천과 귀신을 섬기는 것들은 백성들도 모두 알고 있는 것들이다.

集說 方氏曰: 金石聲音, 特樂而已, 亦統以禮爲言者. 凡行禮然後用樂, 用樂以成禮, 未有用樂而不爲行禮者也. 情・官・質・制者, 禮樂之義也. 金石・聲・音者, 禮樂之數也. 其數可陳, 則民之所同; 其義難知, 則君之所獨. 故於金石聲音, 曰此所與民同也.

방씨가 말하길, 쇠나 돌로 된 악기 소리나 음 등은 단지 악에만 해당할 따름인데, 또한 예까지도 통괄해서 말한 이유는 무릇 예를 실행한 연후에야 악을 사용하고 악을 사용하여 예를 완성하니, 악을 사용하면서 예를 시행하지 않은 경우는 없기 때문이다. 실정・기능・바탕・제도라는 것은 예와 악의 뜻에 해당한다. 쇠나 돌로 된 악기 소리나 음 등은 예와 악의 제도에 해당한다. 그 제도에 대해서는 진술할 수 있으니 백성들도 동일하게 아는 것이다. 그러나 그 뜻에 대해서는 알기 어려우니 군자만 홀로 아는 것이다. 그렇기 때문에 쇠나 돌로 된 악기 소리 및 음에 대해서는 "이것이 백성들과 함께 동일하게 아는 것이다."라고 말한 것이다.

集說 劉氏曰: 論者, 雅頌之辭, 倫者律呂之音. 惟其辭足論而音有倫, 故極其和而無患害. 此樂之本情也, 而在人者則以欣喜歡愛爲作樂之主焉. 中者, 行之無過不及. 正者, 立之不偏不倚. 惟其立之正而行之中, 故得其序而無邪僻. 此禮之本質也, 而在人者則以莊敬恭順爲行禮之制焉. 此聖賢君子之所獨知也. 若夫施之器而播之聲, 以事乎鬼神者, 則衆人之所共知者也.

유씨가 말하길, '논(論)'은 아나 송에 해당하는 가사들이며, '윤(倫)'은 육
률과 육려에 해당하는 음들이다. 다만 그 가사에 대해서는 논의할 수 있
고 음에도 질서가 있기 때문에, 조화로움을 지극히 하여 우환과 해로움이
없는 것이다. 이것은 악의 근본적인 실정에 해당하는데, 사람에게 있어서
는 기뻐함과 사랑함을 악을 짓는 일에 있어서 위주로 삼는다. '중(中)'은
행동에 지나치거나 미치지 못함이 없는 것이다. '정(正)'은 서 있을 때
치우치거나 기울이지 않는 것이다. 다만 서 있는 것이 올바르고 행실이
마땅하기 때문에, 질서를 얻어서 삿되고 편벽됨이 없는 것이다. 이것은
예의 본질에 해당하는데, 사람에게 있어서는 장엄하고 공경하며 공손하
고 순종하는 것을 예를 시행할 때의 제재로 삼는다. 이것은 성현과 군자
만이 알 수 있는 것이다. 악기를 통해 연주하고 소리로 나타내어, 이를
통해 귀신을 섬기는 경우라면, 대중들도 모두 알고 있는 것이다.

【019】

王者功成作樂, 治定制禮, 其功大者其樂備, 其治辯[徧]者其禮具. 干
戚之舞, 非備樂也; 孰亨[烹]而祀, 非達禮也. 五帝殊時, 不相沿樂; 三
王異世, 不相襲禮. 樂極則憂, 禮粗則偏矣. 及夫敦樂而無憂, 禮備
而不偏者, 其唯大聖乎!〈019〉

천자가 된 자는 공덕을 이루면 악을 만들고, 다스림의 도리가 안정되면
예를 제정하니, 그 공덕이 큰 경우에는 악도 제대로 갖춰지고, 그 다스림의
도리가 두루['辯'자의 음은 '徧(편)'이다.] 미친 경우에는 예도 온전히 갖춰진다.
방패나 도끼를 들고 추는 춤은 제대로 갖춰진 악이 아니며, 희생물을 익혀
서['亨'자의 음은 '烹(팽)'이다.] 제사를 지내는 것은 두루 달통하는 예가 아니다.
오제 때에는 때가 달랐으므로, 악에 대해서 서로 따르지 않았던 것이며,
삼왕 때에는 세대가 달라졌으므로, 예에 대해서 서로 답습만하지 않았던
것이다. 악이 지나치게 지극해지면 근심스럽게 되고, 예가 너무 소략하게

되면 치우치게 된다. 무릇 악을 후하게 하더라도 근심이 없게 되고, 예가
갖춰져서 치우치지 않는 경우는 오직 위대한 성인만이 가능할 것이다!

集說 干戚之舞, 武舞也. 不如韶樂之盡善盡美, 故云非備樂也. 熟
烹牲體而薦, 不如古者血腥之祭爲得禮意, 故云非達禮也. 若奏樂而
欲極其聲音之娛樂, 則樂極悲來, 故云樂極則憂; 行禮粗略而不能詳
審, 則節文之儀, 必有偏失而不擧者, 故云禮粗則偏矣. 惟大聖人則
道全德備, 雖敦厚於樂, 而無樂極悲來之憂; 其禮儀備具, 而無偏粗
之失也.

방패와 도끼를 들고 추는 춤은 무무에 해당한다. 소라는 악곡처럼 진선과
진미를 다한 것만 못하기 때문에, "모든 것이 갖춰진 음악이 아니다."라고
말한 것이다. 희생물을 익혀서 바치는 것은 고대에 피와 생고기를 바쳐서
제사를 지내어 예의 뜻을 다할 수 있었던 것만 못하기 때문에, "달통한
예가 아니다."라고 말한 것이다. 만약 음악을 연주하여 소리와 음에 따른
즐거움을 지극히 하고자 한다면, 악이 지나치게 되어 슬픈 감정이 찾아오
게 된다. 그렇기 때문에 "악이 너무 지극해지면 근심스럽게 된다."라고
말한 것이다. 또 예를 시행하며 지나치게 소략하고 세심하게 살필 수 없
다면, 절도와 격식에 따른 의례에 반드시 치우치거나 실수를 범하는 점이
생겨 거행하지 못하는 경우가 발생한다. 그렇기 때문에 "예가 너무 거칠
게 되면 치우친다."라고 말한 것이다. 오직 위대한 성인만이 도를 온전히
하고 덕을 모두 갖춰서, 비록 악에 대해 후하게 하더라도 악을 너무 지나
치게 해서 슬픈 감정이 도래하는 근심이 없을 수 있고, 그 예의에 대해서
는 모두 갖춰서 치우치거나 소략하게 되는 실수가 없게 된다.

【020】
天高地下, 萬物散殊, 而禮制行矣. 流而不息, 合同而化, 而樂興焉.
春作夏長, 仁也. 秋斂冬藏, 義也. 仁近於樂, 義近於禮. 樂者敦[如字]

和, 率神而從天; 禮者別宜, 居鬼而從地. 故聖人作樂以應天, 制禮
以配地. 禮樂明備, 天地官矣.〈020〉

하늘은 높고 땅은 낮으며, 만물은 그 사이에 흩어지고 달라지며, 예에 따른
절제함이 시행된다. 두루 흘러 그치지 않고, 합하고 같아져서 변화하여 악
이 흥성하게 된다. 봄은 만들고 여름은 장성하게 하니, 인에 해당한다. 가
을은 거둬들이고 겨울은 보관하니, 의에 해당한다. 인은 악에 가깝고, 의는
예에 가깝다. 악은 조화로움을 돈독히['敦'자는 글자대로 읽는다.] 하고, 신에 따
라 하늘을 따르며, 예는 마땅함을 변별하고, 귀에 머물며 땅을 따른다. 그
렇기 때문에 성인은 악을 만들어서 하늘에 호응하고, 예를 제정하여 땅에
부합한다. 예와 악이 밝아지고 갖춰지니, 천지가 주관하는 것이다.

集說　物各賦物而不可以強同, 此造化示人以自然之禮制也. 絪縕
化醇而不容以獨異, 此造化示人以自然之樂情也. 合同者, 春夏之
仁, 故曰仁近於樂. 散殊者, 秋冬之義, 故曰義近於禮. 敦和, 厚其氣
之同者. 別宜, 辨其物之異者. 率神, 所以循其氣之伸; 居鬼, 所以斂
其氣之屈. 伸陽而從天, 屈陰而從地也. 由是言之, 則聖人禮樂之精
微寓於制作者, 旣明且備, 可得而知矣. 官, 猶主也. 言天之生物, 地
之成物, 各得其職也.

만물은 각각 만물로서의 본성과 형질을 부여받아 억지로 동화시킬 수 없
으니, 이것이 창조하고 화육함에 사람들에게 자연의 예제를 보인 이유이
다. 천지가 얽히고설킴에 만물이 변화하여 엉기고,[1] 홀로만 다른 것을
용납하지 않으니, 이것이 창조하고 화육함에 자연의 악정을 보인 이유이
다. 합치하고 같아지는 것은 봄과 여름이 인에 해당하기 때문에, "인은
악에 가깝다."고 말한 것이다. 흩어지고 달라지는 것은 가을과 겨울의
의에 해당하기 때문에, "의는 예에 가깝다."고 말한 것이다. 조화로움을
돈독히 하는 것은 기운의 같아지는 작용을 두텁게 하는 것이다. 마땅함을

---

1) 『역』「계사하(繫辭下)」: 天地絪縕, 萬物化醇, 男女構精, 萬物化生.

구별하는 것은 사물의 차이점을 구별하는 것이다. 신에 따른다는 것은 기운의 펼쳐지는 작용에 따르는 것이다. 귀에 머문다는 것은 기운의 굽혀지는 작용에 따라 거둬들이는 것이다. 양기를 펼쳐서 하늘에 따르고 음기를 굽혀서 땅에 따른다. 이것을 통해 말해보자면, 성인이 만든 예와 악의 정미한 뜻은 제정과 만드는 작업 속에 깃드니, 그것이 이미 밝아지고 갖춰진 것임을 알 수 있다. '관(官)'자는 "주관한다."는 뜻이다. 즉 하늘이 만물을 낳고 땅이 만물을 완성시킴에 각각 그 직무를 얻게 한다는 뜻이다.

集說 劉氏曰: 此申明禮者, 天地之序; 樂者, 天地之和. 高下散殊者, 質之具, 天地自然之序也. 而聖人法之, 則禮制行矣. 周流同化者, 氣之行, 天地自然之和也. 而聖人法之, 則樂興焉. 春作夏長, 天地生物之仁也. 氣行而同和, 故近於樂. 秋斂冬藏, 天地成物之義也. 質具而異序, 故近於禮. 此言效法之所本也. 敦化者, 厚其氣之同. 別宜者, 辨其質之異. 神者, 陽之靈. 鬼者, 陰之靈. 率神以從天者, 達其氣之伸而行於天. 居鬼而從地者, 斂其氣之屈而具於地. 蓋樂可以敦厚天地之和, 而發達乎陽之所生; 禮可以辨別天地之宜, 而安定乎陰之所成. 故聖人作樂以應助天之生物, 制禮以配合地之成物. 禮樂之制作旣明且備, 則足以裁成其道, 輔相其宜, 而天之生, 地之成, 各得其職矣. 此言成功之所合也.

유씨가 말하길, 이것은 예라는 것이 천지의 질서이며 악이라는 것이 천지의 조화로움임을 거듭 밝힌 것이다. 높고 낮으며 흩어지고 달라진다는 것은 바탕이 갖춰진 것으로 천지자연의 질서에 해당한다. 그리고 성인은 그것을 본받으니 예제가 시행된다. 두루 유행하여 같아지고 변화하는 것은 기의 운행이니 천지자연의 조화로움에 해당한다. 그리고 성인은 그것을 본받으니 악이 흥성하게 된다. 봄은 만물을 만들어내고 여름은 장성하게 하니, 천지가 만물을 생장시키는 인에 해당한다. 기운이 운행하여 같아지고 조화롭게 되기 때문에 악에 가깝다. 가을에 거둬들여지고 겨울에 보관되는 것은 천지가 만물을 완성시키는 의에 해당한다. 본질이 갖춰지고 질서에 따라 달라지기 때문에 예에 가깝다. 이것은 본받음에 있어서 근본으로 삼는 것을 뜻한다. 조화로움을 돈독히 한다는 것은 기운의 같아지게 하는 작용을 두텁게 한다는 뜻이다. 마땅함을 구별한다는 것은 본질의 다름을 구별한다는 뜻이다. '신(神)'이라는 것은 양의 영묘함이다. '귀(鬼)'라는 것은 음의 영묘함이다. 신을 따라 하늘을 따른다는 것은 기운의 펼쳐지는 작용을 두루 통하게 하여 하늘에서 시행되도록 하는 것이다. 귀에 머물며 땅에 따른다는 것은 기운의 굽혀지는 작용에 따라 거둬들여 땅에서 갖춰지도록 하는 것이다. 무릇 악은 천지의 조화로움을 돈독하게 할 수 있고, 양의 발생시키는 작용을 두루 발산하게 하며, 예는 천지의 마땅함에 따라 구별할 수 있고, 음의 완성시키는 작용을 안정시킨다. 그렇기 때문에 성인은 악을 만들어서 하늘이 만물을 생장시키는 작용에 호응하여 돕고, 예를 제정하여 땅이 만물을 완성시키는 작용에 짝하여 합하도록 한다. 예와 악이 제정되고 만들어져서 이미 밝아지고 또 갖춰졌다면, 그 도를 재단하여 완성시킬 수 있고 그 마땅함을 도울 수 있어서, 하늘이 생장시키고 땅이 완성시킴에 각각 그 직분을 얻게 된다. 이것은 공덕을 이룸에 부합되는 것을 뜻한다.

【021】

天尊地卑, 君臣定矣. 卑高以陳, 貴賤位矣. 動靜有常, 小大殊矣. 方以類聚, 物以群分, 則性命不同矣. 在天成象, 在地成形, 如此, 則禮者天地之別也. 〈021〉

하늘은 높고 땅은 낮아서 군주와 신하의 지위가 정해진다. 높고 낮음이 이미 정해져서, 신분의 귀천이 등차적으로 자리잡는다. 움직임과 고요함에는 항상된 법칙이 있어서, 크고 작은 일들이 달라진다. 인륜의 도는 해당 부류로써 머물게 되고, 사안은 같은 부류로써 구분하니, 성명이 다르기 때문이다. 하늘에 있어서는 상을 이루고, 땅에 있어서는 형체를 이루니, 이와 같다면 예는 천지의 법칙에 따른 구별이다.

集說　此與易繫辭略同, 記者引之, 言聖人制禮, 其本於天地自然之理者如此. 定君臣之禮者, 取於天地尊卑之勢也. 別貴賤之位者, 取於山澤卑高之勢也. 小者不可爲大, 大者不可爲小, 故小大之殊, 取於陰陽動靜之常也. 此小大, 如論語"小大由之"之義, 謂小事·大事也. 方, 猶道也. 聚, 猶處也. 君臣父子夫婦長幼朋友各有其道, 則各以其類而處之, 所謂方以類聚也. 物, 事也. 行禮之事, 卽謂天理之節文, 人事之儀則, 行之不止一端, 分之必各從其事, 所謂物以群分也. 所以然者, 以天所賦之命, 人所受之性, 自然有此三綱五常之倫, 其間尊卑厚薄之等, 不容混而一之也. 故曰性命不同矣. 在天成象, 如衣與旗常之章, 著爲日月星辰之象也. 在地成形, 如宮室器具各有高卑小大之制, 是取法於地也. 由此言之, 禮之有別, 非天地自然之理乎?

이 내용은 『역』「계사전(繫辭傳)」의 내용과 대략적으로 동일한데,[2] 『예기』를 기록한 자가 이 말을 인용하여, 성인이 예를 제정한 것은 이처럼 천지자연의 이치에 근본한 것임을 나타내었다. 군신의 예법을 확정한 것은 천지의 높고 낮은 형세에 따른 것이다. 신분 귀천의 지위를 등차로 나열한 것은 산과 못의 높고 낮은 형세에 따른 것이다. 작은 것은 크게 될 수 없고 큰 것은 작게 될 수 없기 때문에, 작고 큼의 다름은 음양과 동정의 항상된 법칙에 따른 것이다. 여기에서 말한 '소대(小大)'는 『논어』에서 "작고 큰 일이 여기에 따른다."[3]고 했을 때의 뜻과 같으니, 작은 일과 큰 일을 의미한다. '방(方)'은 도와 같다. '취(聚)'자는 "머문다."는

---

2) 『역』「계사상(繫辭上)」 : 尊地卑, 乾坤定矣. 卑高以陳, 貴賤位矣. 動靜有常, 剛柔斷矣. 方以類聚, 物以群分, 吉凶生矣. 在天成象, 在地成形, 變化見矣.

3) 『논어』「학이(學而)」 : 有子曰, "禮之用, 和爲貴. 先王之道, 斯爲美, 小大由之. 有所不行, 知和而和, 不以禮節之, 亦不可行也."

뜻이다. 군신·부자·부부·장유·붕우의 관계에서는 각각 해당하는 도가 있어서, 각각 그 부류에 따라 머물게 되니, 이것이 바로 "도는 부류로써 머문다."는 의미이다. '물(物)'자는 사안을 뜻한다. 예를 시행하는 사안은 곧 천리의 절문과 인사의 의칙을 뜻하니, 그것을 시행할 때에는 한 부분에만 그치지 않고, 그것을 나눔에 있어서는 반드시 각각 해당하는 사안에 따르니, 이것이 "사안은 무리로써 구분한다."는 뜻이다. 이처럼 하는 이유는 하늘이 부여한 천명과 사람이 부여받은 본성은 자연적으로 이러한 삼강과 오상의 윤리를 갖추고 있어서, 그 사이에 있는 존비·후박 등의 차등에 대해서는 뭉쳐서 하나로 만들 수 없기 때문이다. 그래서 "본성과 천명이 다르다."고 한 것이다. "하늘에 있어서는 상을 이룬다."는 말은 옷과 깃발 등에 새기는 무늬와 같은 것으로, 그곳에는 해·달·별 등의 무늬를 드러내게 된다. "땅에 있어서는 형체를 이룬다."는 말은 마치 궁실 및 기물들에 있어서 각각 높고 낮음 및 크고 작음의 차등적 제도가 나타남과 같으니, 이러한 것들은 땅에서 법도를 취한 것이다. 이를 통해 말해본다면, 예에 차별이 있는 것은 천지자연의 이치가 아니겠는가?

集說 應氏曰: 此卽所謂天高地卑, 萬物散殊, 而禮制行矣.

응씨가 말하길, 이 내용은 곧 "하늘은 높고 땅은 낮으며, 만물은 그 사이에 흩어지고 달라지고, 예에 따른 절제함이 시행된다."는 뜻에 해당한다.

集說 劉氏曰: 此又申言禮者天地之序也. 天地萬物, 各有動靜之常, 大者有大動靜, 小者有小動靜, 則小大之事法之, 而久近之期殊矣. 方以類聚, 言中國蠻夷戎狄之民, 各以類而聚. 物以群分, 言飛潛動植之物, 各以群而分. 則以其各正性命之不同也, 故聖人亦因之而異其禮矣. 在天成象, 則日月星辰之曆數, 各有其序. 在地成形, 則山川人物之等倫, 各有其儀. 由此言之, 則禮者豈非天地之別乎?

유씨가 말하길, 이 내용은 또한 "예는 천지의 질서이다."는 뜻을 거듭 밝힌 것이다. 천지만물에는 각각 움직임과 고요함의 항상됨이 있으니, 큰 것은 큰 움직임과 고요함이 있고, 작은 것은 작은 움직임과 고요함이 있으므로, 크고 작은 사안은 그것을 본받아서 오랜 기간이 걸리거나 근시일 내로 할 수 있는 시간적 차이가 있다. '방이류취(方以類聚)'는 중국 및 사방 오랑캐 땅의 백성들은 각각 같은 부류로써 모여 산다는 뜻이다. '물이군분(物以群分)'은 날거나 물속에 살거나 동식물 등은 각각 무리를 지어서 구분이 된다는 뜻이다. 이것은 각각 성명을 바르게 함이 다르기 때문이다. 그래서 성인은 또한 그에 따라 예법에 차이를 두었다. 하늘에 있어서는 상을 이루니, 해·달·별의 운행에는 각각 해당하는 질서체계가 있다. 땅에 있어서는 형체를 이루니, 산과 못 및 사람과 사물의 무리들에게는 각각 해당하는 법칙이 있다. 이를 통해 말해본다면, 예가 어찌 천지에 따른 구별이 아니겠는가?

【022】

地氣上[上聲]齊[躋], 天氣下降, 陰陽相摩, 天地相蕩, 鼓之以雷霆, 奮之以風雨, 動之以四時, 煖[暄]之以日月, 而百化興焉. 如此, 則樂者天地之和也.〈022〉

땅의 기운은 위로['上'자는 상성으로 읽는다.] 오르고['齊'자의 음은 '躋(제)'이다.] 하늘의 기운은 아래로 내려오며, 음양은 서로 부딪치고, 천지의 기운이 흘러 움직이니, 우레와 천둥으로 두드리고, 바람과 비로 휘두르며, 사계절을 통해 움직이고, 해와 달로 따뜻하게['煖'자의 음은 '暄(훤)'이다.] 하여, 만물의 화육과 생장이 흥성하게 된다. 이와 같다면 악은 천지의 조화로움에 해당한다.

集說 應氏曰: 此卽所謂流而不息, 合同而化, 而樂興焉.

응씨가 말하길, 이 내용은 곧 "두루 흘러 그치지 않고, 합하고 같아져서 변화를 하여 악이 흥성하게 된다."는 뜻에 해당한다.

集說 劉氏曰: 此申言樂者, 天地之和也. 齊, 讀爲躋. 天地相蕩, 亦言其氣之播蕩也. 百化興焉, 所謂天地絪縕而萬物化醇也. 以上言效法之所本.

유씨가 말하길, 이 내용은 "악은 천지의 조화로움에 해당한다."라는 뜻을 거듭 밝힌 것이다. '제(齊)'자는 "오른다."는 뜻의 '제(躋)'자로 해석한다. '천지상탕(天地相蕩)'은 또한 기운의 흐름과 움직임을 뜻한다. '백화흥언(百化興焉)'은 이른바 "천지가 얽히고설킴에 만물이 변화하여 엉긴다."[4]는 뜻에 해당한다. 이러한 내용은 본받음에 근본으로 삼는 것들을 언급한 것이다.

【023】
化不時則不生, 男女無辨則亂升, 天地之情也.〈023〉

조화가 때에 맞지 않다면 만물이 생장하지 않고, 남녀 사이에 구별됨이 없다면 혼란함이 기승을 부리니, 이것이 천지의 실정이다.

集說 此言禮樂之得失與天地相關, 所謂和氣致祥, 乖氣致異也. 揔結上文兩節之意.

이 내용은 예악의 득실이 천지와 서로 관련됨을 나타내고 있으니, 이른바 "조화로운 기운은 상서로움을 불러오고, 어그러진 기운은 재이를 불러온다."는 뜻에 해당한다. 이 문장은 앞의 두 문장의 뜻을 결론 맺은 것이다.

【024】
及夫禮樂之極乎天, 而蟠乎地, 行乎陰陽, 而通乎鬼神, 窮高極遠而測深厚. 樂著[直略反]太始而禮居成物. 著[如字]不息者, 天也. 著不動

---

4) 『역』「계사하(繫辭下)」: <u>天地絪縕, 萬物化醇</u>, 男女構精, 萬物化生.

102 譯註 禮記類編大全

者, 地也. 一動一靜者, 天地之間也. 故聖人曰: "禮樂云." 〈024〉

무릇 예와 악이 하늘에 두루 미치고, 땅에 두루 퍼지며, 음양에 두루 시행
되고, 귀신의 현묘한 작용에 두루 통합에 있어서, 높고 먼 곳까지 두루 통
하고 깊고 두터운 것을 헤아린다. 악은 큰 시작에 있고['著'자는 '直(직)'자와
'略(략)'자의 반절음이다.] 예는 만물을 이루는데 있다. 뚜렷하게['著'자는 글자대로
읽는다.] 쉬지 않음은 천에 해당한다. 뚜렷하게 움직이지 않음은 지에 해당
한다. 한 번 움직이고 한 번 고요함은 천지 사이에 있는 만물에 해당한다.
그렇기 때문에 성인은 "예악을 뜻한다."라고 말한 것이다.

集說 朱子曰: 乾知太始, 坤作成物. 知者, 管也. 乾管却太始, 太始
卽物生之始, 乾始物而坤成之也.

주자가 말하길, 건은 큰 시작을 주관하고 곤은 만물을 이룬다고 했다.[5]
이때의 '지(知)'자는 "주관하다."는 뜻이다. 즉 건은 큰 시작을 주관하는
데, 큰 시작은 곧 만물이 생겨나는 시작이 되어, 건은 만물을 시작시키고
곤은 그것을 완성시킨다.

集說 應氏曰: 及, 至也. 言樂出於自然之和, 禮出於自然之序, 二者
之用, 充塞流行, 無顯不至, 無幽不格, 無高不屆, 無深不入, 則樂著
乎乾知太始之初, 禮居于坤作成物之位. 而昭著不息者, 天之所以爲
天; 昭著不動者, 地之所以爲地. 著不動者, 藏諸用也. 著不息者, 顯
諸仁也. 天地之間, 不過一動一靜而已. 故聖人昭揭以示人, 而名之
曰禮樂也. 或曰: 不息不動, 分著於天地. 而一動一靜, 循環無端者,
天地之間也. 動靜不可相離, 則禮樂不容或分. 故聖人言禮樂必合而
言之, 未嘗析而言之也. 以上言成功之所合.

응씨가 말하길, '급(及)'자는 "~에 이르다."는 뜻이다. 즉 악은 자연의 조
화로움에서 도출되고 예는 자연의 질서에서 도출되는데, 예악의 쓰임이

---

5) 『역』「계사상(繫辭上)」: 乾道成男, 坤道成女. 乾知大始, 坤作成物.

충만하고 두루 유행하여, 밝은 곳에도 이르지 않음이 없고 그윽한 곳에도 도달하지 않음이 없으며, 높은 곳에도 다다르지 않음이 없고 깊은 곳에도 들어가지 않음이 없으니, 악은 건이 큰 시작을 주관하는 처음에 자리하고, 예는 곤이 만물을 이루는 위치에 있다. 뚜렷하게 쉬지 않는 것은 하늘이 하늘이 되는 까닭이며, 뚜렷하게 움직이지 않는 것은 땅이 땅이 되는 까닭이다. "뚜렷하게 움직이지 않는다."는 말은 쓰임을 감춘다는 뜻이다. "뚜렷하게 쉬지 않는다."는 말은 인을 드러낸다는 뜻이다.[6] 천지의 사이에 있는 만물은 한 번 움직이고 한 번 고요한 데 불과할 따름이다. 그렇기 때문에 분명히 제시해서 사람들에게 보여주고, 그 명칭을 '예(禮)'와 '악(樂)'이라고 한 것이다. 혹자는 "불식과 부동은 천과 지에 각각 나뉘어 드러난다. 한 번 움직이고 한 번 고요하여 두루 순환하며 끝이 없는 것은 천지의 사이에 있는 만물이다. 움직임과 고요함은 서로 떨어질 수 없으니, 예와 악도 나눠질 수 없다. 그렇기 때문에 성인은 '예악(禮樂)'이라고 하여 반드시 함께 언급했으며, 일찍이 둘을 나눠서 말한 적이 없다. 이상의 내용은 공을 이루는 것과 부합되는 것을 언급한 것이다."라고 했다.

集說 劉氏曰: 自一陽生于子, 至六陽極於巳而爲乾, 此乾知太始也. 自一陰生於午, 至六陰極於亥而爲坤, 此坤作成物也. 又乾坤交於否泰, 一歲則正月泰, 二壯, 三夬, 四乾, 五姤, 六遯, 皆有乾以統陰, 是乾主春夏也. 七月否, 八觀, 九剝, 十坤, 子復, 丑臨, 皆有坤以統陽, 是坤主秋冬也.

유씨가 말하길, 하나의 양은 자 방위에서 생겨나서, 여섯 양이 사 방위에서 지극해져 건이 되니, 이것이 "건이 큰 시작을 주관한다."는 뜻이다. 하나의 음은 오 방위에서 생겨나서, 여섯 음이 해 방위에서 지극해져 곤이 되니, 이것이 "곤이 만물을 이룬다."는 뜻이다. 또 건과 곤은 비와 태에

---

6) 『역』「계사상(繫辭上)」: <u>顯諸仁, 藏諸用</u>, 鼓萬物而不與聖人同憂.

서 교차하고, 한 해를 기준으로 한다면 정월은 태가 되며, 이월은 대장이 되고, 삼월은 쾌가 되며, 사월은 건이 되고, 오월은 구가 되며, 유월은 돈이 되고, 이 모두는 건을 통해서 음을 통솔함이니, 곧 건이 봄과 여름을 주관한다는 사실을 나타낸다. 또 칠월은 비가 되고, 팔월은 관이 되며, 구월은 박이 되고, 시월은 곤이 되며, 자의 방위인 십일월은 복이 되고, 축의 방위인 십이월은 림이 되며, 이 모두는 곤을 통해서 양을 통솔함이니, 곧 곤이 가을과 겨울을 주관한다는 사실을 나타낸다.

附註 樂著大始, 註: "著, 入聲." 按: 王肅曰: "著, 明也." 當如字.
'樂著大始'에 대해 주에서는 "'著'자는 입성으로 읽는다."라 했다. 살펴보니 왕숙[7]은 "'著'자는 밝다는 뜻이다."라 했다. 따라서 마땅히 글자대로 읽어야 한다.

類編 右樂化.
여기까지는 '악화(樂化)'에 대한 내용이다.

---

7) 왕숙(王肅, A.D.195 ~ A.D.256): =왕자옹(王子雍). 위진남북조(魏晉南北朝) 때의 위(魏)나라 경학자이다. 자(字)는 자옹(子雍)이다. 출신지는 동해(東海)이다. 부친 왕랑(王朗)으로부터 금문학(今文學)을 공부했으나, 고문학(古文學)의 고증적인 해석을 따랐다. 『상서(尚書)』, 『시경(詩經)』, 『좌전(左傳)』, 『논어(論語)』 및 삼례(三禮)에 대한 주석을 남겼다.

◇ 악교(樂敎)

【025】

昔者舜作五絃之琴以歌南風, 夔始制樂以賞諸侯. 故天子之爲樂也,
以賞諸侯之有德者也. 德盛而敎尊, 五穀時熟, 然後賞之以樂. 故其
治民勞者, 其舞行[杭]綴[拙]遠; 其治民逸者, 其舞行綴短. 故觀其舞,
知其德; 聞其諡, 知其行[去聲]也.〈025〉

예전에 순임금은 오현의 금을 만들어서 남풍을 연주하였고, 그의 신하였던
기는 명령에 따라 악곡을 만들어서 제후에게 상으로 건네었다. 그렇기 때
문에 천자가 악곡을 만드는 것은 제후 중 유덕한 자에게 상으로 하사하기
위해서이다. 따라서 덕성이 융성하고 교화가 존귀하게 높여지며, 오곡이
때에 맞게 익은 뒤에야 그에게 악곡을 상으로 내려준다. 그러므로 백성들
을 다스리는데 노력하는 자라면, 하사받은 음악이 융성하므로 무희들의 대
열이['行'자의 음은 '杭(항)'이다. '綴'자의 음은 '拙(졸)'이다.] 길고, 백성들을 다스리는
데 태만했던 자라면, 하사받은 음악도 보잘것없어 무희들의 대열이 짧다.
따라서 무희들의 대열을 살펴보면 군주의 덕성을 알 수 있고, 그의 시호를
듣는다면 그의 행적을['行'자는 거성으로 읽는다.] 알 수 있다.

集說 應氏曰: 勤於治民, 則德盛而樂隆, 故舞列遠而長; 怠於治民,
則德薄而樂殺, 故舞列近而短.

응씨가 말하길, 백성을 다스리는데 수고롭게 일했다면, 덕이 융성하고
음악 또한 융성하기 때문에, 무희들의 대열이 멀고도 길게 늘어선다. 백
성들을 다스리는데 태만하게 굴었다면, 덕이 얕고 음악 또한 줄어들기
때문에, 무희들의 대열이 가깝고도 짧다.

集說 石梁王氏曰: 夔制樂, 豈專爲賞諸侯? 此處皆無義理.

석량왕씨가 말하길, 기가 음악을 만들었더라도, 어떻게 자기 마음대로
제후에게 상으로 하사할 수 있겠는가? 여기에 대해서는 해당하는 도리가

없다.

【026】

大章, 章之也. 咸池, 備矣. 韶, 繼也. 夏, 大也. 殷・周之樂盡矣. 〈026〉
요임금의 '대장(大章)'은 요임금의 덕을 밝게 드러낸다는 뜻이다. '함지(咸
池)'는 모든 것을 갖췄다는 뜻이다. 순임금의 '소(韶)'는 요임금을 계승했다
는 뜻이다. 우임금의 '하(夏)'는 요순의 덕을 크게 했다는 뜻이다. 은나라와
주나라의 음악인 '대호(大濩)'와 '대무(大武)'는 인간의 도리를 다했다는
뜻이다.

集說 疏曰: 堯樂謂之大章者, 言堯德章明於天下也. 咸, 皆也. 池,
施也. 黃帝樂名咸池, 言德皆施被於天下, 無不周徧, 是爲備具矣.
韶, 繼也者, 言舜之道德繼紹於堯也. 夏, 大也. 禹樂名夏者, 言能光
大堯・舜之德也. 殷・周之樂, 謂湯之大濩, 武王之大武也. 盡矣, 言
於人事盡極矣.

소에서 말하길, 요임금에 대한 악곡을 '대장(大章)'이라 부르는 것은 요임
금의 덕이 천하에 밝게 드러남을 뜻한다. '함(咸)'자는 모두라는 뜻이다.
'지(池)'자는 "베푼다."는 뜻이다. 황제에 대한 악곡 명칭은 '함지(咸池)'
이니, 그 덕이 모두 천하에 베풀어져서 두루 펼쳐지지 못함이 없으니,
이것은 모든 것을 갖췄다는 의미이다. "소(韶)는 계승한다는 뜻이다."는
말은 순임금의 도와 덕은 요임금에게서 계승했다는 뜻이다. '하(夏)'자는
"크다."는 뜻이다. 우임금의 악곡을 '하(夏)'라고 부르는 것은 요임금과
순임금의 덕을 빛나게 하고 크게 넓힐 수 있음을 뜻한다. 은나라와 주나
라 때의 악곡은 탕임금에 대한 '대호(大濩)'와 무왕에 대한 '대무(大武)'
를 뜻한다. "다했다."는 말은 인간에 대한 사안에 있어서 지극함을 다했
다는 뜻이다.

【027】

天地之道, 寒暑不時則疾, 風雨不節則饑. 敎者民之寒暑也, 敎不時則傷世; 事者民之風雨也, 事不節則無功. 然則先王之爲樂也, 以法治也, 善則行[去聲]象德矣. 〈027〉

천지의 도에 있어서, 추위와 더위가 때에 맞지 않으면 질병이 유행하고, 바람과 비가 절기에 맞지 않으면 기근이 든다. 가르침은 비유하자면 백성들에게 있어 추위와 더위 같은 대상이니, 가르침이 때에 맞지 않다면 세상에 피해를 입힌다. 또 각각의 해당 사안들은 비유하자면 백성들에게 있어서 바람과 비 같은 대상이니, 사안이 절도에 맞지 않는다면 공이 없다. 그러므로 선왕이 악을 제정함은 법으로써 다스리는 것이니, 그것이 선하다면 백성들의 행동['行'자는 거성으로 읽는다.] 또한 군주의 덕을 본받게 된다.

集說 寒暑者, 一歲之分劑; 風雨者, 一旦之氣候. 敎重而事輕, 故以寒暑喩敎, 而以風雨喩事也. 然則先王之制禮樂, 事皆有敎, 是法天地之道以爲治於天下也. 施於政治而無不善, 則民之行, 象君之德矣.

추위와 더위는 한 해의 분기점을 의미하며, 바람과 비는 하루의 날씨를 의미한다. 가르침은 중요하고 해당 사안은 상대적으로 덜 중요하다. 그렇기 때문에 추위와 더위로 가르침을 비유한 것이고, 바람과 비로 해당 사안을 비유한 것이다. 그렇다면 선왕이 예악을 제정하여 각 사안에는 모두 해당하는 가르침이 있는데, 이것들은 천지의 도를 본받아서 천하에 대한 다스림을 시행한 것이다. 정치에 이것들을 시행하여 선하지 않음이 없다면, 백성들의 행동 또한 군주의 덕을 본받게 된다.

【028】

夫豢豕爲酒, 非以爲禍也. 而獄訟益繁, 則酒之流生禍也. 是故先王因爲酒禮. 壹獻之禮, 賓主百拜, 終日飮酒而不得醉焉. 此先王之所以備酒禍也. 故酒食者, 所以合歡也. 樂者, 所以象德也. 禮者, 所以

綴[拙]淫也. 是故先王有大事, 必有禮以哀之; 有大福, 必有禮以樂
之. 哀樂之分[去聲], 皆以禮終. 樂也者, 聖人之所樂[洛]也, 而可以善
民心. 其感人深, 其移風易俗, 故先王著其教焉.〈028〉

무릇 돼지를 키우고 술을 만드는 것은 본래 제사나 연회를 위한 것이지,
재앙을 불러들이기 위해서가 아니다. 그런데도 다툼이 빈번하게 일어난다
면, 술이 지나쳐서 재앙을 초래한 것이다. 이러한 까닭으로 선왕은 그에
따라 술에 대한 예법을 만들었다. 한 차례 술을 따르는 의례에서도 빈객과
주인은 수없이 절을 하여, 종일토록 술을 마시더라도 취하지 않았다. 이것
은 선왕이 술로 인한 재앙을 대비한 것이다. 그러므로 술과 음식이라는
것은 기쁨을 함께 하기 위한 수단이다. 악은 덕을 본뜨기 위한 수단이다.
예는 방탕함을 그치게['綴'자의 음은 '拙(졸)'이다.] 하는 수단이다. 이러한 까닭
으로 선왕은 상사 등의 일이 있을 때, 반드시 그에 해당하는 예를 제정하여
그 사안을 슬퍼하였고, 크게 경사스러운 일이 있을 때, 반드시 그에 해당하
는 예를 제정하여 그 사안을 즐거워하였다. 슬픔과 즐거움이 나뉘는['分'자는
거성으로 읽는다.] 분기점에서 이 모두를 예에 따라 마무리를 짓는다. 악이라
는 것은 성인이 즐거워했던['樂'자의 음은 '洛(락)'이다.] 것이고, 이를 통해서 백
성들의 마음을 선하게 할 수 있다. 사람들을 감응시킴이 깊고, 풍속을 좋은
쪽으로 바꾸기 때문에, 선왕은 그 가르침을 드러낸 것이다.

集說 一獻之禮, 士之饗禮惟一獻也. 綴, 止也. 大事, 死喪之事也.
大福, 吉慶之事也. 以大福對大事而言, 則大事爲禍矣. 哀樂皆以禮
終, 則不至於過哀過樂矣. 此章言禮處多, 而末亦云樂者, 明禮樂非
二用也. 應氏本漢志俗下增易字, 音以豉反.

일헌의 의례는 사 계층의 향례에서 오직 한 차례 술을 따르는 것을 뜻한
다. '졸(綴)'자는 "그치다."는 뜻이다. '대사(大事)'는 상사를 뜻한다. '대복
(大福)'은 길하거나 경사스러운 일을 뜻한다. 대복을 통해 대사와 대비해
서 말을 했다면 대사는 재앙이 된다. 슬프고 즐거운 일들을 모두 예를
통해서 마무리 짓는다면, 슬픔이 지나치거나 즐거움이 지나치게 되는 지
경에 이르지 않는다. 이곳 문장에서는 예에 대한 언급이 대부분이지만,

끝에서는 또한 악에 대해서 언급했으니, 예와 악이 별개의 쓰임이 아니라는 사실을 나타낸다. 응씨는 『한서』「예악지(禮樂志)」의 기록에 근본을 두어 '속(俗)'자 뒤에 '易'자를 첨가했는데,[1] 그 음은 '以(이)'자와 '豉(시)'자의 반절음이다.

集說 疏曰: 按今鄕飮酒之禮, 是一獻無百拜, 此云百拜, 喩多也.
소에서 말하길, 살펴보니 현재의 향음주례에서는 한 차례 술을 따르며 백번의 절을 하는 예법이 없으니, 이곳에서 백번의 절을 한다고 한 말은 많음을 비유한 것이다.

類編 右樂敎.
여기까지는 '악교(樂敎)'에 대한 내용이다.

---

1) 『한서(漢書)』「예악지(禮樂志)」: 樂者, 聖人之所樂也, 而可以善民心. 其感人深, 其移風易俗易, 故先王著其敎焉.

◇ 악형(樂形)

【029】
夫民有血氣心知之性, 而無哀樂喜怒之常, 應感起物而動, 然後心
術形焉. 是故志微噍[焦]殺[色介反]之音作, 而民思[去聲]憂.〈029〉
무릇 백성들은 혈기와 마음 및 지각 능력을 가지고 있지만, 슬픔·즐거
움·기쁨·성냄 등에 대해서 항상됨이 없으니, 외부 사물을 느끼는 것으로
부터 움직이게 되고, 그런 뒤에야 속마음이 드러나게 된다. 이러한 까닭으
로 다급하고 작으며 쇠하고['噍'자의 음은 '焦(초)'이다.] 줄어드는['殺'자는 '色(색)'자
와 '介(개)'자의 반절음이다.] 음들이 연주되면, 백성들은 슬퍼하며['思'자는 거성으
로 읽는다.] 근심하는 것이다.

集說 劉氏曰: 此申言篇首音之生本在人心之感於物也一條之義. 民
心無常, 而喜怒哀樂之情, 應其感起於物者而動, 然後其心術形於聲
音矣. 故采詩可以觀民風, 審樂可以知國政也. 志, 疑當作急, 急促.
微, 細; 噍, 枯; 殺, 臧也. 其哀心感者, 其聲噍以殺, 故作樂而有急微噍
殺之音, 則其民心之哀思憂愁可知.

유씨가 말하길, 이 문장은 「악기」편의 처음에서 "음이 생겨나는 것은 그
근본이 사람의 마음이 외부 대상에 대해서 느끼는 것에 달려 있다."고
했던 한 조목의 뜻을 거듭 밝힌 것이다. 백성들의 마음에는 항상됨이 없
고, 기쁨·노여움·슬픔·즐거움 등의 감정은 외부 사물에 대해 느낀 것
에 호응하여 움직이며, 그런 뒤에야 속마음이 소리와 음으로 나타난다.
그렇기 때문에 시를 채집하여 백성들의 풍속을 살펴볼 수 있고, 악을 살
펴서 국가의 정치를 알 수 있다. '지(志)'자는 아마도 급(急)자로 기록해
야 하니, 급박하다는 뜻이다. '미(微)'자는 "미세하다."는 뜻이며, '초(噍)'
자는 "쇠하다."는 뜻이고, '쇄(殺)'자는 "줄다."는 뜻이다. 슬픈 마음을 느
끼는 경우 그 소리가 쇠하여 줄어들기 때문에, 악을 연주함에 급박하고
작으며 쇠하고 줄어드는 음이 있다면, 그 나라의 백성들 마음에는 슬프고

그리워하며 근심스럽고 우울한 감정이 있는 것임을 알 수 있다.

【030】

嘽[昌展反]諧慢易繁文簡節之音作, 而民康樂.〈030〉

크면서도[嘽'자는 '昌(창)'자와 '展(전)'자의 반절음이다.] 조화롭고 느리면서 평이하며 문채가 많이 나고 가락이 간략한 음들이 연주되면, 백성들은 안심하면서도 즐거워하는 것이다.

集說 嘽, 寬; 諧, 和; 慢, 緩; 易, 平也. 繁文簡節, 多文理而略節奏也. 其樂心感者, 其聲嘽以緩, 故此等音作, 則其民心之安樂可知矣. '탄(嘽)'자는 "크다."는 뜻이며, '해(諧)'자는 "조화롭다."는 뜻이고, '만(慢)'자는 "느리다."는 뜻이며, '이(易)'자는 "평이하다."는 뜻이다. '번문간절(繁文簡節)'은 문채가 많고 음의 가락을 간략히 한다는 뜻이다. 즐거운 마음을 느끼는 경우 그 소리가 크면서도 느려지기 때문에, 이러한 음들이 연주된다면 그 나라의 백성들 마음에는 안심하고 즐거워함이 있음을 알 수 있다.

【031】

粗厲猛起奮末廣賁[扶粉反]之音作, 而民剛毅.〈031〉

거칠며 사납고 맹렬하게 처음을 일으키며 진동하며 빠르게 끝나고 크고 성내는[賁'자는 '扶(부)'자와 '粉(분)'자의 반절음이다.] 음들이 연주되면, 백성들이 강직하고 굳센 것이다.

集說 粗厲, 粗疏嚴厲也. 猛, 威盛貌. 奮, 振迅貌. 起, 初; 末, 終也. 猛起奮末者, 猛盛於初起, 而奮振於終末也. 廣, 大; 賁, 憤也. 廣賁, 言中間絲竹匏土革木之音皆怒也. 其怒心感者, 其聲粗以厲, 故此等音作, 則可知其民之剛毅.

'조려(粗厲)'는 거칠고 성글며 엄하고 사납다는 뜻이다. '맹(猛)'자는 위엄이 있고 융성한 모양이다. '분(奮)'자는 진동하며 빠르게 움직이는 모습이다. '기(起)'자는 처음을 뜻하고, '말(末)'자는 끝을 뜻한다. '맹기분말(猛起奮末)'은 처음에는 맹렬하고 융성하게 시작하고, 끝에서는 진동하며 빠르게 마무리를 맺는다는 뜻이다. '광(廣)'자는 "크다."는 뜻이며, '분(賁)'자는 "성내다."는 뜻이다. '광분(廣賁)'은 악곡의 연주 중간에 실·대나무·박·흙·가죽·나무 등으로 만든 악기들이 내는 음이 모두 성내듯 연주된다는 뜻이다. 성내는 마음을 느끼는 경우 그 소리가 거칠면서도 사납기 때문에, 이러한 음들이 연주된다면 그 나라의 백성들 마음에 강직하고 굳셈이 있음을 알 수 있다.

【032】
廉直勁正莊誠之音作, 而民肅敬.〈032〉
반듯하고 강직하며 굳세고 바르며 장엄하고 성실한 음들이 연주되면, 백성들이 정숙하고 공손한 것이다.

集說 廉, 有稜隅也. 勁, 堅強也. 其敬心感者, 其聲直以廉, 故此等音作, 則可知其民之肅敬.

'염(廉)'자는 모가 남이 있다는 뜻이다. '경(勁)'자는 굳세고 강하다는 뜻이다. 공경하는 마음을 느끼는 경우 그 소리가 강직하고 반듯하기 때문에, 이러한 음들이 연주된다면 그 나라의 백성들 마음에 정숙하고 공손함이 있음을 알 수 있다.

【033】

寬裕肉[而牧反]好[去聲]順成和動之音作, 而民慈愛.〈033〉

관대하고 너그러우며 옥처럼 매끄럽게 빛이 나고['肉'자는 '而(이)'자와 '牧(목)'자
의 반절음이다. '好'자는 거성으로 읽는다.] 순조롭게 이루며 조화롭게 움직이는 음
들이 연주된다면, 백성들이 자애로운 것이다.

集說 考工記註云: "好, 璧孔也. 肉倍好曰璧, 好倍肉曰瑗, 肉好均
曰環." 如此, 則肉乃璧之肉地也. 此言肉好, 則以璧喻樂音之圓瑩通
滑耳. 其愛心感者, 其聲和以柔, 故此等音作, 則知其民之慈愛.

『고공기』1)의 주에서는 "'호(好)'자는 벽에 있는 구멍이다. 겉에서부터 구
멍 난 부위까지의 길이가 구멍의 직경보다 배가 되는 옥을 '벽(璧)'이라
부르고, 구멍의 직경이 구멍이 난 부위로부터 끝까지의 길이보다 배가
되는 옥을 '원(瑗)'이라 부르며, 구멍의 직경과 구멍이 난 부위로부터 끝
까지의 길이가 같은 것을 '환(環)'이라 부른다."2)라고 했다. 이와 같다면
'육(肉)'자는 벽 중 겉에서부터 구멍이 난 부분까지를 뜻한다. 이곳에서
'육호(肉好)'라고 했다면, 벽을 통해서 악과 음이 둥글고 밝으며 두루 통
하고 매끄럽다는 것을 비유했을 따름이다. 사랑하는 마음을 느끼는 경우
그 소리가 조화롭고 부드럽기 때문에, 이러한 음들이 연주된다면 그 나라

---

1) 『고공기(考工記)』는 『동관고공기(冬官考工記)』라고도 부른다. 공인(工人)들에
대한 공예기술(工藝技術) 서적이다. 작자는 미상이다. 강영(江永)은 『고공기』의
작자를 제(齊)나라 사람으로 추정하였고, 곽말약(郭沫若)은 춘추시대(春秋時代)
말기에 제나라에서 제작된 관서(官書)와 관련이 깊다고 추정하였다. 『주례(周禮)』
는 천관(天官), 지관(地官), 춘관(春官), 하관(夏官), 추관(秋官), 동관(冬官) 등
육관(六官)의 체제로 구성되어 있는데, 그 중 '동관'에 대한 기록이 누락되어 있어
서, 한(漢)나라 무제(武帝) 때, 『고공기』를 가지고 누락된 부분을 보충하게 되었
다. 그렇기 때문에 『고공기』를 또한 『동관고공기』라고도 부르는 것이다. 각종
공인들의 직책과 직무들이 기록되어 있다.
2) 이 문장은 『주례』「동관고공기(冬官考工記)·옥인(玉人)」편의 "璧羨度尺, 好三
寸, 以爲度."라는 기록에 대한 정사농(鄭司農)의 주에 나온다.

의 백성들 마음에 자애로움이 있음을 알 수 있다.

【034】

流辟[僻]邪散狄[他歷反]成滌濫之音作, 而民淫亂. 〈034〉
방탕하게 흐르고 편벽되며['辟'자의 음은 '僻(벽)'이다.] 사벽하고 흩어지며 한 곡
조가 너무 길게 끝나고['狄'자는 '他(타)'자와 '歷(력)'자의 반절음이다.] 씻어내지만
범람하는 음들이 연주된다면, 백성들이 음란한 것이다.

集說 狄, 與逖同, 遠也. 成者, 樂之一終. 狄成, 言其一終甚長, 淫
泆之意也. 滌, 洗也. 濫, 侵僭也. 言其音之泛濫侵僭, 如以水洗物,
而浸漬侵濫無分際也. 此是其喜心感者, 而其聲然也. 故聞此音之
作, 則其民之淫亂可知矣.
'적(狄)'자는 적(逖)자와 같으니, "멀다."는 뜻이다. '성(成)'이라는 말은
악의 한 곡조가 끝났다는 뜻이다. '적성(狄成)'은 한 곡조가 끝나는 것이
매우 길다는 뜻으로, 지나치고 넘친다는 의미이다. '척(滌)'자는 "씻어낸
다."는 뜻이다. '남(濫)'자는 침범하고 참람되다는 뜻이다. 즉 음이 범람하
고 참람되다는 뜻이니, 마치 물이 사물을 씻어내지만 젖어들고 범람하여
구분이 없게 됨을 뜻한다. 이 내용은 기뻐하는 마음을 느끼는 경우 그
소리가 이처럼 된다는 뜻이다. 그렇기 때문에 이러한 음이 연주되는 것을
듣는다면, 그 나라의 백성들 마음에 넘치고 혼란스러움이 있음을 알 수
있다.

【035】

是故先王本之情性, 稽之度數, 制之禮義, 合生氣之和, 道五常之行
[去聲], 使之陽而不散, 陰而不密, 剛氣不怒, 柔氣不攝, 四暢交於中,
而發作於外, 皆安其位而不相奪也. 然後立之學等, 廣其節奏, 省[悉

井反]其文采, 以繩德厚, 律小大之稱[去聲], 比[毗至反]終始之序, 以象
事行, 使親疎貴賤長幼男女之理, 皆形見[現]於樂. 故曰: "樂觀其深
矣."〈035〉

이러한 까닭으로 선왕은 음악을 만들 때, 인간의 성정에 근본을 두고, 법칙
을 살펴보았으며, 예의를 제정하고, 생기의 조화로움에 합치되도록 했으며,
오상의 행실을['行'자는 거성으로 읽는다.] 인도하여, 양에 해당하는 것들이 흩어
지지 않게끔 하고, 음에 해당하는 것들이 숨지 않도록 했으며, 굳센 기운이
성냄에 이르지 않도록 했고, 부드러운 기운이 겁냄에 이르지 않도록 했으며,
이러한 네 가지 것들이 가운데에서 사귀며 펴져서 밖으로 나타나도록 하여,
이 모두가 그 자리를 편안하게 여기고 서로 그 순서를 빼앗지 않게끔 했다.
그런 뒤에 학제와 등차를 세우고, 학생들이 익혀야 할 것들을 늘리며, 악곡
을 자세히 살피게['省'자는 '悉(실)'자와 '井(정)'자의 반절음이다.] 하여, 이를 통해
덕이 두터워지도록 바로잡았고, 작고 큼이 각각 알맞도록['稱'자는 거성으로
읽는다.] 조율했으며, 시작과 끝의 순서가 합치되도록['比'자는 '毗(비)'자와 '至(지)'
자의 반절음이다.] 했고, 이를 통해 각 사안의 행실을 본받아 친소 · 귀천 · 장
유 · 남녀의 이치를 모두 악에서 드러나도록['見'자의 음은 '現(현)'이다.] 했다.
그렇기 때문에 "악을 살펴보니, 그 뜻이 매우 깊구나."라고 말한 것이다.

集說 此承上文聲音之應感而言. 本之情性, 卽民有血氣心知之性,
喜怒哀樂之情也. 度數, 十二律上生下生損益之數也. 禮義 · 貴賤 ·
隆殺 · 淸濁 · 高下各有其義也. 生氣之和, 造化發育之妙也. 五常之
行, 仁 · 義 · 禮 · 知 · 信之德也. 言聖人之作樂, 本於人心七情所感
之音, 而稽考於五聲 · 十二律之度數, 而制之以淸濁 · 高下 · 尊卑 ·
隆殺之節, 而各得其宜, 然後用之以合天地生氣之和, 而使其陽之動
而不至於散, 陰之靜而不至於密, 道人心五常之行, 而使剛者之氣不
至於怒, 柔者之氣不至於攝. 天地之陰陽, 人心之剛柔, 四者各得其
中而和暢焉, 則交暢於中而發形於外, 於是宮君商臣角民微事羽物,
皆安其位而不相奪倫也. 此言聖人始因人情而作樂, 有度數禮義之
詳, 而以之和天地之氣, 平天下之情, 及天氣人情感而大和焉, 則樂

無怗懘之音矣, 然後推樂之敎以化民成俗也. 立之學, 若樂師掌國學
之政, 大胥掌學士之版, 是也. 立之等, 若十三舞勺, 成童舞象之類是
也. 廣其節奏, 增益學者之所習也. 省其文采, 省察其音曲之辭, 使
五聲之相和相應, 若五色之雜以成文采也. 厚, 如書"惟民生厚"之厚.
以繩德厚, 謂檢約其固有之善而使之成德也. 律, 以法度整齊之也.
比, 以次序聯合之也. 宮音至大, 羽音至小, 律之使各得其稱, 始於黃
鍾之初九, 終於仲呂之上六, 比之使各得其序. 以此法象而寓其事之
所行, 如宮爲君, 宮亂則荒之類, 故曰以象事行也. 人倫之理, 其得失
皆可於樂而見之, 是樂之所觀, 其義深奧矣. 此古有是言, 記者引以
爲證.

이 문장은 앞에서 "소리가 느낌에 호응한다."는 것을 이어서 한 말이다.
"성정에 근본한다."는 말은 백성들은 혈기와 마음 및 지각 능력이라는
본성을 가지고 있고, 기쁨·성냄·슬픔·즐거움 등의 감정을 가지고 있
음을 뜻한다. '도수(度數)'는 십이율이 위로 파생되고 아래로 파생되며
덜고 더하는 법칙을 뜻한다. 예의(禮義)·귀천(貴賤)·융쇄(隆殺)·청
탁(淸濁)·고하(高下)에는 각각 해당하는 뜻이 있다. 생기(生氣)의 조화
로움은 생겨나게 하고 변하게 하며 발생하게 하고 양육하는 오묘함을 뜻
한다. 오상(五常)의 행실은 인(仁)·의(義)·예(禮)·지(知)·신(信)의
덕을 뜻한다. 즉 성인이 악을 제정할 때, 인심의 칠정에 따라 느끼게 되는
음들에 근본을 두고, 오성·십이율의 법칙을 살펴보고, 청탁·고하·존
비·융쇄 등의 절도로써 제정하여, 각각 그 합당함을 얻도록 했으며, 그
런 뒤에야 그것을 사용하여 천지 생기의 조화로움에 합치시켜서, 양의
움직임이 흩어지는 지경에 이르지 않도록 했고, 음의 고요함이 숨게 되는
지경에 이르지 않도록 했으며, 인심에 있는 오상의 행실을 인도하여, 굳
센 기운이 성냄에 이르지 않도록 했고, 부드러운 기운이 겁냄에 이르지
않도록 했다는 뜻이다. 천지의 음·양과 인심의 굳셈·부드러움에 있어
서, 이 네 가지는 각각 그 알맞음을 얻어서 조화롭게 펴지니, 안에서 사귀

고 통하여 밖으로 발산하여 나타나니, 이에 군주에 해당하는 궁(宮)음, 신하에 해당하는 상(商)음, 백성에 해당하는 각(角)음, 사물에 해당하는 치(徵)음, 만물에 해당하는 우(羽)음들은 모두 그 자리를 편안하게 여기어, 서로 그 순서를 빼앗지 않는다. 이것은 성인이 처음에는 인정에 연유하여 악을 만들었는데, 법칙 및 예의 등의 상세함을 갖춰서, 이를 통해 천지의 기운을 조화롭게 하고, 천하의 정감을 평탄하게 했으니, 천기와 인정의 감응이 크게 조화롭게 되면, 악에는 어우러지지 않은 음이 없게 되니, 그런 뒤에야 악의 가르침을 미루어서 백성들을 교화하고 풍속을 완성할 수 있음을 뜻한다. "학제를 세운다."는 말은 마치 악사(樂師)가 국학의 정무를 담당하고,3) 대서(大胥)가 학사들의 호적을 담당하는4) 부류와 같다. "등위를 세운다."는 말은 13세 때에는 작(勺)이라는 춤을 추고, 성동(成童)5)이 상(象)이라는 춤을 추는 부류와 같다. "음의 가락을 넓힌다."는 말은 학생들이 익히는 것들을 더하여 늘린다는 뜻이다. "문채를 살핀다."는 말은 악곡의 가사를 살펴서, 오성이 서로 화합하고 호응하게 만든다는 뜻으로, 마치 오색이 섞여서 문채를 이루는 것과 같다. '후(厚)'자는『서』에서 "백성들이 태어날 때에는 본성이 두텁다."6)라고 할 때의 후(厚)자와 같다. "덕이 두텁게 되도록 바로잡는다."는 말은 본래부터 가지고 있는 선함을 단속하여 덕을 이루게끔 한다는 뜻이다. '율(律)'자는 법도로 바로잡는다는 뜻이다. '비(比)'자는 순서에 따라 연결되고

---

3) 『주례』「춘관(春官)·악사(樂師)」: 樂師掌國學之政, 以敎國子小舞.

4) 『주례』「춘관(春官)·대서(大胥)」: 大胥掌學士之版, 以待致諸子.

5) 성동(成童)은 아동들 중에서도 나이가 찬 자들을 뜻한다. 8세 이상이 된 아동을 뜻한다고 풀이하기도 하며, 15세 이상이 된 아동을 뜻한다고 풀이하기도 한다. 『춘추곡량전』「소공(昭公) 19년」편의 "羈貫成童, 不就師傅, 父之罪也."라는 기록에 대해, 범녕(范甯)의 주에서는 "成童, 八歲以上."이라고 풀이했고, 『예기』「내칙(內則)」편의 "成童, 舞象, 學射御."라는 기록에 대해, 정현의 주에서는 "成童, 十五以上."이라고 풀이했다.

6) 『서』「주서(周書)·군진(君陳)」: 惟民生厚, 因物有遷, 違上所命, 從厥攸好.

합치되도록 한다는 뜻이다. 궁음은 매우 크고 우음은 매우 작은데, 법도로 바로잡아서 그것들로 하여금 각각 해당되는 것을 얻도록 하니, 『주역』과 연계시킨다면 황종(黃鍾)에 해당하는 초구(初九)에서 시작하여, 중려(仲呂)에 해당하는 상육(上六)에서 마치도록 하는데, 순서에 따라 합치되도록 하여 그것들로 하여금 각각 해당 순서를 얻도록 한다. 이처럼 본받고 본뜬 것으로 각각의 사안에서 시행되는 것에 깃들게 하니, 예를 들어 궁음은 군주가 되어, 궁음이 문란하게 되면 소리가 거칠게 되는 부류와 같다. 그렇기 때문에 "이로써 사안의 행실을 본받다."라고 말한 것이다. 인륜의 이치에 있어서 그 득실은 모두 악을 통해서 확인할 수 있으니, 이것이 악을 살펴보니 그 의미가 매우 깊다고 한 이유이다. 이 말은 고대에 이러한 말이 있어서, 『예기』를 기록한 자가 이 말을 인용해서 증명한 것이다.

【036】

土敝則草木不長, 水煩則魚鼈不大, 氣衰則生物不遂, 世亂則禮慝而樂淫. 是故其聲哀而不莊, 樂而不安; 慢易以犯節, 流湎以忘本; 廣則容姦, 狹則思欲; 感條暢之氣, 滅平和之德. 是以君子賤之也.〈036〉

지력이 고갈되면 초목이 생장하지 못하고, 물에 빈번히 들어가서 물고기 등을 잡으면 물고기나 자라 등이 커지지 못하며, 기운이 쇠락하면 만물이 완성되지 못하고, 세상이 혼란스럽게 되면 예가 사특해지고 악이 음란하게 된다. 이러한 까닭으로 그 소리가 슬프되 장엄하지 못하고, 즐겁되 편안하지 못하며, 태만하게 굴어서 예법을 범하고, 방탕하게 굴어서 근본을 잊으니, 이러한 것들은 크게는 간사한 짓을 하더라도 용납하게 만들고, 작게는 탐욕을 부리도록 만들며, 두루 통하는 기운을 해치고, 화평한 덕을 없앤다. 이러한 까닭으로 군자는 이러한 것들을 천시한다.

集說 土敝, 地力竭也, 故草木不長. 水煩, 謂澤梁之入無時. 水煩擾

而魚鼈不得自如, 故不大也. 物類之生, 必資陰陽之氣. 氣衰耗, 故
生物不得成遂也. 此三句, 皆以喩世道衰亂, 上下無常, 故禮慝, 男女
無節, 故樂淫也. 樂淫, 故哀而不莊, 樂而不安, 若關雎則樂而不淫,
哀而不傷. 禮慝, 故慢易以犯節, 流湎以忘本. 若正禮則莊敬而有節,
知反而報本也. 廣, 猶大也. 俠, 猶小也. 言淫樂慝禮, 大則使人容其
姦宄, 小則使人思爲貪欲, 感傷天地條暢之氣, 滅敗人心和平之德.
是以君子賤之而不用也. 感, 或作蹙. 感條暢之氣, 則與合生氣之和
者反矣. 滅和平之德, 則與道五常之行者異矣.

'토폐(土敝)'는 지력이 고갈되었다는 뜻이기 때문에 초목이 생장하지 못
한다. '수번(水煩)'은 물고기 등을 잡기 위해 못과 둑에 들어감에 정해진
때가 없다는 뜻이다. 물에 자주 들어가서 혼란스럽게 흔들어 놓으면 물고
기나 자라 등이 자유롭게 있을 수 없기 때문에 크지 못한다. 만물의 생장
은 반드시 음양의 기운을 바탕으로 삼게 된다. 기가 소모되기 때문에 생
물들이 이루어지지 못한다. 이 세 구문은 모두 그 내용을 통해 세상의
도가 쇠약해지고 혼란스럽게 되었음을 비유했으니, 상하의 질서에 항상
된 법도가 없기 때문에 예가 사특하게 되고, 남녀사이에 절도가 없기 때
문에 악이 음란하게 된 것이다. 악이 음란하기 때문에 슬퍼하되 장엄하지
못하고 즐거워하되 편안하지 못하다. 「관저(關雎)」편의 경우에는 즐거
우면서도 지나치지 않고 슬프면서도 조화를 해치지 않는다.[7] 예가 사특
하기 때문에 태만하게 굴어서 법도를 범하고 방탕하게 굴어서 근본을 잊
는다. 만약 올바른 예라면 장엄하고 공경하면서도 절도가 있고 반추할
것을 알아서 근본에 보답한다. '광(廣)'자는 "크다."는 뜻이다. '협(狹)'자
는 "작다."는 뜻이다. 즉 음란한 악과 사특한 예가 커지게 되면 사람들로
하여금 간사하고 바르지 못한 짓을 용납케 하고, 이것이 작다고 하더라도
사람들로 하여금 탐욕을 부리도록 생각하게 만드니, 천지의 두루 통하는

---

7) 『논어』「팔일(八佾)」: 子曰, "關雎, 樂而不淫, 哀而不傷."

기운을 해치고 인심의 화평한 덕을 없앤다. 이러한 까닭으로 군자는 그것들을 천시하여 사용하지 않는다. '감(感)'자는 다른 판본에서 '척(戚)'자로도 기록한다. 두루 펼쳐지는 기운을 줄어들게 만든다면 생기의 조화로움에 합하는 것과 반대가 된다. 화평한 덕을 없앤다면 오상의 행실을 인도하는 것과 어긋난다.

類編 右樂形.
여기까지는 '악형(樂形)'에 대한 내용이다.

◇ 악상(樂象)

【037】

凡姦聲感人而逆氣應之, 逆氣成象而淫樂興焉; 正聲感人而順氣應
之, 順氣成象而和樂興焉. 倡和有應, 回邪曲直各歸其分[去聲], 而萬
物之理, 各以類相動也.〈037〉

무릇 간사한 소리가 사람을 느끼게 해서 거스르는 기운이 호응하니, 거스
르는 기운이 형상을 이루어 음란한 악이 나타난다. 바른 소리가 사람을
느끼게 해서 따르는 기운이 호응하니, 따르는 기운이 형상을 이루어 화락
한 악이 나타난다. 느끼게 함과 그에 따라 기운이 일어나는 것에는 각각의
호응함이 있고, 어그러짐과 사벽함 굽음과 곧음은 각각 그 구분에['分'자는
거성으로 읽는다.] 따라 되돌아가며, 만물의 이치도 각각 그 부류에 따라 서로
움직이게 된다.

集說 疏曰: 倡和有應者, 姦聲正聲感人, 是倡也, 而逆氣順氣應之,
是和也. 回, 謂乖違. 邪, 謂邪僻. 及曲之與直, 各歸其善惡之分限,
善歸善分, 惡歸惡分, 而萬物之情理, 亦各以善惡之類, 自相感動也.
소에서 말하길, "창과 화에 호응함이 있다."고 했는데, 간사한 소리와 바
른 소리가 사람을 느끼게 하는 것이 '창(倡)'이고, 거스르는 기운과 따르
는 기운이 호응하는 것이 '화(和)'이다. '회(回)'자는 어그러졌다는 뜻이
다. '사(邪)'자는 사벽하다는 뜻이다. '곡(曲)'과 '직(直)'도 각각 선악의
구분에 따라 돌아가니, 선함은 선한 곳으로 되돌아가고 악함은 악한 곳으
로 되돌아가며, 만물의 정감과 이치 또한 각각 선악의 부류에 따라 그
자체로 서로 호응하여 움직인다.

集說 應氏曰: 聲感於微而氣之所應者甚速, 氣應於微而象之所成
者甚著. 成象則有形而可見, 見乃謂之象也. 各歸其分者, 所謂樂之
道歸焉耳.

응씨가 말하길, 소리가 은미한 곳을 느끼게 하고 호응하는 기운은 매우
빠르며, 기운이 은미한 곳에서 호응하고 이루어지는 형상은 분명하게 드
러난다. 형상을 이루면 형체를 가지게 되어 볼 수 있으니, 드러나는 것을
'상(象)'이라 부른다. "각각 그 구분으로 되돌아간다."는 말은 이른바 "악
의 도로 귀결될 따름이다."는 뜻에 해당한다.

【038】

是故君子反情以和其志, 比類以成其行[去聲], 姦聲亂色不留聰明,
淫樂慝禮不接心術, 惰慢邪辟之氣不設於身體, 使耳目鼻口心知百
體, 皆由順正以行其義.〈038〉

이러한 까닭으로 군자는 정감에 반추하여 뜻을 조화롭게 하고, 그 부류를
비교하여 행실을['行'자는 거성으로 읽는다.] 이루니, 간사한 소리와 문란한 색깔
은 총명함을 억류하지 않고, 음란한 악과 사특한 예가 심술에 접하지 않으
며, 태만하고 사벽한 기운이 몸에 베풀어지지 않아서, 귀·눈·코·입·마
음과 지각·온몸으로 하여금 모두 순종하고 바른 것에 연유하여, 그 도의
를 시행하도록 만든다.

集說 反情, 復其情性之正也. 情不失其正, 則志無不和. 比類, 分次
善惡之類也. 不入於惡類, 則行無不成. 曰不留, 不接, 不設, 如論語
四勿之謂, 皆反情比類之事. 如此則百體從令, 而義之與比矣. 此一
節, 乃學者修身之要法也.

'반정(反情)'은 정감과 본성의 올바름으로 되돌린다는 뜻이다. 정감이 올
바름을 잃지 않았다면 뜻에도 조화롭지 않음이 없다. '비류(比類)'는 선
악의 부류들을 구분하고 등차를 매긴다는 뜻이다. 악한 부류에 들어가지
않는다면 행실도 이루어지지 않음이 없다. "억류하지 않는다."는 말과
"접하지 않는다."는 말과 "베풀지 않는다."는 말은 모두 『논어』에서 하지
말라는 네 부류를 뜻하니,[1] 이 모두는 정감에 반추하고 그 부류를 비교하

는 일에 해당한다. 이처럼 한다면 온몸이 그에 따라서 도의와 대등하게
된다. 이곳 문단은 학생들이 자신을 다스리는 요점에 해당한다.

【039】
然後發以聲音, 而文以琴瑟, 動以干戚, 飾以羽旄, 從以簫管, 奮至
德之光, 動四氣之和, 以著萬物之理. 是故淸明象天, 廣大象地, 終
始象四時, 周還[旋]象風雨, 五色成文而不亂, 八風從律而不姦, 百度
得數而有常, 小大相成, 終始相生, 倡和淸濁, 迭相爲經. 故樂行而
倫淸, 耳目聰明, 血氣和平, 移風易俗, 天下皆寧.〈039〉

그런 뒤에 소리와 음을 통해서 나타내고, 금과 슬을 통해서 격식을 나타내
며, 방패와 도끼를 통해서 활동적으로 표현하고, 깃털과 꼬리털로 꾸미며,
소와 피리로 따르게 하여, 지극한 덕의 빛남을 떨치고, 사계절의 조화로운
기운을 움직여서, 이를 통해 만물의 이치를 드러낸다. 그렇기 때문에 맑고
밝음은 하늘을 형상화하고, 넓고 큼은 땅을 형상화하며, 끝과 시작은 사계
절을 형상화하고, 나아가고 물러나는['還'자의 음은 '旋(선)'이다.] 등의 행위는
바람과 비를 형상화하니, 오색이 무늬를 이루어 문란하지 않고, 팔풍이 율
력에 따라서 간사하지 않으며, 모든 도수가 해당 수치를 얻어 항상됨이
있으니, 작고 큼이 서로를 이루어주고, 끝과 시작이 서로를 생겨나게 하며,
이끌고 화답함 맑고 탁함이 갈마들며 서로의 기준이 된다. 그렇기 때문에
악이 시행되고 인륜이 맑아지며, 귀와 눈이 총명해지고, 혈기가 화평하게
되며, 풍속이 좋게 바뀌니, 천하가 모두 편안하게 된다.

集說 大章之章, 咸池之備, 韶之繼, 皆聖人極至之德發於樂者, 其
光輝猶若可見也. 書云 "光被四表", "光天之下", 皆所謂至德之光也.

---

1) 『논어』「안연(顏淵)」 : 顏淵問仁. 子曰, "克己復禮爲仁. 一日克己復禮, 天下歸
仁焉. 爲仁由己, 而由人乎哉?" 顏淵曰, "請問其目." 子曰, "非禮勿視, 非禮勿
聽, 非禮勿言, 非禮勿動." 顏淵曰, "回雖不敏, 請事斯語矣."

四氣之和, 四時之和氣也. 小大終始, 卽前章小大之稱, 終始之序也. 迭相爲經, 卽前篇還相爲宮之說也.

대장(大章)이라는 악곡이 밝힌다는 뜻을 나타내고, 함지(咸池)라는 악곡이 갖췄다는 뜻을 나타내며, 소(韶)라는 악곡이 계승한다는 뜻을 나타내는 것들은 모두 성인의 지극한 덕이 악으로 드러난 것이니, 휘황찬란하게 나타남을 살펴볼 수 있다. 『서』에서는 "빛이 사방에 펼쳐졌다."2)고 말하고, "하늘 아래에 빛나게 한다."3)고 말했는데, 이 모두는 지극한 덕의 빛남을 뜻한다. 네 기운의 조화로움은 사계절의 조화로운 기운을 뜻한다. 작고 큼 끝과 시작은 곧 앞에서 말한 '작고 큼의 알맞음'과 '끝과 시작의 순서'를 의미한다. '질상위경(迭相爲經)'은 곧 앞 편에서 "순환하여 서로의 궁이 된다."는 말에 해당한다.

集說 疏曰: 八風, 八方之風也. 律, 十二月之律也. 距冬至四十五日條風至, 條者, 生也. 四十五日明庶風至, 明庶者, 迎衆也. 四十五日淸明風至, 淸明者, 芒也. 四十五日景風至, 景者, 大也, 言陽氣長養也. 四十五日涼風至, 涼, 寒也, 陰氣行也. 四十五日閶闔風至, 閶闔者, 咸收藏也. 四十五日不周風至, 不周者, 不交也, 言陰陽未合化也. 四十五日廣莫風至, 廣莫者, 大莫也, 開陽氣也.

소에서 말하길, 팔풍(八風)4)은 여덟 방위에서 불어오는 바람을 뜻한다.

---

2) 『서』「우서(虞書)·요전(堯典)」: 曰放勳, 欽明文思安安, 允恭克讓, 光被四表, 格于上下.

3) 『서』「우서(虞書)·익직(益稷)」: 禹曰, 兪哉, 帝光天之下, 至于海隅蒼生, 萬邦黎獻, 共惟帝臣, 惟帝時擧, 敷納以言, 明庶以功, 車服以庸, 誰敢不讓, 敢不敬應, 帝不時, 敷同日奏罔功.

4) 팔풍(八風)은 팔방(八方)에서 풀어오는 바람으로, 각 문헌에 따라서 명칭이 조금씩 다르다. 『여씨춘추(呂氏春秋)』에 따르면, 동북풍(東北風)은 염풍(炎風), 동풍(東風)은 도풍(滔風), 동남풍(東南風)은 훈풍(熏風), 남풍(南風)은 거풍(巨風), 서남풍(西南風)은 처풍(凄風), 서풍(西風)은 료풍(飂風), 서북풍(西北風)은 려풍

'율(律)'은 12개월에 따른 율(律)을 뜻한다. 동지로부터 45일이 지나면 조풍(條風)이 불어오는데, '조(條)'자는 "생기다."는 뜻이다. 또 45일이 지나면 명서풍(明庶風)이 불어오는데, '명서(明庶)'라는 말은 무리를 맞이한다는 뜻이다. 또 45일이 지나면 청명풍(淸明風)이 불어오는데, '청명(淸明)'이라는 말은 "무성하게 하다."는 뜻이다. 또 45일이 지나면 경풍(景風)이 불어오는데, '경(景)'자는 "크게 하다."는 의미로, 양기가 장성하게 길러준다는 뜻이다. 또 45일이 지나면 양풍(涼風)이 불어오는데, '양(涼)'자는 "춥다."는 의미로, 음기가 움직인다는 뜻이다. 또 45일이 지나면 창합풍(閶闔風)이 불어오는데, '창합(閶闔)'이라는 말은 모두 거두어

(廣風), 북풍(北風)은 한풍(寒風)이다. 『회남자(淮南子)』에 따르면, 동북풍(東北風)은 염풍(炎風), 동풍(東風)은 조풍(條風), 동남풍(東南風)은 경풍(景風), 남풍(南風)은 거풍(巨風), 서남풍(西南風)은 량풍(涼風), 서풍(西風)은 료풍(飂風), 서북풍(西北風)은 려풍(麗風), 북풍(北風)은 한풍(寒風)이다. 『설문해자(說文解字)』에 따르면, 동풍(東風)은 명서풍(明庶風), 동남풍(東南風)은 청명풍(淸明風), 남풍(南風)은 경풍(景風), 서남풍(西南風)은 량풍(涼風), 서풍(西風)은 창합풍(閶闔風), 서북풍(西北風)은 부주풍(不周風), 북풍(北風)은 광막풍(廣莫風), 동북풍(東北風)은 융풍(融風)이다. 『경전석문(經典釋文)』에 따르면, 동풍(東風)은 곡풍(谷風), 동남풍(東南風)은 청명풍(淸明風), 남풍(南風)은 개풍(凱風), 서남풍(西南風)은 량풍(涼風), 서풍(西風)은 창합풍(閶闔風), 서북풍(西北風)은 부주풍(不周風), 북풍(北風)은 광막풍(廣莫風), 동북풍(東北風)은 융풍(融風)이다. 『여씨춘추(呂氏春秋)』「유시(有始)」편에서는 "何謂八風. 東北曰炎風, 東方曰滔風, 東南曰熏風, 南方曰巨風, 西南曰淒風, 西方曰飂風, 西北曰廣風, 北方曰寒風."이라고 하였고, 『회남자(淮南子)』「추형훈(墜形訓)」편에서는 "東北曰炎風, 東方曰條風, 東南曰景風, 南方曰巨風, 西南曰涼風, 西方曰飂風, 西北曰麗風, 北方曰寒風."이라고 하였으며, 『설문(說文)』「풍부(風部)」편에서는 "風, 八風也. 東方曰明庶風, 東南曰淸明風, 南方曰景風, 西南曰涼風, 西方曰閶闔風, 西北曰不周風, 北方曰廣莫風, 東北曰融風."이라고 하였고, 『춘추좌씨전』「은공(隱公) 5년」편에는 "夫舞所以節八音, 而行八風."이라는 기록이 있는데, 이에 대한 육덕명(陸德明)의 『경전석문(經典釋文)』에서는 "八方之風, 謂東方谷風, 東南淸明風, 南方凱風, 西南涼風, 西方閶闔風, 西北不周風, 北方廣莫風, 東北方融風."이라고 풀이하였다.

보관한다는 뜻이다. 또 45일이 지나면 부주풍(不周風)이 불어오는데, '부주(不周)'라는 말은 사귀지 않는다는 의미로, 음양이 아직 합치되어 변화하지 않았다는 뜻이다. 또 45일이 지나면 광막풍(廣莫風)이 불어오는데, '광막(廣莫)'이라는 말은 막대하다는 의미로, 양기를 열어준다는 뜻이다.

集說 方氏曰: 淸明者樂之聲, 故象天. 廣大者樂之體, 故象地. 終始者樂之序, 故象四時. 周還者樂之節, 故象風雨.

방씨가 말하길, '청명(淸明)'은 악의 소리이기 때문에 하늘을 형상화한다. '광대(廣大)'는 악의 본체이기 때문에 땅을 형상화한다. 끝과 시작은 악의 질서이기 때문에 사계절을 형상화한다. 나아가고 물러나며 것 등은 악의 절도이기 때문에 바람과 비를 형상화한다.

集說 應氏曰: 五聲配乎五行之色, 故各成文而不亂; 八音配乎八卦之風, 故各從律而不姦. 自一度行之而至於百, 則百度各得其數, 猶八卦至於六十四, 而其變無窮也. 大而日月星辰之度, 小而百工器物之度, 各有數焉, 不止晝夜之百刻也. 曰不亂不姦, 以至有常, 言其常而不紊也. 曰相成相生, 以至迭相爲經, 言其變而不窮也. 順其常, 則能極其變矣.

응씨가 말하길, 오성을 오행에 해당하는 색깔에 배합했기 때문에 각각 무늬를 이루어 문란하지 않고, 팔음을 팔괘에 해당하는 바람에 배합했기 때문에 각각 그 율법에 따라서 간사하지 않다. 1도로부터 확장하여 100도에 이르면 100도가 각각 그 도수를 얻으니, 이것은 팔괘가 육십사괘에 이르러 변화에 끝이 없음과 같다. 크게는 해・달・별들의 운행 도수, 작게는 모든 공인들이 만든 기물들의 도수에 각각 해당하는 수치가 있으니, 낮과 밤의 시간인 100각에만 한정되지 않는다. 문란하지 않고 간사하지 않다고 했고, 항상됨이 있다고도 말했으니, 항상됨을 갖춰서 문란하지 않다는 의미이다. 서로 완성하고 서로 생겨나게 한다고 했고, 갈마들며 서로의 법칙이 된다고도 말했으니, 변화하며 끝이 없다는 뜻이다. 항상됨에 따른다면 변화를 지극히 할 수 있다.

【040】
故曰: "樂者, 樂也." 君子樂得其道, 小人樂得其欲. 以道制欲, 則樂而不亂; 以欲忘道, 則惑而不樂.〈040〉

그러므로 "악이라는 것은 즐거움이다."라고 말한다. 군자는 그 도를 얻는 것을 즐거워하며, 소인은 욕망을 추구하는 것을 즐거워한다. 도로써 욕망을 제재하면 즐거워하되 문란하지 않고, 욕망에 따라 도를 잊게 되면 의혹되고 즐거워하지 못한다.

集說 君子之樂道, 猶小人之樂欲. 君子以道制欲, 故坦蕩蕩; 小人徇欲忘道, 故長戚戚.

군자가 도를 즐거워함은 소인이 욕망을 즐거워함과 같다. 군자는 도로써 욕망을 제재하기 때문에 평탄하며 여유가 있고, 소인은 욕망에 따라 도를 잊기 때문에 항상 근심스러워한다.[5]

【041】
是故君子反情以和其志, 廣樂以成其敎. 樂行而民鄕[去聲]方, 可以觀德矣.〈041〉

이러한 까닭으로 군자는 정감을 회복하고 그 뜻을 조화롭게 하며, 악을 널리 퍼트려서 가르침을 이룬다. 악이 시행되고 백성들이 도를 지향하게['鄕'자는 거성으로 읽는다.] 된다면, 군자의 덕을 살펴볼 수 있게 된다.

---

5) 『논어』「술이(述而)」: 子曰, "君子坦蕩蕩, 小人長戚戚."

集說 承上文而言, 所以君子復情和志以修其身, 廣樂成敎以治乎民, 及樂之敎行而民知向道, 則可以觀君子之德矣.

앞 문장을 이어서 한 말이니, 군자가 정감을 회복하고 뜻을 조화롭게 해서 자신을 수양하고, 악을 널리 퍼트리고 가르침을 이루어서 백성들을 다스리며, 악의 가르침이 시행되고 백성들이 도를 지향해야 함을 아는 경지에 도달한다면, 군자의 덕을 살펴볼 수 있게 된다.

【042】

德者, 性之端也. 樂者, 德之華也. 金石絲竹, 樂之器也. 詩, 言其志也. 歌, 咏其聲也. 舞, 動其容也. 三者本於心, 然後樂器從之. 是故情深而文明, 氣盛而化神, 和順積中而英華發外, 惟樂不可以爲僞.〈042〉

덕은 본성의 단서이다. 악은 덕이 아름답게 나타난 것이다. 쇠·돌·실·대나무 등으로 만든 악기는 악의 기구이다. 시는 그 뜻을 말로 나타낸다. 노래는 그 소리를 길게 내뺀다. 춤은 그 모습을 움직이게 한다. 이 세 가지는 마음에 근본을 두고 있고, 그런 뒤에 악기가 뒤따르게 된다. 이러한 까닭으로 정감이 깊어서 나타나는 것도 밝고, 기운이 왕성해서 변화도 신묘하며, 조화와 순종이 내부에 쌓여서 영화로움이 밖으로 나타나니, 오직 악만은 거짓으로 만들 수 없다.

集說 石梁王氏曰: 註以志聲容三者爲本, 非也. 德有心爲本, 性又德之本, 然後詩歌舞三者出焉.

석량왕씨가 말하길, 정현의 주에서는 지·성·용이라는 세 가지를 근본으로 여겼는데, 잘못된 주장이다. 덕은 마음에 있어 근본이 되고, 본성또한 덕의 근본이니, 그런 뒤에 시·노래·춤이라는 세 가지가 나타난다.

集說 劉氏曰: 性之端, 和順積中者也. 德之華, 英華發外者也. 三者, 謂志也, 聲也, 容也. 志則端之初發者, 聲容, 則華之旣見者. 志

動而形於詩, 詩成而咏歌其聲, 咏歌之不足, 則不知手舞足蹈而動其
容焉. 三者皆本於心之感物而動, 然後被之八音之器, 以及干戚羽旄
也. 情之感於中者深, 則文之著於外者明. 如天地之氣盛於內, 則化
之及物者, 神妙不測也. 故曰和順積中而英華發外也. 由此觀之, 則
樂之爲樂, 可以矯僞爲之乎?

유씨가 말하길, 본성의 단서는 조화와 순종이 안에 쌓인 것을 뜻한다.
덕의 아름다움은 영화로움이 밖으로 나타난 것이다. 세 가지는 곧 뜻·소
리·모습을 뜻한다. 뜻은 단서가 처음 나타난 것이다. 소리와 모습은 영
화로움으로 드러난 것이다. 뜻이 움직여서 시를 통해 나타나고, 시가 완
성되어 그 소리를 통해 노래로 부르며, 노래로도 부족하다면 자신도 모르
게 손과 발이 저절로 들썩이며 그 모습을 움직이게 한다. 세 가지는 모두
마음이 대상을 느껴서 움직이는 것에 근본을 두고, 그런 뒤에 그것을 팔
음의 악기로 나타내며, 방패와 도끼 및 깃털과 꼬리털 등의 무용도구로
나타낸 것이다. 정감이 안에서 느끼는 것이 깊다면 수식을 통해 외적으로
나타난 것도 밝다. 예를 들어 천지의 기운이 내적으로 융성하게 되면 변
화를 이루어 사물에게 미치는 것도 신묘하여 헤아릴 수 없다. 그렇기 때
문에 "조화와 순종이 안에서 쌓이고 영화로움이 밖으로 나타난다."고 말
한 것이다. 이를 통해 살펴본다면 악의 악됨을 거짓으로 말들 수 있겠는
가?

【043】

樂者, 心之動也. 聲者, 樂之象也. 文采節奏, 聲之飾也. 君子動其本,
樂其象, 然後治其飾. 是故先鼓以警戒, 三步以見[現]方, 再始以著往,
復亂以飾歸, 奮疾而不拔[蒲末反], 極幽而不隱, 獨樂其志, 不厭其道,
備擧其道, 不私其欲. 是故情見[現]而義立, 樂終而德尊, 君子以好善,
小人以聽[樂書作息]過. 故曰: "生民之道, 樂爲大焉."〈043〉

악은 마음이 감동하여 나타난 것이다. 소리는 악의 형상이다. 수식을 꾸미고 음악의 가락을 만드는 것은 소리의 꾸밈이다. 군자는 근본에 해당하는 마음을 감동시키고, 형상을 통해 악을 나타내며, 그런 뒤에 악에 꾸밈을 더한다. 이러한 까닭으로 먼저 북을 울려서 모여 있는 사람들에게 주의를 주고, 춤을 출 때에는 먼저 세 걸음을 떼어서 방식을 드러내며[見'자의 음은 '現(현)'이다.] 재차 시작하여 나아가고자 함을 드러내며, 재차 마쳐서 되돌아가는 무용수들이 되돌아가는 것을 신중히 하도록 만드는데, 무용수들은 신속히 움직이지만 지나치게 빠르지[拔'자는 蒲(포)'자와 末(말)'자의 반절음이다.] 않고, 음악은 지극히 그윽하지만 숨김이 없으니, 군자는 홀로 그 뜻을 즐거워하며, 그 도에 대해서 싫증을 느끼지 않고, 그 도를 제대로 갖춰서 시행하며, 그에 대한 욕구를 자기 것으로만 하지 않는다. 이러한 까닭으로 정감이 드러나서[見'자의 음은 '現(현)'이다.] 도의가 성립되며, 악이 마쳐서 덕이 존숭되니, 군자는 음악을 통해 선을 좋아하고, 소인은 음악을 통해서 과실을 깨닫는다.[『악서』에서는 '식(息)'자로 기록했다.] 그렇기 때문에 "백성들에 대한 도의 중에서 악이 매우 크다."고 말했다.

集說 動其本, 心之動也. 心動而有聲, 聲出而有文采節奏, 則樂飾矣. 樂之將作, 必先擊鼓以聳動衆聽, 故曰先鼓以警戒. 舞之將作, 必先三擧足以示其舞之方法, 故曰三步以見方. 再始, 謂一節終而再作也. 往, 進也. 亂, 終也. 如云關雎之亂. 歸, 舞畢而退就位也. 再始以著往者, 再擊鼓以明其進也. 復亂以飾歸者, 復擊鐃以謹其退也. 此兩句, 言舞者周旋進退之事. 拔, 如拔來赴往之拔, 言舞之容, 雖若奮迅疾速, 而不過於疾也. 樂之道雖曰幽微難知, 而不隱於人也. 是故君子以之爲己, 則和而平, 故獨樂其志. 不厭其道, 言學而不厭也. 以之爲人, 則愛而公, 故備擧其道. 不私其欲, 言誨人不倦也. 情見於樂之初, 而見其義之立; 化成於樂之終, 而知其德之尊. 君子聽之而好善, 感發其良心也. 小人聽之而知過, 蕩滌其邪穢也. 故曰以下, 亦引古語結之. 此章諸家皆以爲論大武之樂, 以明伐紂之事, 且以再始爲十一年觀兵, 十三年伐紂, 此誤久矣.

"근본을 움직인다."는 말은 마음이 동한다는 뜻이다. 마음이 동하여 소리가 생기고, 소리가 나와서 문채와 가락이 생긴다면 악의 수식이 된다. 악(樂)을 연주하려고 할 때에는 반드시 가장 먼저 북을 울려서 대중들을 일깨워야 한다. 그렇기 때문에 "먼저 북을 쳐서 경계를 시킨다."고 말했다. 춤을 추려고 할 때에는 반드시 가장 먼저 세 걸음을 떼어서 춤사위의 방향과 법식을 나타내야 한다. 그렇기 때문에 "세 걸음을 걸어서 방식을 나타낸다."고 말했다. '재시(再始)'는 한 악절이 끝나서 재차 시작한다는 뜻이다. '왕(往)'자는 "나아간다."는 뜻이다. '난(亂)'자는 마침을 뜻한다. 예를 들어 「관저(關雎)」편의 마지막 장6)이라고 말하는 것과 같다. '귀(歸)'자는 춤이 끝나서 무용수들이 물러나 자신의 자리로 돌아간다는 뜻이다. "재차 시작하여 나아감을 드러낸다."고 한 말은 재차 북을 울려서 나아가게 됨을 드러낸다는 뜻이다. "재차 끝내서 되돌아감을 삼간다."는 말은 다시 징을 쳐서 물러나는 행동을 신중히 하도록 만든다는 뜻이다. 이 두 구문은 무용수들이 선회하며 나아가고 물러나는 등의 사안을 뜻한다. '발(拔)'자는 "갑작스럽게 오고 갑작스럽게 떠난다."7)고 할 때의 '발(拔)'자와 같으니, 무용수들의 모습이 비록 신속하고 빠른 것 같지만 지나치게 빠르지 않다는 뜻이다. 악의 도에 대해서 비록 그윽하고 은미하며 알기 어렵다고 하지만 사람들에게 숨기는 것이 없다. 이러한 까닭으로 군자가 음악을 자신의 것으로 삼는다면 조화롭고 평이하게 된다. 그렇기 때문에 홀로 그 뜻을 즐거워하는 것이다. "그 도를 싫증내지 않는다."는 말은 배우되 싫증을 내지 않는다는 뜻이다. 음악을 남을 위한 것으로 삼는다면 친애하게 되고 공공의 것으로 삼기 때문에 그 도를 갖춰서 실행한다. "그 욕망을 사사롭게 하지 않는다."는 말은 남을 가르침에 게을리 하지 않다는 뜻이다.8) 정감은 악의 처음에 나타나므로 그 뜻이 확립되는

---

6) 『논어』 「태백(泰伯)」 : 子曰, "師摯之始, <u>關雎之亂</u>, 洋洋乎, 盈耳哉!"

7) 『예기』 「소의(少儀)」 028장 : 毋拔來, 毋報往.

8) 『논어』 「술이(述而)」 : 子曰, "默而識之, <u>學而不厭, 誨人不倦</u>, 何有於我哉?"

것을 보며, 변화는 악의 끝에서 완성되므로 덕의 존귀함을 안다. 군자는 음악을 듣고 선을 좋아하게 되며 양심을 느껴서 나타내게 한다. 소인은 음악을 듣고 과실을 알아서 사벽하고 더러운 잘못을 씻어내게 된다. '고 왈(故曰)'로부터 그 이하의 말은 또한 옛 말을 인용하여 결론을 맺은 것이다., 이곳 문단에 대해서 여러 학자들은 모두 대무의 악을 논의한 것이라 여겨서, 이를 통해 주임금을 정벌했던 사안을 나타냈으며, 또한 재차 시작하는 것이 11년에 관병식을 하고, 13년에 주임금을 정벌한 것이라고 여겼으니, 매우 오래전부터 잘못 이해한 것이다.

集說 愚謂: 此特通論樂與舞之理如此耳, 故曰生民之道, 樂爲大焉. 豈可以生民之道, 莫大於戰伐哉?

내가 생각하기에, 문단은 단지 악과 춤의 이치가 이와 같다는 사실을 통괄적으로 논의할 것일 뿐이다. 그렇기 때문에 "백성들에 대한 도리 중 악이 매우 크다."고 말한 것이다. 따라서 어떻게 백성들에 대한 도리에 있어서 전쟁과 정벌보다 큰 것이 없을 수 있겠는가?

類編 右樂象.

여기까지는 '악상(樂象)'에 대한 내용이다.

禮記類編大全卷之十六

『예기유편대전』 16권

◆ 樂記第十五(下) / 「악기」 15편(하편)

◆ 악례상(樂禮上)

【044】

樂也者, 施[去聲]也. 禮也者, 報也. 樂, 樂其所自生; 禮, 反其所自始. 樂章德, 禮報情, 反始也. 〈044〉 [此下有"所謂大輅"一段, 今移明堂位.]

악은 베풂을['施'자는 거성으로 읽는다.] 위주로 한다. 예는 보답함을 위주로 한다. 악은 생겨나게 한 것을 즐거워하는 것이며, 예는 생겨나게 한 것으로 되돌리는 것이다. 악은 덕을 드러내고, 예는 은정에 보답하니, 시초로 되돌리는 것이다. [이 문장 뒤에는 "이른바 대로라는 것"[1]으로 시작되는 한 단락이 있었는데, 지금은 『예기』 「명당위(明堂位)」편으로 옮겼다.]

集說 文蔚問: "如何是章德?" 朱子曰: "和順積諸中, 英華發於外, 便是章著其內之德."

문울은 "무엇을 '장덕(章德)'이라고 합니까?"라고 물었고, 주자는 "조화와 순종이 내부에 쌓여서 겉으로 영화로움이 드러나는 것이 바로 내부의 덕을 드러내는 것이다."라고 했다.

集說 馬氏曰: 樂由陽來, 陽散其文而以生育爲功, 故樂主於施. 禮由陰作, 陰斂其質而以反朴爲事, 故禮主於報. 舜生於紹堯而施及於天下, 故作大韶. 武王生於武功而施及於天下, 故作大武. 此樂其所自生也. 萬物本乎天, 故先王以郊明天之道. 人本乎祖, 故王者禘其祖之所自出. 此反其所自始也.

마씨가 말하길, 악은 양으로부터 도출되었고 양기는 문채를 펼쳐서 생장

---

1) 『예기』 「악기」 045장 : 所謂大輅者, 天子之車也. 龍旂九旒, 天子之旌也. 靑黑緣者, 天子之寶龜也. 從之以牛羊之群, 則所以贈諸侯也.

시키고 생육함을 공덕으로 삼는다. 그렇기 때문에 악은 베풂을 위주로
한다. 예는 음으로부터 만들어졌고 음기는 바탕을 거두어서 소박함으로
되돌리는 것을 일로 삼는다. 그렇기 때문에 예는 보답함을 위주로 한다.
순임금은 요임금을 계승하는 것에서 출발하여 은덕을 베풀어 천하에 두
루 미치게 했기 때문에, 대소(大韶)라는 악곡을 지었다. 무왕은 무공에서
출발하여 그 은덕이 천하에 두루 미치게 했기 때문에, 대무(大武)라는
악곡을 지었다. 이것이 생겨나게 된 것을 즐거워한다는 뜻이다. 만물은
하늘에 근본을 두고 있다. 그렇기 때문에 선왕은 교제사를 통해서 하늘의
도를 밝힌다. 사람은 조상에 근본을 두고 있다. 그렇기 때문에 천자는
시조를 파생시킨 대상에게 체제사를 지낸다. 이것이 시작된 것으로 되돌
린다는 뜻이다.

集說 應氏曰: 樂有發達動盪之和, 宣播而出於外, 一出而不可反,
故曰施. 禮有交際酬答之文, 反復而還於內, 故曰報. 韶·濩·夏·
武, 皆章德而導和. 祭享朝聘, 皆報情而反始. 所謂反者, 有收斂之
節也.

응씨가 말하길, 악에는 발산하여 통달하며 움직이고 융합하는 조화로움
이 있어서 그것이 펼쳐져 외부로 나타나는데, 한 번 발산하면 되돌릴 수
없기 때문에 '시(施)'라고 말했다. 예에는 교제하며 묻고 답하는 형식이
있고 돌이켜 다시 안으로 되돌아가기 때문에 '보(報)'라고 말했다. 소
(韶)·호(濩)·하(夏)·무(武) 등의 악곡은 모두 덕을 드러내고 조화로
움을 인도한다. 제사·향연·조례·빙례는 모두 은정에 보답하고 시초로
되돌린다. 이른바 '반(反)'이라는 것에는 거둬들이는 절도가 있다.

【045】

樂也者, 情之不可變者也. 禮也者, 理之不可易者也. 樂統同, 禮辨

異. 禮樂之說, 管乎人情矣.〈046〉[本在"贈諸侯也"下.]

악은 정감 중 변할 수 없는 것을 나타낸다. 예는 이치상 바뀔 수 없는 것을 나타낸다. 악은 같음을 통솔하고 예는 다름을 변별한다. 예악에 대한 해설은 사람의 정감을 통괄한다. [본래는 "제후에 대해서 선물로 하사한 것이다."[2]라고 한 문장 뒤에 수록되어 있었다.]

集說 劉氏曰: 人情感物無常, 固多變. 然旣發於聲音而爲樂, 則其哀樂一定而不可變矣. 事理隨時有異, 固多易也. 然旣著之節文而爲禮, 則其威儀一定而不可易矣. 惟其不可變, 故使人佚能思初, 安能惟始, 和順道德而純然罔閒, 所謂統同也. 惟其不可易, 故使人親踈有序, 貴賤有等, 謹審節文而截然不亂, 所謂辨異也. 此禮樂之說, 所以管攝乎人情也.

유씨가 말하길, 사람의 정감이 외부 대상을 느낄 때에는 항상됨이 없어서 진실로 변화가 많다. 그러나 이미 소리와 음을 통해 나타나서 악이 되었다면, 슬픔과 즐거움은 일정하여 변할 수 없다. 사물의 이치는 때에 따라 차이가 생겨서 진실로 바뀜이 많다. 그러나 이미 형식을 통해 드러나서 예가 되었다면, 위엄에 따른 격식은 일정하여 바뀔 수 없다. 오직 변할 수 없는 것이기 때문에 사람들로 하여금 편안하게 시초를 생각하도록 할 수 있고 도덕에 조화롭고 순종하게 해서 순일하여 틈이 없도록 하니, 이것이 "같음을 통솔한다."는 뜻이다. 오직 바뀔 수 없는 것이기 때문에 사람들로 하여금 친소관계에 질서가 생기게 하고 귀천에 등급이 생기도록 하여 격식을 조심스레 살피고 확연하게 따라서 문란하게 하지 않으니, 이것이 "차이를 변별한다."는 뜻이다. 이러한 예악에 대한 해설은 사람의 정감을 관할하고 통괄하는 것이다.

---

2) 『예기』「악기」045장 : 所謂大輅者, 天子之車也. 龍旂九旒, 天子之旌也. 靑黑緣者, 天子之寶龜也. 從之以牛羊之群, 則所以贈諸侯也.

【046】

窮本知變, 樂之情也. 著誠去[上聲]僞, 禮之經也. 禮樂偩[負]天地之情,
達神明之德, 降興上下之神, 而凝是精粗之體, 領父子君臣之節. 〈047〉
[此下舊聯上文.]

근본을 지극히 하고 변화를 아는 것은 악의 정감에 해당한다. 진실됨을
드러내고 거짓됨을 제거하는[‘去’자는 상성으로 읽는다.] 것은 예의 기준에 해당
한다. 예악은 천지의 정감에 따르고[‘偩’자의 음은 ‘負(부)’이다.] 신명의 덕을 두
루 통하게 하며, 상하의 신들이 오게끔 하고, 정밀하고 거친 본체를 응축하
며, 부자 및 군신관계의 법도를 다스린다. [이곳 구문으로부터 그 이하의 기록은
옛 판본에 앞 문장의 뒤에 수록되어 있었다.]

集說 朱子曰: 偩, 依象也.

주자가 말하길, ‘부(偩)’자는 의거하고 나타낸다는 의미이다.

集說 劉氏曰: 人情理同而氣異, 同則本一異則變多. 樂以統同, 故
可使人窮其本之同, 而知其變之異. 人情理微而欲危, 微則誠隱, 危
則僞生. 禮以辨異, 故可使人去其欲之僞, 而著其理之誠也. 窮本知
變者, 感通之自然, 故曰情. 著誠去僞者, 修爲之當然, 故曰經.

유씨가 말하길, 사람의 정감과 이치는 동일하지만 기운이 다르니, 동일하
다면 근본이 같고 다르다면 변화가 다양하다. 악은 같음을 통솔하기 때문
에 사람들로 하여금 근본의 같음을 지극히 하고 변화의 차이를 알게끔
한다. 사람의 정감과 이치는 은미하지만 욕구는 위태로우니, 은미하다면
진실됨이 은은하게 드러나고 위태롭다면 거짓됨이 발생한다. 예는 차이
를 변별하기 때문에 사람들로 하여금 욕구의 거짓됨을 제거하고 이치의
진실됨을 드러내게 한다. “근본을 다하고 변화를 안다.”는 말은 느껴서
통하는 것의 자연스러움이기 때문에 ‘정(情)’이라고 말했다. “진실됨을 드
러내고 거짓됨을 제거한다.”는 말은 수양의 당연함에 해당하기 때문에
‘경(經)’이라고 말했다.

愚謂: 禮樂之作, 道與器未始相離, 故曰凝是精粗之體也.

내가 생각하기에, 예악의 작용에 있어서 도와 기는 처음부터 떨어진 적이 없다. 그렇기 때문에 "정밀하고 거친 본체를 응축한다."고 말했다.

【047】

是故大人擧禮樂, 則天地將爲昭焉. 天地訢[欣]合, 陰陽相得, 煦[吁句反]嫗[於句反]覆[方娕反]育萬物, 然後草木茂, 區[句]萌達, 羽翼奮, 角觡[格]生, 蟄蟲昭蘇, 羽者嫗伏[扶又反], 毛者孕鬻[育], 胎生者不殰[瀆], 而卵生者不殈[呼闃反], 則樂之道歸焉耳.〈048〉

이러한 까닭으로 대인이 예악을 제정하면, 천지의 화육하는 도리가 밝게 드러난다. 천지가 교감하고['訢'자의 음은 '欣(흔)'이다.] 음양이 서로를 얻어서, 만물을 따뜻하게['煦'자는 '吁(우)'자와 '句(구)'자의 반절음이다.] 덮어주고['覆'자는 '方(방)'자와 '娕(구)'자의 반절음이다.] 품어서['嫗'자는 '於(어)'자와 '句(구)'자의 반절음이다.] 길러주니, 그런 뒤에야 초목이 무성하게 자라나고, 싹들이['區'자의 음은 '句(구)'이다.] 돋아나며, 날개를 가진 짐승들이 날개를 퍼덕이고, 뿔을['觡'자의 음은 '格(격)'이다.] 가진 짐승들이 생장하며, 칩거했던 곤충들이 다시 나타나고, 날개를 가진 짐승들은 새끼를 품고['伏'자는 '扶(부)'자와 '又(우)'자의 반절음이다.] 털을 가진 짐승들은 잉태하고 자식을 기르며['鬻'자의 음은 '育(육)'이다.] 잉태하여 낳는 것들은 뱃속에서 죽지['殰'자의 음은 '瀆(독)'이다.] 않고, 알로 태어나는 것들은 알이 깨지지['殈'자는 '呼(호)'자와 '闃(전)'자의 반절음이다.] 않으니, 악의 도로 귀결될 따름이다.

大人擧禮樂, 言聖人在天子之位而制禮作樂也. 天地將爲昭焉, 言將以禮樂而昭宣天地化育之道也. 訢, 與欣同. 訢合, 和氣之交感, 卽陰陽相得之妙也. 天以氣煦之, 地以形嫗之, 天煦覆而地嫗育, 是煦嫗覆育萬物者也. 屈生曰句, 謂句曲而生者也. 角之無䚡者曰觡. 䚡, 謂角外皮之滑澤者. 蟄藏之蟲初出, 如暗而得明, 如死而更生, 故曰昭蘇也. 嫗伏, 體伏而生子也. 孕鬻, 妊孕而育子也. 殰,

未及生而胎敗也. 殈, 裂也. 凡物皆得自生自育而無所害者, 是皆歸
於聖人禮樂參贊之道耳.

"대인이 예악을 거한다."는 말은 성인이 천자의 지위에 올라서 예악을
제정한다는 뜻이다. "천지가 장차 밝아진다."는 말은 예악으로써 천지의
화육하는 도를 드러낸다는 뜻이다. '흔(訢)'자는 흔(欣)자와 같다. '흔합
(訢合)'은 조화로운 기운이 교감하니 음양이 서로를 얻는 오묘함에 해당
한다. 하늘은 기운을 통해 따뜻하게 해주고 땅은 형체를 통해 품어주니,
하늘이 따뜻하게 덮어주고 땅이 품어서 길러줌이 곧 "만물을 따뜻하게
해주고 품어주며 덮어주고 길러준다."는 뜻이다. 굽어서 자라나는 것을
'구(句)'라고 부르니 굽이굽이 자라나는 것을 뜻한다. 뿔 중 윤택이 나지
않는 것을 '격(觡)'이라고 부른다. '새(觬)'는 뿔의 표피에 윤택이 나는 것
을 뜻한다. 칩거했던 곤충이 처음 나타날 때에는 마치 어두웠다가 밝아지
고 죽었다가 다시 살아나는 것과 같기 때문에 "밝아지고 되살아난다."고
말했다. '구복(嫗伏)'은 몸을 숙여 자식을 낳는다는 뜻이다. '잉육(孕鬻)'
은 잉태를 하고 자식을 기른다는 뜻이다. '독(殰)'자는 아직 태어나기도
전에 잉태의 상태에서 죽는 것을 뜻한다. '혁(殈)'자는 "알이 깨지다."는
뜻이다. 만물이 모두 스스로 생겨나고 스스로 자라나며 해로움이 없게
되는 것은 모두 성인이 예악을 통해 천지의 화육하는 작용에 참여하는
도로 귀결될 따름이다.

【048】
樂者, 非謂黃鍾大呂弦歌干揚也, 樂之末節也, 故童者舞之. 鋪筵席,
陳尊俎, 列籩豆, 以升降爲禮者, 禮之末節也, 故有司掌之. 樂師辨
乎聲詩, 故北面而弦; 宗祝辨乎宗廟之禮, 故後尸; 商祝辨乎喪禮,
故後主人. 是故德成而上, 藝成而下, 行成而先, 事成而後. 是故先
王有上有下, 有先有後, 然後可以有制於天下也. 〈049〉

악의 본질은 황종·대려와 같음 음들을 뜻하지 않고, 현악기를 연주하거나 노래를 부르는 등의 기예를 뜻하지 않으며, 방패나 도끼 등의 기물들을 뜻하는 것이 아니니, 이러한 것들은 악 중에서도 말단에 해당한다. 그렇기 때문에 어린아이들도 그것을 익혀서 춤을 추는 것이다. 자리를 깔고, 술동 이나 도마를 진설하고, 변이나 두를 진열하며, 오르고 내리는 것을 예로 삼는 것들은 예 중에서도 말단에 해당한다. 그렇기 때문에 유사가 그 일을 담당하는 것이다. 악사는 소리와 시가를 변별하는데, 이것들은 말단에 해 당하기 때문에 북쪽을 바라보며 현악기로 연주를 한다. 종축은 종묘에서 진행되는 의례를 변별하는데, 이것들은 말단에 해당하기 때문에 시동 뒤에 위치한다. 상축은 상례를 변별하는데, 이것들은 말단에 해당하기 때문에 상주 뒤에 위치한다. 이러한 까닭으로 덕을 이룬 자는 위에 위치하고 기예 를 이룬 자는 아래에 위치하며, 행실을 이룬 자는 앞에 위치하고 실무를 이룬 자는 뒤에 위치한다. 그러므로 선왕은 위와 아래, 앞과 뒤의 차례를 정한 뒤에야 천하에 예악을 제정할 수 있다.

集説 禮樂之事, 有道有器. 前經皆言禮樂之道, 此以器言, 謂道之 精者, 非習藝習事者所能知也. 干·揚, 皆舞者所執. 商祝, 習知殷禮 者. 殷尙質, 喪禮以質爲主, 故兼用殷禮也. 北面, 位之卑也. 宗廟之 敬在尸, 喪禮之哀在主人, 在尸與主人之後, 其輕可知也. 德行在君 尸主人, 童子有司習於藝, 宗祝商祝習於事, 故上下先後之序如此.
예악의 사안에는 도적인 측면이 있고 기적인 측면이 있는데, 앞의 경문에 서는 모두 예악의 도를 언급했고 이곳 문장에서는 기를 기준으로 언급했 으니, 정밀한 도는 기예를 익히고 실무를 익힌 자가 알 수 있는 대상이 아님을 뜻한다. 방패와 도끼는 모두 무용수들이 들게 되는 무용도구이다. '상축(商祝)'은 은나라 때의 예법을 익힌 자이다. 은나라 때에는 질박함 을 숭상했고 상례에서는 질박함을 위주로 한다. 그렇기 때문에 은나라의 예법도 함께 사용한다. "북쪽을 바라본다."는 말은 지위가 낮다는 뜻이다. 종묘에서 공경함을 받는 대상은 시동이며 상례에서 슬픔을 나타내는 대 상은 상주이니, 시동과 주인의 뒤에 있는 자는 그 비중이 상대적으로 가

법다는 사실을 알 수 있다. 덕행은 군주·시동·주인에게 달려 있고, 어린아이와 유사는 기예를 익히며 종축·상축은 실무를 익힌다. 그렇기 때문에 상하·선후의 순서가 이와 같다.

集說 石梁王氏曰: 德成而上, 註云: "德, 三德也." 漢儒訓解, 每以三德爲德.

석량왕씨가 말하길, "덕이 완성되어 위에 있다."는 말에 대해서, 정현의 주에서는 "덕은 삼덕(三德)3)을 뜻한다."라고 했다. 한나라 때 학자들은 풀이를 할 때 매번 삼덕을 덕이라고 여겼다.

類編 右樂禮上.

여기까지는 '악례상(樂禮上)'에 대한 내용이다.

---

3) 삼덕(三德)은 세 종류의 덕(德)을 가리키는데, 문헌에 따라 해당하는 덕성(德性)들에는 차이가 나타난다. 『서』「주서(周書)·홍범(洪範)」편에는 "三德, 一曰正直, 二曰剛克, 三曰柔克."이라는 기록이 있다. 즉 『서』에서는 '삼덕'을 정직(正直), 강극(剛克), 유극(柔克)으로 풀이하고 있다. 그리고 이 문장에 대한 공영달(孔穎達)의 소(疏)에서는 "此三德者, 人君之德, 張弛有三也. 一曰正直, 言能正人之曲使直, 二曰剛克, 言剛强而能立事, 三曰柔克, 言和柔而能治."라고 풀이한다. 즉 '정직'은 사람들의 바르지 못한 점을 바로잡아서, 정직하게 만드는 능력을 뜻한다. '강극'은 강건한 자세로 사업을 수립하고, 그런 일들을 추진할 수 있는 능력을 뜻한다. '유극'은 화락하고 유순한 태도로 다스릴 수 있는 능력을 뜻한다. 다음으로 『주례』「지관(地官)·사씨(師氏)」편에는 "以三德敎國子, 一曰至德, 以爲道本, 二曰敏德, 以爲行本, 三曰孝德, 以知逆惡."이라는 기록이 있다. 즉 『주례』에서는 '삼덕'을 지덕(至德), 민덕(敏德), 효덕(孝德)으로 풀이하고 있다. '지덕'은 도(道)의 근본이 되는 것이며, '민덕'은 행실의 근본이 되는 것이고, '효덕'은 나쁘고 흉악한 것들을 알아내는 능력을 뜻한다. 다음으로 『국어(國語)』「진어사(晉語四)」편에는 "晉公子善人也, 而衛親也, 君不禮焉, 棄三德矣."라는 기록이 있다. 이에 대한 위소(韋昭)의 주에서는 "三德, 謂禮賓, 親親, 善善也."라고 풀이한다. 즉 위소가 말하는 '삼덕'은 예빈(禮賓), 친친(親親), 선선(善善)이다. '예빈'은 빈객들에게 예법(禮法)에 따라 대접하는 것이며, '친친'은 부모를 친애하는 것이고, '선선'은 착한 사람을 착하게 대하는 것이다.

◇ 악례하(樂禮下)

【049】

君子曰: "禮樂不可斯須去身." 致樂以治心, 則易直子[慈]諒[良]之心油然生矣. 易直子諒之心生則樂, 樂則安, 安則久, 久則天, 天則神. 天則不言而信, 神則不怒而威, 致樂以治心者也.〈075〉 [本在"不亦宜乎"下.]

군자는 "예악은 자신에게서 잠시도 떨어트려 놓을 수 없다."라고 했다. 악을 지극히 연구하여 마음을 다스린다면, 온화하고 곧으며 자애롭고['子'자의 음은 '慈(자)'이다.] 참된 마음이['諒'자의 음은 '良(량)'이다.] 융성하게 생겨난다. 온화하고 곧으며 자애롭고 참된 마음이 생겨나면 즐겁게 되고, 즐거우면 편안하게 되며, 편안하면 오래할 수 있고, 오래할 수 있으면 하늘의 이치를 깨달으며, 하늘의 아치를 깨달으면 신묘하게 된다. 하늘의 이치를 깨닫게 되면 말을 하지 않아도 사람들이 믿고, 신묘하게 되면 화를 내지 않아도 저절로 위엄이 생기니, 이것이 바로 악을 지극히 연구하여 마음을 다스린다는 것이다. [본래는 "또한 마땅한 일이 아니겠습니까?"1)라고 한 문장 뒤에 수록되어 있었다.]

集說 致, 謂所窮其理也. 樂由中出, 故以治心言之. 子諒, 從朱子設讀爲慈良. 樂之感化人心, 至於天而且神, 可以識窮本知變之妙矣.

'치(致)'는 그 이치를 궁구히 하는 것을 뜻한다. 악은 마음에서 도출되기 때문에, 마음을 다스린다고 말한 것이다. '자량(子諒)'은 주자의 주장에 따르면 '자량(慈良)'으로 해석한다. 악이 사람의 마음을 감화시켜서 하늘에 이르고 또 신묘하게 되니, 근본을 궁구히 하고 변화를 아는 오묘함을 깨우칠 수 있다.

---

1) 『예기』「악기」 074장 : 食三老五更於大學, 天子袒而割牲, 執醬而饋, 執爵而酳, 冕而總干, 所以教諸侯之弟也. 若此, 則周道四達, 禮樂交通, 則夫武之遲久, 不亦宜乎?

集說 朱子曰: 易直子諒之心一句, 從來說得無理會, 却因見韓詩外傳, 子諒作慈良字, 則無可疑矣.

주자가 말하길, '이직자량지심(易直子諒之心)'이라는 한 구문은 기존의 해석에 따르면 이해를 할 수 없고, 『한시외전』2)을 살펴보면, '자량(子諒)'을 '자량(慈良)'이라고 기록했으니, '자량(慈良)'으로 해석해야 함을 의심할 수 없다.

附註 易直子諒, 子, 如子惠困窮之子, 言仁慈之意. 諒, 直諒之諒, 言信直也. 不必作慈良.

'이직자량(易直子諒)'이라 했는데, '자(子)'자는 "곤궁한 자를 자식처럼 사랑한다."3)고 했을 때의 '자(子)'와 같은 것으로, 인자하다는 의미이다. '양(諒)'은 "정직하고 성실하다."4)고 할 때의 '양(諒)'자이니, 믿음직하며 정직하다는 의미이다. 따라서 '자량(慈良)'으로 고칠 필요는 없다.

---

2) 『한시외전(韓詩外傳)』은 한(漢)나라 때 한영(韓嬰)이 지은 책이다. 이 책은 본래 내전(內傳) 4권과 외전(外傳) 6권으로 구성되어 있었는데, 내전은 산일되어 없어졌고, 외전만이 남아 있다. 남아 있는 부분을 『한시외전(韓詩外傳)』이라고 부른다.

3) 『서』「상서(商書)·태갑중(太甲中)」: 先王子惠困窮, 民服厥命, 罔有不悅, 並其有邦, 厥鄰乃曰, 徯我后, 后來無罰.

4) 『논어』「계씨(季氏)」: 孔子曰, "益者三友, 損者三友. 友直, 友諒, 友多聞, 益矣. 友便辟, 友善柔, 友便佞, 損矣."

【050】

致禮以治躬則莊敬, 莊敬則嚴威. 心中斯須不和不樂, 而鄙詐之心
入之矣. 外貌斯須不莊不敬, 而易慢之心入之矣. 〈076〉

예를 지극히 연구하여 몸을 다스린다면 장엄하고 공경스럽게 되고, 장엄하고
공경스럽게 되면 위엄을 갖추게 된다. 마음이 잠시라도 조화롭지 못하고
즐겁지 못하다면, 비루하고 거짓된 마음이 침입하게 된다. 모습이 잠시라도
장엄하고 못하고 공경스럽지 못하다면, 태만한 마음이 침입하게 된다.

> **集說** 禮自外作, 故以治躬言之. 此言著誠去僞之心, 不可少有間斷
> 也.

예는 외부로부터 만들어지기 때문에 몸을 다스린다고 말했다. 이 내용은
진실됨을 드러내어 거짓됨을 제거하는 마음에 조금이라도 틈이 생겨서는
안 된다는 뜻이다.

【051】

故樂也者, 動於內者也. 禮也者, 動於外者也. 樂極和, 禮極順, 內和
而外順, 則民瞻其顏色而弗與爭也, 望其容貌而民不生易慢焉. 故
德輝動於內而民莫不承聽, 理發諸外而民莫不承順. 故曰: "致禮樂
之道, 擧而錯之天下無難矣." 〈077〉

그러므로 악이라는 것은 내적으로 움직이게 하는 것이다. 예라는 것은 외
적으로 움직이게 하는 것이다. 악을 통해 조화로움을 지극히 하고, 예를
통해 순종함을 지극히 하여, 내적으로 조화롭고 외적으로 순종하게 되면,
백성들이 그의 안색을 살펴서 서로 다투지 않게 되고, 그 모습을 바라봐서
백성들에게 태만함이 생겨나지 않는다. 그렇기 때문에 덕이 마음에서 빛나
게 움직이면 백성들 중에는 그의 말을 받들어 따르지 않는 자가 없게 되고,
이치가 밖으로 발현되면 백성들 중에는 그를 받들고 순종하지 않는 자가
없게 된다. 그래서 "예악의 도리를 지극히 하여, 이것을 천하에 시행하는
데에는 어려움이 없다."고 했다.

動於內, 則能治心矣. 動於外, 則能治躬矣. 極和極順, 則無斯
須之不和不順矣. 所以感人動物, 其效如此. 德以輝言, 乃英華發外
之驗. 理發諸外, 是動容周旋之中禮. 君子極致禮樂之道, 其於治天
下乎何有!

안에서 움직이게 한다면 마음을 다스릴 수 있다. 밖에서 움직이게 한다면
몸을 다스릴 수 있다. 조화로움을 지극히 하고 순종함을 지극히 하면,
잠시라도 조화롭지 않거나 순종하지 않는 때가 없게 된다. 예악은 사람과
사물을 감동시키는 것으로 그 효과가 이와 같다. 덕에 대해서 "빛나다."
라고 말했으니, 영화로움이 밖으로 나타난 것을 증명한 것이다. 이치가
밖으로 드러난 것은 행동거지가 예법에 맞다는 뜻이다. 군자는 예악의
도를 지극히 하니, 천하를 다스리는데 있어서 어떤 어려움이 있겠는가?

【052】

樂也者, 動於內者也. 禮也者, 動於外者也. 故禮主其減, 樂主其盈.
禮減而進, 以進爲文; 樂盈而反, 以反爲文. 禮減而不進則銷, 樂盈
而不反則放, 故禮有報[如字]而樂有反. 禮得其報則樂, 樂得其反則
安. 禮之報, 樂之反, 其義一也. 〈078〉

악이라는 것은 내적으로 움직이게 하는 것이다. 예라는 것은 외적으로 움
직이게 하는 것이다. 그러므로 예는 줄임을 위주로 하고 악은 채움을 위주
로 한다. 예는 줄이되 나아가니 나아감을 형식으로 삼고, 악은 채우되 되돌
리니 되돌림을 형식으로 삼는다. 예가 줄이기만 하고 나아가지 않는다면
사라지게 되고, 악이 채우기만 하고 되돌리지 않는다면 방만하게 된다. 그
렇기 때문에 예에는 보답함이[「報」자는 글자대로 읽는다.] 있고 악에는 되돌림이
있다. 예가 보답함을 얻는다면 즐겁게 되고, 악이 되돌림을 얻는다면 편안
하게 된다. 예의 보답함과 악의 되돌림은 의미가 동일하다.

馬氏曰: 以體言之, 禮減樂盈; 以用言之, 禮進樂反. 樂動於

內, 故其體主盈, 蓋樂由中出, 而爲人心之所喜; 禮動於外, 故其體主減, 蓋禮自外作, 而疑先王有以强世也. 禮主減, 故勉而作之, 而以進爲文; 樂主盈, 故反而抑之, 而以反爲文. 故七介以相見, 不然則已慤; 三辭三讓而至, 不然則已蹙. 一獻之禮, 而賓主百拜, 日莫人倦而齊莊正齊, 此皆勉而進之者也. 進旅退旅, 以示其和; 弦匏笙簧 會守拊鼓, 以示其統. 治亂則以相, 訊疾則以雅, 作之以柷, 止之以敔, 此皆反而抑之者也. 減而不進, 則幾於息矣, 故銷; 盈而不反, 則至於流矣, 故放. 先王知其易偏, 故禮則有報, 樂則有反. 禮有報者, 資於樂也. 樂有反者, 資於禮也.

마씨가 말하길, 본체로써 말을 하면 예는 줄이고 악은 채우며, 작용으로써 말을 하면 예는 나아가고 악은 되돌아온다. 악은 내적으로 움직이게 하기 때문에 그 본체는 채움을 위주로 하니, 무릇 악은 마음으로부터 도출되어, 사람의 마음에 기뻐하는 대상이 된다. 예는 외적으로 움직이게 하기 때문에 그 본체는 줄임을 위주로 하니, 무릇 예는 외부로부터 작용해서, 아마도 선왕은 이를 통해 세상의 기초를 굳세게 다질 수 있었을 것이다. 예는 줄임을 위주로 하기 때문에 독려하고 진작시켜 나아감을 형식으로 삼고, 악은 채움을 위주로 하기 때문에 되돌리고 억눌러서 되돌림을 형식으로 삼는다. 그러므로 7명의 부관을 거느리고 서로 만나보는 것이니, 그렇게 하지 않는다면 너무 소박하게 되며, 세 차례 사양하고 양보하여 도달하게 되니, 그렇게 하지 않는다면 너무 재촉하게 된다. 한 차례 술을 바치는 의례에서라도 빈객과 주인은 수차례 절을 하고, 해가 저물어서 사람들이 피로해져도 장엄하고 단정한 자세를 취하니, 이러한 것들은 모두 독려하여 나아가게 하는 것들이다. 단체로 나아가고 물러나서 이를 통해 조화로움을 드러내고, 현·포·생·황 등의 악기들을 부와 고의 박자에 맞춰서 연주하여, 이를 통해 통솔됨을 드러낸다. 악절의 끝을 맞출 때에는 부(拊) 소리에 맞추고, 춤사위가 지나치게 빠르지 않도록 조절하는 것은 아 소리에 맞추며, 축을 통해 동시에 연주하고, 어를 통해

동시에 그치니, 이러한 것들은 모두 되돌려서 억누르는 것들이다. 줄이되 나아가지 않는다면 거의 그치게 된다. 그렇기 때문에 사라진다. 채우되 되돌리지 않으면 방탕한 곳으로 흐른다. 그렇기 때문에 방만해진다. 선왕 은 쉽게 치우치게 될 것임을 알았기 때문에 예를 통해 보답함을 두었고 악을 통해 되돌림을 두었다. 예에 보답함이 있는 것은 악에 힘입는다. 악에 되돌림이 있는 것은 예에 힘입는다.

集說 劉氏曰: 禮之儀動於外, 必謙卑退讓以自牧, 故主於減殺; 樂之德動于中, 必和順充積而後形, 故主於盈盛. 蓋樂由陽來, 故盈; 禮自陰作, 故減也. 然禮之體雖主於退讓, 而其用則貴乎行之以和, 故以進爲文也; 樂之體雖主於充盛, 而其用則貴乎抑之以節, 故以反爲文也. 禮若過於退讓而不進, 則威儀銷沮, 必有禮勝則離之失; 樂過於盛滿而不反, 則意氣放肆, 必有樂勝則流之弊. 故禮必有和以爲減之報. 報者, 相濟之意也. 樂必有節以爲盈之反. 反者, 知止之謂也. 禮減而得其和以相濟, 則從容欣愛而樂矣, 此樂以和禮也. 樂盈而得其節以知止, 則優柔平中而安矣, 此禮以節樂也. 禮樂相須竝用, 而一歸於無過無不及之中, 而合其事理之宜, 故曰禮之報, 樂之反, 其義一也.

유씨가 말하길, 예에 따른 의례 절차는 외적으로 시행되니, 반드시 겸손 하게 낮추고 물러나 사양하여 스스로 다스려야 한다. 그렇기 때문에 줄임 을 위주로 한다. 악의 덕은 마음에서 움직이니, 반드시 온화하고 순종하 며 가득 채운 이후에야 형체를 드러낸다. 그렇기 때문에 채움을 위주로 한다. 무릇 악은 양으로부터 도래하기 때문에 채운다. 예는 음으로부터 만들어지기 때문에 줄인다. 그러나 예의 본체가 비록 물러나고 사양하는 것을 위주로 하지만, 그 활용은 조화로움으로 시행하는 것을 존귀하게 여긴다. 그렇기 때문에 나아감을 형식으로 삼는다. 악의 본체가 비록 채 움을 위주로 하지만, 그 활용은 절도로 억누르는 것을 존귀하게 여긴다.

그렇기 때문에 되돌림을 형식으로 삼는다. 예가 만약 물러나고 사양하는 것에 지나쳐서 나아가지 못한다면, 격식에 맞는 행동과 위엄이 사라지게 되어, 반드시 예가 지나쳐 사이가 멀어지는 잘못을 범하게 된다. 악이 만약 채우는 것에 지나쳐서 되돌리지 못한다면, 뜻과 기운이 방만해져서, 반드시 악이 지나쳐서 방탕한 데로 흐르는 폐단이 발생한다. 그렇기 때문에 예에서는 반드시 조화로움을 두어 이것을 줄임에 대한 보답으로 삼는다. '보(報)'라는 것은 서로 구제한다는 뜻이다. 또 악은 반드시 절도를 두어서 이것을 채움에 대한 되돌림으로 삼는다. '반(反)'이라는 것은 그칠 줄 안다는 뜻이다. 예에 따라 줄이더라도 조화로움을 얻어 이를 통해 서로 구제한다면, 차분하고 기뻐하며 좋아하고 즐겁게 되니, 이것은 악을 통해 예를 조화롭게 하는 것이다. 악에 따라 채우더라도 절도를 얻어 이를 통해 그칠 줄 안다면, 여유롭고 화평하며 알맞아서 편안하게 되니, 이것은 예를 통해 악을 조절하는 것이다. 예악은 서로를 필요로 하며 함께 사용되고, 한결같이 지나치거나 모자람도 없는 알맞음으로 귀결되어, 사리의 합당함에 맞기 때문에, "예의 보답함과 악의 되돌림은 그 의미가 동일하다."라고 했다.

類編 右樂禮下. [此一節, 本在賓牟賈論樂之下.]
여기까지는 '악례하(樂禮下)'에 대한 내용이다. [이 한 절은 본래 빈무고가 악에 대해 논의한 내용 뒤에 수록되어 있었다.]

◇ 악화(樂和)

【053】

夫樂者樂[洛]也, 人情之所不能免也. 樂必發於聲音, 形於動靜, 人之
道也. 聲音動靜, 性術之變盡於此矣. 故人不耐[能]無樂, 樂不耐無形.
形而不爲道, 不耐無亂. 先王恥其亂, 故制雅頌之聲以道之, 使其聲
足樂而不流, 使其文足論而不息, 使其曲直繁瘠廉肉[而救反]節奏, 足
以感動人之善心而已矣, 不使放心邪氣得接焉. 是先王立樂之方也.
〈079〉

무릇 악이라는 것은 즐거움이니['樂'자의 음은 '洛(락)'이다.] 사람의 정감상 없을
수 없는 것이다. 즐겁다면 반드시 소리와 음을 통해 나타나고, 움직이거나
가만히 있는 동작을 통해 나타나니, 이것이 사람의 도리이다. 소리와 음
및 움직이거나 가만히 있는 것은 성정의 변화가 여기에 모두 나타난 것이
다. 그렇기 때문에 사람에게는 즐거운 마음이 없을['耐'자의 음은 '能(능)'이다.]
수 없고, 즐겁다면 형체로 나타나지 않을 수 없다. 형체로 나타나되 도리에
맞게끔 인도할 수 없다면, 혼란이 없을 수 없다. 선왕은 혼란하게 될 것을
염려했기 때문에, 아와 송 등의 음악을 제정하여 인도를 해서, 소리는 충분
히 즐겁되 방탕하게 흐르지 않게끔 했고, 형식은 충분히 논의할 수 있되
그치지 않게끔 했으며, 아울러 소리에 있어서는 부드럽고 강직하며, 섞이
고 순일하며, 맑고 탁하며['肉'자는 '而(이)'자와 '救(칙)'자의 반절음이다.] 절제하고
합주하도록 하여, 사람의 선한 마음을 감동시킬 수 있도록 했을 뿐이며,
방만한 마음과 사벽한 기운이 접촉하지 못하도록 했다. 이것이 바로 선왕
이 악을 세운 방도이다.

集說 方氏曰: 聲足樂者, 樂其道; 文足論者, 論其理也. 道所以制用
而有節, 故雖樂而不至於流; 理所以明義而無窮, 故可論而不至於
息. 曲者, 聲之柔, 若絲是也. 直者, 聲之剛, 若金是也. 繁者, 聲之
雜, 若笙是也. 瘠者, 聲之純, 若磬是也. 廉者, 聲之淸, 若羽是也. 肉
者, 聲之濁, 若宮是也. 節者, 聲之制, 若徵是也. 奏者, 聲之作, 若合

是也.

방씨가 말하길, "소리가 충분히 즐겁다."는 말은 그 도를 즐거워한다는 뜻이며, "형식이 충분히 논의할 수 있다."는 말은 그 이치를 논의한다는 뜻이다. 도는 쓰임을 제재하고 절도가 있게끔 하기 때문에 비록 즐겁더라도 방탕한 데로 흐르지 않고, 이치는 의미를 밝힘에 끝이 없기 때문에 논의하되 그침에 이르지 않을 수 있다. '곡(曲)'은 소리 중에서도 부드러운 것이니, 현악기와 같은 것이 여기에 해당한다. '직(直)'은 소리 중에서도 강직한 것으로, 쇠로 만든 악기들이 여기에 해당한다. '번(繁)'은 소리 중에서도 소리가 섞인 것으로, 생과 같은 것이 여기에 해당한다. '척(瘠)'은 소리 중에서도 순일한 것으로, 석경과 같은 것이 여기에 해당한다. '염(廉)'은 소리 중에서도 맑은 것으로, 우음과 같은 것이 여기에 해당한다. '익(肉)'은 소리 중에서도 탁한 것으로, 궁음과 같은 것이 여기에 해당한다. '절(節)'은 소리 중에서도 절제된 것으로, 치음과 같은 것이 여기에 해당한다. '주(奏)'는 소리 중에서도 진작시키는 것이니, 합주하는 것들이 여기에 해당한다.

集說 劉氏曰: 人情有所樂而發於詠歌, 詠歌之不足而不知手舞足蹈, 則性情之變盡於此矣. 故人情不能無樂, 樂於中者不能不形於外而爲歌舞. 形於歌舞而不爲文辭以道之於禮義, 則必流於荒亂矣. 先王恥其然, 故制爲雅頌之聲詩以道迪之, 使其聲音足以爲娛樂, 而不至於流放; 使其文理足以爲講明, 而不至於怠息; 使其樂律之淸濁高下, 或宛轉而曲, 或徑出而直, 或豊而繁, 或殺而瘠, 或稜隅而廉, 或圓滑而肉, 或止而節, 或作而奏, 皆足以感發人之善心, 而不使放肆之心, 邪僻之氣, 得接於吾身焉. 是乃先王立樂之方法也.

유씨가 말하길, 사람의 정감에 즐거워하는 점이 있으면 노래로 나타나고, 노래로도 부족하면 자신도 모르게 손과 발이 제멋대로 움직이니, 성정의 변화는 이곳에서 모두 드러나게 된다. 그렇기 때문에 사람의 정감에는 즐거움이 없을 수 없고 마음에 있는 즐거움은 겉으로 형체를 드러내지 않을 수가 없어서 노래를 부르고 춤을 추게 된다. 노래와 춤으로 나타났지만 형식과 제도를 만들어서 예의로 인도하지 못한다면, 반드시 황망하고 문란한 지경으로 흐르게 된다. 성인은 그렇게 될 것을 염려했기 때문에, 아와 송 등의 음악 및 시를 제정하여 인도를 해서, 소리와 음이 충분히 즐거움이 될 수 있도록 하되 방만한 곳으로 흐르지 않도록 했고, 형식이 충분히 강론하여 밝힐 수 있도록 하되 태만하고 없어지는 지경에 이르지 않도록 했으며, 음률의 맑고 탁함 높고 낮음으로 하여금 어떤 경우에는 완곡하게 흘러 부드럽게 했고 어떤 경우에는 곧바로 나와서 곧게 했으며 어떤 경우에는 풍부하게 해서 섞이게 했고 어떤 경우에는 줄여서 순일하게 했으며 어떤 경우에는 모가 나게 해서 꺾이게 했고 어떤 경우에는 매끄럽게 해서 둥글게 했으며 어떤 경우에는 그쳐서 절도에 맞게끔 했고 어떤 경우에는 진작시켜 연주를 하도록 했으니, 이 모두는 사람의 선한 마음을 감동시키고 나타나게 하고, 방만한 마음과 사벽한 기운이 나 자신에게 접촉되지 않게끔 할 수 있다. 이것은 곧 선왕이 악을 제정한 방도이다.

【054】

是故樂在宗廟之中, 君臣上下同聽之, 則莫不和敬; 在族長鄕里之中, 長幼同聽之, 則莫不和順; 在閨門之內, 父子兄弟同聽之, 則莫不和親. 故樂者審一以定和, 比物以飾節, 節奏合以成文, 所以合和父子君臣附萬民也. 是先王立樂之方也. 〈080〉

이러한 까닭으로 종묘 안에서 악을 연주하여, 군주와 신하 및 상하계층이 함께 듣게 된다면, 조화롭게 공경하지 않는 자가 없게 된다. 또 족장이나 향리 등의 마을 안에서 악을 연주하여, 어른과 젊은이들이 함께 듣게 된다면, 조화롭게 순종하지 않는 자가 없게 된다. 또 한 집안 안에서 악을 연주하여, 부모와 자식 및 형제들이 함께 듣게 된다면, 조화롭게 친애하지 않는 자가 없게 된다. 그러므로 악이라는 것은 모두가 가지고 있는 한결같은 마음을 자세히 살펴서, 조화롭도록 정하고, 사물에 견주어 절도를 꾸미며, 음의 가락을 합주하여 문채를 완성하니, 이러한 것들은 부자 및 군신관계를 화합시키고, 모든 백성들을 친애하는 방법이 된다. 이것이 바로 선왕이 음악을 세운 방도이다.

集說 應氏曰: 一者, 心也. 心一而所應者不一, 守一以凝定其和, 雜比以顯節其節, 及其成文, 可以合和至親至嚴之倫, 附親其至疎至衆者, 蓋樂發於吾心, 而感於人心, 無二理也.

응씨가 말하길, '일(一)'은 마음을 뜻한다. 마음은 모두가 동일하지만 호응하는 것은 동일하지 않으니, 한결같음을 지켜서 조화로움을 안정시키고, 섞고 견주어서 그 절도를 현저하게 꾸미니, 문채를 이룸에 이르게 되면, 지극히 친애해야 하고 지극히 엄존해야 하는 인륜의 도리를 화합시키고, 지극히 소원하고 지극히 많은 자들에 대해서 친근하게 대할 수 있으니, 무릇 악은 내 마음에서 나타나지만 사람의 마음을 감동시키니, 여기에는 별개의 이치가 없다.

集說 劉氏曰: 作樂之道, 先審人聲之所形, 或風或雅或頌, 或喜或敬或愛, 各從一體, 以定其調度之和, 然後比之樂器之物, 以飾其節奏. 此一條, 言樂以和禮也.

유씨가 말하길, 악을 만든 도는 먼저 사람의 소리에 나타나는 것을 살피니, 어떤 것은 풍(風)이 되고 어떤 것은 아(雅)가 되며 어떤 것은 송(頌)이 되고, 어떤 것은 기쁨이 되며 어떤 것은 공경함이 되고 어떤 것은 친애함이 되니, 각각 하나의 본체를 따라서 정도에 맞는 조화로움을 결정한다. 그런 뒤에 악기라는 기물에 붙여서 이를 통해 음의 가락을 수식한다. 이 한 조목은 악을 통해서 예를 조화롭게 한다는 뜻을 나타내고 있다.

【055】

故聽其雅頌之聲, 志意得廣焉. 執其干戚, 習其俯仰詘伸, 容貌得莊焉. 行其綴兆, 要其節奏, 行[杭]列得正焉, 進退得齊焉. 故樂者, 天地之命, 中和之紀, 人情之所不能免也.〈081〉

그러므로 아와 송의 소리를 들으면 뜻이 넓어진다. 무용도구인 방패와 도끼를 들고 숙이며 치켜들고 굽히며 펴는 동작을 익히면 그 모습이 장중하게 된다. 무용수들의 대열 속에서 움직이고 음악의 가락에 맞추면, 대열이 ['行'자의 음은 '杭(항)'이다.] 올바르게 되고 나아가고 물러나는 동작이 가지런하게 된다. 그렇기 때문에 악은 천지의 명령이며, 중화의 기틀이 되어, 사람의 정감이 벗어날 수 없는 것이다.

集說 天地之教命, 中和之統紀, 所以防範人心者在是. 曰莊, 曰正, 曰齊, 曰紀, 皆言禮之節樂.

천지의 가르침과 명령이 되고 중화의 기강과 기준이 되니, 사람의 마음이 잘못되는 것을 막고 올바르게 하는 것이 여기에 달려있는 이유이다. "장중하다."라 말하고, "올바르다."고 말하며, "가지런하다."라 말하고, "기강이 된다."라 말한 것들은 모두 예가 악을 절제하는 것을 뜻한다.

【056】

夫樂者, 先王之所以飾喜也. 軍旅鈇鉞者, 先王之所以飾怒也. 故先王之喜怒, 皆得其儕[柴]焉. 喜則天下和之, 怒則暴亂者畏之. 先王之道, 禮樂可謂盛矣.〈082〉

무릇 악이라는 것은 선왕이 공적인 기쁨을 꾸며서 나타낸 것이다. 군대나 도끼들은 선왕이 공적인 성냄을 꾸며서 나타낸 것이다. 그러므로 선왕의 기쁨과 성냄은 모두 해당하는 부류를['儕'자의 음은 '柴(시)'이다.] 얻게 되었다. 따라서 선왕이 기뻐하게 되면 천하가 조화롭게 되었고, 성내게 되면 난폭하고 혼란을 일으키는 자가 두려워하였다. 선왕의 도 중에 예악은 성대하다고 평할 수 있다.

集說 皆得其儕, 言各從其類, 喜非私喜, 怒非私怒也.

'개득기시(皆得其儕)'는 각각 그 부류에 따른다는 뜻이니, 기쁨은 사적인 기쁨을 뜻하는 것이 아니며, 성냄은 사적인 성냄을 뜻하는 것이 아니다.

類編 右樂和.

여기까지는 '악화(樂和)'에 대한 내용이다.

◈ 위문후문악(魏文侯問樂)

【057】

魏文侯問於子夏曰: "吾端冕而聽古樂, 則唯恐臥; 聽鄭·衛之音, 則
不知倦. 敢問古樂之如彼何也? 新樂之如此也?" 子夏對曰: "今夫古
樂, 進旅退旅, 和正以廣, 弦匏笙簧, 會守拊鼓, 始奏以文, 復亂以武,
治亂以相[去聲], 訊疾以雅. 君子於是語, 於是道古, 脩身及家, 平均
天下, 此古樂之發也."〈050〉[本在"有制於天下也"之下.]

위문후가 자하에게 묻기를 "나는 단면1)을 하고 고대의 음악을 들으면, 졸
리기만 하여 잠이 들까 염려되며, 반대로 정나라나 위나라의 음악같이 오
늘날의 음악을 들으면, 신이 나서 피로한 줄도 모릅니다. 제가 감히 묻겠습
니다. 고대의 음악은 왜 이처럼 저에게는 마음에 들지 않는 것이며, 오늘날
의 음악은 왜 이처럼 마음에 드는 것입니까?"라고 했다. 자하가 대답하길
"현재 고대의 음악에 대해 말씀을 드리자면, 무용수들은 한꺼번에 나아가
고 물러나며, 조화롭게 바른 소리로써 울려 퍼지게 하며, 현·포·생·황
등의 악기들도 제멋대로 연주되는 것이 아니라, 반드시 대기하고 있다가
부와 고의 박자에 맞춰서 연주가 되니, 음악을 처음 연주할 때에는 북소리
에 맞추고, 재차 한 악절을 끝낼 때에는 징소리에 맞추며, 악절의 끝을 맞
출 때에는 부(拊)['相'자는 거성으로 읽는다.] 소리에 맞추고, 춤사위가 지나치게
빠르지 않도록 조절하는 것은 아 소리에 맞춥니다. 따라서 군자는 이러한
고대의 음악을 통해서 설명을 하니, 이러한 음악을 통해서 고대 음악의
도리를 말하며, 자신을 수양하여 가정에 미치고, 천하를 균평하게 합니다.

---

1) 단면(端冕)은 검은색의 옷과 면류관을 뜻한다. 즉 현면(玄冕)을 의미한다. '단
(端)'자는 검은색의 옷을 뜻하는데, 면복(冕服)에 대해서, '단'자로 지칭하는 것은
면복 자체가 정폭(正幅)으로 제작되기 때문에, '단'자를 붙여서 부르는 것이다.
『예기』「악기(樂記)」편에서는 "吾端冕而聽古樂, 則唯恐臥; 聽鄭衛之音, 則不
知倦."이라는 기록이 있는데, 이에 대한 정현의 주에서는 "端, 玄衣也."라고 풀이
했고, 공영달(孔穎達)의 소(疏)에서는 "云'端, 玄衣也'者, 謂玄冕也. 凡冕服, 皆
其制正幅, 袂二尺二寸, 袪尺二寸, 故稱端也."라고 풀이했다.

이것이 바로 고대 음악의 도리가 나타난 것입니다."라고 했다. [본래는 "천하에 예악을 제정할 수 있다."[2]라고 한 문장 뒤에 수록되어 있었다.]

集說 厭之, 故惟恐臥; 好之, 故不知倦. 如彼, 外之也; 如此, 內之也. 旅, 衆也. 或進或退, 衆皆齊一, 無參差也. 和正以廣, 無姦聲也. 弦匏笙簧之器雖多, 必會合相守, 待擊拊鼓, 然後作也. 文, 謂鼓也. 武, 謂金鐃也. 樂之始奏先擊鼓, 故云始奏以文. 亂者, 卒章之節. 欲退之時, 擊金鐃而終, 故云復亂以武. 相, 卽拊也, 所以輔相於樂. 治亂而使之理, 故云治亂以相也. 訊, 亦治也. 雅, 亦樂器也. 過而失節謂之疾, 奏此雅器以治舞者之疾, 故云訊疾以雅也. 於此而語樂, 是道古樂之正也. 知古樂而明修身之道, 則家齊國治而天下乎矣.

싫증을 내기 때문에 자게 될까 염려하며 좋아하기 때문에 피로한지도 모른다. '여피(如彼)'는 외면한다는 뜻이고 '여차(如此)'는 마음에 든다는 뜻이다. '여(旅)'자는 무리를 뜻한다. 어떤 경우에는 나아가고 또 어떤 경우에는 물러나는데, 무리들이 모두 일제히 시행하여 차이가 없게 된다. "조화롭고 바르게 하여 넓힌다."는 말은 간사한 소리가 없다는 뜻이다. 현(弦)·포(匏)·생(笙)·황(簧) 등의 악기들이 비록 많더라도, 반드시 모여서 대기하며 부(拊)와 고(鼓)가 울릴 때까지 기다린 뒤에야 연주해야 한다는 뜻이다. '문(文)'자는 북을 뜻한다. '무(武)'자는 쇠로 만든 징을 뜻한다. 음악을 처음 연주할 때에는 먼저 북을 울린다. 그렇기 때문에 "처음 연주할 때에는 북으로써 한다."고 했다. '난(亂)'자는 악곡의 한 악절을 끝냈다는 뜻이다. 물러나고자 할 때에는 쇠로 된 징을 쳐서 마친다.

---

2) 『예기』「악기」 049장 : 樂者, 非謂黃鍾大呂弦歌干揚也, 樂之末節也, 故童者舞之. 鋪筵席, 陳尊俎, 列籩豆, 以升降爲禮者, 禮之末節也, 故有司掌之. 樂師辨乎聲詩, 故北面而弦; 宗祝辨乎宗廟之禮, 故後尸; 商祝辨乎喪禮, 故後主人. 是故德成而上, 藝成而下, 行成而先, 事成而後. 是故先王有上有下, 有先有後, 然後可以<u>有制於天下也</u>.

그렇기 때문에 "재차 마칠 때에는 징으로써 한다."고 했다. '상(相)'자는 부를 뜻하니, 음악이 연주될 때 박자를 맞추도록 돕는 악기이다. 마침을 다스려서 가지런하게 만들기 때문에 "마침을 다스리길 부(拊)로써 한다."고 했다. '신(訊)'자 또한 "다스린다."는 뜻이다. '아(雅)'는 또한 악기의 일종이다. 지나쳐서 절도를 잃는 것을 '질(疾)'이라고 부르는데, 아(雅)라는 악기를 연주하여 무용수들이 지나치게 빠르게 되는 것을 바로잡는다. 그렇기 때문에 "빠름을 바로잡길 아로써 한다."고 했다. 여기에 대해서 음악을 말한 것은 고악의 올바름을 말했다는 뜻이다. 고악을 알고 수신의 도리를 나타낸다면, 집안이 다스려지고 나라가 다스려지며 천하가 평안하게 된다.

集說 方氏曰: 鼓聲爲陽, 故謂之文; 鐃聲爲陰, 故謂之武. 平, 言無上下之偏; 均, 言無遠近之異.

방씨가 말하길, 북의 소리는 양에 해당한다. 그렇기 때문에 '문(文)'이라고 했다. 징의 소리는 음에 해당한다. 그렇기 때문에 '무(武)'라고 했다. '평(平)'자는 위아래의 치우침이 없다는 뜻이며, '균(均)'자는 멀고 가까운 차이가 없다는 뜻이다.

【058】

"今夫新樂, 進俯退俯, 姦聲以濫, 溺而不止, 及優侏儒, 獶[乃刀反]雜子女, 不知父子. 樂終不可以語, 不可以道古. 此新樂之發也."〈051〉

계속하여 자하가 대답하며 "오늘날의 새로운 음악은 무용수들이 나아가고 물러나며 몸을 숙이고 꺾는 등의 행위가 뒤섞여 혼잡하고, 간사한 소리가 범람하며, 음탕한 음들이 지속되며 그치지 않고, 광대인 난쟁이 배우들은 남녀사이에 뒤섞여서 원숭이처럼['獶'자는 '乃(내)'자와 '刀(도)'자의 반절음이다.] 날뛰니, 부자관계의 도리를 알지 못하게 됩니다. 따라서 악이 끝나더라도 말할 것이 없고, 고대의 도리를 말할 수도 없습니다. 이것이 바로 신악의 폐해가 나타난 것입니다."라고 했다.

集說 進俯退俯, 謂俯僂曲折, 行列雜亂也. 姦聲以濫, 卽前章所謂
滌濫之音, 謂姦邪之聲, 侵濫不正也. 溺而不止, 卽前章所謂狄成之
音, 謂其聲沉淫之久也. 及俳優雜戲, 侏儒短小之人, 如獼猴之狀, 間
雜於男子婦人之中, 不復知有父子尊卑之等. 作樂雖終, 無可言者,
況可與之言古道乎? 獿, 與猱同.

'진부퇴부(進俯退俯)'는 머리를 숙이고 등을 굽히며 마디를 꺾을 때 대열
이 뒤섞여 혼잡하다는 뜻이다. '간성이람(姦聲以濫)'은 곧 앞장에서 말한
범람하는 음들을 뜻하니, 간사한 소리가 범람하여 바르지 못하다는 의미
이다. '닉이부지(溺而不止)'는 앞장에서 말한 한 곡조가 너무 길게 끝나
는 음을 뜻하니, 소리가 스며들며 음탕한 것이 오래도록 지속된다는 의미
이다. 배우들이 우스꽝스러운 놀이를 함에 있어서, 키가 작은 난쟁이들이
마치 원숭이처럼 날뛰며 남자 및 부인들 사이에 뒤섞여서 노니니, 재차
부자 및 존비관계에서의 등급을 알 수 없게 된다. 악을 연주하여 비록
끝내더라도 말할 만한 것이 없는데, 하물며 모여 있는 자들과 고대의 도
리를 말할 수 있겠는가? '노(獿)'자는 원숭이를 뜻하는 노(猱)자와 같다.

附註 獿雜子女, 言男女雜糅, 如猿猱之雜亂也. 註恐未然.

'노잡자녀(獿雜子女)'라 했는데, 이것은 남녀가 뒤섞여 있는 것이 마치
원숭이들이 어지럽게 뒤섞여 있는 것과 같다는 뜻이다. 주에서 설명한
것은 아마도 그렇지 않을 것이다.

"今君之所問者樂也, 所好者音也. 夫樂者, 與音相近而不同." 文侯
曰: "敢問何如?" 子憂對曰: "夫古者天地順而四時當[去聲], 民有德而
五穀昌, 疾疢[丑刃反]不作而無妖祥, 此之謂大當. 然後聖人作爲父子
君臣以爲紀綱, 紀綱旣正, 天下大定, 天下大定, 然後正六律, 和五聲,
弦歌詩頌. 此之謂德音, 德音之謂樂. 詩云: '莫[默]其德音, 其德克明.
克明克類, 克長克君. 王[去聲]此大邦, 克順克俾[讀爲比, 皮又反]. 俾于文
王, 其德靡悔, 旣受帝祉[恥], 施[異]于孫子.' 此之謂也."〈052〉

계속하여 자하가 대답하며 "현재 군주께서 물어보신 내용은 악에 대한
것인데, 좋아하신다고 한 것은 음에 해당합니다. 무릇 악이라는 것은
음과 유사하지만 엄밀하게 따지면 의미가 다릅니다."라고 했다. 위문
후는 "감히 묻노니, 어떻게 다른 것입니까?"라고 했다. 자하는 대답하
길 "무릇 고대에 천지는 순조롭고 사시는 때에 마땅하여['當'자는 거성으로
읽는다.] 백성들에게는 덕이 있었고 오곡도 잘 여물어서, 질병이['疢'자는
'丑(축)'자와 '刃(인)'자의 반절음이다.] 발생하지 않았고 재앙도 없었으니, 이것
을 대당이라고 부릅니다. 그런 뒤에 성인은 부자 및 군신관계에서 지
켜야 하는 예법을 제정하여 기강으로 삼았으니, 기강이 바르게 되자
천하가 크게 안정되었고, 천하가 크게 안정된 연후에 육률을 바로잡
고, 오성을 조화롭게 했으며, 『시』의 송 등을 연주하고 노래로 불렀습
니다. 이것을 덕음이라고 하며, 덕음을 바로 악이라고 부릅니다. 『시』
에서는 '그 덕음을 고요히['莫'자의 음은 '默(묵)'이다.] 하니, 그 덕이 밝아졌
도다. 밝히고 선악을 분류하니, 어른노릇을 하고 군주노릇을 하도다.
이 큰 나라에 왕노릇을['王'자는 거성으로 읽는다.] 하니, 따르고 친근하게['俾'
자는 '比'자로 풀이하니, '皮(피)'자와 '又(우)'자의 반절음이다.] 하도다. 문왕과 견주
니, 그 덕에 부끄러울 것이 없도다. 이미 상제의 복을['祉'자의 음은 '恥(치)'이다.]
받아, 자손에게 베풀도다.['施'자의 음은 '異(이)'이다.]라고 했는데, 바로 이러한
내용을 뜻합니다."라고 했다.

集說 四時當, 謂不失其序也. 妖祥, 祥亦妖也. 書言 "毫有祥". 大

當, 大化之均調也. "作爲父子君臣以爲紀綱", 是一句讀, 言聖人立
父子君臣之禮, 爲三綱六紀之目也. 綱, 維綱大繩. 紀, 附綱小繩. 綱
目則附於紀也. 三綱, 謂君爲臣綱, 父爲子綱, 夫爲妻綱也. 六紀, 謂
諸父有善, 諸舅有義, 族人有紋, 昆弟有親, 師長有尊, 明友有舊也.
先序之以禮, 乃可和之以樂, 故然後有正六律以下之事. 周子曰: "古
者聖王制禮法, 修敎化, 三綱正, 九疇紋, 百姓大和, 萬物或若, 乃作
樂以宣八風之氣, 以平天下之情." 意蓋本此. 詩, 大雅·皇矣之篇.
莫, 靜也. 德音, 名譽也. 俾, 當依詩作比. 子夏引詩以證德音之說.

"사계절이 마땅하다."는 말은 질서를 잃지 않았다는 뜻이다. '요상(妖祥)'
이라고 했는데, '상(祥)'자 또한 괴이를 뜻한다. 『서』에서는 "박 땅에 재
앙이 있다."[1]고 했다. '대당(大當)'은 큰 조화의 균평함을 뜻한다. "부
자·군신의 법도를 제정하여 기강으로 삼다."는 말은 하나의 구문으로
해석하니, 성인이 부자·군신관계에서 지켜야 하는 예법을 제정하여, 삼
강과 육기의 덕목으로 삼았다는 뜻이다. '강(綱)'자는 벼리인 큰 줄을 뜻
한다. '기(紀)'자는 벼리에 붙는 작은 줄을 뜻한다. '강목(綱目)'은 기(紀)
에 붙는 것이다. '삼강(三綱)'은 군주는 신하의 기강이 되고, 부친은 자식
의 기강이 되며, 남편은 아내의 기강이 된다는 뜻이다. '육기(六紀)'는
백부나 숙부 등에게는 선함이 있고, 외삼촌들에게는 의로움이 있으며,
족인들 사이에는 질서가 있고, 형제들 사이에는 친애함이 있으며, 사부와
연장자에게는 존귀함이 있고, 벗들에게는 오래됨이 있다는 뜻이다. 먼저
예로써 질서를 잡으면 악으로써 조화롭게 할 수 있다. 그렇기 때문에 그
런 뒤에는 "육률을 바르게 한다."는 등의 여러 사안들이 있는 것이다. 주
자는 "고대에 성왕이 예법을 제정하고, 교화를 실천하여, 삼강이 올바르
게 되고, 구주(九疇)[2]에 질서가 생겼으며, 백성들이 크게 조화롭게 되고,

---

1) 『서』「상서(商書)·함유일덕(咸有一德)」 : 伊陟相大戊, 亳有祥桑穀共生于朝,
伊陟贊于巫咸, 作咸乂四篇.

만물이 모두 자신의 본성을 따르게 되자 곧 악을 만들어서 팔풍(八風)의 기운을 드러내고, 이를 통해 천하의 정감을 균평하게 했다."라고 했다. 이 말의 뜻은 아마도 이 문장에 근본을 두고 있는 것 같다. 『시』는 「대아(大雅)·황의(皇矣)」편이다. '묵(莫)'자는 "고요하다[靜]."는 뜻이다. '덕음(德音)'은 명예를 뜻한다. '비(俾)'자는 마땅히 『시』의 기록에 따라 '비(比)'자가 되어야 한다. 자하는 『시』를 인용해서 덕음에 대한 주장을 증명하였다.

集說 嚴氏曰: 王季雖無心於干譽, 然其德明而類, 長而君, 順而比, 自不可掩. 類者, 明之充, 君者, 長之推, 比者, 順之積. 克明, 謂知此理. 克類, 謂觸類而通, 一理混融, 徹上徹下也. 君又尊於長, 學記言能爲長, 然後能爲君, 是也. 以之君臨大邦, 則克順而能和其民, 克比而能親其民. 順, 言不擾, 比則驩然相愛矣. 比及文王, 其德無有可悔, 從容中道, 無毫髮之慊. 言王季之德, 傳於文王而益盛, 故能受天之福, 而延于子孫也.

---

2) 구주(九疇)는 천하를 다스리는 아홉 가지의 큰 규범을 뜻한다. '주(疇)'자는 부류[類]를 뜻한다. 전설상으로는 천제가 우(禹)임금에게 「낙서(洛書)」를 내려주어 이러한 아홉 가지의 큰 규범을 실천하도록 했다고 전해진다. 첫 번째는 오행(五行)이고, 두 번째는 공경을 실천함에 오사(五事)를 실천하는 것이며, 세 번째는 농사에 팔정(八政)을 사용하는 것이고, 네 번째는 화합시킴에 오기(五紀)를 사용하는 것이며, 다섯 번째는 세움에 있어 황극(皇極)을 사용하는 것이고, 여섯 번째는 다스림에 삼덕(三德)을 사용하는 것이며, 일곱 번째는 밝힘에 계의(稽疑)를 사용하는 것이고, 여덟 번째는 상고를 할 때 서징(庶徵)을 사용하는 것이며, 아홉 번째는 향함에 오복(五福)을 사용하고, 위엄을 세움에 육극(六極)을 사용하는 것이다. 『서』「주서(周書)·홍범(洪範)」편에는 "初一曰五行, 次二曰敬用五事, 次三曰農用八政, 次四曰協用五紀, 次五曰建用皇極, 次六曰乂用三德, 次七曰明用稽疑, 次八曰念用庶徵, 次九曰嚮用五福威用六極."이라는 기록이 있고, 이에 대한 공안국(孔安國)의 전(傳)에서는 "天與禹, 洛出書, 神龜負文而出, 列於背, 有數至於九. 禹遂因而第之, 以成九類."라고 풀이했다.

엄씨가 말하길, 왕계가 비록 백성들에 대해서 명예를 얻고자 했던 마음은 없었지만, 덕이 밝아지자 선악을 분류하고 어른노릇을 하고 군주노릇을 하며 따르고 친근하게 하여 스스로 가릴 수가 없었다. 선악을 분류함은 밝음이 쌓인 것이고, 군주노릇을 하는 것은 어른노릇을 하는 것이 연장된 것이며, 친근하게 대한 것은 따름이 쌓인 것이다. '극명(克明)'은 이러한 이치를 안다는 뜻이다. '극류(克類)'는 부류에 따라 통달하여 하나의 이치가 융합해 위와 아래를 꿰뚫는다는 뜻이다. 군주는 또한 연장자보다 존귀하니, 『예기』 「학기(學記)」편에서 "수장이 될 수 있는 뒤에야 군주가 될 수 있다."라고 한 말이 이러한 뜻을 나타낸다. 군주가 되어 큰 나라를 다스리면, 따르고 백성들을 조화롭게 할 수 있으며 친근하게 하고 백성들을 친애할 수 있다. '순(順)'은 어지럽게 만들지 않는다는 뜻이며, '비(比)'는 기뻐하며 서로 친애한다는 뜻이다. 문왕에 이르러서는 그 덕에 후회할 만한 것이 없었고 행동도 도에 맞아서 털끝만큼의 혐의도 없게 되었다. 이것은 왕계의 덕이 문왕에게 전수되어 더욱 성대해졌음을 뜻한다. 그렇기 때문에 하늘의 복을 받아서 자손들에게까지 끼치게 할 수 있었다.

【060】

"今君之所好者, 其溺音乎!" 文侯曰: "敢問溺音何從出也?" 子夏對曰: "鄭音好濫淫志, 宋音燕女溺志, 衛音趨[促]數[速]煩志, 齊音敖[去聲]辟[匹力反]喬[驕]志. 此四者皆淫於色而害於德, 是以祭祀弗用也." 〈053〉

계속하여 자하가 대답하길 "현재 군주께서 좋아하는 것은 음란하고 사람을 빠져들게 하는 음일 것입니다!"라고 했다. 그러자 위문후는 "감히 묻노니, 음란하고 사람을 빠져들게 하는 음은 어디로부터 나온 것입니까?"라고 했다. 자하가 대답하길 "정나라의 음은 넘치기를 좋아하여 뜻을 음란하게 만듭니다. 송나라의 음은 여자들을 편안하게 만들며 그 뜻이 탐닉에 빠지도록 만듭니다. 위나라의 음은 급박하고['趨'자의 음은 '促(촉)'이다.] 너무 빨라서

['數'자의 음은 '速(속)'이다.] 뜻을 번잡하게 만듭니다. 제나라의 음은 거만하고 ['敖'자는 거성으로 읽는다.] 편벽되어['辟'자는 '匹(필)'자와 '力(력)'자의 반절음이다.] 뜻을 교만하게['喬'자의 음은 '驕(교)'이다.] 만듭니다. 이 네 가지는 모두 색에 음란하게 빠져서 덕을 해치는 것이니, 이러한 이유로 제사에서 사용하지 않는 것입니다."라고 했다.

集說 溺音, 淫溺之音也. 濫者, 泛濫之義, 謂泛及非己之色也. 燕者, 宴安之義, 謂耽於娛樂而不反也. 趨數, 迫促而疾速也. 敖辟, 倨肆而偏邪也. 四者皆以志言, 淫溺較深, 煩驕較淺, 然皆以害德, 故不可用之宗廟.

'닉음(溺音)'은 음란하고 빠지게 만드는 음이다. '남(濫)'자는 넘친다는 뜻이니, 넘쳐서 자신의 여자가 아닌 여자들에게까지 마음이 미친다는 뜻이다. '연(燕)'자는 편안하게 한다는 뜻으로, 유희를 탐닉하여 되돌아오지 않는다는 뜻이다. '촉속(趨數)'은 급박하고 너무 빠르다는 뜻이다. '오벽(敖辟)'은 거만하고 편벽되다는 뜻이다. 이 네 가지는 모두 뜻을 기준으로 말했으니, 음과 닉은 비교적 심한 것이고, 번과 교는 상대적으로 덜한 것이지만, 이 모두는 덕에 해를 끼치기 때문에 종묘의 제사에서 사용할 수 없다.

附註 鄭音好濫淫志, 濫, 謂泛濫, 猶言侈靡. 淫, 泆也. 註云"泛及非己之色", 未然.

'정음호람음지(鄭音好濫淫志)'라 했는데, '남(濫)'자는 범람한다는 뜻이니, 사치스럽고 낭비한다는 말과 같다. '음(淫)'자는 음탕하다는 뜻이다. 주에서 "넘쳐서 자신의 여자가 아닌 여자들에게까지 마음이 미친다."라 했는데, 그렇지 않을 것이다.

【061】

“詩云: ‘肅雍和鳴, 先祖是聽.’ 夫肅, 肅敬也. 雍, 雍和也. 夫敬以和,
何事不行?”〈054〉

계속하여 자하가 대답하길 “시에서는 ‘엄숙하고 조화롭게 울리니, 선조께
서 이에 들으시다.’라고 했습니다. ‘숙(肅)’은 엄숙하고 공경스럽다는 뜻입
니다. ‘옹(雍)’은 화락하고 조화롭다는 뜻입니다. 공경하여 조화롭게 되는
데, 어떤 일이 시행되지 않겠습니까?”라고 했다.

集說 詩, 周頌 · 有瞽之篇. 因上文言溺音害德, 祭祀弗用, 故引之.
‘시(詩)’는 『시』 「주송(周頌) · 유고(有瞽)」편이다.[1] 앞 문장에서 “닉음이
덕을 해쳐서 제사에 사용하지 않는다.”라고 말했기 때문에, 이 시를 인용
한 것이다.

【062】

“爲人君者, 謹其所好惡而已矣. 君好之則臣爲之, 上行之則民從之.
詩云: ‘誘民孔易’, 此之謂也.”〈055〉

계속하여 자하가 대답하길 “군주된 자는 좋아하고 싫어하는 것에 대해서
삼갈 따름입니다. 군주가 좋아하면 신하가 그것을 시행하고, 윗사람이 시
행하면 백성들이 따릅니다. 『시』에서는 ‘백성들을 이끌기가 매우 쉽다.’라
고 했는데, 바로 이러한 뜻을 말합니다.”라고 했다.

集說 德音之正, 溺音之邪, 皆易以感人, 故人君不可不謹所好惡也.
詩, 大雅 · 板之篇. 誘, 詩作牖.
덕음의 올바름과 닉음의 사벽함은 모두 사람들을 쉽게 감동시킨다. 그렇

---

1) 『시』 「주송(周頌) · 유고(有瞽)」: 有瞽有瞽, 在周之庭. 設業設虡, 崇牙樹羽, 應
田縣鼓, 鞉磬柷圉. 旣備乃奏. 簫管備擧. 喤喤厥聲, <u>肅雝和鳴</u>, <u>先祖是聽</u>. 我客
戾止, 永觀厥成.

기 때문에 군주는 좋아하고 싫어하는 것에 대해서 삼가지 않을 수가 없다. '시(詩)'는 『시』「대아(大雅)·판(板)」편이다.2) '유(誘)'자를 『시』에서는 '유(牖)'자로 기록했다.

【063】

"然後聖人作爲鞉·鼓·椌[腔]·楬[丘八反]·壎[喧]·篪[池]. 此六者, 德音之音也. 然後鍾磬竽瑟以和之, 干戚旄狄以舞之. 此所以祭先王之廟也, 所以獻酬酳酢也, 所以官序貴賤各得其宜也, 所以示後世有尊卑長幼之序也."〈056〉

계속하여 자하가 대답하길, "그런 뒤에 성인은 도·고·강['椌'자의 음은 '腔(강)'이다.]·갈['楬'자는 '丘(구)'자와 '八(팔)'자의 반절음이다.]·훈['壎'자의 음은 '喧(훤)'이다.]·지['篪'자의 음은 '池(지)'이다.] 등의 악기를 만들었습니다. 이러한 여섯 가지 악기는 덕음을 내는 악기입니다. 그런 뒤에 종·경·우·슬 등의 악기로 조화를 이루도록 했고, 방패와 도끼, 꼬리털과 깃털 등의 무용도구로 춤을 추도록 했습니다. 이것은 선왕의 종묘에서 제사를 지냈던 것이며, 술을 따르고 권하며, 입가심하는 술을 따르고 돌리는 절차이고, 관직의 서열과 나이에 따른 서열에 각각 합당함을 얻게끔 하는 것이며, 후세에 서열과 나이의 차례가 있음을 보여주는 것입니다."라고 했다.

集說 鞉, 如鼓而小, 持柄搖之, 旁耳自擊. 椌, 揭, 柷敔也. 壎, 六孔, 燒土爲之. 篪, 大者長尺四寸, 小者尺二寸, 竹也. 六者皆質素之聲, 故云德音. 旣用質素爲本, 然後用鍾磬竽瑟四者華美之音以贊其和. 干, 梢也. 戚, 斧也. 武舞所執. 旄, 旄牛尾也. 狄, 翟雉羽也. 文舞所執. 此則宗廟之樂也. 酳, 說見前篇. 有事於宗廟, 則有獻酬酳酢之禮也. 宗廟朝廷無非禮樂之用, 所以貴賤之官序, 長幼之尊卑, 自今

---

2) 『시』「대아(大雅)·판(板)」: 天之牖民, 如壎如篪, 如璋如圭, 如取如攜. 攜無曰益, 牖民孔易. 民之多辟, 無自立辟.

日而垂之後世也.

'도(鞀)'는 북과 같지만 크기가 보다 작은 것으로, 손잡이를 잡고서 흔들면 측면에 있는 귀가 울림판을 쳐서 소리를 낸다. '강(椌)'과 '갈(楬)'은 축과 어이다. '훈(壎)'은 여섯 개의 구멍이 있으며, 흙을 구워서 만든다. '지(箎)' 중에서 크기가 큰 것은 그 길이가 1척 4촌이며, 작은 것은 1척 2촌으로, 대나무로 만든 피리이다. 이 여섯 가지 악기들은 질박하고 소박한 소리를 내는 악기들이다. 그렇기 때문에 '덕음(德音)'이라고 말한 것이다. 이미 질박하고 소박한 것을 근본으로 삼았으니, 그런 뒤에 종과 경, 우와 슬 등의 아름다운 소리를 내는 네 악기를 사용하여 조화를 이루도록 도왔다. '간(干)'은 방패이다. '척(戚)'은 도끼이다. 이것들은 무무를 출 때 잡는 무용도구이다. '모(旄)'는 소의 꼬리털이다. '적(狄)'은 꿩의 깃털이다. 이것들은 문무를 출 때 잡는 무용도구이다. 이러한 것들은 종묘에서 사용하는 악기에 해당한다. '윤(酳)'에 대해서는 그 설명이 앞 편에 나온다. 종묘에서 제사를 지내게 된다면, 술을 따르고 돌리며 입가심하는 술을 따르고 권하는 의례 절차가 있다. 종묘와 조정에서는 예악이 사용되지 않은 적이 없으니, 귀천의 관직 등급과 나이에 따른 서열의 차이는 현재로부터 후세에까지 전해지도록 하는 것이다.

【064】

"鍾聲鏗, 鏗以立號, 號以立橫[古曠反], 橫以立武. 君子聽鍾聲, 則思武臣."〈057〉

계속하여 자하가 대답하길 "종의 소리는 쩌렁쩌렁 울리니, 쩌렁쩌렁 울려서 호령을 하고, 호령을 하여 융성한 기운을['橫'자는 '古(고)'자와 '曠(광)'자의 반절음이다.] 세우며, 융성한 기운을 통해 무를 세웁니다. 군자가 종의 소리를 듣게 되면, 무신을 생각합니다."라고 했다.

集說　鏗然有聲, 號令之象也, 號令欲其威嚴. 橫則盛氣之充滿也.

令嚴氣壯, 立武之道, 故君子聽之而思武臣.

쩌렁쩌렁 소리가 나는 것은 호령을 하는 모습이며, 호령을 함은 위엄을 갖추고자 함이다. '광(橫)'은 융성한 기운이 충만한 것이다. 호령이 위엄스럽고 기운이 장성함은 무를 세우는 도이다. 그렇기 때문에 군자가 그 소리를 듣고서 무신을 생각하게 된다.

【065】

"石聲磬[上聲], 磬以立辨, 辨以致死. 君子聽磬聲, 則思死封疆之臣."〈058〉

계속하여 자하가 대답하길 "석경의 소리는 쟁쟁 울리니[‘磬’자는 상성으로 읽는다.] 쟁쟁 울려서 변별함을 세우고, 변별함을 통해서 목숨을 걸게 됩니다. 군자가 석경의 소리를 들으면, 국가를 위해 목숨을 던졌던 신하를 생각합니다."라고 했다.

集說 舊說, 磬, 讀爲罄, 上聲, 謂其聲音罄罄然, 所以爲辨別之意. 死生之際, 非明辨於義而剛介如石者, 不能決. 封疆之臣, 致守於彼此之限, 而能致死於患難之中, 故君子聞聲而知所思也.

옛 학설에서는 '경(磬)'자를 경(罄)자로 읽었으니, 상성으로 해석한 것으로, 그 소리가 쟁쟁 울려서 변별의 뜻이 된다고 했다. 생사의 갈림길에서는 의로움에 따라 밝게 변별함과 돌과 같은 굳센 기개가 아니라면 결단할 수 없다. '봉강지신(封疆之臣)'은 피차지간에 본분을 지키며, 환란 속에서 목숨을 던질 수 있는 자이다. 그렇기 때문에 소리를 듣고서 생각해야 할 대상을 알게 된다.

【066】

"絲聲哀, 哀以立廉, 廉以立志. 君子聽琴瑟之聲, 則思志義之臣." 〈059〉

계속하여 자하가 대답하길 "현악기의 소리는 슬프니, 슬픔을 통해서 방정함을 세울 수 있고, 방정함을 통해서 뜻을 세웁니다. 군자가 현악기의 소리를 듣게 되면, 의로움을 뜻으로 삼은 신하를 생각합니다."라고 했다.

集說 人之處心, 雖當放逸之時, 而忽聞哀怨之聲, 亦必爲之惻然而收斂, 是哀能立廉也. 絲聲淒切, 有廉劌裁割之義. 人有廉隅, 則志不誘於欲. 士無故不去琴瑟, 有以也夫.

사람은 마음을 보존하고 있는데, 비록 제멋대로 행동하는 때라도, 갑작스럽게 슬프고 원통한 소리를 듣게 되면, 또한 반드시 그로 인해 측은하게 되어 자신을 가다듬으니, 이것이 슬픔이 품행의 방정함을 세울 수 있다는 뜻이다. 현악기의 소리는 처량하고 비통하여 날카롭게 가른다는 뜻이 있다. 사람이 방정함을 가지고 있다면, 뜻이 욕망에 미혹되지 않는다. 사가 특별한 일이 없으면 금슬을 치워두지 않는 것도 이러한 이유 때문일 것이다.

【067】

"竹聲濫[上聲], 濫以立會, 會以聚衆. 君子聽竽笙簫管之聲, 則思畜[敕六反]聚之臣." 〈060〉

계속하여 자하가 대답하길 "관악기의 소리는 끌어당기니[濫'자는 상성으로 읽는다.] 끌어 당겨서 사람들을 모으고, 모아서 대중을 이루게 합니다. 군자가 우·생·소·관 등의 관악기 소리를 듣게 된다면, 백성들을 포용해서[畜'자는 '敕(칙)'자와 '六(륙)'자의 반절음이다.] 모으는 신하를 생각합니다."라고 했다.

集說 舊說, 濫爲擥聚之義, 故可以會, 可以衆. 畜聚之臣, 謂節用愛人, 容民畜衆者, 非謂聚斂之臣也.

옛 학설에서는 '남(濫)'자를 당기고 모은다는 뜻으로 여겼다. 그렇기 때문에 이를 통해 모을 수 있는 것이며, 또 이를 통해 많게 할 수 있는 것이다. '축취지신(畜聚之臣)'은 재화를 아껴서 쓰고 남을 사랑하여, 백성들을 포용해 많이 모이도록 하는 자를 뜻하니, 세금을 걷는 신하를 뜻하는 말이 아니다.

集說 劉氏曰: 竹聲汎濫, 汎則廣及於衆而衆必歸之, 故以立會聚. 而君子聞竹聲, 則思容民畜衆之臣也.

유씨가 말하길, 관악기의 소리는 넘치게 되니, 넘친다면 널리 퍼져 대중에게 미치고, 대중들은 반드시 돌아오게 된다. 그렇기 때문에 이를 통해서 모이도록 할 수 있다. 군자가 관악기의 소리를 듣게 된다면, 백성들을 포용하고 대중들을 모우는 신하를 생각하게 된다.

【068】

"鼓鼙之聲讙, 讙以立動, 動以進衆. 君子聽鼓鼙之聲, 則思將帥之臣. 君子之聽音, 非聽其鏗鏘而已也, 彼亦有所合之也."〈061〉

계속하여 자하가 대답하길 "북과 비의 소리는 시끄럽게 울리니, 시끄럽게 울려서 대중들을 움직이게 하고, 움직여서 군대를 나아가게끔 합니다. 군자가 북과 비의 소리를 듣게 되면, 장수가 되는 신하를 생각합니다. 군자가 소리를 듣는 것은 쩌렁쩌렁 울리는 소리를 들을 뿐만이 아니니, 악기의 소리에는 또한 마음에 합치되는 점이 있습니다."라고 했다.

集說 讙, 謂讙囂也. 其聲誼雜, 使人心意動作, 故能進發其衆. 前言武臣, 泛言之也. 此專指將帥而言, 蓋師以鼓進, 而進之權在主將也. 彼, 謂樂聲也. 合之, 契合於心也.

'환(讙)'자는 시끄럽고 야단스럽다는 뜻이다. 그 소리가 야단스럽고 뒤섞여 있어서, 사람들의 마음을 움직이도록 한다. 그렇기 때문에 무리들이 나아가도록 할 수 있다. 앞에서는 '무신(武臣)'이라고 했는데, 이것은 범범하게 말한 것이다. 이곳에서는 전적으로 장수만을 가리켜서 말한 것이니, 무릇 군대는 북소리를 통해 나아가는데, 나아가도록 하는 권한은 장수에게 있기 때문이다. '피(彼)'자는 악기의 소리를 뜻한다. '합지(合之)'는 마음에 맞아 떨어진다는 뜻이다.

集說 應氏曰: 八音擧其五, 而不言匏土木者, 匏聲短滯, 土聲重濁, 木聲樸質, 而無輕淸悠颺之韻. 然木以擊鼓, 而匏亦在竽笙之中矣.
응씨가 말하길, 팔음 중에서 다섯 가지를 제시하고, 박·흙·나무로 만든 악기를 언급하지 않은 이유는 박으로 만든 악기의 소리는 짧고 느리며, 흙으로 만든 악기의 소리는 무겁고 탁하며, 나무로 만든 악기의 소리는 투박하고 질박해서, 가볍고 맑으며 아득하게 퍼지는 울림이 없기 때문이다. 그러나 나무로는 북을 치게 되고, 박 또한 우와 생 속에 포함되어 있다.

類編 右魏文侯問樂.
여기까지는 '위문후문악(魏文侯問樂)'에 대한 내용이다.

◇ 빈무고논악(賓牟賈論樂)

【069】

賓牟賈侍坐於孔子, 孔子與之言及樂, 曰: "夫武之備戒之已久, 何
也?" 對曰: "病不得其衆也."〈062〉

빈무고가 공자를 모시고 앉아 있을 때, 공자는 그와 더불어 말을 하다가
그 주제가 악에까지 이르렀다. 그래서 공자는 "저 대무(大武)라는 악무는
북을 쳐서 사람들에게 주의를 주는데, 그 뒤에도 한참을 기다린 뒤에 춤을
추기 시작하는 것은 어떤 이유 때문입니까?"라고 물었다. 그러자 빈무고는
"무왕이 군사들의 마음을 얻지 못할 것을 염려했기 때문에, 당시에 출정을
하며 북을 친 뒤, 오랜 시간이 지난 뒤에 군사를 움직였던 것을 상징합니
다."라고 대답했다.

集說 賓牟, 姓. 賈, 名. 孔子問大武之樂, 先擊鼓備戒已久, 乃始作
舞, 何也? 賈答言武王伐紂之時, 憂病不得士衆之心, 故先鳴鼓以戒
衆, 久乃出戰. 今欲象此, 故令舞者久而後出也.

'빈무(賓牟)'는 성에 해당한다. '고(賈)'는 이름에 해당한다. 공자는 대무
의 악곡에 대해 질문을 하며, 먼저 북을 쳐서 사람들에게 주의를 주길
오래도록 한 뒤에야 비로소 춤을 추기 시작하는 것은 어째서냐고 물어본
것이다. 빈무고는 답변을 하며, 무왕이 주임금을 정벌할 때, 군사들의 마
음을 얻지 못할 것을 근심했기 때문에, 먼저 북을 울려서 군사들의 주의
를 끌고, 오랜 시간이 지난 뒤에야 전쟁에 나아갔다. 현재도 이러한 모습
을 상징하고자 했기 때문에, 무용수들로 하여금 오래도록 기다리게 한
뒤에야 춤을 추도록 했다고 대답했다.

【070】

"咏歎之, 淫液之, 何也?" 對曰: "恐不逮事也."〈063〉

계속해서 공자가 질문하길 "대무(大武)의 악곡에 있어서, 소리를 길게 내서 노래하고, 물이 흐르듯 소리가 연속되어 끊이지 않는 것은 어째서입니까?" 라고 하자 빈무고가 대답하길 "제후들이 정벌에 참여하지 못할 것을 염려했기 때문입니다."라고 했다.

集說 此亦孔子問而賈答也. 咏歎, 長聲而歎也. 淫液, 聲音之連延, 流液不絶之貌. 逮, 及也. 言武王恐諸侯後至者不及戰事, 故長歌以致其望慕之情也.

이 또한 공자가 질문하고 빈무고가 답변한 내용이다. '영탄(咏歎)'은 소리를 길게 내서 노래한다는 뜻이다. '음액(淫液)'은 소리가 연속되어 늘어지는 것으로, 물이 흐르며 끊이지 않는 모습을 뜻한다. '체(逮)'자는 "~에 이르다."는 뜻이다. 즉 무왕은 제후들 중 뒤에 오는 자들이 전쟁에 참여하지 못할 것을 염려했기 때문에, 노래를 길게 늘어트려 불러서, 바라던 정감을 이루고자 한 것이다.

【071】

"發揚蹈厲之已蚤, 何也?" 對曰: "及時事也."〈064〉

계속해서 공자가 질문하길, "대무(大武)를 출 때, 손과 발을 내뻗고 땅을 디딜 때 너무 급하게 하는 것은 어째서입니까?"라고 하자 빈무고가 대답하길 "무왕이 때에 맞춰서 거사를 치렀던 일을 나타내기 때문입니다."라고 했다.

集說 問初舞時, 卽手足發揚蹈地而猛厲, 何其太早乎? 賈言象武王及時伐紂之事, 故不可緩. 然下文孔子言是太公之志, 則此答非也.

묻기를 최초 춤을 출 때, 손과 발을 내뻗고 땅을 디딤에 사납고 거센데, 어째서 너무 급하게 하는 것이냐고 했다. 빈무고는 무왕이 때에 맞춰서 주임금을 정벌했던 일을 상징하기 때문에 느리게 할 수 없다고 대답했다.

그러나 아래문장에서 공자는 이것이 태공의 뜻을 나타낸다고 했으니, 이 대답은 잘못되었다.

【072】

"武坐致右憲[軒]左, 何也?" 對曰: "非武坐也." 〈065〉

계속해서 공자가 질문하길 "대무(大武)를 출 때, 무용수들이 때때로 무릎을 꿇게 되는데, 우측 무릎을 대고 좌측 발을 세우는[‘憲’자의 음은 ‘軒(헌)’이다.] 것은 어째서입니까?"라고 하자 빈무고가 대답하길 "이것은 대무의 무릎 꿇는 법도가 아니니, 대무에는 무릎을 꿇는 법도 자체가 없습니다."라고 했다.

集說 坐, 跪也. 問舞武樂之人, 何故忽有時而跪, 以右膝至地, 而左足仰之, 何也? 憲, 讀爲軒輊之軒. 賈言非武人坐, 舞法無坐也. 然下文孔子言武亂皆坐, 是周召之法, 則武舞有坐, 此答亦非.

‘좌(坐)’자는 "무릎을 꿇다."는 뜻이다. 공자는 대무의 악곡을 춤추는 자들은 어떤 이유에서 갑작스럽게 때때로 무릎을 꿇으며, 우측 무릎을 땅에 대고 좌측 발을 세우냐고 물었다. ‘헌(憲)’자는 앞이 높은 수레와 앞이 낮은 수레를 뜻할 때의 헌(軒)자로 해석한다. 빈무고는 대무를 추는 무용수들의 무릎 꿇는 법도가 아니라고 했으니, 춤을 추는 법도에서는 무릎을 꿇는 법도가 없다는 뜻이다. 그런데 아래문장에서 공자는 대무를 끝낼 때에는 모두 무릎을 꿇는다고 했고, 이것은 주공과 소공의 다스림을 뜻한다고 했으니, 대무의 춤에서는 무릎을 꿇는 법도가 있으므로, 이곳의 답변 또한 잘못되었다.

【073】

"聲淫及商, 何也?" 對曰: "非武音也." 子曰: "若非武音, 則何音也?" 對

曰: "有司失其傳也. 若非有司失其傳, 則武王之志荒矣." 子曰: "唯. 丘
之聞諸萇弘, 亦若吾子之言[句], 是也."〈066〉

계속해서 공자가 질문하길 "대무(大武)의 악곡에서 그 소리가 탐욕스러워
서 상나라를 취하고자 함이 나타나는 것은 어째서입니까?"라고 하자 빈무
고가 대답하길 "이것은 대무의 음악 소리가 아닙니다."라고 했다. 또 공자
는 "만약 이것이 대무의 음악 소리가 아니라면, 어떤 악곡의 음입니까?"라
고 물었고, 빈무고는 "음악을 담당했던 관리가 전수과정에서 잘못을 범한
것입니다. 만약 관리가 전수과정에서 잘못을 범한 것이 아니라면, 무왕의
뜻이 매우 잘못된 것이 됩니다."라고 대답했다. 그러자 공자는 "알았습니
다. 내가 장홍에게서 들었던 내용도 또한 그대가 말한 것과 같으니['言'자에서
구문을 끊는다.] 그대의 말이 옳습니다."라고 했다.

集說 淫, 貪欲之意也. 武樂之中有貪商之聲, 則是武王貪欲紂之天
下, 故取之也. 賈言非武樂之聲也, 孔子又問旣非武樂之聲, 則是何
樂聲乎? 賈又言此典樂之官失其相傳之說也, 若非失其所傳之眞, 而
謂武王實有心於取商, 則是武王之志有荒繆矣, 豈精明神武, 應天順
人之志哉? 孔子於是然其言, 而謂其言與萇弘相似也. 一說, 商聲爲
殺伐之聲, 淫謂商聲之長也. 若是武樂之音則是武王有嗜殺之心矣,
故云志荒也.

'음(淫)'자는 탐욕스럽다는 뜻이다. 대무의 음악 중에는 은나라를 탐하는
소리가 포함되어 있으니, 이것은 무왕이 주임금이 차지했던 천하를 탐냈
기 때문에 취한 것이 된다. 빈무고는 이것은 대무의 음악에 나타나는 소
리가 아니라고 답했고, 공자는 이미 대무의 음악 소리가 아니라고 한다
면, 이것은 어떤 음악의 소리냐고 재차 물었다. 빈무고는 또한 이것은
음악을 담당했던 관리가 서로 전수해준 말에서 실수를 범한 것이니, 만약
전수해준 말의 진실된 뜻을 잘못 전한 것이 아니라면, 무왕은 실제로 은
나라를 취하고자 했던 마음이 있었던 것이니, 이것은 무왕의 뜻에 매우
잘못된 점이 있었음을 나타내는데, 어찌 정밀하고 신명스러우며 신묘하

고 용맹함으로 천도와 인도에 순응하는 뜻이 되겠느냐고 말했다. 공자는
이 말에 대해서 그 말을 수긍하고, 그가 해준 말은 장홍과 대화를 나누며
들었던 내용과 같다고 했다. 일설에는 상성(商聲)은 죽이고 정벌하는 소
리가 되며, 음(淫)은 상성이 길어지는 것을 뜻한다. 만약 대무의 음악
소리가 이와 같다면, 이것은 무왕에게 탐내고 살육을 하고자 했던 마음이
있는 것이기 때문에, "뜻이 잘못되었다."고 말했다고 한다.

【074】
賓牟賈起, 免席而請曰: "夫武之備戒之已久, 則旣聞命矣. 敢問遲之,
遲而又久, 何也?" 子曰: "居. 吾語[去聲]汝. 夫樂者, 象成者也. 揔干而
山立, 武王之事也. 發揚蹈厲, 太公之志也. 武亂皆坐, 周·召之治
也." 〈067〉

빈무고가 일어나 자리를 피하며 청해서 묻기를, "대무(大武)에 있어서 북을
울려 대중들을 경각시키고 오랜 시간 동안 대기하는 것에 대해서는 이미
그 이유를 들어서 알게 되었습니다. 감히 묻겠습니다. 이처럼 오래도록 기
다리는데, 무용수들이 대열에 서서 오랜 시간 기다리는 것은 어째서입니
까?"라고 했다. 그러자 공자는 "앉으십시오. 내가 당신께 설명을['語'자는 거
성으로 읽는다.] 하겠습니다. 무릇 악이라는 것은 과업을 이룬 것을 나타내는
것입니다. 무용수들이 방패를 잡고서 산처럼 우뚝 서서 움직이지 않는 것
은 무왕이 주임금을 정벌할 때, 제후들이 도착하기를 기다리는 일을 나타
냅니다. 또 무용수들이 손과 발을 힘차게 내뻗고 내딛는 것은 태공의 매와
같은 용맹한 뜻을 나타냅니다. 또 대무의 마지막 장이 끝날 때, 무용수들이
모두 무릎을 꿇는 것은 문으로써 무를 그치게 했던 주공과 소공의 다스림
을 나타냅니다."라고 했다.

集說 免席, 避席也. 備戒已久, 所謂遲也. 久立於綴, 是遲而又久
也. 孔子言作樂者倣象其成功, 故將舞之時, 舞人揔持干盾, 如山之
立, 嶷然不動. 此象武王持盾以待諸侯之至, 故曰武王之事也. 所以

發揚蹈厲, 象太公威武鷹揚之志也. 亂, 樂之卒章也. 上章言復亂以武. 言武舞將終而坐, 象周公·召公文德之治, 蓋以文而止武也.

'면석(免席)'은 자리를 피한다는 뜻이다. 북을 울려서 대중들을 경각시키고 오래도록 있는 것이 바로 '지(遲)'이다. 오래도록 대열에 서 있는 것이 "더디고 또 오래도록 있다."는 뜻이다. 공자는 악을 만드는 것은 공업을 이룬 것을 형상하기 위해서라고 했다. 그렇기 때문에 춤을 추려고 할 때, 무용수들은 방패를 쥐고서 산이 서 있는 것처럼 하여, 우뚝 서서 움직이지 않는다. 이것은 무왕이 방패를 들고서 제후들이 도달하기를 기다렸던 것을 상징한다. 그렇기 때문에 "무왕의 일입니다."라고 말했다. 팔다리를 내뻗고 내딛는 것은 태공이 위엄과 무용을 떨침이 매가 하늘을 비상하는 것과 같은 뜻을 상징한다. '난(亂)'은 악의 마지막 악장을 뜻한다. 앞에서는 이미 재차 끝내길 무로써 한다고 했다. 이것은 대무를 추며 끝내려고 할 때 무릎을 꿇으니, 주공과 소공의 문덕에 따른 다스림을 상징한다. 무릇 문으로써 무를 그치게 했기 때문이다.

【075】

"且夫武始而北出, 再成而滅商, 三成而南, 四成而南國是疆, 五成而分周公左, 召公右, 六成復綴拙以崇天子."〈068〉

공자가 계속해서 말해주길 "또한 대무(大武)의 악곡을 연주함에 있어서, 첫 번째 악곡을 연주하면 무용수들은 북쪽으로 옮겨가니, 이것은 무왕이 북쪽으로 출병했던 일을 상징하고, 두 번째 악곡을 연주하면 무용수들은 더욱 더 북쪽으로 옮겨가니, 이것은 무왕이 은나라를 멸망시켰던 일을 상징하며, 세 번째 악곡을 연주하면 무용수들은 북쪽으로 이동했다가 북쪽 자리의 끝에 이르러 다시 남쪽 자리로 옮겨가니, 이것은 무왕이 은나라를 정벌한 이후 남쪽으로 되돌아온 일을 상징하고, 네 번째 악곡을 연주하면 무용수들은 북쪽에서 남쪽으로 이동하니, 이것은 남쪽의 나라들을 복속시켰던 일을 상징하며, 다섯 번째 악곡을 연주하면 무용수들은 더욱 더 남쪽으로 이동하고 좌우로 대열을 나누니, 이것은 주공과 소공이 천하를 좌우로 나눠서 다스렸던 일을 상징하고, 여섯 번째 악곡을 연주하면 무용수들은 남쪽 끝에 있는 자리로[綴'자의 음은 '拙(졸)'이다.] 되돌아가서 멈추어, 이를 통해 천자를 존숭하는 뜻을 나타냅니다."라고 했다.

集說 成者, 曲之一終. 書云: "簫韶九成." 孔子又言武之舞也, 初自南第一位而北至第二位, 故云始而北出也. 此是一成. 再成, 則舞者從第二位至第三位, 象滅商也. 三成, 則舞者從第三位至第四位, 極於北而反乎南, 象克殷而南還也. 四成, 則舞者從北頭第一位却至第二位, 象伐紂之後, 疆理南方之國也. 五成, 則舞者從第二位至第三位乃分爲左右, 象周公居左, 召公居右也. 綴, 謂南頭之初位也. 六成, 則舞者從第三位而復于南之初位, 樂至六成而復初位, 象武功成而歸鎬京, 四海皆崇武王爲天子矣.

'성(成)'은 악곡이 한 차례 끝났다는 뜻이다. 『서』에서는 "소소(簫韶)[1]의 악곡은 아홉 차례 연주한다."[2]라고 했다. 공자는 또한 대무의 춤에 대해 설명한 것인데, 첫 악곡에서는 남쪽의 첫 번째 자리에서 북쪽으로 이동하여 두 번째 자리로 옮겨가게 된다. 그렇기 때문에 "시작하며 북쪽으로 나온다."라고 했다. 이것은 첫 번째 악곡이 끝날 때까지의 춤을 뜻한다. 두 번째 악곡이 끝나게 되면, 무용수들은 그 동안 두 번째 자리로부터 세 번째 자리로 옮겨가니, 이것은 은나라를 멸망시켰던 일을 상징한다. 세 번째 악곡이 끝나게 되면, 무용수들은 그 동안 세 번째 자리에서 네 번째 자리로 옮겨가니, 북쪽 자리 중 끝까지 움직이게 되어 반대로 남쪽

---

1) 소소(簫韶)는 대소(大韶)라고도 부른다. '대소'는 순(舜)임금 때의 악무(樂舞)이다. 주(周)나라에 와서 육무(六舞) 중 하나로 정착하였다.

2) 『서』「우서(虞書)·익직(益稷)」: 夔曰, 戞擊鳴球, 搏拊琴瑟以詠, 祖考來格, 虞賓在位, 群后德讓, 下管鼗鼓, 合止柷敔, 笙鏞以間, 鳥獸蹌蹌, 簫韶九成, 鳳皇來儀.

으로 돌아오게 되므로, 이것은 은나라를 이기고 남쪽으로 되돌아온 일을
상징한다. 네 번째 악곡이 끝나게 되면, 무용수들은 그 동안 북쪽의 끝에
있는 첫 번째 자리로부터 떠나서 두 번째 자리로 옮겨가니, 주임금을 정
벌한 이후 남쪽의 나라들을 본국의 영토로 확장하여 다스렸던 일을 상징
한다. 다섯 번째 악곡이 끝나게 되면, 무용수들은 그 동안 두 번째 자리로
부터 세 번째 자리로 옮겨가고, 곧 좌우로 나뉘게 되니, 주공이 좌측 영토
를 담당하고 소공이 우측 영토를 담당했던 일을 상징한다. '졸(綴)'자는
남쪽 끝에 있는 최초의 자리를 뜻한다. 여섯 번째 악곡이 끝나게 되면
무용수들은 그 동안 세 번째 자리로부터 다시 남쪽에 있는 최초의 자리로
돌아가니, 악은 여섯 번째 악곡을 끝내게 되면 다시 최초의 자리로 돌아
가므로, 이것은 무왕이 공적을 이루고서 호경으로 되돌아와 천하의 사람
들이 모두 무왕을 천자로 추숭했음을 상징한다.

集說 陳氏曰: 樂終而德尊也.
진씨가 말하길, 악이 끝나고서 덕을 존숭하게 된 것이다.

【076】
"夾振之而駟伐, 盛威於中國也."〈069〉
공자가 계속해서 말해주길 "대무(大武)를 출 때, 두 사람이 무용수를 양쪽
에서 끼고 목탁을 두드리고, 무용수들이 창으로 네 차례 치고 때려서, 무왕
의 군대가 중국에 위엄을 성대하게 떨쳤음을 나타냅니다."라고 했다.

集說 此又申言武始北出以下事. 二人夾舞者而振鐸以爲節, 則舞
者以戈矛四次擊刺, 象伐紂也. 駟, 讀爲四. 伐, 如泰誓四伐五伐之
伐. 此象武王之兵所以盛威於中國也. 一說, 引君執干戚就舞位, 讀
天子連下句. 但舊註以崇訓充, 則未可通耳. 四伐, 或象四方征伐,
武勝殷而滅國者五十, 則亦有東征西討南征北伐之事矣.

이 내용은 또한 대무를 출 때 처음에는 북쪽으로 나온다는 것으로부터
그 이하의 일들에 대해서 거듭 설명한 것이다. 두 사람이 무용수를 양쪽
에서 끼고 목탁을 울리며 절도를 맞추면, 무용수들은 창으로 네 차례 치
고 찌르니, 주임금을 정벌했던 일들을 상징하기 때문이다. '사(駟)'자는
사(四)자로 풀이한다. '벌(伐)'자는 『서』「태서(泰誓)」편에서 "네 번 치고
찌르며, 다섯 번 치고 찌른다."[3]고 했을 때의 벌(伐)자와 같다. 이것은
무왕의 군대가 중국에서 위엄을 융성하게 떨쳤음을 상징한다. 일설에는
군주가 직접 방패와 도끼를 들고 무용수들의 대열로 나아간다고 주장하
여, 앞 문장에 나온 '천자(天子)'라는 두 글자를 이곳 구문과 연결해서
해석한다. 다만 옛 주석에서는 '숭(崇)'자를 충(充)자로 풀이했으니, 이러
한 해석은 뜻이 소통되지 못할 따름이다. '사벌(四伐)'은 혹여 사방을 정
벌했던 것을 상징할 수도 있으니, 무왕은 은나라를 정벌하고 멸망시킨
제후국이 오십 여개에 이르렀으니, 또한 동서남북으로 정벌했던 일이 있
었던 것이다.

【077】

"分[去聲]夾而進, 事蚤濟也. 久立於綴, 以待諸侯之至也."〈070〉

공자가 계속해서 말해주길 "목탁을 두드리는 자는 무용수들의 자리에서['分'
자는 거성으로 읽는다.] 양 옆에서 끼고 나아가서, 무왕의 과업이 조기에 성취됨
을 상징합니다. 무용수들이 대열의 자리에서 오래도록 서 있는 것은 이를
통해 무왕이 제후들이 모일 때까지 기다렸던 일을 상징합니다."라고 했다.

集說 分, 部分也. 舞者各有部分, 而振鐸者夾之而進也. 濟, 猶成
也. 此於武王之事爲早成也. 舞者久立於行綴之位, 象武王待諸侯之

---

3) 『서』「주서(周書)·목서(牧誓)」 : 不愆于四伐五伐六伐七伐, 乃止齊焉. 勗哉,
夫子.

集也.

‘분(分)’은 무용수들이 차지하고 있는 일정 자리를 뜻한다. 무용수들은 각각 일정 자리를 차지하고 있고, 목탁을 두드리는 자가 양 옆에서 끼고 나아간다. ‘제(濟)’자는 “이루다.”는 뜻이다. 즉 무왕의 정벌이 조기에 완성된 것이다. 무용수들이 대열의 자리에서 오래도록 서 있는 것은 무왕이 제후들이 모이기를 기다렸던 것을 상징한다.

【078】

“且女獨未聞牧野之語乎? 武王克殷反[及]商, 未及下車而封黃帝之後於薊[計], 封帝堯之後於祝, 封帝舜之後於陳, 下車而封夏后氏之後於杞, 投[樂書作封]殷之後於宋, 封王子比干之墓, 釋箕子之囚, 使之行[去聲]商容而復其位. 庶民弛政, 庶士倍祿.”〈071〉

공자가 계속해서 말해주길 “또한 그대는 아직 목야에서 일어난 일들을 들어보지 못했습니까? 무왕께서는 은나라 군대를 물리치고 그 수도에 이르러서[‘反’자의 음은 ‘及(급)’이다.] 아직 수레에서 내리기도 전에 황제의 후손을 계에[‘薊’자의 음은 ‘計(계)’이다.] 분봉하셨고, 요임금의 후손을 축에 분봉하셨으며, 순임금의 후손을 진에 분봉하셨습니다. 또 수레에서 내리셔서는 하후씨의 후손을 기에 분봉하셨고, 은나라의 후손을 송으로 옮기셨으며[『악서』에서는 ‘봉(封)’자로 기록했다.] 왕자인 비간의 묘에 봉분을 쌓으셨고, 감금된 기자를 석방하셔서, 그로 하여금 상용으로 가도록[‘行’자는 거성으로 읽는다.] 하여 그 지위를 회복시켜주셨습니다. 또 백성들에 대해서는 잔혹한 정치를 느슨히 풀어주시고, 말단 관리들에 대해서는 녹봉을 올려주셨습니다.”라고 했다.

集說 反, 讀爲及. 言牧野克殷師之後, 卽至紂都也. 殷後不曰封而曰投者, 擧而徙置之辭也. 然封微子於宋, 在成王時, 此特歷敍黃帝·堯·舜·禹·湯之次而言之耳. 其曰未及下車而封, 與下車而封, 先後之辭, 讀者不以辭害意可也. 行商容, 卽書所謂“式商容閭”也. 弛政, 解散紂之虛政也. 一說, 謂罷其征役也. 倍祿, 祿薄者倍增之也.

'반(反)'자는 "~에 이른다."는 뜻의 급(及)자로 풀이한다. 즉 목야의 땅에서 은나라 군대를 물리친 이후, 곧바로 주임금이 있는 수도에 도달했다는 뜻이다. 은나라 후예에 대해서는 '봉(封)'이라 말하지 않고 '투(投)'라고 말했으니, '투(投)'자는 어떤 것을 들어다가 다른 곳으로 옮겼을 때 쓰는 말이다. 그러나 송나라에 미자를 분봉했던 것은 성왕 때의 일이니, 이 문장은 단지 황제·요·순·우·탕의 순서에 따라 차례대로 열거했을 뿐이다. "아직 수레에서 내리기도 전에 분봉했다."라 했고, "수레에서 내려서 분봉했다."라 했는데, 이것은 선후를 나타내는 말이니, 독자들은 표현으로 인해 의미를 놓치지 않아야 한다. '행상용(行商容)'이라는 말은 『서』에서 "상용의 마을에 공경의 예를 표한다."[4]라고 한 말에 해당한다. '이정(弛政)'은 주임금이 시행했던 포악한 정치를 느슨하게 풀어준다는 뜻이다. 일설에는 과도한 세금과 요역을 타파한다는 뜻이라고 주장한다. '배록(倍祿)'은 녹봉이 적은 자들에 대해서 배로 늘려준다는 뜻이다.

附註 克殷反商. 陳註: "反讀爲及." 按: 如乃反商政之反. 使之行商容而復其位. 言使人訪問商容所在, 而復其爵位也. 行, 如按行之行, 平聲讀. 註云去聲, 以式爲訓, 恐誤.

'극은반상(克殷反商)'에 대해 진호의 주에서는 "반(反)자는 급(及)자로 풀이한다."라 했다. 내가 살펴보니, 이것은 "이에 은나라의 정사를 되돌렸다."[5]라고 할 때의 반(反)자와 같다. '사지행상용이복기위(使之行商容而復其位)'는 사람들로 하여금 상용이 있는 곳으로 찾아가 묻게 하고 그의 작위를 회복시켰다는 뜻이다. '행(行)'자는 "살피면서 돌아다닌다."라 할 때의 행(行)자와 같으니, 평성으로 읽어야 한다. 주에서는 거성이라 하여, 식(式)자로 풀이를 했는데, 아마도 잘못된 설명인 것 같다.

---

4) 『서』「주서(周書)·무성(武成)」: 釋箕子囚, 封比干墓, 式商容閭.
5) 『서』「주서(周書)·무성(武成)」: 一戎衣, 天下大定. 乃反商政, 政由舊.

"濟河而西, 馬散之華山之陽而弗復乘, 牛散之桃林之野而弗復服, 車甲衅[許靳反]而藏之府庫而弗復用, 倒載干戈, 包之以虎皮, 將帥之士, 使爲諸侯, 名之曰建[上聲]櫜[高]. 然後天下知武王之不復用兵也."〈072〉

공자가 계속해서 말해주길 "황하를 건너 서쪽으로 가서 전쟁에 사용한 말은 화산의 양지바른 곳에 풀어주어, 다시 수레에 멍에를 매지 않았고, 전쟁에 사용한 소는 도림의 들판에 풀어주어 다시 부리지 않았으며, 수레와 갑옷은 피칠을['衅'자는 '許(허)'자와 '靳(근)'자의 반절음이다.] 하여 무기고에 보관하고 재차 사용하지 않았고, 방패와 창은 거꾸로 싣고서 호랑이 가죽으로 감쌌으며, 공로를 세운 장수는 제후로 분봉을 시켰으니, 병장기를 감싸서 보관하는 것을 '건고'라['建'자는 상성으로 읽는다. '櫜'자의 음은 '高(고)'이다.] 불렀습니다. 그런 뒤에야 천하 사람들이 무왕이 재차 전쟁을 일으키지 않으리라는 것을 알았습니다."라고 했다.

集說 衅, 與釁同, 以血塗之也. 凡兵器之載, 出則刃向前, 入則刃向後. 今載還鎬京而刃向後, 有似於倒, 故云倒載也. 建, 讀爲鍵, 鎖也. 櫜, 韜兵器之具. 兵器皆以鍵櫜閉藏之, 示不用也. 封將帥爲諸侯, 賞其功也. 今詳文理, 名之曰建櫜一句, 當在虎皮之下, 將帥之上.

'흔(衅)'자는 흔(釁)자와 동일하니, 피를 바른다는 뜻이다. 무릇 병장기를 실을 때, 출정할 경우라면 칼날이 앞을 향하도록 하고, 본국으로 들어오는 경우라면 칼날이 뒤를 향하도록 한다. 현재 병장기를 싣고 호경으로 되돌아오며 칼날이 뒤를 향하도록 한 것은 거꾸로 한 것과 유사한 점이 있다. 그렇기 때문에 "거꾸로 실었다."고 했다. '건(建)'자는 건(鍵)자로 풀이하니, 자물쇠를 뜻한다. '고(櫜)'는 병장기를 씌우는 기구이다. 병장기를 모두 건고로 감싸서 잠그고 보관하니, 사용하지 않음을 보이기 위해서이다. 장수를 제후로 분봉하여 공로에 대해 상을 준 것이다. 현재 문맥의 흐름을 살펴보니, '명지왈건고(名之曰建櫜)'라는 한 구문은 마땅히

'호피(虎皮)' 뒤와 '장수(將帥)' 앞에 와야 한다.

【080】

"散軍而郊射, 左射[石]貍首, 右射騶虞, 而貫革之射息也. 裨冕搢笏,
而虎賁之士說[脫]劍也.〈073〉1)

공자가 계속해서 말해주길 "군대를 해산하고 교외의 학교에서 활쏘기를
익힘에, 동학(東學)에서 활쏘기를['射'자의 음은 '石(석)'이다.] 할 때에는 이수의
시가에 절도를 맞추고, 서학(西學)에서 활쏘기를 할 때에는 추우의 시가에
절도를 맞춰서, 갑옷을 뚫는 군대에서의 활쏘기는 그치게 되었습니다. 또
비면을 착용하고 홀을 꼽아서, 용맹한 군사들은 허리에 차고 있던 칼을
풀어놓게['說'자의 음은 '脫(탈)'이다.] 되었습니다."라고 했다.

<kbd>集說</kbd> 散軍, 放散軍伍也. 郊射, 習射於郊學之中也. 左, 東學也, 在
東郊. 東學之射, 歌貍首之詩以爲節. 右, 西學, 在西郊. 西學之射,
則歌騶虞之詩以爲節也. 貫, 穿也. 革, 甲鎧也. 軍中不習禮, 其射但
主於穿札, 今旣行禮射, 則此射止而不爲矣. 裨冕, 見曾子問. 搢, 挿
也. 說劍, 解去其佩劍也.

'산군(散軍)'은 군대를 해산했다는 뜻이다. '교사(郊射)'는 교외에 설치된
학교에서 활쏘기를 익혔다는 뜻이다. '좌(左)'자는 동학(東學)2)을 뜻하
니, 동쪽 교외에 있었기 때문이다. 동학에서 활쏘기를 할 때에는 이수의
시가를 노래로 불러서 절도를 맞춘다. '우(右)'자는 서학(西學)3)을 뜻하
니, 서쪽 교외에 있었기 때문이다. 서학에서 활쏘기를 할 때라면, 추우의

---

1) 『예기』 「악기」 073장 : 散軍而郊射, 左射貍首, 右射騶虞, 而貫革之射息也. 裨
冕搢笏, 而虎賁之士說劍也. 祀乎明堂, 而民知孝. 朝覲, 然後諸侯知所以臣.
耕籍, 然後諸侯知所以敬. 五者天下之大敎也.
2) 동학(東學)은 주나라 때 왕성의 동쪽에 설치된 대학(大學)을 뜻한다.
3) 서학(西學)은 주나라 때 왕성의 서쪽에 설치된 소학(小學)을 뜻한다.

시가를 노래로 불러서 절도를 맞춘다. '관(貫)'자는 "꿰뚫다."는 뜻이다.
'혁(革)'자는 갑옷을 뜻한다. 군대에서는 예법에 따른 활쏘기를 익히지
않으니, 활을 쏠 때에는 단지 갑옷 꿰뚫는 것을 위주로 하며, 현재는 이미
예법에 따른 활쏘기를 시행하고 있으니, 군대의 활쏘기는 그치고 시행하
지 않았다. '비면(裨冕)'에 대해서는 그 설명이 『예기』「증자문(曾子問)」
편에 나온다. '진(搢)'자는 "꼽다."는 뜻이다. '탈검(說劍)'은 허리에 차고
있던 검을 풀어놓는다는 뜻이다.

【081】

"祀乎明堂, 而民知孝.〈073〉4) 食[嗣]三老五更[平聲]於大[泰]學〈074〉5) [而
民知弟. 祀先賢於西學,〈祭義-046〉6) 而民知德.] 朝覲, 然後諸侯知所以臣.
耕籍, 然後諸侯知所以敬. 五者天下之大敎也."〈073〉7)

공자가 계속해서 말해주길 "명당에서 제사를 지내서, 백성들은 효를 알게
되었습니다. 태학에서['大'자의 음은 '泰(태)'이다.] 삼로와 오경에게['更'자는 평성으
로 읽는다.] 사례를['食'자의 음은 '嗣(사)'이다.] 대접하여 [백성들이 공경을 알게 되었습
니다. 서학에서 선현에게 제사를 지내서 백성들이 덕을 알게 되었습니다.] 조근의 의례를

---

4) 『예기』「악기」073장 : 散軍而郊射, 左射貍首, 右射騶虞, 而貫革之射息也. 裨
   冕搢笏, 而虎賁之士說劍也. <u>祀乎明堂, 而民知孝.</u> 朝覲, 然後諸侯知所以臣.
   耕籍, 然後諸侯知所以敬. 五者天下之大敎也.
5) 『예기』「악기」074장 : <u>食三老五更於大學,</u> 天子袒而割牲, 執醬而饋, 執爵而酳,
   冕而總干, 所以敎諸侯之弟也. 若此, 則周道四達, 禮樂交通, 則夫武之遲久,
   不亦宜乎?
6) 『예기』「제의(祭義)」046장 : 祀乎明堂, 所以敎諸侯之孝也. 食三老 · 五更於大
   學, 所以敎諸侯之弟也. <u>祀先賢於西學, 所以敎諸侯之德也.</u> 耕藉, 所以敎諸侯
   之養也. 朝覲, 所以敎諸侯之臣也. 五者天下之大敎也.
7) 『예기』「악기」073장 : 散軍而郊射, 左射貍首, 右射騶虞, 而貫革之射息也. 裨
   冕搢笏, 而虎賁之士說劍也. 祀乎明堂, 而民知孝. <u>朝覲, 然後諸侯知所以臣.</u>
   <u>耕籍, 然後諸侯知所以敬. 五者天下之大敎也.</u>

시행하니, 그런 뒤에야 제후들은 자신들이 신하로서 시행해야 할 것들을 알게 되었습니다. 천자가 경작을 시행하니, 그런 뒤에야 제후들이 공경을 실천해야 할 것들을 알게 되었습니다. 이 다섯 가지는 천하의 큰 가르침입니다."라고 했다.

附註 食三老五更止敎諸侯之弟也, 已見祭義重出, 故刪, 今移食三老一句於民知孝下, 補十四字. 按: 祀明堂・食三老・祀先賢・朝覲・耕籍爲五敎, 祭義可攷. 此註不察兩款之脫漏, 遂以郊射・說劒二者, 倂爲五敎, 蓋失之矣.

'사삼로오경(食三老五更)'으로부터 '교제후지제야(敎諸侯之弟也)'까지[8]는 이미 『예기』「제의(祭義)」편에 중복 출현하기 때문에[9] 산정하고, 지금은 '사삼로(食三老)'로 시작하는 한 구문을 '민지효(民知孝)' 뒤로 옮기고, 14개 글자를 보충하였다. 살펴보니, 명당에 제사를 지내고, 삼로에게 사례를 시행하며, 선현에게 제사를 지내고, 조근을 하며, 경작을 하는 것은 오교(五敎)가 되니 「제의」편을 통해 상고할 수 있다. 이곳 주석에서는 두 항목이 누락된 것을 살피지 않고, 끝내 교사(郊射)와 탈검(說劒) 두 가지를 포함해서 오교(五敎)라 했으니, 아마도 잘못된 설명인 것 같다.

---

8) 『예기』「악기」074장 : <u>食三老五更於大學, 天子袒而割牲, 執醬而饋, 執爵而酳, 冕而總干, 所以敎諸侯之弟也</u>. 若此, 則周道四達, 禮樂交通, 則夫武之遲久, 不亦宜乎?

9) 『예기』「제의(祭義)」046장 : 祀乎明堂, 所以敎諸侯之孝也. <u>食三老・五更於大學, 所以敎諸侯之弟也</u>. 祀先賢於西學, 所以敎諸侯之德也. 耕藉, 所以敎諸侯之養也. 朝覲, 所以敎諸侯之臣也. 五者天下之大敎也.

【082】

"若此, 則周道四達, 禮樂交通, 則夫武之遲久, 不亦宜乎?"〈074〉[1]

공자가 계속해서 말해주길 "이처럼 하게 된다면, 주나라의 도가 사방에 두루 통하게 되고, 예악이 서로 통하게 되니, 대무(大武)의 악곡을 오래도록 시연함이 또한 마땅한 일이 아니겠습니까?"라고 했다.

集說 孔子語賓牟賈武樂之詳, 其言止此.

공자는 빈무고에게 대무의 악곡에 대해서 상세하게 설명하였는데, 그 설명은 여기에서 끝난다.

類編 右賓牟賈論樂.

여기까지는 '빈무고논악(賓牟賈論樂)'에 대한 내용이다.

---

1) 『예기』「악기」074장: 食三老五更於大學, 天子袒而割牲, 執醬而饋, 執爵而酳, 冕而總干, 所以敎諸侯之弟也. 若此, 則周道四達, 禮樂交通, 則夫武之遲久, 不亦宜乎?

◇ 자공문악(子貢問樂)

【083】

子貢見師乙而問焉, 曰: "賜聞聲歌各有宜也. 如賜者宜何歌也?" 師乙曰: "乙, 賤工也, 何足以問所宜? 請誦其所聞, 而吾子自執焉. 寬而靜, 柔而正者, 宜歌頌. 廣大而靜, 疏達而信者, 宜歌大雅. 恭儉而好禮者, 宜歌小雅. 正直而靜, 廉而謙者, 宜歌風. 肆直而慈愛者, 宜歌商. 溫良而能斷者, 宜歌齊. 夫歌者, 直己而陳德也, 動己而天地應焉, 四時和焉, 星辰理焉, 萬物育焉." 〈083〉 [本在樂和一節之下.]

자공이 악사인 을을 보고 묻기를 "저는 소리와 노래에 각각 합당한 부류가 있다고 들었습니다. 저와 같은 자는 어떤 노래를 불러야 합니까?"라고 했다. 그러자 악사 을은 "저는 미천한 악공에 지나지 않는데, 어떻게 저에게 합당한 것들에 대해 물어보실 수 있겠습니까? 다만 청컨대 제가 들었던 내용을 조술하겠으니, 그대께서 직접 고르시기 바랍니다. 관대하고 정적이며 부드럽고 올바른 자는 마땅히 송에 해당하는 시가를 노래로 불러야 합니다. 광대하고 고요하며 두루 통하고 신의가 있는 자는 마땅히 대아에 해당하는 시가를 노래로 불러야 합니다. 공손하고 예법을 좋아하는 자는 마땅히 소아에 해당하는 시가를 노래로 불러야 합니다. 정직하고 고요하며 검소하고 겸손한 자는 마땅히 풍에 해당하는 시가를 노래로 불러야 합니다. 너그러우면서도 강직하고 자애로운 자는 마땅히 상에 해당하는 시가를 노래로 불러야 합니다. 온순하고 어질며 결단을 할 수 있는 자는 마땅히 제에 해당하는 시가를 노래로 불러야 합니다. 무릇 시가라는 것은 자신을 바르게 하고 덕을 펼치는 것이며, 자신의 본성을 두루 퍼지게 하여 천지가 호응하도록 하며, 사계절이 조화롭게 되고, 별들의 운행이 이치에 맞게 되며, 만물이 자라나게 되는 것을 나타냅니다."라고 했다. [본래는 악화(樂和)에 대한 한 절 뒤에 수록되어 있었다.]

集說 子贛, 孔子弟子端木賜也. 樂師名乙. 各有宜言取詩之興趣以理其情性, 使合於宜也. 有此德而宜此歌, 是正直己身而敷陳其德也, 故曰直己而陳德. 動己, 法天之流行也. 動天地, 感鬼神, 莫近於詩, 故有四者之應.

'자공(子貢)'은 공자의 제자인 단목사이다. 악사의 이름이 '을(乙)'이다. "각각 합당한 것이 있다."는 말은 시가에 나타나는 흥과 멋에 따라 성정을 다스려서, 합당함에 맞도록 한다는 뜻이다. 이러한 덕을 가지고 있으면 마땅히 이러한 시가를 부르는 것이 자신을 정직하게 하여 그 덕을 넓게 펼치는 것이다. 그렇기 때문에 "자신을 바르게 하고 덕을 펼친다."라고 했다. '동기(動己)'는 천성이 두루 흐르는 것을 뜻한다. 천지를 움직이게 하고 귀신을 감동시키는 것은 시가보다 가까운 것이 없다. 그렇기 때문에 이 네 가지의 호응이 포함되어 있다.

集說 方氏曰: 肆, 寬大而舒緩也. 商音剛決, 故性之柔緩者宜歌之, 而變其柔爲剛斷. 齊音柔緩, 故性剛決者宜歌之, 而終至於柔遜. 蓋各濟其所偏, 而融會之於平和之地也.

방씨가 말하길, '사(肆)'자는 관대하면서도 여유롭다는 뜻이다. 상(商)음은 굳세고 결단력이 있어서, 성품이 부드럽고 여유로운 자는 마땅히 이것을 노래로 불러서, 부드러운 성질을 굳세고 결단력이 있게 변화시켜야한다. 제음은 부드럽고 여유롭기 때문에, 성품이 굳세고 과감한 자는 마땅히 이것을 노래로 불러서, 끝내 부드럽고 자신을 겸손하게 낮추는 경지에 도달해야 한다. 무릇 각각 한쪽으로 치우친 점을 바로잡아서 균평하고 조화로운 경지로 융합시켜야 한다.

【084】

"故商者, 五帝之遺聲也, 商人識[志]之, 故謂之商. 齊者, 三代之遺聲也, 齊人識之, 故謂之齊. 明乎商之音者, 臨事而屢斷; 明乎齊之音者, 見利而讓. 臨事而屢斷, 勇也. 見利而讓, 義也. 有勇有義, 非歌孰能保此?"〈084〉

계속하여 악사 을이 대답하길 "그러므로 상이라는 것은 오제 때 있었던 시가이며, 은나라의 후예들이 기록하였으므로[識'자의 음은 '志(지)'이다.] '상(商)'이라고 부릅니다. 제라는 것은 삼대 때 있었던 시가이며, 제나라 사람들이 기록하였으므로 '제(齊)'라고 부릅니다. 상의 시가에 밝은 자는 어떤 사안에 임하여 누차 결단을 하며, 제의 시가에 밝은 자는 이로움을 보면 사양을 합니다. 일에 임하여 누차 결단을 하는 것은 용기에 해당합니다. 이로움을 보고 사양을 하는 것은 의로움에 해당합니다. 용맹함이 있고 의로움이 있더라도, 해당하는 시가가 아니라면 그 누가 이것들을 편안하게 여길 수 있겠습니까?"라고 했다.

集說 保, 猶安也. 言安於勇安於義而不移也.

'보(保)'자는 "편안하다."는 뜻이다. 즉 용맹함에 대해 편안하게 여기고 의로움에 대해 편안하게 여겨서, 다른 곳으로 옮겨가지 않는다는 뜻이다.

集說 疏曰: 宋是商後, 此商人謂宋人也.

소에서 말하길, 송나라는 은나라의 후예국이니, 여기에서 말한 '상인(商人)'은 송나라 사람들을 뜻한다.

【085】

"故歌者, 上如抗, 下如隊[墜], 曲如折, 止如槀木, 倨中[去聲]矩, 句中鉤, 纍纍乎端如貫珠. 故歌之爲言也, 長言之也. 說[悅]之, 故言之; 言之不足, 故長言之; 長言之不足, 故嗟歎之; 嗟歎之不足, 故不知手之舞之足之蹈之也." 〈085〉1)

---

1) 『예기』「악기」 085장 : "故歌者, 上如抗, 下如隊, 曲如折, 止如槀木, 倨中矩, 句中鉤, 纍纍乎端如貫珠. 故歌之爲言也, 長言之也. 說之, 故言之; 言之不足, 故長言之; 長言之不足, 故嗟歎之; 嗟歎之不足, 故不知手之舞之足之蹈之也." 子貢問樂.

계속하여 악사 을이 대답하길 "그러므로 시가라는 것을 부를 때, 높은 음은 마치 무언가를 들어 올리듯 위로 퍼지고, 낮은 음은 마치 무언가를 떨어트리듯['隊'자의 음은 '墜(추)'이다.] 밑에서 울리며, 꺾이는 음은 마치 무언가가 꺾어지듯 퍼지고, 그치는 것은 마치 고사한 나무처럼 멈추며, 조금 완곡한 것은 곱자가 휘어진 것 같고['中'자는 거성으로 읽는다.] 크게 완곡한 것은 갈고리가 휘어진 것 같으며, 끝없이 이어져 단정한 것은 마치 구슬을 꿰어놓은 것과 같습니다. 그래서 시가라는 말은 길게 말을 한다는 뜻입니다. 기뻐하기['說'자의 음은 '悅(열)'이다.] 때문에 말을 하게 되고, 말하는 것으로는 부족하기 때문에 길게 말하게 되며, 길게 말하는 것으로는 부족하기 때문에 탄식을 하게 되고, 탄식을 하는 것으로는 부족하기 때문에, 손을 너울거리고 발로 춤사위를 밟는데도 스스로 깨닫지 못하는 것입니다."라고 했다.

集說 上如杭, 下如隊, 言歌聲之高者如杭擧, 其下者如隊墮也. 槀木, 枯木也. 倨, 微曲也. 句, 甚曲也. 端, 正也. 長言之, 所謂歌求言也.

"위로 울리는 것이 마치 들어 올리는 것 같고, 아래로 울리는 것이 마치 밑으로 떨어트리는 것과 같다."는 말은 노랫소리 중 높은 음은 마치 높이 든 것과 같이 퍼지고, 낮은 음은 마치 추락하는 것과 같이 울린다는 뜻이다. '고목(槀木)'은 고사한 나무이다. '거(倨)'자는 약간 굽어진 것이다. '구(句)'자는 심하게 굽어진 것이다. '단(端)'자는 "올바르다."는 뜻이다. '장언지(長言之)'는 이른바 "노래는 말을 길게 읊조리는 것이다."[2]는 뜻이다.

集說 朱子曰: 看樂記大段形容得樂之氣象, 當時許多多物度數, 人人曉得, 不須說出, 故止說樂之理如此其妙. 今許多度數都沒了, 只

---

2) 『서』「우서(虞書)·순전(舜典)」: 帝曰, 夔, 命汝典樂, 敎胄子, 直而溫, 寬而栗, 剛而無虐, 簡而無傲, 詩言志, <u>歌永言</u>, 聲依永, 律和聲, 八音克諧, 無相奪倫, 神人以和.

有許多樂之意思是好, 只是沒頓放處. 又曰: 今禮樂之書皆亡, 學者但言其義, 至於器數, 則不復曉, 蓋失其本矣.

주자가 말하길, 「악기」편을 살펴보면, 대체로 악의 기상에 대해서 형용하고 있는데, 당시에 수많은 명칭·사물·법칙 등에 대해서는 사람들이 모두 깨우치고 있었으므로, 별도로 설명할 필요가 없었다. 그렇기 때문에 단지 악의 이치가 이처럼 오묘하다고 설명한 것이다. 현재는 그 수많은 법칙들에 대한 내용이 모두 없어졌는데, 악의 뜻에 대한 많은 기록이 남아 있는 것은 그나마 다행이지만, 그것들을 실천할 방법이 없어졌다. 또 말하길, 현재 예악에 대한 기록들이 모두 없어져서, 학자들은 단지 그 의미만을 언급하고 구체적인 기물과 법칙에 대해서는 깨우칠 수 없으니, 근본을 잃어버린 것이다.

類編 右子貢問樂. [四字本在經文之末, 今移于此.]

여기까지는 '자공문악(子貢問樂)'에 대한 내용이다. [이 네 글자는 본래 경문의 끝에 수록되어 있었는데,3) 지금 이곳으로 옮겼다.]

附註 樂記分節之目, 略放馬史樂書本目. 所謂樂禮者, 樂記中兼言禮也. 或曰文侯問樂, 當云樂音, 賓牟論樂, 當云樂武, 子貢問樂, 當云樂歌, 而子貢問樂, 旣是經文結辭, 則不可舍此而立新目, 故不得一槩推去, 竊取通解先名理而後事證之意, 覽者詳之.

「악기」편을 분절한 항목에 있어서는 대략 『사기』「악서」의 본래 항목에 따랐다. 이른바 '악례(樂禮)'라는 것은 「악기」편의 기록 중 예까지도 함께 언급한 것이다. 혹자는 '문후문악(文侯問樂)'은 악음(樂音)이라 해야

---

3) 『예기』「악기」 085장 : "故歌者, 上如抗, 下如隊, 曲如折, 止如藁木, 倨中矩, 句中鉤, 纍纍乎端如貫珠. 故歌之爲言也, 長言之也. 說之, 故言之; 言之不足, 故長言之; 長言之不足, 故嗟歎之; 嗟歎之不足, 故不知手之舞之足之蹈之也." 子貢問樂.

하고, '빈무논악(賓牟論樂)'은 악무(樂武)라 해야 하며, '자공문악(子貢問樂)'은 악가(樂歌)로 해야 한다고 하는데, '자공문악(子貢問樂)'이라는 말은 이미 경문에 나오는 결론에 해당하는 말이니, 이것을 버리고 새로운 항목을 세울 수 없다. 그렇기 때문에 일괄적으로 추거할 수 없어서, 『통해』에서 명리를 우선하고 사증을 뒤로 한 뜻에 따랐으니, 이를 읽는 자들이 상세히 따져보아야 한다.

禮記類編大全卷之十七

『예기유편대전』 17권

◆ 禮運第十六(上) / 「예운」 16편(상편)

類編 此篇首論帝王治道禮敎之因革, 又推本而極言制禮之義. 運者, 行也, 言禮之用甚溥, 與造化同其運行也. 疑出於子游所記, 與郊特牲‧禮器通合爲一簡編, 多有亂脫, 今正之.

이 편은 첫 부분에서 제왕의 치도와 예교에서 이전 것을 따르거나 바꾼 것을 논의하고 있으며, 또 근본을 미루어서 예를 제작한 뜻을 극언하고 있다. '운(運)'자는 행(行)자의 뜻이니, 예의 작용은 매우 넓어서 조화와 함께 그 운행을 함께 한다는 뜻이다. 아마도 자유가 기록한 글에서 나온 것 같고, 『예기』「교특생(郊特牲)」 및 「예기(禮器)」편과 함께 하나의 기록물인 것 같은데, 뒤섞이고 누락된 것이 많아서 이제 이를 바로잡는다.

類編 本居文王世子之下. 今分十七節.

본래는 『예기』「문왕세자(文王世子)」편 뒤에 수록되어 있었다. 지금은 17개 절로 분절한다.

「예운」편 문장 순서 비교		
『예기집설』	『예기유편대전』	
	구분	문장
001	上篇-首言帝王之治必謹於禮	001
002		002
003		003
004	上篇-統言禮之目	004
005	上篇-禮始於飮食	005
006		008
007		009
008		007
009		006
010		010
011		011
012	上篇-祭禮之義	郊特牲-057

196 譯註 禮記類編大全

「예운」편 문장 순서 비교		
『예기집설』	『예기유편대전』	
	구분	문장
013		郊特牲-058
014		郊特牲-059
015		郊特牲-060
016		郊特牲-061
017		郊特牲-082
018		郊特牲-083前
019		禮器-062
020		禮器-063
021		禮器-060
022		禮器-066
023		郊特牲-075
024		郊特牲-076
025		郊特牲-077
026		郊特牲-078
027		郊特牲-079
028		郊特牲-080
029		郊特牲-081
030		郊特牲-083後
031		郊特牲-084
032		郊特牲-085
033		郊特牲-086
034		郊特牲-087
035		郊特牲-088
036		郊特牲-062
037		郊特牲-063
038		郊特牲-064
039	上篇-冠	郊特牲-065
040		郊特牲-066
041		郊特牲-067
042		郊特牲-068
043		郊特牲-070
044	上篇-昏	郊特牲-071
045		郊特牲-072
046		郊特牲-073

「예운」편 문장 순서 비교		
『예기집설』	『예기유편대전』	
	구분	문장
047		郊特牲-074
048		鄕飮酒義-014
049		鄕飮酒義-015
050	上篇-鄕飮	鄕飮酒義-016
051		鄕飮酒義-017
052		鄕飮酒義-018
053		射義-010
054		射義-011
055		射義-012
056	上篇-射	射義-013
057		郊特牲-023
058		郊特牲-024
059		射義-014
060		檀弓下-021
		檀弓下-022
		檀弓下-023
		檀弓下-024
		檀弓下-025
		檀弓下-026
		檀弓下-027
		檀弓下-031
		檀弓下-029
		檀弓下-028
	下篇-喪禮	檀弓上-052
		檀弓上-087
		檀弓上-043
		雜記下-028
		雜記下-029
		雜記下-030
		檀弓下-020
		檀弓上-028
		檀弓上-029
		檀弓上-075
		檀弓下-030

『예기집설』	『예기유편대전』	
	구분	문장
		檀弓下-035
		檀弓下-032
		檀弓下-033
		檀弓下-034
		檀弓下-036
		檀弓下-037
		檀弓下-038
		檀弓下-039
		檀弓下-040
		檀弓下-041
		檀弓下-042
		檀弓下-043
		檀弓下-044
		檀弓上-074
		檀弓上-076
		檀弓上-077
		檀弓上-016
		檀弓上-017
		檀弓上-018
	下篇-禘	喪服小記-020
		喪服小記-011
		喪服小記-012
		喪服小記-013
		喪服小記-016
		喪服小記-015
	下篇-郊	郊特牲-035
		郊特牲-036
		郊特牲-037
		郊特牲-038
		郊特牲-039
		郊特牲-040
		郊特牲-041
		郊特牲-042
		郊特牲-043

「예운」편 문장 순서 비교

「예운」편 문장 순서 비교		
『예기집설』	『예기유편대전』	
	구분	문장
		郊特牲-044
		郊特牲-045
		郊特牲-027
		郊特牲-028
		郊特牲-029
	下篇-社	郊特牲-030
		郊特牲-031
		郊特牲-032
		郊特牲-033
	下篇-山川	郊特牲-034
	下篇-五祀	禮器-042
		郊特牲-046
		郊特牲-047
		郊特牲-048
		郊特牲-049
	下篇-大蜡	郊特牲-050
		郊特牲-051
		郊特牲-052
		郊特牲-053
		郊特牲-054
		郊特牲-056
	下篇-大饗	禮器-067
	下篇-摠論	禮器-068

◇ 제왕의 다스림은 반드시 예에 삼감을 처음으로 말함[首言帝王之治必謹於禮]

【001】

昔者, 仲尼與[去聲]於蜡[乍]賓, 事畢, 出遊於觀[去聲]之上, 喟[夫塊反]然而嘆. 仲尼之嘆, 蓋嘆魯也. 言偃在側曰: "君子何嘆?" 孔子曰: "大道之行也, 與三代之英, 丘未之逮也, 而有志焉."〈001〉

옛적에 공자가 사제사의['蜡'자의 음은 '乍(사)'이다.] 빈으로 참여를['與'자는 거성으로 읽는다.] 하였는데, 제사가 다 끝난 뒤에는 밖으로 나와서 관의['觀'자는 거성으로 읽는다.] 위로 올라가 휴식을 취하며, 한숨을 쉬며['喟'자는 '夫(부)'자와 '塊(괴)'자의 반절음이다.] 탄식을 하였다. 공자가 탄식을 하였던 것은 아마도 노나라의 일을 걱정해서 탄식한 것 같다. 자유가 곁에서 공자를 모시고 있다가 탄식 소리를 듣고서 물어보길, "스승님은 군자이신데, 어떤 이유로 탄식을 하신 겁니까?"라고 하였다. 그러자 공자가 대답해주길, "대도가 시행되던 일과 삼대의 영웅 및 현명한 자들이 시행했던 일들을 내가 비록 그 일들을 직접 볼 수는 없지만 나는 그것을 목표로 삼고 있다."라고 했다.

集說 蜡禮, 詳見郊特牲篇. 孔子在魯與爲魯國蜡祭之賓, 畢事而遊息於觀上. 觀, 門闕也. 兩觀在門之兩旁, 懸國家典章之言於上以示人也. 喟然, 嘆聲也. 所以嘆魯者, 或祭事之失禮, 或因睹舊章而思古也. 言偃, 孔子弟子子游也. 問所以嘆之故, 夫子言我思古昔大道之行於天下, 與夫三代英賢之臣, 所以得時行道之盛. 我今雖未得及見此世之盛, 而有志於三代英賢之所爲也. 此亦夢見周公之意.

사(蜡)제사[1]에 대한 예법은 그 상세한 설명이 『예기』「교특생(郊特牲)」

---

1) 사(蜡)는 연말에 지내는 큰 제사를 뜻한다. 제사 대상은 천제(天帝) 등의 주요 신들을 제외한 나머지 하위 신들에 해당한다. 하위 신들은 그 수가 많아서, 일일이 제사를 지낼 수 없기 때문에, 연말에 합동으로 제사를 지냈던 것이다. 『예기』「잡기하(雜記下)」편에는 "子貢觀於蜡."라는 기록이 있는데, 이에 대한 정현의 주에

편에 나온다. 공자가 노나라에 머물러 있을 때, 노나라에서 시행한 사제의 빈객으로 참여를 하였다가 제사가 다 끝나서 관 위로 올라가 유람을 했을 때의 상황이다. '관(觀)'은 문 옆의 궐(闕)이다. 두 쌍의 관은 궁문의 양쪽에 위치하고, 국가에서 시행하는 제도에 대한 기록들을 그 위에 게시하여 사람들에게 알려주었다. '위연(喟然)'은 탄식하는 소리이다. 공자가 노나라에 대해서 탄식했던 이유는 아마도 제사를 지내는 과정 중 예법을 어긴 것이 있었거나 혹은 옛 제도를 확인한 것에 연유하여 고대의 일들을 떠올렸기 때문일 것이다. '언언(言偃)'은 공자의 제자인 자유이다. 자유는 공자가 탄식한 이유에 대해서 물어보았는데, 공자는 대답하며, "나는 옛날에 대도가 천하에 두루 시행되고, 삼대의 영현인 명신들이 때를 만나 도를 시행하여 성대해진 이유에 대해 생각하였다. 그리고 나는 오늘날 비록 당시의 성대함에 대해서 직접 볼 수는 없지만, 삼대의 영현들이 시행했던 일들에 대해 뜻을 두고 있다."라고 하였다. 이 말은 또한 공자가 주공을 사모하여 꿈속에서 주공을 만나보았다[2]는 뜻과 부합된다.

集說 石梁王氏曰: 以五帝之世爲大同, 以禹·湯·文·武·成王·周公爲小康, 有老氏意. 而註又引以實之, 且謂禮爲忠信之薄, 皆非儒者語. 所謂孔子曰: 記者爲之辭也.

석량왕씨가 말하길, 오제 때의 세상을 '대동(大同)'으로 여기고, 우·탕·문왕·무왕·성왕·주공이 다스렸던 세상을 '소강(小康)'으로 여기는 것에는 노장의 뜻이 포함되어 있다. 그런데 정현의 주에서는 또한 그 말을 인용하여 해석을 하고 있고, 또 예는 충신의 껍데기라고 하였으니, 모두 유가의 말들이 아니다. 그런데 이곳 기록에는 '공자왈(孔子曰)'이라고 기

서는 "蜡也者, 索也. 歲十二月, 合聚萬物而索饗之祭也."라고 풀이했다. 또 『예기』「교특생(郊特牲)」편에는 "蜡之祭也, 主先嗇而祭司嗇也, 祭百種, 以報嗇也."라는 기록이 있다.

2) 『논어』「술이(述而)」: 子曰, "甚矣吾衰也! 久矣吾不復夢見周公!"

록되어 있는데, 이것은 『예기』를 기록한 자가 공자에 가탁하여 쓴 말이다.

【002】

大道之行也, 天下爲供. 選[去聲]賢與能, 講信脩睦, 故人不獨親其親,
不獨子其子. 使老有所終, 壯有所用, 幼有所長, 矜[鰥]寡・孤獨・廢
疾者, 皆有所養. 男有分[扶問反], 女有歸. 貨, 惡其棄於地也, 不必藏
於己. 力, 惡其不出於身也, 不必爲[去聲]己. 是故謀閉而不興, 盜竊
亂賊而不作. 故外戶而不閉, 是謂大同. 〈002〉

대도가 시행되었던 오제 시대 때에는 천하를 모든 사람들의 공동 소유물로
여겼으므로, 제왕의 지위를 자신의 아들에게 물려주지 않았고 현명하고 유
능한 자에게 선양하였다. 그래서 현명한 자와 유능한 자를 선발하고['選'자는
거성으로 읽는다.] 진실과 신의를 가르치고 화목함을 실천하였다. 그렇기 때문
에 사람들은 자신의 부모만을 부모로 여기지 않았고, 자신의 자식만을 자
식으로 여기지 않았다. 노인은 여생을 잘 마칠 수 있었고, 장성한 자는 일
할 곳을 가질 수 있었으며, 어린 아이는 잘 성장할 수 있었고, 홀아비나['矜'
자의 음은 '鰥(환)'이다.] 과부, 고아나 가족이 없는 자, 질병에 걸린 자들은 모두
보살핌을 받을 수 있었다. 남자들은 자신의 능력에 맞는 각자의 직업을['分'
자는 '扶(부)'자와 '問(문)'자의 반절음이다.] 가졌고, 여자들은 모두 화목한 집안으
로 시집을 갈 수 있었다. 재화에 대해서는 그대로 버려두어 쓸모없게 됨을
미워하였지만, 자기의 이익만을 챙기지는 않았다. 힘에 대해서는 각자 다
발휘하지 않는 것을 미워하였지만, 자기만을 위해서['爲'자는 거성으로 읽는다.]
사용하지는 않았다. 이러한 까닭으로 중상모략이 생겨나지 않았고, 도적질
과 강도질이 발생하지 않았다. 그러므로 대문을 걸어 잠글 필요가 없었으
니, 이러한 세상을 '대동(大同)'이라고 부른다.

集說 天下爲公, 言不以天下之大私其子孫, 而與天下之賢聖公共
之. 如堯授舜, 舜授禹, 但有賢能可選, 卽授之矣. 當時之人, 所講習
者誠信, 所脩爲者和睦, 是以親其親以及人之親, 子其子以及人之

子. 使老者壯者幼者各得其所, 困窮之民, 無不有以養之. 男則各有
士農工商之職分, 女則得歸于良奧之家. 貨財, 民生所資以爲用者,
若棄捐於地而不以時收貯, 則廢壞而無用, 所以惡其弃於地也. 今但
得有能收貯以資世用者足矣, 不必其擅利而私藏於己也. 世間之事,
未有不勞力而能成者, 但人情多詐, 共事則欲逸己而勞人, 不肯盡
力, 此所以惡其不出於身也. 今但得各竭其力, 以共成天下之事足
矣, 不必其用力而獨營己事也. 風俗如此, 是以奸邪之謀, 閉塞而不
興; 盜竊亂賊之事, 絶滅而不起. 暮夜無虞, 外戶可以閉, 豈非公道大
同之世乎? 一說, 外戶者, 戶設於外而閉之向內也.

'천하위공(天下爲公)'은 천하의 대권을 사사롭게 자신의 자손들에게만
물려주지 않았고, 천하의 성현들과 함께 공적으로 공유하였다는 뜻이다.
마치 요임금이 순임금에게 천하를 물려주고, 순임금이 우임금에게 천하
를 물려주었던 것처럼, 단지 그에게 선발될만한 현명함과 능력이 있다면,
곧 그에게 천하를 물려주었던 것이다. 당시의 사람들이 익히고 배웠던
것들은 성(誠)과 신(信)이었고, 닦고 실천하였던 것들은 화(和)와 목(睦)
이었다. 이러한 까닭으로 자신의 부모를 친애하여 남의 부모에게까지 친
애함이 미쳤던 것이며, 자신의 자식을 자애롭게 대하여 남의 자식들에게
까지 자애로움이 미쳤던 것이다. 노인·장성한 자·어린 아이가 각각 자
신에게 알맞은 자리를 획득할 수 있도록 하였고, 곤궁한 백성들이 부양되
지 않는 경우가 없도록 하였다. 남자들은 각자 사·농·공·상에 따른
자신에게 맞는 직분이 있게 되었고, 여자들은 모두 선량하고 화목한 집안
으로 시집을 갈 수 있었다. 재화의 경우 백성들이 생활하는데 바탕이 되
는 것을 쓸모 있는 것으로 여기는데, 만약 땅에 방치가 되어 적절한 시기
에 거둬서 저장해두지 않는다면, 쇠락해져서 쓸모가 없게 되니, 이것이
바로 땅에 그대로 방치해 두는 것을 미워했던 까닭이다. 오늘날에도 단지
잘 수렴하여 저장을 해서, 세간의 쓰임에 공급만 되면 충분할 뿐이니,
이로움을 독차지하여 사사롭게 자기만 소유할 필요가 없다. 그리고 세상

의 일이란 것은 노력을 하지 않고 성취할 수 있는 것이 없는데, 다만 사람의 감정에는 거짓됨이 많으므로, 함께 일을 한다면 자기는 쉬려고 하고 남만을 수고롭게 하여, 기꺼이 자신의 힘을 발휘하지 않으려고 하니, 이것이 바로 각자 힘을 발휘하지 않는 것을 미워했던 까닭이다. 오늘날에도 단지 각자 그 힘을 다 발휘하여서, 천하의 일들을 함께 성취할 수 있으면 충분할 뿐이니, 그 힘을 발휘하는 것을 유독 자신의 일에만 쏟아 부을 필요가 없다. 당시의 풍속이 이와 같았으니, 이러한 까닭으로 간사한 모략들이 차단되어 생겨나지 않았고, 도적질과 강도질이 근절되어 발생하지 않았다. 날이 저물어도 근심할 것이 없어서, 대문을 걸어두지 않을 수 있었으니, 어찌 공정한 도리가 살아 있는 대동(大同)의 세상이 아니겠는가? 일설에는 '외호(外戶)'라는 말을 호(戶)를 밖에 설치하여, 밖에서부터 곧장 안으로 향하는 방향을 가려두는 것이라 풀이한다.

【003】

今大道旣隱, 天下爲家, 各親其親, 各子其子, 貨力爲[去聲]己. 大人世及以爲禮, 城郭溝池以爲固, 禮義以爲紀, 以正君臣, 以篤父子, 以睦兄弟, 以和夫婦, 以設制度, 以立田里, 以賢勇知[去聲], 以功爲己. 故謀用是作, 而兵由此起. 禹·湯·文·武·成王·周公, 由此其選[去聲]也. 此六君子者, 未有謹於禮者也, 以著其義, 以考其信, 著有過, 刑仁講讓, 示民有常. 如有不由此者, 在執[勢]者去[上聲], 衆以爲殃, 是謂小康.〈003〉

대도가 숨어버리게 되자 천하는 더 이상 공동의 소유물이 아니었으므로, 천자의 지위도 자신의 자손들에게 전수하게 되었고, 백성들도 모두 각자 자신의 부모에게만 친애하게 대했고, 자신의 자식들에게만 자애롭게 대했으며, 재화와 힘은 자신만을 위해서['爲'자는 거성으로 읽는다.] 사용하게 되었다. 천자나 제후 등의 군주들은 자신의 자손들 및 형제들에게 지위를 전수해주는 것을 예법으로 정하였고, 성곽이나 도랑 등을 설치하여 자신의 나라를 단단하게 방비하였으며, 예와 의를 범할 수 없는 기강으로 정하여, 이로써 군신관계를 바로잡았고, 부자관계를 돈독하게 하였으며, 형제관계를 화목하게 만들었고, 부부관계를 조화롭게 하였으며, 제도를 설정하고, 농경지와 주택지의 경계를 세웠으며, 용맹하고 박식한['知'자는 거성으로 읽는다.] 자를 현명한 자로 여기게 되었고, 자신만을 위해서 공적을 세우게 되었다. 이러한 까닭으로 모략이 이러한 틈을 타서 생겨나게 되었고, 전쟁이 이러한 상황으로 인해 발생하게 되었다. 우·탕·문왕·무왕·성왕·주공은 이러한 예의를 통하여 선발된['選'자는 거성으로 읽는다.] 자들이다. 이러한 여섯 명의 군자들은 예에 삼가지 않은 경우가 없어서, 이것을 통해 의를 드러내고, 신을 완성하였으며, 백성들 중에서 잘못이 있는 자에 대해서는 그 죄를 온 천하에 드러내어 일벌백계하였고, 인애의 도리를 법칙으로 삼고 겸양의 도리를 설명해주어, 백성들에게 상도와 상법이 있음을 보여주었다. 만약 이러한 예의를 통해 일을 시행하지 않는 자가 있다면, 그가 비록 군주의 자리에['埶'자의 음은 '勢(세)'이다.] 오른 자라고 할지라도 제거가['去'자는 상성으로 읽는다.] 되었고, 백성들은 그를 재앙을 가져오는 나쁜 군주라 여기게 되었으니, 이러한 세상을 '소강(小康)'이라고 부른다.

集說 天下爲家, 以天下爲私家之物而傳子孫也. 大人, 天子·諸侯也. 父子相傳爲世, 兄弟相傳爲及. 紀, 綱紀也. 賢勇知, 以勇知爲賢也. 涿鹿之戰, 有苗之征, 兵非由後王起也, 謂兵由此起, 擧湯·武之事言之耳. 著, 明也. 考, 成也. 刑仁, 謂法則仁愛之道. 講讓, 講說遜讓之道. 示民有常, 言六君子謹禮而行著義以下五事, 示民爲常法也. 在埶, 居王者之勢位也. 言爲天下之君, 而不以禮行此五事, 則天下之人, 以爲殃民之主, 而共廢黜之也. 此謂小小安康之世, 不如大道大同之世也.

'천하위가(天下爲家)'는 천하를 자기 집안의 사유물로 여겨서 군주의 지위를 자손들에게 물려준다는 뜻이다. '대인(大人)'은 천자 및 제후 등을 뜻한다. 부친과 자식이 서로 전수해주고 전수받음이 '세(世)'이고, 형제들끼리 서로 전수해주고 전수받음이 '급(及)'이다. '기(紀)'자는 기강을 뜻한다. '현용지(賢勇知)'는 용맹하고 박식한 자를 현명한 자로 여겼다는 뜻이다. 황제는 치우(蚩尤)[3])와 탁록 땅에서 전쟁을 했고,[4]) 순임금은 우를 시켜서 유묘를 정벌하였다.[5]) 따라서 전쟁 그 자체는 후대의 제왕 때부터 시작된 것은 아니다. 그러나 경문에서 전쟁이 이 시기부터 발생하였다고 한 것은 탕임금과 무왕이 걸과 주를 정벌했던 일화에 기준을 두고 기록한 것일 뿐이다. '저(著)'자는 "밝힌다."는 뜻이다. '고(考)'자는 "완성한다." 는 뜻이다. '형인(刑仁)'은 인애의 도리를 법칙으로 삼았다는 뜻이다. '강양(講讓)'은 겸손하게 사양하는 도리를 강론하였다는 뜻이다. '시민유상(示民有常)'은 여섯 명의 군자들이 "예를 신중하게 지켜서 의를 드러낸다."는 등의 다섯 가지 일들을 시행하여, 백성들에게 이러한 것들을 변함없는 법도로 삼았음을 보여준다는 뜻이다. '재세(在執)'는 제왕의 세력과 지위를 가진다는 뜻이다. 즉 이 문장은 천하의 군주노릇을 하고 있는 자라 하더라도, 예에 따라서 이러한 다섯 가지 일들을 시행하지 않는다면, 천하의 모든 사람들이 백성에게 해를 끼치는 군주라 여기게 되어, 모두가 힘을 모아 그를 폐위시켜서 축출하게 된다는 뜻이다. 이러한 시기를 소소하게 태평한 세상이라고 부르니, 대도가 시행된 대동의 세상만은 못한 것이다.

集說 陳氏曰: 禮家謂太上之世貴德, 其次務施報往來, 故言大道爲

---

3) 치우(蚩尤)는 전설시대에 존재했다고 전해지는 구려족(九黎族)의 수장을 뜻한다. 청동기로 병장기를 만들었으며, 황제(黃帝)와 탁록(涿鹿) 땅에서 전쟁을 벌였지만, 패전하여 피살되었다고 전해진다. 다만 각 문헌들에서 설명하는 '치우'의 신분에 대해서는 이견이 많다. 염제(炎帝)의 신하였다고도 전해지고, '황제'의 신하라고도 설명한다. 한편 '구려족'의 군주라고도 설명하고, 천하를 통치했던 자라고도 설명한다. 또한 '황제'에게 반기를 들었기 때문에, 악인(惡人)을 대표하는 명칭으로도 사용된다.
4) 『장자』「도척(盜跖)」: 然而黃帝不能致德, <u>與蚩尤戰於涿鹿之野</u>, 流血百里.
5) 『서』「우서(虞書)·대우모(大禹謨)」: 帝曰, 咨禹, 惟時有苗弗率, 汝徂征.

公之世, 不規規於禮. 禮乃道德之衰忠信之薄, 大約出於老莊之見, 非先聖格言也.

진씨가 말하길, 예학자들은 다음과 같이 말했다. 삼황과 오제가 통치하던 태상(太上)6)의 시대에는 덕을 가장 귀중하게 여겼고, 그 다음 시대에는 은덕을 베풀고 보답하는 것에 힘썼으며 예에서는 서로 주고받는 것을 숭상하였다고 했다.7) 그렇기 때문에 대도가 시행된 시대에 대해서는 천하가 공동의 소유였던 세상이어서, 예에 얽매이지 않았다고 말한 것이다. 그러나 예라는 것을 곧 도덕이 쇠약해졌을 때 나타나는 것이라고 여기고, 충신이 옅어져서 생겨난 것이라고 여기는 주장은 대체적으로 노장의 견해에서 나온 것으로, 선대 성현의 격언은 아니다.

類編 右首言帝王之治必謹於禮.

여기까지는 '수언제왕지치필근어례(首言帝王之治必謹於禮)'에 대한 내용이다.

---

6) 태상(太上)은 태고(太古)·상고(上古)라고도 부른다. 삼황(三皇)과 오제(五帝)가 통치하던 시기를 뜻한다. 『예기』「곡례상(曲禮上)」편에는 "太上貴德."이라는 기록이 있는데, 이에 대한 육덕명(陸德明)의 『경전석문(經典釋文)』에서는 "太上, 謂三皇五帝之世."라고 풀이했다.

7) 『예기』「곡례상(曲禮上)」023장 : 太上貴德, 其次務施報, 禮尚往來, 往而不來, 非禮也; 來而不往, 亦非禮也.

◇ 예의 조목을 통괄하여 말함[統言禮之目]

【004】

言偃復問曰: "如此乎禮之急也?" 孔子曰: "夫禮, 先王以承天之道,
以治人之情, 故失之者死, 得之者生. 詩曰: '相[去聲]鼠有體, 人而無
禮, 人而無禮, 胡不遄死!' 是故, 夫禮必本於天, 殽[效]於地, 列於鬼
神, 達於喪 · 祭 · 射 · 御 · 冠[去聲] · 昏 · 朝 · 聘. 故聖人以禮示之,
故天下國家可得而正也."〈004〉[御, 當作鄕.]

자유가 다시 공자에게 질문하기를 "이처럼 예는 급선무가 되는 것입니까?"
라고 하였다. 그러자 공자가 다시 대답해주기를 "무릇 예에 대해서 설명하
자면, 선왕은 예를 통해 하늘의 도를 계승했고, 사람의 정감을 다스렸다.
그렇기 때문에 예를 잃어버린 자는 죽게 되었고, 얻은 자는 살게 되었다.
『시』에서도 '쥐를 보더라도['相'자는 거성으로 읽는다.] 사람처럼 오체(五體)를
가지고 있으니, 사람이 되고서 어찌 예가 없단 말인가? 사람이 되고서 예가
없다면, 어찌하여 빨리 죽어버리지 않는가!'[1]라고 하였다. 이러한 까닭으
로 무릇 예라는 것은 반드시 하늘의 도리에 근본을 두었고 땅의 도리를
본받았으며['殽'자의 음은 '效(효)'이다.] 귀신의 도리를 본받아서, 상례 · 제례 ·
활쏘기 · 수레 몰기 · 관례['冠'자는 거성으로 읽는다.] · 혼례 · 조례 · 빙례에 두
루 미쳤다. 그러므로 성인은 예를 직접 실천하며 모범을 보여주었고, 그러
므로 천하 국가도 올바르게 다스려 질 수 있었던 것이다."라고 했다. ['御'자
는 마땅히 '鄕(향)'자로 기록해야 한다.]

集說 禮本於天, 天理之節文也. 殽, 效也. 效於地者, 效山澤高卑之
勢爲上下之等也. 後章殽以降命以下乃詳言之. 列於鬼神, 禮有五
經, 莫重於祭也. 喪祭以下八事, 人事之儀則也.

"예는 하늘의 도에 근본을 두고 있다."는 말은 예가 곧 천리를 나타내는
절도와 형식이 된다는 뜻이다. '효(殽)'자는 "본받는다."는 뜻이다. "땅의

---

1) 『시』「용풍(鄘風) · 상서(相鼠)」: 相鼠有體, 人而無禮. 人而無禮, 胡不遄死.

도리를 본받는다."는 말은 산이나 연못 등에 나타나는 높고 낮은 기세를 본받아서, 인간 세상에 적용하는 상하의 등급으로 삼는다는 뜻이다. 이러한 것과 관련해서는 뒤에 나오는 "본받아서 명령을 내린다."라는 등등의 내용에서 자세히 설명하고 있다. "제사를 통해 귀신의 도를 본받는다."고 하였는데, 예에는 오경이 있지만, 그 중에서 제례보다 중요한 것이 없기 때문이다. 상례나 제례 등 그 이하의 여덟 가지 일들은 사람에 대한 일들을 처리하는 법칙이 된다.

類編 右統言禮之目.

여기까지는 '통언예지목(統言禮之目)'에 대한 내용이다.

◇ 예가 음식에서 시작됨을 말함[言禮始於飮食]

【005】

言偃復[扶又反]問曰: "夫子之極言禮也, 可得而聞與?" 孔子曰: "我欲
觀夏道, 是故之杞而不足徵也. 吾得夏時焉. 我欲觀殷道, 是故之宋
而不足徵也, 吾得坤乾焉. 坤乾之義, 夏時之等, 吾以是觀之." 〈005〉

자유가 다시[復'자는 '扶(부)'자와 '又(우)'자의 반절음이다.] 공자에게 질문하기를
"선생님께서는 예의 중요성에 대해서 강조하여 말씀하셨는데, 자세한 내용
에 대해서 설명해주실 수 있습니까?"라고 하였다. 그러자 공자가 다시 대
답해주기를 "나는 일찍이 하나라의 도를 살펴보고자 하였다. 그래서 하나
라의 후예들이 사는 기나라에 갔으나 문헌이 부족하여 제대로 확인할
수 없었고, 대신 그곳에서 『하시』를 얻었다. 그리고 나는 또한 은나라의
도를 살펴보고자 하였다. 그래서 은나라의 후예들이 사는 송나라에 갔으
나 그곳에서도 문헌이 부족하여 제대로 확인할 수 없었고, 대신 『곤건』을
얻었다. 그러므로 그 예법에 대해서는 자세히 말할 수는 없으나 『곤건』에
나타난 의리와 『하시』에 열거된 사례 등에 대해서 나는 이 두 서적을 통해
어느 정도만 가늠할 수 있을 따름이다."라고 했다.

集說 杞, 夏之後. 宋, 殷之後. 徵, 證也. 孔子言我欲觀考夏 · 殷之
道, 故適二國而求之. 意其先代舊典, 故家遺俗, 猶有存者. 乃皆無
可徵驗者, 僅於杞得夏時之書, 於宋得坤乾之易耳. 夏時, 或謂卽今
夏小正. 坤乾, 謂歸藏, 商易首坤次乾也. 所謂坤乾之義理, 夏時之
等列, 吾但以此二書觀之而已, 二代治天下之道, 豈可悉得而聞乎?
論語曰: "文獻不足故也."

'기(杞)'나라는 하나라의 후예를 봉해준 나라이다. '송(宋)'나라는 은나라
의 후예를 봉해준 나라이다. '징(徵)'자는 "증험한다."는 뜻이다. 공자의
말을 풀이하자면, 내가 하나라와 은나라의 도를 고찰하고자 하였기 때문
에, 두 나라에 가서 직접 그 기록들을 찾았다. 그 의도는 아마도 이전
세대의 오래된 전장제도와 대대로 전승된 집안에 남아 있는 풍속들 중

보존된 것이 여전히 남아있을 것이라고 생각한 것이다. 그런데 이 두 나라에는 증거 자료로 삼을 수 있는 기록들이 없었고, 겨우 기나라에서 『하시』라는 서적을 얻었고, 송나라에서 『곤건』이라는 역을 얻는데 그쳤을 따름이다. 『하시』에 대해서, 어떤 자들은 오늘날 『대대례기』 속에 남아있는 「하소정(夏小正)」편에 해당한다고 말한다. 그리고 『곤건』에 대해서는 『귀장』이라고 여기는데, 상나라 때의 역을 『곤건』이라고 부르는 이유는 순서가 곤괘부터 시작하며, 그 다음에 건괘가 오기 때문이다. 이른바 『곤건』의 의리와 『하시』의 사례 등에 대해서, 나는 단지 이 두 서적을 통해서 확인만 했을 따름이니, 하나라와 은나라가 천하를 다스렸던 도에 대해서, 어찌 모두 확인할 수 있었겠는가? 그 이유에 대해 『논어』에서도 "문헌이 부족하기 때문이다."[1]라고 했다.

集說 石梁王氏曰: 以坤乾合周禮之歸藏, 且有魯論所不言者, 恐漢儒依倣爲之. 誠如其說, 則夏小正之書與坤乾, 何足以證禮? 註訓徵爲成尤非, 近儒有反引此以解魯論者, 謬甚. 中庸亦無是說, 大槩此段倣魯論爲之者.

석량왕씨가 말하길, 어떤 자들은 『곤건(坤乾)』을 『주례』에 나오는 『귀장(歸藏)』[2]이라고 여기기도 한다. 그러나 『논어』에서는 『귀장』이나 『곤건』에 대해 언급하지 않고 있으니, 아마도 위의 기록들은 한(漢)나라 때의 유학자들이 날조하여 이러한 설명을 지어냈을 것이다. 만약 그들의 주장대로라면, 「하소정(夏小正)」이라는 편과 『곤건』이라는 서적을 통해 어떻게 예에 대해서 증명할 수 있겠는가? 그리고 정현의 주에서는 '징(徵)'자를 성(成)자로 풀이하였는데, 이것은 더더욱 잘못된 주장이며, 근래의 유학자들 중에는 도리어 이 기록을 인용하여, 『논어』의 기록을 해

---

1) 『논어』「팔일(八佾)」: 子曰, "夏禮吾能言之, 杞不足徵也, 殷禮吾能言之, 宋不足徵也. 文獻不足故也. 足則吾能徵之矣."
2) 『주례』「춘관(春官)·대복(大卜)」: 掌三易之法. 一曰連山, 二曰歸藏, 三曰周易.

석하는 자가 있는데, 그 잘못이 매우 심각한 것이다. 『중용』에도 또한 위의 기록처럼, 『하시』를 얻거나 『곤건』을 얻었다는 기록이 없으니,3) 아마도 위의 기록은 『논어』의 기록을 표방하여 지어낸 말인 것 같다.

【006】

昔者, 先王未有宮室, 冬則居營窟, 夏則居櫓[曾]巢. 未有火化, 食草木之實鳥獸之肉, 飲其血茹[汝]其毛. 未有麻絲, 衣[去聲]其羽皮. 〈008〉
[本在"皆從其初"下.]

먼 옛날에는 선왕들도 아직 궁실이 제대로 갖춰지지 않아서, 겨울에는 동굴에서 살았고, 여름에는 나뭇가지들을 엮어['櫓'자의 음은 '曾(증)'이다.] 만든 움막에서 살았다. 아직 불로 음식을 익혀먹는 방법이 없어서, 초목의 과실을 먹고 짐승들의 고기를 날것으로 먹었고, 그 피를 마시고 털이 붙어 있는 상태에서 그대로 먹었다.['茹'자의 음은 '汝(여)'이다.] 견직물이 아직 없어서, 짐승들의 털이나 가죽을 옷 대신 걸쳤다.['衣'자는 거성으로 읽는다. 본래는 "이러한 모든 의식들은 예가 처음 생겨났을 때의 절차들을 그대로 따르는 것이다."4)라고 한 문장 뒤에 수록되어 있었다.]

集說 營窟者, 營累其土以爲窟穴也. 地高則穴於地中, 地卑則於地上, 累土爲窟也. 櫓巢者, 增聚薪柴以爲巢居也. 茹其毛者, 以未有火化, 故去毛不能盡而并食之也.

'영굴(營窟)'은 흙을 쌓아올려서 토굴을 만든다는 뜻이다. 지대가 높은 곳에서는 땅 속으로 구멍을 팠고, 지대가 낮은 곳에서는 땅 위에 흙을 쌓아올려서 토굴을 만들었다. '증소(櫓巢)'는 나뭇가지들을 쌓아올려서

---

3) 『중용』「28장」: 子曰, 吾說夏禮, 杞不足徵也, 吾學殷禮, 有宋, 存焉, 吾學周禮, 今用之, 吾從周.

4) 『예기』「예운」 007장 : 及其死也, 升屋而號, 告曰: "皐某復!" 然後飯腥而苴孰. 故天望而地藏也, 體魄則降, 知氣在上. 故死者北首, 生者南鄉, 皆從其初.

둥지와 같은 움막을 만들었다는 뜻이다. '여기모(茹其毛)'는 아직 불로 구워먹는 방법이 없었기 때문에, 털을 다 제거하지 못하고, 털까지도 함께 먹었다는 뜻이다.

【007】

後聖有作, 然後脩火之利, 范金合土, 以爲臺榭·宮室·牖戶. 以炮[庖], 以燔, 以亨[烹], 以炙[隻], 以爲醴酪[洛]. 治其麻絲, 以爲布帛. 以養生送死, 以事鬼神上帝, 皆從其朔. ⟨009⟩

후대에 성인이 나타나 천하를 다스린 이후에야 불을 이용할 수 있었으니, 금속을 주조하여 철제 도구를 만들고, 흙을 이겨서 도기 등을 만들어서, 이러한 것들로써 대사·궁실·들창과 문 등을 만들었다. 그리고 불을 이용하여 음식을 싸서 익히기['炮'자의 음은 '庖(포)'이다.] 시작했고, 불 위에서 굽기 시작했으며, 솥에서 삶기['亨'자의 음은 '烹(팽)'이다.] 시작했고, 꼬치구이를['炙'자의 음은 '隻(척)'이다.] 하기 시작했으며, 또한 불을 이용해서 술과 식초를['酪'자의 음은 '洛(락)'이다.] 제조하였다. 그리고 천을 가공하여 옷감을 만들었다. 또한 이렇게 만들어진 물건들로는 살아있는 자가 편안하게 생활할 수 있도록 보살피게 하였고, 죽은 자에 대해서는 장례를 잘 치르도록 하였으며, 귀신 및 상제를 잘 섬기게 하였으니, 이것들은 모두 옛 성인이 처음으로 만든 것을 그대로 본받아 따르는 것이다.

集說 范字, 當從竹. 韻註云: "以土曰型, 以金曰鎔, 以木曰模, 以竹曰范", 皆鑄器之式也. 范金, 爲形範以鑄金器也. 合土, 和合泥土爲陶器也. 裹而燒之曰炮, 加於火上曰燔, 煮於鑊曰亨, 貫串而置之火上曰炙. 酪, 醋也. 治, 涷染之類也. 此以上諸事, 皆火之利, 今世承用而爲之, 皆是取法往聖, 故云皆從其朔. 朔, 亦初也.

'범(范)'자는 죽(竹)변을 구성요소로 해서, '범(范)'자로 기록해야 한다. 『운주』에는 "흙으로 만든 형틀을 '형(型)'이라 부르고, 금속으로 만든 형틀을 '용(鎔)'이라 부르며, 나무로 만든 형틀을 '모(模)'라 부르고, 대나무로 만든 형틀을 '범(范)'이라 부른다."[5]라고 하였으니, 이들 모두는 기물을 주조하는 틀을 가리킨다. '범금(范金)'은 형틀로 떠서 금속 기물들을 주조한다는 뜻이다. '합토(合土)'는 진흙을 이겨서 도기를 만든다는 뜻이다. 겉을 싸서 불 속에서 익히는 것을 '포(炮)'라 부르고, 불 위에 올려서 익히는 것을 '번(燔)'이라 부르며, 솥 안에 넣고 삶는 것을 '팽(亨)'이라 부르고, 꼬챙이로 꽂아서 불 위에 올려서 굽는 것을 '적(炙)'이라 부른다. '낙(酪)'자는 식초를 뜻한다. '치(治)'자는 누이고 염색하는 일 등을 뜻한다. 여기에서 말하는 여러 가지 사안들은 모두 불을 이용하는 것으로, 오늘날에도 이러한 방법에 따라서 시행하고 있는데, 이것들은 모두 옛 성인들이 했던 것을 그대로 따르는 것이다. 그렇기 때문에 "이것들 모두는 그 삭을 따른 것이다."라고 말하였다. 여기에서의 '삭(朔)'자는 또한 초(初)자의 뜻이다.

附註 臺榭句.

'대사(臺榭)'에서 구문을 끊는다.

---

5) 『흠정음운술미(欽定音韻述微)』「16권」 : 竹簡書也, 又法也, 楷式也. 以土曰型, 以金曰鎔, 以竹曰范, 通作範.

【008】

及其死也, 升屋而號[平聲], 告曰: "皐某復!" 然後飯[上聲]腥而苴[茲於反]
孰. 故天望而地藏也, 體魄則降, 知[去聲]氣在上. 故死者北首[去聲],
生者南鄕[去聲], 皆從其初.〈007〉[本在"敬於鬼神"下.]

사람이 죽었을 때에는 지붕 위에 올라가서 그의 혼을 부르니['號'자는 평성으로
읽는다.] 부를 때에는 "아아! 아무개여 다시 돌아오라!"라고 한다. 그렇게
했는데도 그가 다시 살아나지 않는다면, 그런 뒤에 죽은 자를 전송하는
의식을 시행하니, 생쌀을 시신의 입에 물리고['飯'자는 상성으로 읽는다.] 익힌
고기를 포장하여['苴'자는 '玆(자)'자와 '於(어)'자의 반절음이다.] 죽은 자를 전송하
는 제물로 쓴다. 그러므로 하늘을 바라보며 초혼을 하고, 땅에 백이 머물도
록 하니, 백은 하강하여 땅으로 꺼지고, 지기는['知'자는 거성으로 읽는다.] 상승
하여 천상에 머물기 때문이다. 그래서 죽은 자의 머리는['首'자는 거성으로 읽는
다.] 북쪽을 향하게 두고, 살아있는 자들은 머리를 남쪽으로 둔다고['鄕'자는
거성으로 읽는다.] 했으니, 이러한 모든 의식들은 예가 처음 생겨났을 때의
절차들을 그대로 따르는 것이다. [본래는 "귀신에게 공경한다."[1]라고 한 문장 뒤에
수록되어 있었다.]

集說 所以升屋者, 以魂氣之在上也. 皐者, 引聲之言. 某, 死者之名
也. 欲招此魂令其復合體魄, 如是而不生, 乃行死事. 飯腥者, 用上
古未有火化之法, 以生稻米爲含也. 苴孰者, 用中古火化之利, 包裹
熟肉爲遣送之奠也. 天望地藏, 謂始死望天而招魂, 體魄則葬藏于地
也. 所以然者, 以體魄則降而下, 知氣則升而上也. 死者之頭向北,
生者之居向南. 及以上送死諸事, 非後世創爲之, 皆是從古初所有之
禮也.

지붕 위에 올라가는 이유는 혼기가 공중에 머물러 있기 때문이다. '고
(皐)'라는 것은 소리를 길게 빼어 부르는 말이다. '모(某)'자는 죽은 자의

---

1) 『예기』「예운」 006장 : 夫禮之初, 始諸飮食, 其燔黍捭豚, 汙尊而抔飮, 蕢桴而
土鼓, 猶若可以致其敬於鬼神.

이름에 해당한다. 죽은 자의 혼을 불러서 다시금 몸과 혼을 결합시키고자 하는 것인데, 이처럼 했는데도 다시 살아나지 않으면, 곧 죽은 자에 대한 의식을 시행한다. '반성(飯腥)'이라는 것은 상고시대 때 아직 불로 익히는 조리법이 있지 않았을 때의 예법에 따라서, 생쌀을 입에 물리는 것이다. '저숙(苴孰)'은 중고시대 때 불로 익히는 조리법을 사용하여, 익힌 고기를 포장해서 죽은 자를 전송하는 제물로 차리는 것이다. '천망지장(天望地藏)'이라는 말은 사람이 이제 막 죽었을 때, 하늘을 바라보며 혼을 부르고, 몸의 백은 장례를 치러 땅에 숨긴다는 뜻이다. 그렇게 하는 이유는 몸의 백은 하강하여 밑으로 꺼지고, 지기는 상승하여 하늘로 날아가기 때문이다. 죽은 자의 머리는 북쪽을 향하게 하고, 살아있는 자는 거처할 때 머리를 남쪽으로 둔다. 이처럼 죽은 자를 전송하는 여러 가지 일들은 후대에 창안하여 만들어낸 것이 아니라 모두 애초부터 고대에 있었던 예에 따른 것이다.

【009】

夫禮之初, 始諸飲食, 其燔[煩]黍捭[百]豚, 汙[烏花反]尊而抔[掊]飲, 蕢桴[浮]而土鼓, 猶若可以致其敬於鬼神. 〈006〉 [本在"吾以是觀之"下.]

무릇 예의 기원은 음식에서 비롯되었으니, 이전에는 날로 먹었지만, 예를 만들면서 기장을 볶아['燔'자의 음은 '煩(번)'이다.] 먹었고, 돼지고기를 익혀['捭'자의 음은 '百(백)'이다.] 먹었으며, 웅덩이를 파서['汙'자는 '烏(오)'자와 '花(화)'자의 반절음이다.] 물을 고이게 만들어 손으로 떠서['抔'자의 음은 '掊(부)'이다.] 마셨고, 흙을 뭉쳐 북채를 만들어['桴'자의 음은 '浮(부)'이다.] 흙으로 쌓아서 만든 북을 쳤으니, 이처럼 간소하고 보잘 것 없는 것들이지만, 이것들을 통해 귀신에게 공경함을 지극하게 표현할 수 있었다. [본래는 "나는 이 두 서적을 통해 어느 정도만 가늠할 수 있다."[2]라고 한 문장 뒤에 수록되어 있었다.]

---

2) 『예기』「예운」 005장 : 言偃復問曰, "夫子之極言禮也, 可得而聞歟?" 孔子曰,

燔黍, 以黍米加於燒石之上燔之使熟也. 捭豚, 擘折豚肉加於
燒石之上而熟之也. 汚尊, 掘地爲汚坎以盛水也. 抔飮, 手掬而飮之
也. 蕢桴, 搏土塊爲擊鼓之椎也. 土鼓, 築土爲鼓也. 上古人心無僞,
雖簡陋如此, 亦自可以致敬於鬼神也.

'번서(燔黍)'는 기장 알곡을 달궈진 돌 위에 올려놓고서 볶아서 익힌다는
뜻이다. '패돈(捭豚)'은 돼지고기를 잘게 찢어서 달궈진 돌 위에 올려놓
고서 익힌다는 뜻이다. '와준(汚尊)'은 땅을 파서 웅덩이를 만들어 물이
고이게 만들었다는 뜻이다. '부음(抔飮)'은 웅덩이에 고인 물을 손으로
움켜쥐어서 마셨다는 뜻이다. '괴부(蕢桴)'는 흙덩이를 뭉쳐서 북을 치는
북채를 만든다는 뜻이다. '토고(土鼓)'는 흙을 쌓아올려서 북을 만든다는
뜻이다. 상고시대 때 살았던 사람들의 마음에는 거짓됨이 없어서, 비록
이처럼 간소하고 남루하였지만 또한 이것 자체로도 귀신들에게 공경함을
다 표현할 수 있었다.

附註 四段今改定, 以文體言之, "昔者先王", 當爲起句, 以文理言
之, "飯腥苴熟", 應上二段, 理致明白故也. 觀者詳之.

4개 단락을 지금 고쳐서 바로잡으니, 문체로 말을 한다면 '석자선왕(昔者
先王)'은 마땅히 구문을 일으키는 말이 되고, 문리로 말을 한다면 '반성저
숙(飯腥苴熟)'은 앞 두 단락에 호응하니, 이치가 명백하기 때문이다. 이
를 보는 자들이 상세히 살피기 바란다.

"我欲觀夏道, 是故之杞而不足徵也, 吾得夏時焉. 我欲觀殷道, 是故之宋而不
足徵也, 吾得坤乾焉. 坤乾之義, 夏時之等, 吾以是觀之."

【010】

故玄酒在室, 醴醆側眼反]在戶, 粢才細反]醍體]在堂, 澄酒在下, 陳其
犧牲, 備其鼎俎, 列其琴瑟管磬鍾鼓, 脩其祝嘏古雅反], 以降上神與
其先祖, 以正君臣, 以篤父子, 以睦兄弟, 以齊上下, 夫婦有所, 是謂
承天之祜戶]. 〈010〉 [本在"皆從其朔"下]

그러므로 현주를 제실 안쪽에서도 가장 북쪽 끝에 두고, 예와 잔이라는[醆'
자는 '側(측)'자와 '眼(안)'자의 반절음이다.] 술은 문 쪽에 두며, 제제는['粢'자는 '才
(재)'자와 '細(세)'자의 반절음이다. '醍'의 음은 '體(체)'이다.] 당 위에 두고, 징주는 당
아래에 두며, 희생물을 진설하고, 솥과 도마를 갖추며, 금슬 · 관경 · 종고
등의 악기들을 진열하고, 축문과 신의 가호를 비는 글을['嘏'자는 '古(고)'자와
'雅(아)'자의 반절음이다.] 마련하여, 이로써 천상의 신들과 조상신들을 강림하
게 했고, 군신의 도리를 바로잡았으며, 부자관계를 돈독하게 했고, 형제들
을 화목하게 했으며, 상하 계층을 가지런히 했고, 부부가 각각 자신의 자리
를 얻어 유별하게 했으니, 이것을 바로 하늘의 축복을['祜'자의 음은 '戶(호)'이
다.] 잇는다고 말한다. [본래는 "이것들은 모두 옛 성인이 처음으로 만든 것을 그대로
본받아 따르는 것이다."[3]라고 한 문장 뒤에 수록되어 있었다.]

集說 太古无酒, 用水行禮, 後王重古, 故尊之名爲玄酒. 祭則設於
室內而近北也. 醴, 猶體也, 酒之一宿者, 周禮謂之醴齊. 醆, 卽周禮
盎齊. 盎, 猶翁也, 成而翁翁然, 葱白色也. 此二者以後世所爲, 賤之.
陳列雖在室內, 而稍南近戶, 故云醴醆在戶也. 粢醍, 卽周禮醍齊, 酒
成而紅赤色也, 又卑之, 列於堂. 澄酒, 卽周禮沈齊, 成而縡沈也, 又
在堂之下矣. 此五者, 各以等降設之. 祝, 爲主人告神之辭. 嘏, 爲尸
致福於主人之辭. 說見曾子問. 上神, 在天之神也. 祭統云: "君迎牲
而不迎尸, 別嫌也", 是正君臣之義. "父北面而事之, 所以明子事父

---

3) 『예기』 「예운」 009장 : 後聖有作, 然後脩火之利, 范金合土, 以爲臺榭 · 宮室 ·
牖戶. 以炮, 以燔, 以亨, 以炙, 以爲醴酪. 治其麻絲, 以爲布帛. 以養生送死,
以事鬼神上帝, 皆從其朔.

之道", 是篤父子也. 睦兄弟者, 主人獻長兄弟及衆兄弟禮. 齊上下者, 獻與餕各有次序, 無遺缺也. 夫婦有所者, 君在阼, 夫人在房, 及致爵之類也. 行禮如此, 神格鬼享, 豈承上天之福祐乎?

태고 때에는 술이 없었으므로, 술 대신 물을 사용하여 의례절차를 시행했었는데, 후대 선왕들은 고대의 예법을 중시하였기 때문에, 물에 존귀한 명칭을 붙여서 '현주(玄酒)'라고 불렀다. 제사를 지내게 되면, 현주는 제실 안에 설치하되 북쪽 벽 가까운 곳에 둔다. '예(醴)'자는 체(體)자와 같으니, 술을 한 번 더 걸러낸 것으로, 『주례』에서는 '예제(醴齊)'⁴⁾라고 불렀다.⁵⁾ '잔(醆)'은 곧 『주례』에 나온 '앙제(盎齊)'⁶⁾에 해당한다. '앙(盎)'자는 옹(翁)자와 같으니, 술이 익고 나서 새파란 빛깔을 보이는 것이다. 이 두 가지 술은 후대에 만들어진 것이니, 고대에 만들어진 것에 비해 천시하는 것이다. 진열하는 장소가 비록 제실 안에 해당하지만, 점차 남쪽으로 진설되어 문에 가까워진다. 그렇기 때문에 "예와 잔을 문에 둔다."고 말한 것이다. '제제(粢醍)'는 곧 『주례』에 나온 '제제(醍齊: =緹齊)'⁷⁾에 해당하니, 술이 익고 나서 붉은 빛을 내는 것으로, 예와 잔보다도 급이 낮으므로, 문보다도 밖인 당에 진설한다. '징주(澄酒)'는 곧 『주례』에 나온 '침제(沈齊)'⁸⁾에 해당하니, 술이 익은 다음 앙금을 가라앉힌 것으로, 제제'보다도

---

4) 예제(醴齊)는 오제(五齊) 중 하나이다. 비교적 탁한 술에 해당한다. 술이 익고 나서 앙금을 한 차례 걸러낸 것으로 염주(恬酒)와 같은 술이다.

5) 『주례』「천관(天官)·주정(酒正)」: 辨五齊之名, 一曰泛齊, 二曰醴齊, 三曰盎齊, 四曰緹齊, 五曰沈齊.

6) 앙제(盎齊)는 오제(五齊) 중 하나이다. '오제'는 술의 맑고 탁한 정도에 따라서 다섯 가지 등급으로 분류한 술로, 주로 제사 때 사용한다. '앙제'는 오제 중에서도 중간에 해당하는 술로, '앙제'부터 맑은 술이 된다. '앙제'는 술이 익고 나서 새파란 빛깔을 보이는 것으로 찬백(酇白)과 같은 술이다.

7) 제제(緹齊)는 제제(醍齊)라고도 부른다. 오제(五齊) 중 하나이다. 비교적 맑은 술에 해당한다. 술이 익고 나서 붉은 빛깔을 보이는 것으로 하주(下酒)와 같은 술이다.

급이 낮아서 또한 당 아래에 두는 것이다. 이 다섯 가지 술들은 각각 등급에 따라서 급을 낮춰가며 설치한다. '축(祝)'은 제주가 신에게 고하는 말이다. '가(嘏)'는 시동이 제주에게 신의 이름을 빌려 축복을 내리는 말이다. 자세한 설명은 『예기』「증자문(曾子問)」편에 나온다. '상신(上神)'은 천상에 있는 신을 뜻한다. 『예기』「제통(祭統)」편에서는 "군주가 희생물을 직접 맞아들이면서도 시동은 맞이하지 않는 이유는 신분의 구별이 없어지게 됨을 방지하기 위해서이다."라고 하였는데, 이것은 곧 군신의 의에 해당한다. 그리고 "부친이 북쪽을 향해 서서 섬기는 것은 자식이 부친을 섬기는 도리를 드러내는 방법이다."라고 하였으니, 이것은 부자관계를 돈독하게 한다는 뜻이다. "형제를 화목하게 한다."는 것은 제주가 장형제들과 뭇 형제들에게 술을 따라주는 예에 해당한다. "상하의 관계를 바르게 한다."는 것은 술잔을 바치고 남은 음식을 먹을 때 각각 서열에 따른 차례가 있지만, 참석한 자들 중에 참여를 못하게 함이 없는 것에 해당한다. "부부가 자기 자리를 얻는다."는 말은 군주가 동쪽 계단에 있으면 부인이 방에 있고, 또 술잔을 돌리는 등의 일 속에 남녀가 각각 자리를 달리하게 되는 것이다. 의례절차를 시행할 때 이처럼 한다면, 귀신들이 와서 흠향을 할 것이니, 어찌 천상의 가호를 계승하지 못하겠는가?

附註 粢醍在堂, 以粢盛爲酒, 猶今人云麥酒秫酒, 是也. 註云"才細反", 作齊字讀, 恐誤.

'자제재당(粢醍在堂)'이라 했는데, 자제(粢醍)는 자성(粢盛)으로 만든 술을 뜻하니, 오늘날의 사람들이 맥주(麥酒)나 출주(秫酒)라 부르는 것들이 여기에 해당한다. 주에서는 "'才(재)'자와 '細(세)'자의 반절음이다."라 하여 제(齊)자로 풀이를 했는데, 아마도 잘못된 해석인 것 같다.

---

8) 침제(沈齊)는 오제(五齊) 중 하나이다. 술이 익고 나서 앙금이 모두 가라앉아 있는 것으로 조청(造淸)과 같은 술이다.

【011】

作其祝號, 玄酒以祭, 薦其血毛, 腥其俎, 孰其殽. 與其越[活]席, 疏[平聲]布以冪[莫力反]. 衣[去聲]其澣[戶管反]帛, 醴酸以獻, 薦其燔炙. 君與夫人交獻以嘉魂魄, 是謂合莫. 然後退而合亨[烹], 體其犬·豕·牛·羊, 實其簠·簋·籩·豆·鉶[刑]羹, 祝以孝告, 嘏以慈告, 是謂大祥. 此禮之大成也. 〈011〉

축호를 짓고, 현주를 진설하여 제사를 지내며, 희생물의 피와 털을 바치고, 아직 조리하지 않은 생고기를 도마 위에 올려서 바치며, 살점이 붙어 있는 뼈는 삶아서 익힌다. 왕골로['越'자의 음은 '活(활)'이다.] 짠 자리를 설치하고, 거친['疏'자는 평성으로 읽는다.] 베로 만든 천으로 술독을 덮는다.['冪'자는 '莫(막)'자와 '力(력)'자의 반절음이다.] 누이고 염색한['澣'자는 '戶(호)'자와 '管(관)'자의 반절음이다.] 천으로 만든 제복을 입고['衣'자는 거성으로 읽는다.] 예와 잔이라는 술로 술잔을 채워 바치며, 희생물의 살과 간장을 구워서 바친다. 제사를 주관하는 군주와 그의 부인은 교대로 시동에게 술잔을 바쳐서, 이것을 통해 죽은 자의 혼백에게 축복이 내려지도록 하니, 이것을 '합막(合莫)'이라고 부른다. 이러한 절차를 시행한 이후에 물러나서, 바쳤던 희생물의 고기를 거둬 함께 삶아서['亨'자의 음은 '烹(팽)'이다.] 익히고, 희생물인 개·돼지·소·양 등을 부위별로 갈라서, 제기들인 보·궤·변·두에 담고, 탕국을 끓여서 형에['鉶'자의 음은 '刑(형)'이다.] 담으며, 축문을 하길 효도로써 아뢰고, 가를 하길 자애로써 아뢰니, 이것을 '대상(大祥)'이라고 부른다. 이것이 바로 예 중에서도 가장 성대한 것이다.

集說 周禮祝號有六: 一神號, 二鬼號, 三祇號, 四牲號, 五齎號, 六幣號. 作其祝號者, 造爲鬼神及牲玉美號之辭. 神號, 如昊天上帝; 鬼號, 如皇祖伯某; 祇號, 若后土地祇; 牲號, 若一元大武; 齎號, 若稷曰明粢; 幣號, 若幣曰量幣; 祝史稱之以告鬼神也. 每祭必設玄酒, 其實不用之以酌. 薦其血毛, 謂殺牲之時, 取血及毛, 入以告神於室也. 腥其俎, 謂牲既殺, 以俎盛肉進於尸前也. 祭玄酒, 薦血毛, 腥俎, 此三者是伐上古之禮. 孰其殽以下, 是中古之禮. 殽, 骨體也, 以湯

爛爲熟. 越席, 蒲席也. 疏布, 麤布也. 羃, 覆尊也. 周禮越席疏布, 祭
天用之, 此以爲宗廟之用, 記者雜陳之也. 澣帛, 謂祭服以涑染之帛
制之也. 醴醆以獻者, 朝踐薦血腥時用醴, 饋食薦熟時用醆也. 薦其
燔炙者, 燔肉炙肝也. 特牲禮主人獻尸, 賓長以肝從; 主婦獻尸, 賓長
以燔從也. 第一君獻, 第二夫人獻, 第三君獻, 第四夫人獻, 故云君與
夫人交獻也. 此以上至孰其殽, 是法中古之禮, 皆所以嘉善於死者之
魂魄, 而求以契合於冥漠之中也. 然后退而合亨, 謂先薦爛, 未是熟
物, 今乃退取向爛肉, 更合而烹煮之, 使熟而可食也. 又尸俎惟載右
體, 其餘不載者, 及左體等, 亦於鑊中烹煮之, 故云合亨也. 體其大豕
牛羊者, 隨其牲之大小烹熟, 乃體別骨之貴賤, 以爲衆俎, 用供尸及
待賓客兄弟等也. 此是祭未饗燕之衆俎, 非尸前之正俎也. 簠, 內外
圓而外方, 盛稻粱之器. 簋, 外圓而內方, 盛黍稷之器. 籩豆形制同,
竹曰籩, 木曰豆. 鉶, 如鼎而小, 菜和羹之器也. 祝嘏說見前. 孝, 事
祖宗之道也. 慈, 愛子孫之道也. 合亨以下, 當世之禮也. 祥, 猶善也.

『주례』에 나온 축호(祝號)[1]에는 여섯 종류가 있다. 첫 번째는 신호(神
號)[2]이고, 두 번째는 귀호(鬼號)[3]이며, 세 번째는 기호(祇號)[4]이고, 네

---

1) 축호(祝號)는 육축(六祝)과 육호(六號)를 뜻한다. '육축'은 신(神)에게 제사를 지
   낼 때 사용하게 되는 여섯 종류의 기도문을 뜻하고, '육호'는 신(神)이나 제수(祭
   需)를 부를 때 아름답게 꾸며서 부르는 여섯 종류의 호칭을 뜻한다.

2) 신호(神號)는 신(神)을 아름답게 부르는 호칭을 뜻한다. 마치 상제(上帝)를 황천
   상제(皇天上帝)라고 부르는 경우와 같다. 신(神)의 이름을 존귀하게 여기기 때문
   에, 다시금 아름다운 칭호를 덧붙이는 것이다. 『주례』「춘관(春官)·대축(大祝)」
   편에는 "辨六號, 一曰神號."라는 기록이 있는데, 이에 대한 정현의 주에서는 "神
   號, 若云皇天上帝."라고 풀이했다. 한편 채옹(蔡邕)의 『독단(獨斷)』에는 "神號,
   尊其名更爲美稱, 若曰皇天上帝也."라는 기록이 있다.

3) 귀호(鬼號)는 조상신을 아름답게 부르는 호칭을 뜻한다. 마치 조상신을 '황조의
   맏이이신 아무개[皇祖伯某]'라고 부르는 경우와 같다. 『주례』「춘관(春官)·대축
   (大祝)」편에는 "辨六號, 一曰神號, 二曰鬼號."라는 기록이 있는데, 이에 대한
   정현의 주에서는 "鬼號, 若云皇祖伯某."라고 풀이했다.

번째는 생호(牲號)[5]이며, 다섯 번째는 자호(齋號)[6]이고, 여섯 번째는 폐호(幣號)[7]이다.[8] 축호를 짓는 이유는 이러한 글을 지어서, 귀신 및 희생물, 옥 등을 아름답게 꾸미는 수식어를 붙이는 것이다. '신호(神號)'는 단지 신이라고만 부르지 않고, '호천상제(昊天上帝)'[9]로 부르는 말과 같

---

4) 기호(祇號)는 시호(示號)라고도 부른다. 땅의 신들을 아름답게 부르는 호칭을 뜻한다. 마치 후토(后土)나 지기(地祇)와 같은 용어들을 가리킨다. 『주례』「춘관(春官)·대축(大祝)」편에는 "辨六號, 一曰神號, 二曰鬼號, 三曰示號."라는 기록이 있고, 이에 대한 정현의 주에서는 "祇號, 若云后土地祇."라고 풀이했다.

5) 생호(牲號)는 제사 때 사용되는 희생물들을 아름답게 부르는 호칭을 뜻한다. 마치 소를 '한 마리의 발자국이 큰 소[一元大武]'라고 부르고, 돼지를 '털이 뻣뻣한 돼지[剛鬣]'라고 부르며, 양을 '털이 가늘고 부드러운 양[柔毛]'이라고 부르고, 닭을 '소리가 울려 퍼지는 닭[翰音]'으로 부르는 경우와 같다. 『주례』「춘관(春官)·대축(大祝)」편에는 "辨六號, 一曰神號, 二曰鬼號, 三曰示號, 四曰牲號."라는 기록이 있는데, 이에 대한 정현의 주에서는 "鄭司農云, 牲號, 爲犧牲皆有名號. 曲禮曰, '牛曰一元大武, 豕曰剛鬣, 羊曰柔毛, 雞曰翰音.'"이라고 풀이했다.

6) 자호(齋號)는 자호(粢號)라고도 부른다. 제사 때 사용되는 곡식들을 아름답게 부르는 호칭을 뜻한다. 마치 기장을 '향기롭고 찰진 기방밥[香合]'이라고 부르고, 수수를 '알갱이를 달고 있는 향기로운 줄기[香箕]'라고 부르며, 쌀을 '아름답고 무성한 쌀[嘉疏]'이라고 부르는 경우와 같다. 『주례』「춘관(春官)·대축(大祝)」편에는 "辨六號, 一曰神號, 二曰鬼號, 三曰示號, 四曰牲號, 五曰齋號."라는 기록이 있는데, 이에 대한 정현의 주에서는 정사농(鄭司農)의 주장을 인용하여, "粢號, 謂黍稷皆有名號也. 曲禮曰, '黍曰香合, 粱曰香箕, 稻曰嘉疏.'"라고 풀이했다.

7) 폐호(幣號)는 제사 때 신(神)에게 바치게 되는 옥(玉)이나 비단 등의 폐물을 아름답게 부르는 호칭을 뜻한다. 마치 옥(玉)을 '흠이 없는 아름다운 보옥[嘉玉]'이라고 부르고, 폐물을 '치수에 맞는 폐물[量幣]'이라고 부르는 경우와 같다. 『주례』「춘관(春官)·대축(大祝)」편에는 "辨六號, 一曰神號, 二曰鬼號, 三曰示號, 四曰牲號, 五曰齋號, 六曰幣號."라는 기록이 있는데, 이에 대한 정현의 주에서는 "幣號, 若玉云嘉玉, 幣云量幣."라고 풀이했다.

8) 『주례』「춘관(春官)·대축(大祝)」: 辨六號, 一曰神號, 二曰鬼號, 三曰示號, 四曰牲號, 五曰齋號, 六曰幣號.

9) 호천상제(昊天上帝)는 호천(昊天)과 상제(上帝)로 구분하여 해석하기도 하며, '호천상제'를 하나의 용어로 해석하기도 한다. 후자의 경우 '호천'이라는 말은 '상

은 것이며, '귀호(鬼號)'는 '황조백(皇祖伯)인 아무개'라고 부르는 말과 같은 것이고, '기호(祇號)'는 마치 '후토(后土)'와 '지기(地祇)'라고 부르는 말과 같은 것이며, '생호(牲號)'는 소를 '일원대무(一元大武)'라고 부르는 말과 같은 것이고, '자호(齋號)'는 기장을 '명자(明粢)'라고 부르는 말과 같은 것이며, '폐호(幣號)'는 폐물을 '양폐(量幣)'라고 부르는 말과 같은 것이니, 축관과 사관은 이러한 용어를 칭하여, 귀신들에게 아뢰는 것이다. 제사를 지낼 때마다 반드시 현주를 설치하지만, 실제로 그것을 사용하여 술잔을 채우지는 않는다. "희생물의 피와 털을 바친다."는 말은 희생물을 도살할 때, 피와 털을 채취하여, 그것들을 가지고 들어가서, 제실에서 신에게 아뢴다는 뜻이다. "도마에 성을 담는다."는 말은 희생물을 도축하고 난 뒤 도마에 그 고기들을 올리고서, 시동 앞에 진설한다는 뜻이다. 현주로 제사를 지내고, 희생물의 피와 털을 바치며, 희생물의 고기를 도마에 담아서 차려내는 이 세 가지 일들은 모두 상고시대의 예법을 본받은 것들이다. "살점이 붙은 뼈를 삶는다."는 일부터 그 이하의 사안들은 중고시대의 예법에 해당한다. '효(殽)'는 희생물의 뼈에 붙은 살점이니, 물에 끓여서 익히는 것이다. '활석(越席)'은 왕골로 짠 자리이다. '소포(疏布)'는 거친 베이다. '멱(冪)'은 술독을 덮는 천이다. 『주례』에 나온

제'를 수식하는 말이다. 고대에는 축호(祝號)라는 것을 지어서 제사 때의 용어를 수식어로 꾸미게 되는데, '호천상제'의 경우는 '상제'에 대한 축호에 해당하며, 세분하여 설명하자면 신(神)의 명칭에 수식어를 붙이는 신호(神號)에 해당한다. 『예기』「예운(禮運)」편에는 "作其祝號, 玄酒以祭, 薦其血毛, 腥其俎, 孰其殽."라는 기록이 있고, 이에 대한 진호(陳澔)의 주에서는 "作其祝號者, 造爲鬼神及牲玉美號之辭. 神號, 如昊天上帝."라고 풀이했다. '호천'과 '상제'로 풀이할 경우, '상제'는 만물을 주재하는 자이며, '상천(上天)'이라고도 불렀다. 고대인들은 길흉(吉凶)과 화복(禍福)을 내릴 수 있는 능력을 갖추고 있었다고 생각하였다. 한편 '상제'는 오행(五行) 관념에 따라 동·서·남·북·중앙의 구분이 생기면서, 천상을 각각 나누어 다스리는 오제(五帝)로 설명되기도 한다. '호천'의 경우 천신(天神)을 뜻하는데, '상제'와 비슷한 개념이다. '호천'을 '상제'보다 상위의 개념으로 해석하여, 오제 위에서 군림하는 신으로 해석하는 경우도 있다.

'활석(越席)'10)과 '소포(疏布)'11)는 제천의식 때 사용하는 것인데, 이곳 문장에서는 종묘제사에서 사용하는 것들로 여기고 있으니, 『예기』를 기록한 자가 뒤섞어서 기술했기 때문이다. '한백(澣帛)'은 누이고 염색한 비단을 제단해서 만든 제사 복장을 뜻이다. "예와 잔을 바친다."는 말은 조천(朝踐)12)을 하며, 희생물의 피와 날고기를 바칠 때, 술은 예를 사용하고, 궤식(饋食)13)을 하며 익힌 고기를 바칠 때, 술은 잔을 사용한다는 뜻이다. "번과 적을 바친다."는 말은 희생물의 고기를 굽고, 희생물의 간장을 구워서 바친다는 뜻이다. 『의례』「특생궤식례(特牲饋食禮)」편에서는 주인이 시동에게 술잔을 바칠 때, 빈객의 수장은 희생물의 간장을 들고서 뒤따르며, 주부가 시동에게 술잔을 바칠 때, 빈객의 수장은 구운 고기를 가지고 뒤따른다고 하였다. 첫 번째의 헌(獻)은 군주가 술을 바치는 것이며, 두 번째의 헌은 그의 부인이 술을 바치는 것이고, 세 번째의 헌은 군주가 다시 술을 바치는 것이며, 네 번째의 헌은 그의 부인이 다시 술을 바치는 것이다. 그렇기 때문에 "군주가 부인과 함께 교대로 술잔을

---

10) 『주례』「춘관(春官)·사궤연(司几筵)」 : 諸侯祭祀席, 蒲筵繢純, 加莞席紛純, 右彫几.

11) 『주례』「천관(天官)·멱인(冪人)」 : 冪人, 掌共巾冪. 祭祀以疏布巾冪八尊.

12) 조천(朝踐)은 제례(祭禮) 의식 중 하나이다. 희생물의 피와 기름 등을 바치고, 단술을 따르게 되면, 비로소 제사를 본격적으로 시행하게 된다. 제주(祭主)의 부인이 되는 주부(主婦)는 이때 제사 때 진설해두는 제기(祭器)인 두변(豆籩) 등을 바치게 된다. '조천'은 바로 이러한 의식 절차를 가리킨다. 『주례』「춘관(春官)·사준이(司尊彝)」에는 "其朝踐用兩獻尊."이라는 기록이 있고, 이 기록에 대한 정현의 주에서는 "朝踐, 謂薦血腥, 酌醴, 始行祭事, 后於是薦朝事之豆籩."이라고 풀이하였다.

13) 궤식(饋食)은 음식을 바친다는 뜻이다. 고대에는 천자 및 제후들이 매월 초하루마다 종묘(宗廟)에서 음식을 바치는 의식을 치렀는데, 이것을 '궤식'이라고도 부른다. 『주례』「춘관(春官)·대종백(大宗伯)」편에는 "以饋食享先王."이라는 기록이 있다. 한편 조사(朝事)를 시행할 때, 조천(朝踐)을 끝낸 뒤, 생고기를 삶아서 재차 바치는 의식을 가리키기도 한다.

바친다."고 말한 것이다. 이곳의 사안으로부터 그 위로 "살점이 붙은 뼈를 삶는다."는 일까지는 모두 중고시대의 예법을 본받은 것들이니, 이 모든 행위들은 죽은 자의 혼백에게 축복을 내려주어서, 저 세상에서도 서로 떨어지지 않고 부합되기를 기원하는 방법이다. 이처럼 시행한 뒤에 물러나서 고기들을 한데 섞어 익히는 것이니, 앞서 "난한 것을 바친다."고 한 것은 아직 익히지 않은 고기에 해당하며, 이러한 절차가 끝난 뒤에야 곧 물러나서 앞서 불에 그슬린 고기들을 가져다가 다시금 한데 모아서 삶으니, 그것들을 익혀서 먹을 수 있도록 조리하는 것이다. 또한 시동 앞에 진설되는 도마에는 오직 희생물의 오른쪽 부위만 올리고, 그 나머지 올리지 않은 것들과 좌측 부위 등은 또한 고기를 삶을 때, 솥 안에 함께 담아서 삶는다. 그렇기 때문에 '합팽(合亨)'이라고 말한 것이다. "개·돼지·소·양을 체(體)한다."는 말은 희생물의 크고 작은 몸집의 차이에 따라 익히고 삶아서, 곧 귀중하고 그렇지 않은 부위들을 종류별로 가른다는 뜻이며, 이것들은 종류별로 여러 도마에 담아서, 시동에게 바치거나 빈객들 및 형제 등을 대접하는데 사용하게 된다. 그런데 이것들은 제사 말미에 향연을 베풀며 차려내는 여러 도마들에 해당하는 것이지, 제사 때 시동 앞에 진설하는 제기로써의 도마는 아니다. '보(簠)'는 속은 원형으로 되어 있고 겉은 네모지게 된 것으로, 쌀이나 기장 등을 담는 제기이다. '궤(簋)'는 겉은 원형으로 되어 있고 속은 네모지게 된 것으로, 기장을 담는 제기이다. '변(籩)'과 '두(豆)'는 형태와 제작 방법이 동일한데, 대나무로 만든 것을 '변(籩)'이라 부르고, 나무로 만든 것을 '두(豆)'라 부른다. '형(鉶)'은 정(鼎)과 같은 것이지만 보다 작은 것으로, 풀죽이나 탕을 담는 제기이다. '축(祝)'과 '가(嘏)'에 대한 설명은 이전 장에 나온다. '효(孝)'는 조상을 섬기는 도리이다. '자애[慈]'는 자손들을 사랑하는 도리이다. '합팽(合亨)'으로부터 그 이하의 일들은 현재의 예법이다. '상(祥)'자는 선(善)자의 뜻이다.

附註 簋字句.

'궤(簋)'자에서 구문을 끊는다.

附註 以嘉魂魄, 嘉, 猶悅也. 註: "嘉善於魂魄." 未詳.

'이가혼백(以嘉魂魄)'이라 했는데, '가(嘉)'자는 열(悅)자와 같다. 주에서 "혼백에게 축복을 내려준다."라 했는데, 상세하지 않다.

類編 右言禮始於飲食. [以上本篇文.]

여기까지는 '언예시어음식(言禮始於飲食)'에 대한 내용이다. [여기까지는 본편의 문장에 해당한다.]

◇ 제례지의(祭禮之義)

【012】

恒豆之菹[玆居反], 水草之和氣也, 其醢, 陸産之物也. 加豆, 陸産也; 其醢, 水物也. 〈郊特牲-057〉 [本在"不興功"下.]

항상 진설하는 두의 채소절임은['菹'자는 '玆(자)'자와 '居(거)'자의 반절음이다.] 조화로운 기운을 가진 수중 산물이며, 그곳에 올리는 젓갈은 육지 산물이다. 추가적으로 올리는 두의 음식은 육지 산물이며, 그곳에 올리는 젓갈은 수중 산물이다. [본래는 "사업을 일으키지 않는다."[1]라고 한 문장 뒤에 수록되어 있었다.]

集說 恒豆, 每日常進之豆也. 周禮醢人所掌朝事之豆, 註謂淸朝未食先進口食也. 菹, 酢菜也. 水草, 昌本茆菹之類. 加豆, 周禮註謂尸旣食后, 亞獻尸所加進之豆, 但醢人所掌, 是天子之禮. 此言諸侯之禮, 物旣不同, 此朝事之豆, 與祭禮饋食薦孰之豆, 俱爲恒豆, 而加豆, 則祭未酳尸所用也. 水物, 若蠃醢魚醢是也. 菹醢皆以豆盛之.

'항두(恒豆)'는 매일 일상적으로 올리는 두를 뜻한다. 『주례』의 해인이 담당했던 조사(朝事)[2]의 두에 대해서,[3] 정현의 주에서는 이른 아침 아직 식사를 하지 않았을 때, 먼저 음식을 진설하는 것이라고 했다.[4] '저(菹)'

---

1) 『예기』「교특생(郊特牲)」 056장 : 八蜡以記四方. 四方年不順成, 八蜡不通, 以謹民財也. 順成之方, 其蜡乃通, 以移民也. 旣蜡而牧, 民息已. 故旣蜡, 君子<u>不興功</u>.

2) 조사(朝事)는 종묘(宗廟)에서 새벽에 지내는 제사를 가리킨다. 『예기』「제의(祭義)」편에는 "建設<u>朝事</u>, 燔燎羶薌."이라는 기록이 있고, 이에 대한 진호(陳澔)의 『집설(集說)』에서는 "朝事, 謂祭之日, 早朝而行之事也."라고 풀이했다.

3) 『주례』「천관(天官)·해인(醢人)」 : 醢人; 掌四豆之實. <u>朝事之豆</u>, 其實韭菹·醓醢, 昌本·麋臡, 菁菹·鹿臡, 茆菹·麕臡.

4) 이 문장은 『주례』「천관(天官)·변인(籩人)」편의 "朝事之籩, 其實麷·蕡·白·黑·形鹽·膴·鮑魚·鱐."이라는 기록에 대한 정현의 주이다.

는 초채라는 채소절임이다. '수초(水草)'는 창본이나 묘저와 같은 식물류이다. '가두(加豆)'에 대해서, 『주례』의 주에서는 시동이 이미 식사를 마친 이후, 시동에게 아헌을 하며 추가적으로 진설하게 되는 두라고 했는데,5) 다만 해인이라는 관리가 담당을 하니, 이것은 천자에게 적용되는 예법이다. 이곳 문장에서는 제후에게 적용되는 예법을 언급하였으므로, 그 음식들이 이미 동일하지 않은 것이며, 여기에서 말하는 조사 때의 두와 제례에서 궤식과 익힌 음식을 바칠 때의 두는 모두 항두가 되고, 가두는 제사 말미에 시동에게 입가심하는 술을 따라주며 사용하는 것이다. '수물(水物)'은 마치 나해나 어해와 같은 것들이다. 저와 해는 모두 두를 이용해서 담는다.

附註 恒豆. 卽祭祀設饌所用. 云恒豆者, 與加豆對稱耳, 非謂生時常進之豆.

'항두(恒豆)'는 제사 때 음식을 차려내며 사용하는 것이다. '항두(恒豆)'라 말한 것은 가두(加豆)라는 것과 대비해서 지칭한 것일 뿐이니, 생전에 일상적으로 차려내는 두를 뜻하는 것이 아니다.

---

5) 이 문장은 『주례』「천관(天官)·변인(籩人)」편의 "加籩之實, 淩茨·崬·脯·淩·茨·崬·脯."라는 기록에 대한 정현의 주이며, 원문은 "加籩, 謂尸旣食, 后亞獻尸所加之籩."으로 기록되어 있다.

籩豆之薦, 水土之品也. 不敢用常褻味而貴多品, 所以交於神明之
義也, 非食味之道也. 先王之薦, 可食也而不可耆[嗜]也. 卷[袞]冕路
車, 可陳也而不可好[去聲]也. 武壯而不可樂[洛]也. 宗廟之威而不可
安也. 宗廟之器, 可用也而不可便其利也. 所以交於神明者, 不可同
於所安樂之義也.〈郊特牲-058〉

변과 두에 차려서 바치는 산물은 물과 땅에서 생산되는 물품이다. 감히
일상적으로 먹는 맛있는 음식들을 사용하지 않고 물품이 많은 것을 귀한
것으로 여기는 것은 신명과 교감하는 방법의 도리이니, 맛있는 음식을 먹
는 도리가 아니다. 선왕이 제사를 지내며 바쳤던 음식들은 먹을 수 있는
것이었지만, 즐겨 먹을['耆'자의 음은 '嗜(기)'이다.] 수 없는 것들이다. 곤면과['卷'
자의 음은 '袞(곤)'이다.] 노거는 진열해둘 수 있지만, 사람들이 눈요기를['好'자는
거성으로 읽는다.] 할 수 없는 것이다. 제사에 추는 춤은 장엄한 것으로 오락거
리로['樂'자의 음은 '洛(락)'이다.] 삼을 수 없다. 종묘는 위엄스러운 장소이니 편
안하게 머물 수 없다. 종묘에서 사용하는 기물들은 실제로 사용할 수 있는
것들이지만, 그 기물들을 편리하게 사용할 수 없다. 신명과 교감하는 방법
은 안락하게 여기는 도의와 동일하게 할 수 없다.

集說 不可耆, 謂食之有節, 不可貪愛. 舊說謂質而無味, 不能悅口.
不可好, 謂尊嚴之服器, 不可以供玩愛. 武, 萬舞大武也, 以示壯勇之
容, 不可常爲娛樂. 宗廟, 威嚴之地, 不可寢處以自安. 宗廟行禮之
器, 不可利用以爲便. 交神明之義如此.

'불가기(不可耆)'라는 말은 음식을 먹을 때에도 절도가 있으니, 탐욕을
부릴 수 없다는 뜻이다. 옛 학설에서는 질박하며 맛이 없어서 입을 즐겁
게 할 수 없다고 풀이했다. '불가호(不可好)'라는 말은 존엄한 의복과 기
물은 완상하고 감상하는데 사용할 수 없다는 뜻이다. '무(武)'는 만무(萬
舞)[1]인 대무를 뜻하니, 이를 통해서 장엄하고 용맹한 모습을 드러내는

---

1) 만무(萬舞)는 고대의 악무(樂舞) 명칭이다. 먼저 무용수들은 손에 병장기를 들고

것으로, 일상적인 오락거리로 삼을 수 없다. 종묘는 위엄스러운 곳이니, 휴식을 취하며 제 스스로 편안하게 있을 수 없다. 종묘에서 의례를 시행할 때 사용하는 기물들은 이롭게 사용하며 편리한 도구로 삼을 수 없다. 신명과 교감하는 도의는 이와 같다.

【014】

酒醴之美, 玄酒明水之尚, 貴五味之本也. 黼黻文繡之美, 疏布之尚, 反女功之始也. 莞簟之安, 而蒲越[活]稾鞂之尚, 明之也. 大羹不和, 貴其質也. 大圭不琢, 美其質也. 丹漆雕幾[祈]之美, 素車之乘[去聲], 尊其樸也. 貴其質而已矣. 所以交於神明者, 不可同於所安褻之甚也. 如是而后宜.〈郊特牲-059〉

술과 단술을 맛좋은 것으로 여기지만 현주와 명수를 숭상하는 것은 오미의 근본이 되는 물을 존귀하게 여기기 때문이다. 보불과 같은 무늬와 화려한 수들을 아름답게 여기지만 거친 포를 숭상하는 것은 여자들이 견직물을 만들기 시작한 시초를 반추하기 때문이다. 완점과 같은 것은 편안하지만 포활이나['越'자의 음은 '活(활)'이다.] 고갈과 같이 조악한 것들을 숭상하는 것은 그 예법의 차이점을 드러내기 위해서이다. 대갱에는 양념을 가미하여 맛을 내지 않으니, 그 질박함을 존귀하게 여기기 때문이다. 대규에는 별도의 조각을 새기지 않으니, 그 질박함을 아름답게 여기기 때문이다. 단색이나 옻칠을 하며 무늬를['幾'자의 음은 '祈(기)'이다.] 조각하는 것을 아름답게 여기지만, 소박한 소거에 타는['乘'자는 거성으로 읽는다.] 것은 그 소박함을 존귀하게 여기기 때문이다. 이러한 것들은 모두 그 질박함을 귀하게 여기기 때문일 따름이다. 신명과 교감하는 방법은 매우 안락하게 여기며 친숙하게 여기는 것들과 동일하게 할 수 없다. 이처럼 한 이후에야 합당하게 되는 것이다.

무무(武舞)를 추고, 이후에 깃털과 악기 등을 들고 문무(文舞)를 춘다. '만무'는 또한 악무를 범칭하는 용어로도 사용되었다.

集說 未有五味之初, 先有水, 故水爲五味之本. 未有黼繡, 先有麤布, 故疏布爲女功之始. 周禮司烜氏掌以鑒取明水於月, 蓋取其潔也. 明之, 昭其禮之異也. 雕, 刻鏤之也. 幾, 漆飾之畿限也. 安褻之甚, 言甚安甚褻也. 宜, 猶稱也. 餘竝見前.

아직 오미를 내기 이전인 초기에는 그보다 앞서 물이 있었다. 그렇기 때문에 물을 오미의 근본으로 삼은 것이다. 아직 보수와 같은 무늬가 있기 전에는 그보다 앞서 거친 포가 있었다. 그렇기 때문에 거친 포를 여자들이 견직물을 짜기 시작한 것으로 삼은 것이다. 『주례』「사훤씨(司烜氏)」편에서는 음감으로 달이 비친 우물에서 명수(明水)[2] 뜨는 일을 담당한다고 했는데,[3] 무릇 그 청결함을 취한 것이다. '명지(明之)'라는 말은 그 예법의 차이를 드러낸다는 뜻이다. '조(雕)'자는 조각을 하고 새긴다는 뜻이다. '기(幾)'자는 옻칠로 장식을 할 때의 무늬를 새기는 윤곽을 뜻한다. '안설지심(安褻之甚)'은 매우 편안하게 여기며 매우 친근하게 여긴다는 뜻이다. '의(宜)'자는 걸맞음을 뜻한다. 나머지 사안들은 모두 앞에 그 설명이 나온다.

附註 大羹, 大如字, 不必讀如太.

'대갱(大羹)'에서의 '대(大)'자는 글자대로 읽으니, '태(太)'자와 같이 읽을 필요는 없다.

---

2) 명수(明水)는 제사 때 사용하는 깨끗한 물을 뜻한다.
3) 『주례』「추관(秋官) · 사훤씨(司烜氏)」 : 司烜氏; 掌以夫遂取明火於日, <u>以鑒取明水於月</u>, 以共祭祀之明齋 · 明燭, 共明水.

【015】

鼎俎奇而籩豆偶, 陰陽之義也. 黃目, 鬱氣之上尊也. 黃者, 中也. 目者, 氣之淸明者也. 言酌於中而淸明於外也. 〈郊特牲-060〉

정과 조는 홀수로 설치하고 변과 두는 짝수로 설치하니, 음양의 뜻에 따른 것이다. 황목은 울창주를 담아서 향기가 퍼지는 상위의 술동이이다. '황(黃)'은 중앙에 해당하는 색깔이다. '목(目)'은 기운의 맑고 밝음을 뜻한다. 즉 중앙에서 잔을 따라서 겉으로 맑고 밝음을 드러낸다는 뜻이다.

集說 黃目, 黃彝也, 卣罍之類, 以黃金鏤其外以爲目, 因名焉. 用貯鬱鬯之酒, 有芬芳之氣, 故云鬱氣. 中, 中央之色也. 奇偶, 見前.

'황목(黃目)'은 황이(黃彝)[1]이니, 술동이의 부류인데, 황금으로 그 겉을 조각하여 눈 무늬를 만들기 때문에, 이에 따라 이러한 명칭이 정해진 것이다. 울창주를 담는 용도로 사용하며, 향기로운 기운이 있기 때문에, '울기(鬱氣)'라고 말한 것이다. '중(中)'자는 중앙의 색을 뜻한다. 홀수와 짝수에 대한 설명은 앞에 보인다.

【016】

祭天掃[去聲]地而祭焉, 於其質而已矣. 醯醢之美, 而煎鹽之尙, 貴天産也. 割刀之用, 而鸞刀之貴, 貴其義也, 聲和而後斷[上聲]也. 〈郊特牲-061〉

하늘에 대한 제사를 지낼 때에는 땅을 쓸기만['掃'자는 거성으로 읽는다.] 하고 제사를 지내니, 질박한 장소에서 치를 따름이다. 혜해와 같은 젓갈들은 맛

---

1) 황이(黃彝)는 황목(黃目) 또는 황목준(黃目尊)이라고도 부른다. 황동으로 만든 술동이이며, 사람의 눈을 그려서 장식으로 삼기 때문에, '황목'이라고 부른다. 『주례』「춘관(春官)·사준이(司尊彝)」편에는 "秋嘗冬烝, 祼用斝彝·黃彝, 皆有舟."라는 기록이 있는데, 이에 대한 정현의 주에서는 "黃彝, 黃目尊也."라고 풀이했다.

이 좋지만 전염을 숭상하는 것은 하늘이 만들어준 산물을 존귀하게 여기기 때문이다. 할도는 사용하기에 편리하지만 난도를 존귀하게 여기는 것은 소리가 조화를 이룬다는 뜻을 존귀하게 여기기 때문이며, 소리가 조화를 이룬 뒤에야 고기를 자른다.['斷'자는 상성으로 읽는다.]

集說 鹽以煎鍊而成, 故曰煎塩. 必用鸞刀者, 取其鸞鈴之聲調和, 而後斷割其肉也. 貴其義, 是貴聲和之義.

소금은 물을 말려서 만들기 때문에 '전염(煎鹽)'이라고 부르는 것이다. 반드시 난도를 사용하는 것은 난령의 소리가 조화로움을 이룬 뒤에야 그 고기를 자른다는 뜻에서 취한 것이다. '귀기의(貴其義)'는 소리가 조화를 이룬다는 뜻을 존귀하게 여기는 것이다.

【017】

君再拜稽首, 肉袒親割, 敬之至也. 敬之至也, 服也. 拜, 服也. 稽首, 服之甚也. 肉袒, 服之盡也. 祭稱孝孫孝子, 以其義稱也. 稱曾孫某, 謂國家也. 祭祀之相[去聲], 主人自致其敬, 盡其嘉, 而無與讓也.〈郊特牲-082〉[本在"此水也"下.]

군주가 재배를 하고 머리를 조아리며, 팔을 걷어서 신체를 드러내며 직접 희생물을 가르는 것은 공경함을 지극히 나타내는 것이다. 공경함을 지극히 나타내는 것은 복종하고 순종함을 뜻한다. 절을 하는 것도 복종하고 순종함을 뜻한다. 머리를 조아리는 것은 복종함과 순종함을 매우 극심히 나타내는 것이다. 팔을 걷어서 신체를 드러내는 것은 복종함과 순종함의 도리를 다하는 것이다. 제사에서 '효자(孝子)'나 '효손(孝孫)'이라고 지칭하는 것은 제사의 의에 따라 명칭을 맞추는 것이다. '증손 아무개'라고 지칭하는 것은 국이나 가를 소유한 경우를 뜻한다. 제사에서는 권유를 하며 아뢰는 일을['相'자는 거성으로 읽는다.] 하는데, 주인이 제 스스로 공경함을 지극히 하며, 좋은 것들을 다하게 되어, 함께 겸양을 표하는 일이 없게 된다. [본래는 "이 물이다."2)라고 한 문장 뒤에 수록되어 있었다.]

集說 服者, 服順於親也. 拜服也, 謂再拜是服順也. 稽首爲服順之
甚, 肉袒爲服順之盡, 言服順之誠在內, 今又肉袒, 則內外皆服矣, 故
云服之盡. 祭主於孝, 士之祭, 稱孝孫孝子, 是以祭之義爲稱也. 諸
侯有國, 卿・大夫有家, 不但祭祖與禰而已. 其祭自曾祖以上, 惟稱
曾孫, 故云稱曾孫某, 謂國家也. 蓋大夫三廟, 得事曾祖也. 上士二
廟, 事祖禰. 中下士一廟, 祖禰共之. 相, 詔侑於尸也. 相者不告尸以
讓, 蓋是主人敬尸, 自致其誠敬, 盡其嘉善, 無所與讓也.

'복(服)'은 부모에 대해서 복종하고 순종한다는 뜻이다. '배복야(拜服也)'
는 재배를 하는 것은 복종하고 순종함에 해당한다는 뜻이다. 계수는 복종
함과 순종함이 매우 깊은 것이며, 옷을 걷어서 신체를 드러내는 것은 복
종함과 순종함을 다하는 것이니, 복종함과 순종함의 진실됨이 내면에 있
는데, 현재 신체까지도 드러냈다면, 내외적으로 모두 복종을 한다는 뜻이
다. 그렇기 때문에 "복을 다함이다."라고 말한 것이다. 제사에서는 효를
위주로 하는데, 사 계층의 제사에서는 '효손(孝孫)'이나 '효자(孝子)'라고
지칭하니, 이것은 제사의 의에 따라 칭호를 맞춘 것이다. 제후는 국을
소유하고 있고, 경과 대부는 가를 소유하고 있으니, 단지 조부 및 부친에
대해서만 제사를 지낼 뿐이 아니다. 그들이 지내는 제사에서는 증조부로
부터 그 이상의 조상에 대해서 지내므로, 오직 '증손(曾孫)'이라고 지칭하
게 된다. 그렇기 때문에 "증손 아무개라고 지칭하는 것은 국과 가를 소유
한 경우를 뜻한다."라고 말한 것이다. 무릇 대부는 3개의 묘를 세우니,
증조부에 대해서 섬길 수 있다. 상사는 2개의 묘를 세우니, 조부와 부친
에 대해서 섬기는 것이다. 중사 및 하사는 1개의 묘를 세우니, 조부와
부친의 신주를 같은 곳에 설치하여 섬긴다. '상(相)'은 시동에게 아뢰고

---

2) 『예기』「교특생(郊特牲)」 081장 : 血祭, 盛氣也. 祭肺肝心, 貴氣主也. 祭黍稷加
肺, 祭齊加明水, 報陰也. 取膟膋燔燎升首, 報陽也. 明水涗齊, 貴新也. 凡涗,
新之也. 其謂之明水也, 由主人之絜著此水也.

권유한다는 뜻이다. 의례를 돕는 자는 시동에게 겸양의 뜻으로 아뢰지 않으니, 무릇 주인이 시동을 공경하여, 제 스스로 진실됨과 공경함을 다하고, 좋은 것들을 다 하게 되어, 함께 사양을 하는 것이 없기 때문이다.

【018】

腥肆[剔]爓腍[而審反]祭, 豈知神之所饗也? 主人自盡其敬而已矣.〈郊特牲-083〉[3] [以上郊特牲文]

희생물의 생고기, 부위별로 자른 고기['肆'자의 음은 '剔(척)'이다.] 데친 고기, 익힌 고기를['腍'자는 '而(이)'자와 '審(심)'자의 반절음이다.] 통해서 제사를 지내는데, 어찌 신이 어떤 것을 흠향할 줄 알아서 이처럼 하는 것이겠는가? 주인이 제 스스로 자신의 공경하는 마음을 다하는 것일 뿐이다. 가와 각을 들어 올리면, 축관은 주인에게 아뢰어 시동을 편안히 앉도록 만든다. 고대에는 시동에게 특별한 일이 없다면 제자리에 세워 두었고, 시행할 일이 있은 뒤에라야 자리에 앉혔다. 시동은 신을 형상화하는 자이다. 축관은 명령을 전달하는 자이다. [여기까지는 「교특생」편의 문장이다.]

集說 祭之爲禮, 或進腥體, 或薦解剔, 或進湯沈, 或薦煮熟, 豈知神果何所享乎? 主人不過盡其敬心而已耳.

제사라는 의례를 시행할 때, 어떤 경우에는 희생물의 몸체를 생고기 상태로 올리고, 또 어떤 경우에는 부위별로 갈라서 올리며, 또 어떤 경우에는 탕에 담가서 데친 것을 올리고, 또 어떤 경우에는 익힌 것을 올리는데, 신이 과연 어떤 것을 흠향할 줄 알아서이겠는가? 주인이 자신의 공경하는 마음을 다하는 것에 불과할 따름이다.

---

3) 『예기』「교특생(郊特牲)」 083장 : 腥肆爓腍祭, 豈知神之所饗也? 主人自盡其敬 而已矣. 擧斝角, 詔妥尸. 古者尸無事則立, 有事而后坐也. 尸, 神象也. 祝, 將 命也.

【019】

大廟之內敬矣, 君親牽牲, 大夫贊幣而從[去聲]; 君親制祭, 夫人薦盎; 君親割牲, 夫人薦酒. 〈禮器-062〉 [本在"與人者"下.]

태묘 안에서는 공경함을 다한다. 군주는 직접 희생물을 이끌고 묘문 안으로 들어오고, 대부는 군주를 보좌하여 폐물을 들고서 뒤따른다.[從'자는 거성으로 읽는다.] 그리고 군주는 직접 희생물의 간을 도려내서 그것으로 제사를 지내고, 부인은 앙제를 술잔에 따라서 바친다. 그리고 군주는 직접 희생물을 부위별로 해체하고, 부인은 또한 술을 따라서 바친다. [본래는 "다른 사람과 더불어 한다."[4]라고 한 문장 뒤에 수록되어 있었다.]

集說 君出廟門迎牲, 親牽以入, 然必先告神而後殺, 故大夫贊佐執幣而從君, 君乃用幣以告神也. 殺牲畢而進血與腥, 則君親割制牲肝以祭神於室. 此時君不親獻酒, 惟夫人以盎齊薦獻. 盎齊見前篇. 及薦孰之時, 君又親割牲體, 然亦不獻, 故惟夫人薦酒也.

군주는 묘문(廟門)[5] 밖으로 나와서 희생물을 맞이하고, 직접 희생물을 끌고서 묘문 안으로 들어가지만, 반드시 신에게 아뢴 뒤에야 희생물을 도축한다. 그렇기 때문에 대부가 군주를 도와서 폐물을 들고 군주를 뒤따르니, 군주는 곧 대부가 가져온 폐물을 사용하여 신에게 아뢰는 것이다. 희생물에 대한 도축이 모두 끝나면, 희생물의 피와 생고기를 진상하게 되는데, 그렇게 되면 군주는 직접 희생물의 간을 도려내 묘실에서 신에게

---

4) 『예기』「예기(禮器)」061장 : 禮也者, 反其所自生; 樂也者, 樂其所自成. 是故先王之制禮也以節事, 脩樂以道志. 故觀其禮樂, 而治亂可知也. 蘧伯玉曰: "君子之人達." 故觀其器而知其工之巧, 觀其發而知其人之知. 故曰: "君子愼其所以與人者."

5) 묘문(廟門)은 종묘(宗廟)의 정문(正門)을 뜻한다. 『서』「주서(周書)·고명(顧命)」편에는 "諸侯出廟門俟."라는 용례가 나온다. 한편 '묘문'은 빈궁(殯宮)의 문을 뜻하는 용어로도 사용된다. 『예기』「상복소기(喪服小記)」편에는 "無事不辟廟門, 哭皆於其次."라는 기록이 있는데, 이에 대한 공영달(孔穎達)의 소(疏)에서는 "廟門, 殯宮門也."라고 풀이했다.

제사를 지낸다. 이때 군주는 직접 술을 따라서 바치지 않고, 오직 군주의
부인만이 앙제를 따라서 술을 바치게 된다. '앙제(盎齊)'에 대한 설명은
앞 편에 나온다. 그리고 익힌 고기를 바칠 때에 이르게 되면, 군주는 또한
직접 희생물의 몸체를 해부하게 된다. 그러나 이때에도 술을 바치지 않는
다. 그렇기 때문에 오직 부인만이 술을 바치는 것이다.

【020】

卿大夫從[去聲]君, 命婦從夫人, 洞洞乎其敬也, 屬屬[燭]乎其忠也, 勿
勿乎其欲其饗之也. 〈禮器-063〉

경과 대부들은 군주를 뒤따르고['從'자는 거성으로 읽는다.] 명부들은 군주의 부
인을 뒤따르니, 공경함을 나타냄에 겉과 속에 차이가 없고, 진실되어 거짓
됨이 없는['屬'자의 음은 '燭(촉)'이다.] 그 충심이여, 열심히 노력하여 신들이 흠
향하기를 바라는구나.

集說 洞洞, 敬之表裏無間也. 屬屬, 誠實無僞也. 勿勿, 勉勉不已
也, 一云切切也. 命婦, 卿·大夫之妻也.

'동동(洞洞)'은 공경함을 나타냄에 겉과 속의 차이가 없는 모습을 뜻한다.
'촉촉(屬屬)'은 진실되고 정성스러우며 거짓됨이 없는 모습을 뜻한다. '물
물(勿勿)'은 열심히 일함에 그침이 없는 모습을 뜻하며, '절절(切切)'이라
고도 부른다. '명부(命婦)'는 경과 대부의 처를 뜻한다.

【021】

天道至敎, 聖人至德. 廟堂之上, 罍尊在阼, 犧[莎]尊在西; 廟堂之下,
縣[去聲]鼓在西, 應鼓在東. 君在阼, 夫人在房, 大明生於東, 月生於
西, 此陰陽之分[去聲], 夫婦之位也. 君西酌犧象, 夫人東酌罍尊. 禮
交動乎上, 樂交應乎下, 和之至也. 〈禮器-060〉 [本在"天下大治"下.]

하늘의 도는 지극한 교화에 해당하고, 성인은 지극한 덕에 해당한다. 종묘의 당상에 있어서, 뇌준이라는 술동이는 동쪽에 진설하고, 사준이라는['犧'자의 음은 '莎(사)'이다.] 술동이는 서쪽에 설치한다. 한편 당하에 있어서, 현고는['縣'자는 거성으로 읽는다.] 서쪽에 설치하고, 응고는 동쪽에 설치한다. 군주가 종묘에 위치할 때에는 동쪽에 머물게 되고, 부인은 서쪽에 있는 방에 위치하며, 태양은 동쪽에서 생겨나고, 달은 서쪽에서 생겨나니, 이것은 음양에 따른 구분이자['分'자는 거성으로 읽는다.] 부부의 위치에 해당한다. 군주는 동쪽에 있다가 서쪽으로 이동하여 사준에서 술을 따르며, 부인은 서쪽에 있다가 동쪽으로 이동하여 뇌준에서 술을 따른다. 따라서 예는 당상에서 교대로 진행되고, 악은 당하에서 교대로 호응하니, 조화로움의 지극함이다. [본래는 "천하가 크게 다스려졌다."[6]라고 한 문장 뒤에 수록되어 있었다.]

集說 天道陰陽之運, 極至之敎也; 聖人禮樂之作, 極至之德也. 無以復加, 故以至言. 罍尊, 夏后氏之尊也. 犧尊, 周尊也. 縣鼓大, 應鼓小. 設禮樂之器, 以西爲上, 故犧尊縣鼓皆在西, 而罍尊與應鼓皆在東也. 天子·諸侯皆有左右房, 此夫人在西房也. 君在東而西酌犧象, 夫人在西而東酌罍尊, 此禮交動乎堂上也; 縣鼓·應鼓相應於堂下, 是樂交應乎下也. 罍尊畫爲山雲之形. 犧尊畫鳳羽而象骨飾之, 故亦曰犧象. 此章言諸侯時祭之禮.

하늘의 도는 음양의 기운을 운행하니 지극한 교화에 해당하고, 성인은 예악을 제정하였으니 지극한 덕에 해당한다. 더 이상 더할 것이 없기 때문에, 지극하다고 말한 것이다. '뇌준(罍尊)'은 하후씨 때 사용하던 술동이이다. '사준(犧尊)'은 주나라 때 사용하던 술동이이다. 북 중에서 '현고(縣鼓)'는 큰 북이고, '응고(應鼓)'는 작은 북이다. 예악과 관련된 기물들

---

6) 『예기』「예기(禮器)」 059장 : 是故, 昔先王尙有德, 尊有道, 任有能, 擧賢而置之, 聚衆而誓之. 是故, 因天事天, 因地事地, 因名山升中于天, 因吉土以饗帝于郊. 升中于天, 而鳳皇降, 龜龍假; 饗帝于郊, 而風雨節, 寒暑時. 是故, 聖人南面而立, 而天下大治.

을 설치할 때, 한결같이 서쪽에 위치하는 것을 더 높은 것으로 삼는다. 그렇기 때문에 사준과 현고를 모두 서쪽에 두는 것이며, 뇌준과 응고는 모두 동쪽에 두는 것이다. 천자와 제후의 종묘에서는 좌우측에 방을 설치하게 되니, 이러한 까닭으로 부인이 서쪽 방에 위치할 수 있는 것이다. 군주는 동쪽에 있다가 서쪽으로 가서 사상에서 술잔을 따르고, 부인은 서쪽에 있다가 동쪽으로 가서 뇌준에서 술잔을 따르는 것이니, 이것은 바로 "예가 당상에서 교대로 진행된다."는 뜻이다. 그리고 현고와 응고는 당하에서 교대로 호응하니, 이것은 바로 "악이 당하에서 교대로 호응한다."는 뜻이다. 뇌준에는 산과 구름의 무늬를 그려 넣는다. 사준에는 봉황의 날개를 그리고 상아로 치장을 한다. 그렇기 때문에 이 술동이를 '사상(犧象)'이라고도 부르는 것이다. 이곳 문장은 제후가 사계절마다 지내는 정규 제사의 예에 대해서 언급하고 있다.

附註 犧尊在西, 犧, 如字, 不必讀曰莎.

'희준재서(犧尊在西)'라 했는데, '犧'자는 글자대로 읽으며 '사(莎)'자로 풀이할 필요는 없다.

【022】

一獻質, 三獻文, 五獻察, 七獻神. 〈禮器-066〉 [本在"於此乎"下. 以上禮器.]

작은 제사에서는 한 차례만 헌을 하니, 그 예법이 질박하고 소략한 것이고,
사직 및 오사에 대한 제사에서는 세 차례 헌을 하니, 그 예법이 화려한
것이며, 사망과 산천에 대한 제사에서는 다섯 차례 헌을 하니, 그 예법이
성대한 것이고, 종묘에 대한 제사에서는 일곱 차례 헌을 하니, 신령이 찾아
와 계신 듯한 것이다. [본래는 "이곳인가?"[1]라고 한 문장 뒤에 수록되어 있었다. 여기까
지는 「예기」편의 문장이다.]

集說 獻, 酌酒以薦也. 祭群小祀則一獻, 其禮質略. 祭社稷·五祀
三獻, 其神稍尊, 故有文飾. 五獻, 祭四望·山川之禮也. 察者, 顯盛
詳著之貌. 祭先公之廟則七獻, 禮重心肅, 洋洋乎其如在之神也.

'헌(獻)'은 술을 따라서 바친다는 뜻이다. 뭇 소사들에 대한 제사를 지낸
다면 한 차례만 헌을 하니, 그 예법이 질박하고 간략한 것이다. 사직·오
사에 대한 제사를 지내게 되면 세 차례 헌을 하니, 해당하는 신들이 소사
의 신보다 존귀하기 때문에, 문식을 꾸미는 것이다. 다섯 차례 헌을 하는
경우는 사망(四望)[2] 및 산천에게 제사를 지내는 예법이다. '찰(察)'이라

---

1) 『예기』「예기(禮器)」 065장 : 設祭於堂, 爲祊乎外, 故曰於彼乎, 於此乎.
2) 사망(四望)은 천자가 사방(四方)의 산천(山川)에게 망(望)제사를 지내는 것이다.
   제사의 대상은 산천 중의 큰 것들로, 오악(五嶽)이나 사독(四瀆)과 같은 것이다.
   산천에 대한 제사는 일일이 그곳마다 찾아가서 제사를 지낼 수 없기 때문에, 그곳
   이 바라보이는 곳에 제단을 쌓고 제사를 지낸다. 그렇기 때문에 그 제사를 '망'제사
   라고 부르는 것이다. 그리고 천자는 사방(四方)의 산천들에 대해서 모두 제사를
   지내게 되므로 '사(四)'자를 붙여서 '사망'이라고 부르는 것이다. 『주례』「춘관(春
   官)·대종백(大宗伯)」편에는 "國有大故, 則旅上帝及四望."이라는 기록이 있고,
   이에 대한 가공언(賈公彦)의 소(疏)에서는 "言四望者, 不可一往就祭, 當四向望
   而爲壇遙祭之, 故云四望也."라고 풀이했다. 그리고 손이양(孫詒讓)의 『정의(正
   義)』에서는 "陳壽祺云, 山川之祭, 周禮四望, 魯禮三望. 其餘諸侯祀竟內山川,
   蓋無定數, 山川之大者, 莫如五嶽四瀆."이라고 풀이했다.

는 말은 그 성대함이 구체적으로 드러나는 모양을 뜻한다. 선대 군주들의 묘에서 제사를 지내게 되면 일곱 차례 헌을 하게 되는데, 그 예법이 중대하고 마음 또한 엄숙하게 되니, 성대하게도 마치 신령이 찾아와 계신 듯한 것이다.

【023】

有虞氏之祭也, 尙用氣. 血 · 腥 · 燜祭[句], 用氣也. 〈郊特牲-075〉 [本在 "人之序也"下.]

유우씨 때의 제사에서는 기운을 사용하는 것을 숭상했다. 희생물의 피, 생고기, 데친 고기를 사용하여 제사를 지내는 것은['祭'자에서 구문을 끊는다.] 바로 기운을 사용하는 것에 해당한다. [본래는 "세대를 전승하는 순서이다."[3]라고 한 문장 뒤에 수록되어 있었다.]

集說 尙用氣, 以用氣爲尙也. 初以血詔神於室, 次薦腥肉於堂, 燜次腥亦薦於堂, 皆末熟, 故云用氣. 此以下至篇末, 皆言祭禮.

'상용기(尙用氣)'라는 말은 기 사용하는 것을 숭상하였다는 뜻이다. 최초 희생물의 피를 통해 실에서 신에게 아뢰고, 그 다음으로 희생물의 생고기를 당에서 바치며, 데친 고기는 생고기 다음으로 또한 당에서 바치는데, 이 모든 것들은 익힌 것들이 아니다. 그렇기 때문에 기를 사용한다고 말한 것이다. 이곳 구문으로부터 이곳 편의 끝까지는 모두 제례(祭禮)에 대해서 언급하고 있다.

---

3) 『예기』 「교특생(郊特牲)」 074장 : 共牢而食, 同尊卑也. 故婦人無爵, 從夫之爵, 坐以夫之齒. 器用陶匏, 尙禮然也. 三王作牢用陶匏. 厥明, 婦盥饋, 舅姑卒食, 婦餕餘, 私之也. 舅姑降自西階, 婦降自阼階, 授之室也. 昏禮不用樂, 幽陰之義也. 樂, 陽氣也. 昏禮不賀, 人之序也.

【024】

殷人尚聲, 臭味未成, 滌蕩其聲. 樂三関, 然後出迎牲. 聲音之號, 所
以詔告於天地之間也.〈郊特牲-076〉

은나라 때에는 소리를 숭상했으니, 희생물을 도축했기 이전에 음악소리를
울려 퍼지게 한다. 음악을 연주하여 세 차례 연주를 끝내게 되면, 그런 뒤
에야 밖으로 나가서 희생물을 맞이한다. 소리를 통해서 부르짖는 것은 천
지의 사이에서 귀신에게 아뢰는 방법이다.

集說 牲未殺, 則未有臭味, 故云臭味未成. 滌蕩, 宣播之意. 鬼神在
天地間, 與陰陽合散同一理, 而聲音之感, 無間顯幽, 故殷人之祭, 必
先作樂三終, 然後出而迎牲於廟門之外. 此是欲以此樂之聲音號呼而
詔告於兩間, 庶幾其聞之而來格來享也. 殷人先求諸陽, 凡聲, 陽也.

희생물을 아직 도축하기 이전이라면, 고기의 냄새와 맛이 생기지 않은
것이다. 그렇기 때문에 "냄새와 맛이 아직 이루어지지 않았다."라고 말한
것이다. '척탕(滌蕩)'이라는 말은 드날리고 펼친다는 뜻이다. 귀신은 천
지 사이에 있고, 음양과 함께 합쳐지고 흩어짐에 그 이치를 함께 하고,
소리에 감응함에 있어서는 드러나고 그윽함에 사이를 둠이 없다. 그렇기
때문에 은나라에서 제사를 지낼 때에는 반드시 가장 먼저 음악을 연주하
여 세 차례 연주를 끝내고, 그런 뒤에야 밖으로 나와 묘문 밖에서 희생물
을 맞이한 것이다. 이것은 이러한 음악의 소리를 통해 부르짖어서, 양측
사이에서 아뢰는 것이니, 거의 그 소리를 듣게 되어 찾아와서 흠향을 하
게 된다. 은나라 때에는 우선적으로 양에서 찾았으니, 모든 소리는 양에
해당한다.

【025】

周人尚臭, 灌用鬯臭, 鬱合鬯, 臭陰達於淵泉. 灌以圭璋, 用玉氣也.
旣灌然後迎牲, 致陰氣也.〈郊特牲-077〉

주나라 때에는 냄새를 숭상했으니, 술을 땅에 부어서 신을 강림시킬 때에는 창주의 향기로운 냄새를 사용했는데, 울금이라는 향초를 창주에 합하여, 더욱 깊어진 향기를 통해 음에서 신을 구했으니, 더욱 깊은 심연에까지 도달하게 만든 것이다. 관을 할 때에는 규와 장을 사용하니, 옥의 기운을 사용한 것이다. 이미 관을 했다면 그런 뒤에는 희생물을 맞이하니, 음의 기운에 도달하도록 만드는 것이다.

集說 周人尙氣臭, 而祭必先求諸陰, 故牲之未殺, 先酌鬯酒灌地以求神, 以鬯之有芳氣也, 故曰灌用鬯臭. 又擣鬱金香草之汁, 和合鬯酒, 使香氣滋甚, 故云鬱合鬯也. 以臭而求諸陰, 其臭下達於淵泉矣. 灌之禮, 以圭璋爲瓚之柄. 用玉之氣, 亦是尙臭也. 灌後乃迎牲, 是欲先致氣於陰以求神, 故云致陰氣也.

주나라 때에는 냄새를 숭상하였고, 제사를 지낼 때에는 반드시 우선적으로 음에서 찾았다. 그렇기 때문에 희생물을 아직 도축하기 이전에 우선 울창주를 잔에 따라서 땅에 붓고 신을 찾았으니, 울창주에는 향기로운 냄새가 있기 때문이다. 그래서 "땅에 술을 부어 강림을 시킬 때에는 울창주의 냄새를 사용했다."라고 말한 것이다. 또한 울금이라는 향초의 즙을 울창주에 섞어서, 그 향기가 더욱 깊어지도록 했다. 그렇기 때문에 "울금초를 창주에 합했다."라고 말한 것이다. 냄새를 통해서 음에서 찾았는데, 냄새는 밑으로 내려가서 깊은 심연에 도달하기 때문이다. 땅에 술을 부어서 신을 강림시키는 의례를 시행할 때에는 규와 장으로 술잔의 손잡이를 만들었다. 옥의 기운을 사용한다는 것 또한 냄새를 숭상하는 일에 해당한다. 관을 한 이후에는 곧 희생물을 맞이하니, 이것은 우선적으로 그 기운을 음에 이르게 하여 신을 찾고자 한 것이다. 그렇기 때문에 "음기에 이르게 하다."라고 말한 것이다.

集說 石梁王氏曰: "四臭字本皆句絶, 然細別之, 鬯灌之地, 此臭之陰者也; 蕭焫上達, 此臭之陽者也." 亦有義, 姑從釋文.

석량왕씨가 말하길, "4개의 '취(臭)'자는 본래 모든 글자에서 구문을 끊는데, 세부적으로 구별해보면, 창주를 땅에 부어서 신을 강림시키는 것은 냄새의 음한 것에 해당하고, 쑥을 태워서 냄새를 위로 올리는 것은 냄새의 양한 것에 해당한다."라고 했는데, 이 말에도 일리가 있지만, 『경전석문』에서 구문을 끊은 것에 따른다.

【026】

蕭合黍稷, 臭陽達於墻屋. 故旣奠, 然後焫[如悅反]蕭合羶[馨]薌[香]. 凡祭愼諸此.〈郊特牲-078〉

쑥을 서직에 합해서 태우는 것은 냄새를 올려 양에서 신을 찾음에 그 냄새를 담장과 지붕으로 두루 통하게 하는 것이다. 그렇기 때문에 술을 따라서 진설한 뒤에는 쑥을 태워서['焫'자는 '如(여)'자와 '悅(열)'자의 반절음이다.] 고기의 기름과 곡물에['羶'자의 음은 '馨(형)'이다. '薌'자의 음은 '香(향)'이다.] 합해서 태우는 것이다. 무릇 제사를 지낼 때에는 이러한 부분에 대해서 신중을 기한다.

集說 蕭, 香蒿也. 取此蒿及牲之脂膋合黍稷而燒之, 使其氣旁達於墻屋之間, 是以臭而求諸陽也. 此是周人先求諸陽之禮. 旣奠, 謂薦孰之時, 蓋堂上事尸禮畢, 迎尸於戶內而薦之孰, 祝先酌酒奠於鉶羹之南, 而尸猶未入, 蕭脂黍稷之燒, 正此時也. 馨香, 卽黍稷也, 旣奠以下, 是明上文焫蕭之時, 非再焫也. 此是天子·諸侯之禮, 非大夫·士禮也.

'소(蕭)'자는 향기로운 쑥을 뜻한다. 이러한 쑥과 희생물의 기름을 취하여, 서직에 합쳐서 태우고, 그 냄새를 담과 지붕 사이로 두루 통하게 하니, 냄새를 통해서 양에서 찾기 때문이다. 이것은 주나라 때 우선적으로 양에서 찾은 예에 해당한다. '기전(旣奠)'은 익힌 고기를 바칠 때, 당상에서 시동을 섬기는 의례 절차가 모두 끝나면, 시동을 호 안쪽으로 인도하여, 그에게 익힌 고기를 바치는데, 축관은 우선적으로 술을 따라서 국을 담은 형의 남쪽에 놓아두고, 시동이 아직 들어오지 않았을 때, 쑥과 희생물의 기름 및 서직을 불태우게 되니, 바로 이 시기를 뜻한다. '형향(馨香)'은 서직을 뜻한다. '기전(旣奠)'으로부터 그 이하의 문장 내용은 앞 문장에서 쑥을 태운다고 했던 시기에 해당하는 것이지, 재차 태운다는 뜻이 아니다. 이것은 천자와 제후에게 해당하는 예법이며, 대부와 사 계층의 예법을 뜻하는 것이 아니다.

附註 焫蕭與肝膋, 幷焫羶, 字自通. 鬱合鬯句, 蕭合黍稷句.

'설소(焫蕭)'와 '간료(肝膋)'는 모두 전(羶)을 태우는 것으로, 전(羶)자와 형(馨)자는 본래 글자가 통용된다. '울합창(鬱合鬯)'에서 구문을 끊고, '소합서직(蕭合黍稷)'에서 구문을 끊는다.

【027】

魂氣歸于天, 形魄歸于地, 故祭求諸陰陽之義也. 殷人先求諸陽, 周人先求諸陰. 詔祝於室, 坐尸於堂, 用牲於庭, 升首於室. 直祭祝于主, 索祭祝于祊. 不知神之所在, 於彼乎, 於此乎? 或諸遠[去聲]人乎? 祭于祊, 尚曰求諸遠者與?〈郊特牲-079〉

사람이 죽게 되면, 혼기는 하늘로 회귀하고, 형백은 땅으로 회귀한다. 그렇기 때문에 제사를 지내는 것은 음양에서 신을 찾는 의에 해당한다. 은나라 때에는 우선적으로 양에서 신을 찾았고, 주나라 때에는 우선적으로 음에서 신을 찾았다. 실에서 축관이 축사를 통해 신에게 아뢰고, 당에 시동을 앉히며, 마당에서 희생물을 도축하고, 실에 희생물의 머리를 올린다. 정규 제사에서는 신주에게 축사를 아뢰고, 신을 찾으며 지내는 제사에서는 팽에서 축사를 아뢴다. 팽에서 축사를 아뢸 때에는 신이 계신 곳을 알 수 없으니, "저기에 계신가? 아니면 이곳에 계신가? 그것도 아니라면 사람과 멀리 떨어진['遠'자는 거성으로 읽는다.] 곳에 계신가?"라고 하게 된다. 팽에서 제사를 지내게 되면, 희망을 하며 "멀리 떨어진 곳에서 찾을 수 있기를 바랍니다."라고 말하게 된다.

集說 詔, 告也. 詔祝於室, 謂天子諸侯之祭, 朝事之時, 祝取牲之膟膋燎於爐炭, 而入告神於室也. 坐尸於堂者, 灌鬯之後, 尸坐戶西南面也. 用牲於庭, 謂殺牲也. 升首於室, 升牲之首也. 直祭, 正祭也. 祭以薦孰爲正, 正祭之時, 祝官以祝辭告于神主, 如云薦歲事于皇祖伯某甫是也. 索, 求也. 求索其神靈而祭之, 則祝官行祭于祊也. 祊有二, 一是正祭時設祭于廟, 又求神於廟門之內而祭之. 詩云: "祝祭于祊". 此則與祭同日. 一是明日繹祭, 祭於廟門之外也. 於彼於此, 言神在於彼室乎, 在於此堂乎? 或諸遠人者, 或遠離於人而不在廟乎? 尙, 庶幾也. 祭于祊, 庶幾可求之於遠處乎?

'조(詔)'자는 "아뢰다."는 뜻이다. '조축어실(詔祝於室)'은 천자와 제후가 제사를 지내며, 조사를 할 때, 축관이 희생물의 창자 사이에 낀 기름을 가져다가 화로의 숯에서 태우고, 실에 들어가서 신에게 아뢴다는 뜻이다. '좌시어당(坐尸於堂)'은 울창주를 이용해서 땅에 부은 이후, 시동을 호의 서쪽에 앉히고 남쪽을 바라보게 한다는 뜻이다. '용생어정(用牲於庭)'은 희생물을 도축한다는 뜻이다. '승수어실(升首於室)'은 희생물의 머리를 올린다는 뜻이다. '직제(直祭)'는 정규 제사를 뜻한다. 제사에서는 익힌 고기를 바치는 것을 올바른 규정으로 삼는데, 정규 제사를 지낼 때, 축관은 축사를 통해 신주에게 아뢰니, 마치 "황조의 맏이이신 아무개께 해마다 드리는 정규적인 제사를 올립니다."라고 하는 말들이 그 축사에 해당한다. '색(索)'자는 "찾다."는 뜻이다. 신령을 찾아서 제사를 지내게 된다면, 축관은 팽에서 제사를 지내게 된다. '팽(祊)'에는 두 가지가 있으니, 하나는 정규 제사를 지낼 때, 묘에서 제사를 지내고, 또한 묘문 안쪽에서 신을 찾아서 제사를 지내는 것이다. 『시』에서는 "축관이 팽에서 제사를 지낸다."[1]라고 했다. 이러한 경우에는 정규 제사를 지내는 날과 동일한 날에 시행한다. 다른 하나는 그 다음날 지내는 역제를 뜻하니, 묘문 밖에서 제사를 지내는 것이다. '어피어차(於彼於此)'는 "신이 저 실에 계신가? 아니면 이곳 당에 계신가?"라는 뜻이다. '혹저원인(或諸遠人)'은 "혹은 사람과 멀리 떨어져 있어서, 묘에 있지 않은 것인가?"라는 뜻이다. '상(尚)'자는 "바란다."는 뜻이다. 팽에서 제사를 지내면, "바라건대 먼 곳에서 신을 찾을 수 있을 것인가?"라고 말하게 된다.

【028】

祊之爲言傏[諒]也, 肵[祈]之爲言敬也. 富也者, 福也. 首也者, 直也. 相[去聲], 饗之也. 嘏, 長也, 大也. 尸, 陳也. 毛血, 告幽全之物也. 告

---

1) 『시』「소아(小雅)·초자(楚茨)」 : 濟濟蹌蹌, 絜爾牛羊, 以往烝嘗. 或剝或亨, 或肆或將. <u>祝祭于祊</u>, 祀事孔明. 先祖是皇, 神保是饗. 孝孫有慶. 報以介福, 萬壽無疆.

幽全之物者, 貴純之道也. 〈郊特牲-080〉

'팽(祊)'이라는 말은 멀다는['徬'자의 음은 '諒(량)'이다.] 의미이고, 시동 앞에 차려지는 '기'는['肵'자의 음은 '祈(기)'이다.] 공경한다는 뜻이다. 하사에 들어가는 '부(富)'라는 말은 축복을 받는다는 뜻이다. 희생물의 머리라는 것은 곧다는 뜻이다. '상'은['相'자는 거성으로 읽는다.] 흠향을 시킨다는 뜻이다. '하(嘏)'는 장구하고 광대하다는 의미이다. '시(尸)'는 진열하다는 뜻이다. 희생물의 털과 피는 내외적으로 이상 없이 온전한 희생물로 아뢴다는 뜻이다. 이상 없이 온전한 희생물로 아뢰는 것은 내외적으로 모두 좋은 것을 존귀하게 여기는 도에 해당한다.

集說 倞, 遠也. 承上文求諸遠者而言, 尸有肵俎, 是主人敬尸之俎也. 人若嘏辭有富, 以福言也. 牲體首在前, 升首而祭, 取其與神坐相直也. 相, 詔侑也. 所以詔侑於尸, 欲其享此饌也. 尸使祝致嘏辭于主人, 嘏有長久廣大之義也. 尸, 神象, 當爲主之義, 今以訓陳, 記者誤耳. 殺牲之時, 先以毛及血告神者, 血在內, 是告其幽, 毛在外, 是告其全也. 貴純者, 貴其表裏皆善也.

'양(倞)'자는 "멀다."는 뜻이다. 앞 문장에서 "멀리 있는 곳에서 찾는다."라고 한 말을 이어서 말한 것이며, 시동에게는 기조가 차려지게 되는데, 이것은 주인이 시동을 공경하게 대하여 차려내는 도마에 해당한다. 군주에 대해서 하사(嘏辭)[2]를 할 때에는 '부(富)'자가 들어가는데, 축복을 기

---

2) 하사(嘏辭)의 하(嘏)자는 축복을 받는다는 뜻이다. 제사를 지내게 되면, 시동이 입가심 하는 술을 받은 다음, 술잔이 오가게 되는데, 그 일이 끝나게 되면 축관(祝官)에게 명령하여, 제주(祭主)에게 축복을 내려주도록 한다. 이 의식을 '하'라고 부른다. 시동의 명령을 받은 축관은 '하'를 하게 되는데, 그 말에서는 "황시(皇尸)가 나 축관에게 명하여, 효손인 그대에게 많은 복을 영원토록 내리게 하였다. 그대 효손으로 하여금, 하늘로부터 녹봉(祿)을 받게 하고, 많은 농토를 경작하게 할 것이며, 장수하여 천년만년 향유하도록 할 것이니, 폐망하는 일 없이 잘 이끌어가야 한다."라고 한다. 이것이 바로 '하사'이다. 『의례』「소뢰궤식례(少牢饋食禮)」편에는 "卒命祝, 祝受以東, 北面于戶西, 以嘏于主人曰, "皇尸命工祝, 承致多福無

원하며 말을 하기 때문이다. 희생물의 몸체 중 머리는 앞에 놓여 있고, 머리를 바쳐서 제사를 지내는 것은 그것이 신이 앉는 자리와 서로 마주한다는 뜻에서 채택한 것이다. '상(相)'자는 아뢰고 권유한다는 뜻이다. 시동에게 아뢰고 권유를 하는 것은 그가 차려진 음식들을 흠향하도록 만들고자 해서이다. 시동은 축관을 시켜서 주인에게 하사를 내려주는데, '하(嘏)'에는 장구하고 광대하다는 의미가 포함되어 있다. 시동은 신을 형상화한 것이니, 마땅히 '주(主)'의 의미가 되는데, 현재는 '진(陳)'자로 풀이를 했으니, 이것은 『예기』를 기록한 자가 잘못 기록한 것일 뿐이다. 희생물을 도축했을 때에는 우선적으로 희생물의 털과 피로써 신에게 아뢰는데, 피는 희생물의 내부에 있는 것이므로, 희생물의 그윽함을 아뢰는 것에 해당하고, 털은 바깥에 있으므로, 희생물이 이상 없이 완전하다는 것을 아뢰는 것에 해당한다. "순을 존귀하게 대한다."는 것은 겉과 속이 모두 좋은 것을 존귀하게 여기는 것이다.

【029】

血祭, 盛氣也. 祭肺肝心, 貴氣主也. 祭黍稷加肺, 祭齊[去聲]加明水, 報陰也. 取膟[律]膋[僚]燔[燔]燎升首, 報陽也. 明水涗[稅]齊[去聲], 貴新也. 凡涗, 新之也. 其謂之明水也, 由主人之絜著此水也.〈郊特牲-081〉
희생물의 피를 가지고 제사를 지내는 것은 그 기를 더욱 융성하게 만드는 것이다. 희생물의 폐·간·심장을 가지고 제사를 지내는 것은 기운의 주체가 되는 장기를 존귀하게 여기기 때문이다. 서직으로 제사를 지낼 때 희생물의 폐를 첨가하고, 오제를['齊'자는 거성으로 읽는다.] 가지고 제사를 지낼 때 명수를 첨가하는 것은 음에 보답하기 위해서이다. 희생물의 장기 사이에 있는 기름을['膟'자의 음은 '律(률)'이다. '膋'자의 음은 '僚(료)'이다.] 가져다가 태우고

疆于女孝孫. 來女孝孫, 使女受祿于天, 宜稼于田, 眉壽萬年, 勿替引之."라는 기록이 있다.

['燔'자의 음은 '煩(번)'이다.] 희생물의 머리를 바치는 것은 양에 보답하기 위해서이다. 명수와 걸러낸 술을['涗'자의 음은 '稅(세)'이다. '齊'자는 거성으로 읽는다.] 설치하는 것은 신선한 것을 존귀하게 여기기 때문이다. 무릇 '세(涗)'라는 것은 신선하게 만든다는 뜻이다. 그 물을 '명수(明水)'라고 부르는 것은 주인이 청결하게 하며 밝게 드러내는 것이 이 물을 통해서 이루어졌기 때문이다.

集說 有血有氣乃爲生物, 血由氣以滋, 死則氣盡而血亦枯矣. 故血祭者, 所以表其氣之盛也. 肺肝心, 皆氣之所舍, 故云氣主. 周祭肺, 殷祭肝, 夏祭心也. 祭黍稷加肺者, 謂尸隋祭之時, 以黍稷兼肺而祭也. 祭齊加明水, 謂尸正祭之時, 陳列五齊之尊, 又加明水之尊也. 祖考形魄歸地屬陰, 而肺於五行屬金, 金水陰也, 故加肺. 加明水, 是以陰物而報陰靈也. 膟膋, 腸間脂也. 先燔燎于爐, 至薦孰, 則合蕭與黍稷燒之. 黍稷陽也, 牲首亦陽體, 魂氣歸天爲陽, 此以陽物報陽靈也. 明水, 陰鑑所取月中之水. 涗, 猶淸也. 沛瀝五齊而使之淸, 故云涗齊. 所以設明水及涗齊者, 貴其新潔也. 凡涗, 新之也, 專主涗齊而言, 故下文又釋明水之義. 絜著, 潔淨而明著也. 自月而生, 故謂之明. 周禮五齊, 一泛齊, 二醴齊, 三盎齊, 四緹齊, 五沈齊.

피를 가지고 있고 기를 가지고 있다면 살아있는 사물이 되며, 피는 기를 통해서 많아지고, 죽게 되면 기가 소진되어 피 또한 마르게 된다. 그렇기 때문에 희생물의 피를 바쳐서 제사를 지내는 것은 기의 융성함을 드러내는 방법이 된다. 희생물의 폐·간·심장은 모두 기가 모이는 곳이다. 그렇기 때문에 기운의 주인이라고 말한 것이다. 주나라 때에는 폐를 위주로 제사지냈고, 은나라 때에는 간을 위주로 제사지냈으며, 하나라 때에는 심장을 위주로 제사지냈다. 서직으로 제사를 지내며 폐를 더한다는 말은 시동이 수제를 지낼 때, 서직과 폐를 가지고 제사를 지낸다는 뜻이다. "제로 제사를 지내며 명수를 더한다."는 말은 시동이 정규 제사를 지낼 때, 오제(五齊)3)를 담은 술동이를 진열하고, 또 명수를 담은 술동이를 진열한다는 뜻이다. 조상의 형백은 땅으로 귀의하여 음에 속하고, 희생물의 폐는 오행 중 금에 속하는데, 금과 수는 음에 해당한다. 그렇기 때문에 희생물의 폐를 첨가하는 것이다. 명수를 첨가하는 것은 음에 해당하는 사물을 통해서 음의 혼령에게 보답하는 것이다. '율료(膟膋)'는 창자 사이에 있는 지방이다. 먼저 화로에서 그것을 태우고, 익힌 고기를 바치게 되면, 쑥과 서직을 합하여 태운다. 서직은 양에 해당하고, 희생물의 머리 또한 양에 해당하는 신체 부위이며, 혼기는 하늘로 귀의하여 양이 되니, 이것은 양에 해당하는 사물을 통해서 양의 혼령에게 보답하는 것이다. '명수(明水)'는 음감을 통해서 달이 비춰진 우물에서 뜬 물이다. '세(涗)'자는 "맑다."는 뜻이다. 오제를 맑게 걸러내서, 맑은 술로 만드는 것이다. 그렇기 때문에 '세제(涗齊)'라고 말한 것이다. 명수와 세제를 진설하는 이유는 신선하고 청결한 것을 존귀하게 여기기 때문이다. 무릇 '세(涗)'라는 것은 신선하게 만든다는 것이니, 이 말은 전적으로 세제만을 위주로

---

3) 오제(五齊)는 술의 맑고 탁한 정도에 따라서 다섯 가지 등급으로 분류한 술을 뜻한다. 또한 술을 범칭하는 용어로도 사용된다. 다섯 가지 술은 범제(泛齊), 례제(醴齊), 앙제(盎齊), 제제(緹齊), 침제(沈齊)를 가리킨다. 『주례』「천관(天官)·주정(酒正)」편에는 "辨五齊之名, 一曰泛齊, 二曰醴齊, 三曰盎齊, 四曰緹齊, 五曰沈齊."라는 기록이 있다. 각 술들에 대해 설명하자면, 위의 기록에 대한 정현의 주에서는 "泛者, 成而滓浮泛泛然, 如今宜成醪矣. 醴猶體也, 成而汁滓相將, 如今恬酒矣. 盎猶翁也, 成而翁翁然, 蔥白色, 如今酇白矣. 緹者, 成而紅赤, 如今下酒矣. 沈者, 成而滓沈, 如今造淸矣. 自醴以上尤濁, 縮酌者. 盎以下差淸. 其象類則然, 古之法式未可盡聞. 杜子春讀齊皆爲粢. 又禮器曰, '緹酒之用, 玄酒之尙.' 玄謂齊者, 每有祭祀, 以度量節作之."라고 풀이했다. 즉 '범제'는 술이 익고 나서 앙금이 둥둥 떠 있는 것으로 정현 시대의 의성료(宜成醪)와 같은 술이고, '례주'는 술이 익고 나서 앙금을 한 차례 걸러낸 것으로 염주(恬酒)와 같은 것이며, '앙제'는 술이 익고 나서 새파란 빛깔을 보이는 것으로 찬백(酇白)과 같은 술이고, '제제'는 술이 익고 나서 붉은 빛깔을 보이는 것으로 하주(下酒)와 같은 술이며, '침제'는 술이 익고 나서 앙금이 모두 가라앉아 있는 것으로 조청(造淸)과 같은 술이다. '범주'는 가장 탁한 술이며, '례주'는 그 다음으로 탁한 술이고, '앙제'부터는 뒤로 갈수록 맑은 술에 해당한다.

언급한 것이다. 그렇기 때문에 그 뒤의 문장에서는 또한 '명수(明水)'의 의미를 풀이한 것이다. '혈저(絜著)'는 청결하고 밝게 드러난다는 뜻이다. 달을 통해서 생겨났기 때문에, '명(明)'이라고 부르는 것이다. 『주례』에는 '오제(五齊)'가 기록되어 있으니, 첫 번째는 범제이고, 두 번째는 예제이며, 세 번째는 앙제이고, 네 번째는 제제이며, 다섯 번째는 침제이다.

【030】

舉斝角, 詔妥尸. 古者尸無事則立, 有事而后坐也. 尸, 神象也. 祝, 將命也. 〈郊特牲-083〉[4] [本在"敬而已矣"下.]

가와 각을 들어 올리면, 축관은 주인에게 아뢰어 시동을 편안히 앉도록 만든다. 고대에는 시동에게 특별한 일이 없다면 제자리에 세워 두었고, 시행할 일이 있은 뒤에라야 자리에 앉혔다. 시동은 신을 형상화하는 자이다. 축관은 명령을 전달하는 자이다. [본래는 "공경하는 마음을 다하는 것일 뿐이다."라고 한 문장 뒤에 수록되어 있었다.]

集說 斝與角, 皆爵名. 詔, 告也. 妥, 安也. 尸始卽席舉斝角之時, 祝告主人拜尸, 以妥安其坐. 前篇言夏立尸而卒祭, 此言古者, 蓋指夏時也. 夏之禮, 尸無事則立, 有飮食之事, 然後得坐也. 尸所以象所祭者, 故曰神象. 爲祝者, 先以主人之辭告神, 後以尸之辭嘏主人, 故曰將命.

제사라는 의례를 시행할 때, 어떤 경우에는 희생물의 몸체를 생고기 상태로 올리고, 또 어떤 경우에는 부위별로 갈라서 올리며, 또 어떤 경우에는 탕에 담가서 데친 것을 올리고, 또 어떤 경우에는 익힌 것을 올리는데,

---

4) 『예기』「교특생(郊特牲)」 083장 : 腥肆爛腍祭, 豈知神之所饗也? 主人自盡其敬而已矣. 舉斝角, 詔妥尸, 古者尸無事則立, 有事而后坐也, 尸, 神象也, 祝, 將命也.

신이 과연 어떤 것을 흠향할 줄 알아서이겠는가? 주인이 자신의 공경하
는 마음을 다하는 것에 불과할 따름이다. '가(斝)'와 '각(角)'은 모두 술잔
의 이름이다. '조(詔)'자는 "아뢰다."는 뜻이다. '타(妥)'자는 "편안하다."
는 뜻이다. 시동이 처음으로 자리에 나아가서 가와 각을 들 때, 축관은
주인에게 아뢰어, 시동에게 절을 하도록 해서, 이를 통해 시동이 편안히
앉도록 만든다. 앞 편에서는 하나라 때에는 시동을 제 자리에 세워두게
되며, 세워둔 상태에서 제사를 끝냈다고 했으니, 여기에서 말한 '고(古)'
라는 것은 아마도 하나라 때를 가리키는 것 같다. 하나라의 예법에서는
시동에게 특별히 시행할 일이 없다면 세워 두었고, 음식을 먹는 일이 생
긴 뒤에라야 자리에 앉힐 수 있었다. 시동은 제사를 받는 대상을 형상화
하는 자이다. 그렇기 때문에 "신을 형상화한다."라고 말한 것이다. 축관
이 된 자는 우선적으로 주인의 말을 가지고 신에게 아뢰고, 이후에 시동
의 말을 가지고 주인에게 하사를 전한다. 그렇기 때문에 "명령을 전달한
다."라고 말한 것이다.

【031】

縮酌用茅, 明酌也. 〈郊特牲-084〉

예제를 걸러서 맑은 술로 만들고자 할 때에는 띠풀로 거름망을 만들고 명
작을 섞어서 거른다.

集說 縮, 泲也. 酌, 斟酌也. 謂醴齊濁泲而后可斟酌, 故云縮酌也.
用茅者, 以茅覆藉而泲之也. 周禮三酒, 一曰事酒, 二曰昔酒, 三曰清
酒. 事酒, 爲事而新作者, 其色清明, 謂之明酌. 言欲泲醴齊, 則先用
此明酌和之, 然后用茅以泲之也.

'축(縮)'자는 "거르다."는 뜻이다. '작(酌)'자는 술을 따른다는 뜻이다. 즉
예제는 탁한 술이므로 거른 이후에야 술잔에 따를 수 있다. 그렇기 때문
에 '축작(縮酌)'이라고 말한 것이다. '용모(用茅)'는 띠풀로 깔개를 덮어

서 술을 거른다는 뜻이다. 『주례』에는 삼주(三酒)5)가 나오는데, 첫 번째
는 '사주(事酒)'이고, 두 번째는 '석주(昔酒)'이며, 세 번째는 '청주(淸酒)'
이다. 사주는 어떠한 일을 위해서 새롭게 만든 술이며, 그 색깔은 청명하
므로, 이것을 '명작(明酌)'이라고 부른다. 예제를 거르고자 한다면, 우선
적으로 이러한 명작을 이용해서 술에 섞고, 그런 뒤에 띠풀로 거름망을
만들어서 거른다는 뜻이다.

【032】

醆[側眼反]酒涚于淸, 汁獻[莎]涚于醆酒. 〈郊特牲-085〉

잔주는['醆'자는 '側(측)'자와 '眼(안)'자의 반절음이다.] 청주를 통해서 거르고, 즙사
는['獻'자의 음은 '莎(사)'이다.] 잔주를 통해서 거른다.

---

5) 삼주(三酒)는 상황에 따라 사용되는 세 가지 술을 뜻한다. 세 가지 술은 사주(事酒),
  석주(昔酒), 청주(淸酒)를 가리킨다. 『주례』「천관(天官)·주정(酒正)」편에는 "辨
  三酒之物, 一曰事酒, 二曰昔酒, 三曰淸酒."라는 기록이 있다. 각 술들에 설명은
  주석마다 약간의 차이를 보인다. 위의 기록에 대해서 정현의 주에서는 "鄭司農云,
  '事酒, 有事而飮也, 昔酒, 無事而飮也, 淸酒, 祭祀之酒.' 玄謂事酒, 酌有事者之
  酒, 其酒則今之醳酒也. 昔酒, 今之酋久白酒, 所謂舊醳者也. 淸酒, 今中山冬釀
  接夏而成."이라고 풀이했다. 즉 정사농(鄭司農)의 주장에 따르면, '사주'는 어떤
  사안이 있어서 마시게 되는 술을 뜻하고, '석주'는 특별한 일이 없을 때 마시는
  술을 뜻하며, '청주'는 제사를 지낼 때 쓰는 술을 뜻한다. 한편 정현의 주장에 따르면,
  '사주'는 일을 맡아본 자에게 따라주는 술을 뜻하는데, 그 술은 정현 시대의 역주(醳
  酒)에 해당하고, '석주'는 오래 숙성시킨 술로 백주(白酒)와 같은 것이며, '청주'는
  중산(中山) 지역에서 겨울에 술을 담가서 여름쯤 다 익은 술을 뜻한다. 그리고
  위의 기록에 대해서 손이양(孫詒讓)의 『정의(正義)』에서는 "三酒之中, 事酒較濁,
  亦隨時釀之, 酋繹卽孰. 昔酒較淸, 則冬釀春孰. 淸酒尤淸, 則冬釀夏孰."이라고
  풀이했다. 즉 손이양의 주장에 따르면, '사주'는 비교적 탁한 술이며, 또한 수시로
  빚은 술을 말하는데, 술독을 열어두어서 곧바로 숙성시키는 술을 뜻한다. '석주'는
  비교적 맑은 술이며, 겨울에 빚어서 봄쯤에 다 익는 술을 뜻한다. '청주'는 더욱
  맑은 술이며, 겨울에 빚어서 여름쯤에 익는 술을 뜻한다.

醆酒, 盎齊也. 涗, 沛也. 清, 謂清酒也. 清酒冬釀, 接夏而成. 盎齊差清, 先和以清酒而後沛之, 故云醆酒涗于清. 以其差清, 故不用茅也. 汁獻, 謂摩挲秬鬯及鬱金之汁也. 秬鬯中有煮鬱, 又和以盎齊摩挲而沛之, 出其香汁, 故云汁獻涗于醆酒也.

'잔주(醆酒)'는 앙제를 뜻한다. '세(涗)'자는 "거른다."는 뜻이다. '청(清)'자는 청주를 뜻한다. 청주는 겨울에 빚고 여름이 될 무렵 익게 된다. 앙제는 조금 더 맑은 술인데, 우선 청주를 이용해서 섞은 뒤에 거르게 된다. 그렇기 때문에 "잔주는 청주에 거른다."라고 말한 것이다. 그 술은 조금 더 맑기 때문에 띠풀을 이용하지 않는 것이다. '즙사(汁獻)'는 거창과 울금을 으깬 즙을 뜻한다. 거창 안에 삶은 울금을 넣고, 또한 앙제를 부어서 섞은 뒤에 걸러서, 그 향긋한 즙을 추출하는 것이다. 그렇기 때문에 "즙헌은 잔주를 통해서 거른다."라고 말한 것이다.

疏曰: 以事酒沛醴齊, 清酒沛盎齊, 今沛秬鬯乃用盎齊, 而不以三酒者, 五齊卑, 故用三酒沛之; 秬鬯尊, 故用五齊沛之也.

소에서 말하길, 사주를 통해서 예제를 거르고, 청주를 통해서 앙제를 거르는데, 현재 거창을 거를 때 앙제를 사용하고 삼주를 이용하지 않은 것은 오제는 상대적으로 미천한 것이기 때문에, 삼주를 이용해서 거르는 것이며, 거창은 존귀한 것이기 때문에 오제를 이용해서 거르는 것이다.

汁獻, 亦如字.

'汁獻'에서의 '獻'자 또한 글자대로 읽는다.

【033】

猶明淸與酸酒于舊澤[亦]之酒也.〈郊特牲-086〉

앞서 언급한 술들은 오늘날 명작과 청주 및 잔주를 오래된 술에 섞은 뒤 걸러낸['澤'자의 음은 '亦(역)'이다.] 술과 같다.

集說 上文所沛三者之酒, 皆天子・諸侯之禮. 作記之時, 此禮已廢, 人不能知其法, 故言此以曉之曰, 沛醴齊以明酌, 沛酸酒以淸酒, 沛汁獻以酸酒者, 卽如今時明淸酸酒沛于舊醳之酒也. 猶, 若也. 舊, 謂陳久也. 澤, 讀爲醳. 醳者, 和醳醴釀之名, 後世謂之醳酒.

앞 문장에서 거른다고 한 세 가지 술들은 모두 천자와 제후의 의례 때 사용하는 술이다. 『예기』를 기록했을 당시 이러한 예는 이미 폐지되어 서, 사람들은 그 예법을 알 수 없었다. 그렇기 때문에 이러한 말을 언급하 여 깨우쳐주길, "예제를 거를 때 명작을 사용하고, 잔주를 거를 때 청주를 사용하며, 즙사를 거를 때 잔주를 사용한다는 것은 곧 오늘날 명작・청 주・잔주를 구역에 거른 술과 같다."고 한 것이다. '유(猶)'자는 "같다."는 뜻이다. '구(舊)'자는 매우 오래되었다는 뜻이다. '역(澤)'자는 역(醳)자로 풀이한다. '역(醳)'이라는 것은 오래된 술에 섞어서 맑은 술로 만든다는 명칭으로, 후세에는 이것을 '역주(醳酒)'라고 불렀다.

【034】

祭有祈焉, 有報焉, 有由辟[弭]焉.〈郊特牲-087〉

제사에는 기원을 하는 것도 있고, 보답을 하는 것도 있으며, 이러한 것들을 이용하여 제례를 지내서 재앙이나 환란 등을 그치게['辟'자의 음은 '弭(미)'이다.] 하는 것도 있다.

集說 此泛言祭禮又有此三者之例. 如周禮所云: "祈福祥, 求求貞, 祈福于田祖", 詩言"春夏祈穀"之類, 是祈也. 報, 謂獲福而報之. 祭禮多是報本之義. 由, 用也. 辟, 讀爲弭. 如周所謂弭災兵遠罪疾之類. 由弭者, 用此以消弭之也.

이 문장은 제례에는 또한 이러한 세 종류의 범례가 있음을 범범하게 해석하고 있다. 예를 들어 『주례』에서 이른바 "복과 상서로움을 기원하고, 장수를 기원하며, 전조(田祖)[1]에게 풍년을 기원한다."[2]라고 말하고, 『시』에서 "봄과 여름이 곡식이 여물기를 기원한다."[3]라고 말한 부류들이 바로 기원하는 일에 해당한다. '보(報)'자는 복을 얻어서 보답한다는 뜻이다. 제례는 대부분 근본에 보답하는 의에 해당한다. '유(由)'자는 "사용하다."는 뜻이다. '미(辟)'자는 미(弭)자로 풀이한다. 예를 들어 일상적으로 말하는 재앙이나 병란을 그치게 하고, 죄나 질병을 멀리한다는 부류와 같은 것이다. 따라서 '유미(由弭)'라는 말은 이러한 제사를 이용해서, 소멸시키고 그치게 한다는 뜻이다.

附註 有由辟焉, 辟, 註作弭. 按: 辟自有辟除之意.

'유유벽언(有由辟焉)'이라 했는데, '辟'자를 주에서는 미(弭)자로 기록했다. 살펴보니, '벽(辟)'자 자체에도 벽제(辟除)의 뜻이 포함되어 있다.

---

1) 전조(田祖)는 전설 속의 인물로, 처음 농경지를 경작한 자이다. 신농씨(神農氏)를 가리킨다. 『시』「소아(小雅)・보전(甫田)」편에는 "琴瑟擊鼓, 以御田祖."라는 기록이 있는데, 주자의 『집전(集傳)』에서는 "謂始耕田者, 卽神農也."라고 풀이했다.

2) 『주례』「춘관(春官)・대축(大祝)」: 大祝; 掌六祝之辭, 以事鬼神示, 祈福祥, 求永貞. 一曰順祝, 二曰年祝, 三曰吉祝, 四曰化祝, 五曰瑞祝, 六曰筴祝. /『주례』「춘관(春官)・약장(籥章)」: 凡國祈年于田祖, 龡豳雅, 擊土鼓, 以樂田畯.

3) 『시』「주송(周頌)・희희(噫嘻)」편의 모서(毛序): 噫嘻, 春夏, 祈穀于上帝也.

【035】

齊[側皆反]之玄也, 以陰幽思也. 故君子三日齊, 必見其所祭者. ⟨郊特牲
-088⟩

재계를['齊'자는 '側(측)'자와 '皆(개)'자의 반절음이다.] 하며 현관과 현의를 착용하
는 것은 귀신들이 머무는 그윽하고 어두운 뜻에 따르면서도 그것에 생각을
잠기게 하기 때문이다. 그러므로 군자가 3일 동안 이처럼 재계를 하게 되
면, 반드시 제사를 지내게 되는 대상을 볼 수 있게 된다.

集說 齊而玄冠玄衣, 順鬼神幽黯之意, 且以致其陰幽之思也. 見其
所祭之親, 精誠之感也.

재계를 하며 현관과 현의를 착용하는 것은 귀신이 그윽하고 어두운 곳에
머문다는 뜻에 따르는 것이며, 또한 그윽하고 어두운 곳에 잠긴 생각을
지극히 하는 것이다. 제사를 받게 되는 돌아가신 부친을 보는 것은 지극
한 정성에 감응을 하기 때문이다.

類編 右祭禮之義. [郊特文, 中有禮器數段.]

여기까지는 '제례지의(祭禮之義)'에 대한 내용이다. [「교특생」편의 문장인데,
중간에는 「예기」편의 여러 단락들이 포함되어 있다.]

◇ 관(冠)

【036】

冠[去聲]義, 始冠之, 緇布之冠也. 大古冠布, 齊[側皆反]則緇之. 其緌[如
追反]也, 孔子曰: "吾未之聞也, 冠而敝之可也."〈郊特牲-062〉 [本在"後斷
也"下.]

관례를['冠'자는 거성으로 읽는다.] 치르는 도의에서는 처음으로 관을 씌워줌에
치포관을 사용한다. 태고 때에는 관을 만들 때 포를 이용해서 만들었고,
재계를['齊'자는 '側(측)'자와 '皆(개)'자의 반절음이다.] 하게 되면 검은색으로 된 포
를 이용해서 만들었다. 관에 다는 장식인 유에['緌'자는 '如(여)'자와 '追(추)'자의
반절음이다.] 대해서 공자는 "나는 이러한 장식을 한다는 것에 대해서는 들어
보지 못했다. 관례를 치를 때 잠시 사용하고 관례를 치른 뒤에는 치포관을
제거하는 것이 옳다."라고 했다. [본래는 "뒤에야 고기를 자른다."[1]라고 한 문장 뒤에
수록되어 있었다.]

集說 冠義, 言冠禮之義也. 冠禮三加, 先加緇布冠, 是太古齊時之
冠也. 緇布爲之, 不用笄, 用頍以圍髮際, 而結於項中, 因綴之以固冠
耳, 不聞有垂下之緌也. 此冠後世不復用, 而初冠暫用之, 不忘古也.
冠禮旣畢, 則敝棄之可矣. 玉藻云: "緇布冠繢緌", 是諸侯位尊, 盡飾
故也. 然亦後世之爲耳.

'관의(冠義)'는 관례의 도의를 뜻한다. 관례를 치르며 삼가를 할 때에는
먼저 치포관을 씌워주니, 이것은 태고 때 재계를 하며 쓰는 관에 해당한
다. 치포를 이용해서 만들 때에는 비녀를 사용하지 않고, 규를 이용해서
머리카락을 감싸고, 목이 있는 곳에서 결속하며, 이것을 통해 결속하여
관을 단단하게 고정시킬 따름이며, 밑으로 늘어트리는 유가 포함된다는

---

1) 『예기』 「교특생(郊特牲)」 061장 : 祭天掃地而祭焉, 於其質而已矣. 醮醯之美,
而煎鹽之尙, 貴天産也. 割刀之用, 而鸞刀之貴, 貴其義也, 聲和而<u>後斷也</u>.

것에 대해서는 들어보지 못했다. 그러한 관은 후세에 재차 사용하지 않았고, 최초 관례를 치를 때에만 잠시 사용했던 것이니, 고대의 예법을 잊지 않기 위함이다. 관례가 모두 끝나면 제거하는 것이 옳다. 『예기』「옥조(玉藻)」편에서는 "치포관에는 궤유를 한다."고 했는데, 그 이유는 제후는 지위가 존귀한 자이므로, 그 장식을 다하기 때문이다. 그러나 이 또한 후세에 시행되었던 관행일 뿐이다.

集說 石梁王氏曰: 冠一段, 當付冠義.

석량왕씨가 말하길, '관(冠)'자로 시작하는 이곳 단락은 마땅히 『예기』「관의(冠義)」편에 포함시켜야 한다.

附註 孔子曰吾未之聞, 如馬史稱太史公之例, 後人所加. 下至郊特·禮器竝同, 今當刪.

'공자왈오미지문(孔子曰吾未之聞)'이라고 했는데, 이것은 『사기』에서 태사공을 지칭한 용례와 같은 것으로 후인들이 첨가한 것이다. 뒤로「교특생」및「예기」편도 모두 이와 같으니, 지금은 마땅히 삭제해야 한다.

【037】

適[的]子冠於阼, 以著代也. 醮於客位, 加有成也. 三加彌尊, 喩其志也. 冠而字之, 敬其名也.〈郊特牲-063〉

적장자의[適'자의 음은 '的(적)'이다.] 경우 동쪽 계단에서 관례를 치르니, 이를 통해서 부친의 대를 계승한다는 사실을 드러낸다. 그리고 관을 모두 씌워주면, 빈객의 자리에서 초를 하니, 성인이 된 자에게 해당 예법을 더해주기 때문이다. 세 차례 관을 씌워줄 때에는 점진적으로 그 복식이 존귀한 것으로 바뀌니, 그 뜻을 확충하여 존귀한 복장에 걸맞게 함을 깨우쳐주기 위함이다. 관례를 치른 뒤에는 그에게 자를 지어주니, 그의 이름을 공경하기 때문이다.

集說 著代, 顯其爲主人之次也. 酌而無酬酢曰醮, 客位在戶牖之間. 加有成, 加禮於有成之人也. 三加, 始冠緇布冠, 次加皮弁, 又次加爵弁也. 喩其志者, 使其知廣充志意以稱尊服也. 此適子之禮, 若庶子則冠於房戶外南面, 醮亦在戶也. 夏·殷之禮醮用酒, 每一加而一醮. 周則用醴, 三加畢乃總一醴也.

'저대(著代)'는 주인에 오를 다음 서열이 됨을 드러낸다는 뜻이다. 술을 따르되 서로 술을 권함이 없는 의례를 '초(醮)'라 부르고, 빈객의 자리는 호와 들창 사이에 해당한다. '가유성(加有成)'은 성인이 되는 자에게 예법을 더해준다는 뜻이다. 삼가에서는 최초 치포관을 씌워주고, 그 다음으로 피변을 씌워주며, 또 그 다음으로 작변을 씌워준다. '유기지(喩其志)'라는 말은 뜻과 의지를 확충하여, 존귀한 복식에 걸맞도록 해야 함을 알게끔 한다는 뜻이다. 이것은 적자에게 해당하는 예이니, 만약 서자인 경우라면 방의 호 바깥에서 남쪽을 바라보는 장소에서 관례를 치르고, 초 또한 호 밖에서 시행한다. 하나라와 은나라의 예법에서는 초를 할 때 술을 사용했으며, 매번 하나의 관을 씌워줄 때마다 한 차례 초를 했다. 주나라의 경우에는 단술을 사용하였고, 세 차례 관을 씌워주는 절차가 모두 끝나게 되면, 총괄적으로 한 차례 단술을 따라주었다.

【038】

委貌, 周道也. 章甫, 殷道也. 毋[牟]追[堆], 夏后氏之道也.〈郊特牲-064〉

위모를 쓰는 것은 주나라 때의 도이다. 장보를 쓰는 것은 은나라 때의 도이
다. 모퇴를['毋'자의 음은 '牟(모)'이다. '追'자의 음은 '堆(퇴)'이다.] 쓰는 것은 하후씨
때의 도이다.

集說 委貌·章甫·毋追, 皆緇布冠, 但三代之易名不同, 而其形制
亦應異耳. 是皆先王制禮之道, 故皆以道言之. 委貌, 卽玄冠. 舊說,
委, 安也, 言所以安正容貌; 章, 明也, 所以表明丈夫. 毋發聲之辭.
追, 猶椎也. 以其形名之. 此一條, 是論三加始加之冠.

'위모(委貌)' · '장보(章甫)' · '모퇴(毋追)'는 모두 치포관에 해당하는데,
다만 삼대 때에는 명칭을 고치게 되어, 서로 달라지게 된 것이고, 그 형태
와 제작방법 또한 마땅히 달랐을 것이다. 이것은 모두 선왕이 예를 제정
했던 도에 해당한다. 그렇기 때문에 모두에 대해 '도(道)'자를 붙여서 언
급한 것이다. '위모(委貌)'는 곧 현관에 해당한다. 옛 학설에서는 '위(委)'
자를 "안정시킨다."는 뜻으로 풀이하니, 즉 용모를 단정하게 만든다는 의
미이고, '장(章)'자는 "나타낸다."는 뜻으로 풀이하니, 즉 장부가 되었음을
드러내는 의미이다. '모(毋)'자는 발어사에 해당한다. '퇴(追)'자는 상투를
뜻한다. 그 형태에 따라서 이러한 명칭을 정한 것이다. 이곳 한 조목은
삼가를 할 때 처음으로 씌워주는 관에 대해 논의한 것이다.

【039】

周弁, 殷冔[詡], 夏收.〈郊特牲-065〉

주나라 때에는 변을 썼고, 은나라 때에는 후를['冔'자의 음은 '詡(후)'이다.] 썼으
며, 하나라 때에는 수를 썼다.

集說 周之弁, 殷之冔, 夏之收, 各是時王所制, 以爲三加之冠. 舊說

弁名出於槃, 槃, 大也. 冔名出於幠, 幠, 覆也. 収, 所以收斂其髮也.
形制未聞.

주나라 때의 변, 은나라 때의 후, 하나라 때의 수는 각각 당시 왕조에서
제작한 것으로, 삼가에서 세 번째로 씌워주는 관으로 삼은 것이다. 옛
학설에서는 '변(弁)'이라는 명칭은 반에서 도출되었는데, '반(槃)'자는 "크
다."는 뜻이라고 했다. 또 '후(冔)'라는 명칭은 무에서 도출되었는데, '무
(幠)'자는 "뒤덮다."는 뜻이다. '수(収)'는 그 머리카락을 감싼다는 뜻이
다. 그러나 그 형태와 제작방법에 대해서는 들어보지 못했다고 했다.

【040】

三王共皮弁 · 素積.〈郊特牲-066〉

삼왕 때에는 모두 피변에 소적을 착용했다.

集說 皮弁, 以白鹿皮爲之, 其服則十五升之布也, 白與冠同, 以素
爲裳, 而辟積其要中, 故云皮弁素積也. 三代皆以此爲再加之冠服.

'피변(皮弁)'은 백색의 사슴가죽으로 만든 것으로, 그 때 착용하는 복식은
15승의 포를 이용해서 만드니, 백색으로 만들어서 관의 색깔과 동일하게
하며, 흰색의 옷감으로 하의를 만들고, 이것으로 허리 중앙에 덧대기 때
문에, '피변소적(皮弁素積)'이라고 말한 것이다. 삼대 때에는 모두 이것
을 두 번째 씌워주는 관의 복식으로 삼았다.

【041】

無大夫冠禮, 而有其昏禮. 古者五十而后爵, 何大夫冠禮之有? 諸侯
之有冠禮, 夏之末造也.〈郊特牲-067〉

대부 계층에는 다른 계층과 다른 별도의 관례가 없고, 별도의 혼례만 있을
따름이다. 고대에는 50세가 된 이후에야 작위를 받았는데, 어떻게 대부의

관례가 별도로 있겠는가? 제후에게 별도의 관례가 생긴 것은 하나라 말기
에 생겨난 일이다.

集說 諸侯大夫之冠, 一如士禮行之, 下章所謂無生而貴者也. 夏之
末造, 言夏之末世所爲耳.

제후와 대부의 관례는 모두 사 계급에게 적용되는 예법에 따라 시행하니,
아래문장에서 말한 "태어나면서부터 존귀한 자는 없다."는 뜻에 해당한
다. '하지말조(夏之末造)'라는 말은 하나라 말엽에 시행된 것일 뿐이라는
의미이다.

[042]
天子之元子, 士也. 天下無生而貴者也. 繼世以立諸侯, 象賢也. 以
官爵人, 德之殺[色介反]也. 死而諡, 今也. 古者生無爵, 死無諡.〈郊特
牲-068〉

천자의 원자라 하더라도 그에게 적용하는 관례는 사 계층이 따르는 예법일
따름이다. 천하에는 태어나면서부터 존귀한 자는 없었다. 선대를 계승하여
제후의 지위에 오른 것은 조상들의 현명함을 본받을 수 있기 때문이다.
관직을 가지고 사람들에게 작위를 나눠줄 때에는 그들이 갖춘 덕에 따라서
차등을['殺'자는 '色(색)'자와 '介(개)'자의 반절음이다.] 두어야 한다. 죽었을 때 시호
를 지어주는 것은 현재 시행되는 예법일 따름이다. 고대에는 생전에 작위
가 없었다면, 죽어서도 시호를 짓지 않았다.

集說 元子, 適長子也, 其冠亦行士之冠禮. 無生而貴, 言有德乃有
位也. 立諸侯以繼其先世, 以其能法前人之賢行也. 以官爵人, 必隨
其德之大小而爲降殺也. 死必有諡, 今日之變禮也. 殷以前, 大夫以
上乃爲爵, 死則有諡. 周制雖爵及命士, 死不諡也.

'원자(元子)'는 천자의 적장자를 뜻하는데, 그에게 적용하는 관례 또한

사에게 적용되는 관례에 따라 시행한다. "태어나면서부터 존귀한 자는 없다."는 말은 덕을 갖춰야만 곧 지위를 갖게 된다는 뜻이다. 제후의 적자를 제후로 세워서 선대를 계승하도록 하는 것은 그가 이전 조상들의 현명한 행실을 본받을 수 있기 때문이다. 관직으로 다른 사람들에게 작위를 나눠줄 때에는 반드시 그가 갖춘 덕의 크기에 따라서 차등을 두어야 한다. 죽었을 때 반드시 시호를 정하게 된 것은 현재 시행되는 변례이다. 은나라 이전인 경우 대부 이상이라면 곧 작위를 갖게 되고, 그가 죽게 되면 시호를 받게 된다. 그러나 주나라 때의 제도에서는 비록 작위가 명사(命士)[1]에게까지 하사되었지만, 명사가 죽었을 때에는 시호를 지어주지 않았다.

附註 天下無生而貴, 有德乃有位, 未當. 繼世以立諸侯, 象賢也, 鄭氏云: "德大者, 爵以大官; 德小者, 爵以小官. 殷士生不爲爵, 死不爲諡. 周以士爲爵, 死猶不爲諡. 今時士死則諡之." 朱子曰: "按此於冠義無所當, 疑錯簡也. 註義亦非是. 言上古之時, 民各推其賢者, 舉以爲君, 沒則復奉其子, 以繼之其後, 遂以爲諸侯. 然其子之立也, 但象似其賢而已, 非故擇賢而立之也. 至於中古, 乃在上者擇人任官, 而爲之爵等, 此則德之衰殺, 不及上古之時矣. 又至於周而有諡法, 則生而有爵者, 死又加諡, 此則又其殺也. 上古民自立君, 故生無爵. 中古未有諡法, 故雖有爵而無諡. 又以申言古今之變也." 陳氏所謂 "以官爵人, 必隨其德之大小", 似從鄭說, 而殷以前大夫以上, 死則有諡, 又與古註不合, 當以朱子所論爲正. 又按: 此段雖於冠義, 無所當, 因上文古者五十而爵推說去, 不必作錯簡看.

"천하에는 태어나면서부터 존귀한 자가 없다."고 했고, 주에서는 덕을 갖

---

1) 명사(命士)는 사(士) 중에서도 작명(爵命)을 받은 자를 뜻한다. 『예기』「내칙(內則)」편에는 "由命士以上, 父子皆異官, 昧爽而朝, 慈以旨甘."이라는 용례가 나온다.

취야만 지위를 갖게 된다고 했는데, 타당하지 않다. "선대를 계승하여 제후의 지위에 오른 것은 조상들의 현명함을 본받을 수 있기 때문이다." 라 했는데, 정현은 "덕이 큰 자에 대해서는 큰 관직으로 작명을 주고 덕이 작은 자에 대해서는 작은 관직으로 작명을 준다. 은나라 때의 사는 생전에 작위를 받지 못하여 죽어서도 시호를 짓지 않았다. 주나라의 제도에서는 사를 작위로 삼았지만, 죽었을 때에는 여전히 시호를 짓지 않았을 따름이다. 오늘날에는 사가 죽게 되면 시호를 지어주고 있다."라 했다. 주자는 "살펴보니, 이 내용은 「관의」편에 대해 해당하는 바가 없으니, 아마도 착간이 된 것 같다. 그런데 주의 뜻 또한 잘못된 것 같다. 이것은 상고시대에 백성들이 각각 현명한 자를 추대해서 그를 군주로 삼고, 그가 죽으면 다시 그 아들을 받들어 그 뒤를 잇게 했으며, 결국에는 그를 제후로 삼았음을 말한 것이다. 그러나 그 자식을 세운 것은 단지 그 모습이 그의 현명한 조상과 닮았기 때문일 뿐이니, 일부러 현명한 자를 택해서 세운 것은 아니다. 중고시대에 이르게 되면 상위 계층에 있는 자가 사람을 택해 관직을 부여했고, 이를 위해 작위의 등급을 만들었는데, 이것은 덕이 쇠퇴하고 낮아진 것으로 상고시대의 것에는 미치지 못한다. 또 주나라에 이르게 되면 시호를 짓는 예법이 생겨났으니, 살아서 작위를 가지고 있는 자는 죽게 되면 또한 시호가 부여되었다. 이것은 또한 더욱 덕이 낮아진 것이다. 상고시대에는 백성들 스스로 자신의 군주를 세웠기 때문에 생전에 작위가 없었던 것이다. 중고시대에는 아직 시호를 짓는 예법이 없었기 때문에, 비록 작위가 있더라도 시호는 없었다. 또한 이를 통해 고금의 변화를 거듭 언급한 것이다."라 했다. 진호가 이른바 "관직으로 다른 사람들에게 작위를 나눠줄 때에는 반드시 그가 갖춘 덕의 크기에 따른다."라 한 말은 아마도 정현의 주장에 따른 것 같은데, 은나라 이전에 대부 이상의 계층은 죽게 되면 시호를 받게 되었으니, 이것은 또한 고주와도 합치되지 않는다. 따라서 마땅히 주자가 논의한 것을 정론으로 삼아야 한다. 또 살펴보니, 이 단락은 비록 「관의」편에 대해 해당하는 바가 없지만, 앞 문장에서 "고대에는 50세가 된 이후에야 작위를 받았다."고 한 문장으로 인해 이를 미루어 말한 것이니, 착간으로만 볼 필요는 없다.

類編 右冠.

여기까지는 '관(冠)'에 대한 내용이다.

◇ 혼(昏)

【043】

天地合而後萬物興焉. 夫昏禮, 萬世之始也. 取[去聲]於異姓, 所以附遠[去聲]厚別[彼列反]也. 幣必誠, 辭無不腆, 告之以直信. 信事人也, 信婦德也. 壹與之齊, 終身不改, 故夫死不嫁.〈郊特牲-070〉[本在"治天下也"下.]

하늘과 땅이 합치된 이후에야 만물이 흥성해진다. 무릇 혼례라는 것은 인류의 시작이 된다. 혼례를 치르며 이성에게서 상대방을 찾음은['取'자는 거성으로 읽는다.] 혐의를 멀리한다는['遠'자는 거성으로 읽는다.] 것과 남녀 사이의 구별을['別'자는 '彼(피)'자와 '列(렬)'자의 반절음이다.] 두텁게 하기 위함이다. 폐물을 보낼 때에는 반드시 성심을 다하며, 전하는 말에 있어서도 아름답게 꾸미지 않는 말이 없고, 강직함과 신의를 경계지침으로 알려준다. 신의는 다른 사람을 섬기는 것에 해당하고, 또한 아녀자가 갖춰야 하는 덕에 해당한다. 한결같이 남편과 더불어서 동일한 희생물을 먹고, 종신토록 고치지 않는다. 그렇기 때문에 남편이 죽게 되더라도 다른 집으로 시집을 가지 않는다. [본래는 "천하를 다스린다."1)라고 한 문장 뒤에 수록되어 있었다.]

集說 附遠, 附猶託也, 託於遠嫌之義也. 厚別, 重其有別之禮也. 幣誠辭腆, 是欲告戒爲婦者, 以正直誠信之行, 信其能盡事人之道, 信其能有爲婦之德也, 此以下言昏禮之義.

'부원(附遠)'이라고 했는데, 이때의 '부(附)'자는 "의탁하다."는 뜻이니, 곧 혐의를 멀리한다는 의에 의탁한다는 의미이다. '후별(厚別)'은 남녀의 유별함이라는 예를 중시한다는 뜻이다. 폐백은 성실하게 하며 전하는 말을 아름답게 꾸미는 것은 며느리가 되는 여자에게 경계지침을 내리며, 정직

---

1) 『예기』「교특생(郊特牲)」069장 : 禮之所尊, 尊其義也. 失其義, 陳其數, 祝史之事也. 故其數可陳也, 其義難知也. 知其義而敬守之, 天子之所以治天下也.

하고 진실된 행실을 통해 시행하도록 한 것이고, '신(信)'은 사람을 섬기는 도리를 다할 수 있고, 아녀자가 되는 덕을 갖출 수 있다는 것을 알려주는 것이니, 이 문장으로부터 그 아래의 내용들은 혼례의 의를 언급하고 있다.

集說 鄭氏曰: 齊, 謂共牢而食, 同尊卑也.

정현이 말하길, '제(齊)'자는 같은 희생물을 먹는다는 뜻으로, 신분을 동일하게 맞춘다는 의미이다.

集說 石梁王氏曰: 昏一段, 當附昏義.

석량왕씨가 말하길, '혼(昏)'자로 시작하는 한 단락은 마땅히 『예기』「혼의(昏義)」편에 포함되어야 한다.

【044】

男子親迎[去聲], 男先[去聲]於女, 剛柔之義也. 天先乎地, 君先乎臣, 其義一也. 執摯以相見, 敬章別也. 男女有別, 然後父子親; 父子親, 然後義生; 義生, 然後禮作; 禮作, 然後萬物安. 無別無義, 禽獸之道也. 〈郊特牲-071〉

혼례에 있어서 남자는 친영을['迎'자는 거성으로 읽는다.] 하는데, 아내를 데려올 때 남자가 여자를 앞장서는['先'자는 거성으로 읽는다.] 것은 강유의 의에 따르기 때문이다. 그리고 하늘이 땅보다 앞서고 군주가 신하보다 앞선 것은 그 의가 이것과 동일하다. 남자가 아내의 집안에 찾아갈 때 예물을 가지고 찾아가 만나보는 것은 공경스럽게 행동하여 남녀의 유별함을 드러내기 위해서이다. 남녀 사이에 유별함이 있은 뒤에라야 부자관계에서 친근함이 생겨나고, 부자관계에 친근함이 있은 뒤에라야 의가 생겨나며, 의가 생겨난 뒤에라야 예가 만들어지고, 예가 만들어진 이후에야 만물이 편안하게 된다. 유별함이 없고 의가 없는 것은 짐승들이 따르는 도이다.

集說 先, 謂倡道之也. 執摯, 奠鴈也. 行敬以明其有別, 故云敬章別也. 有別, 則一本而父子親, 親親之嚴, 則義生禮作, 而萬物各得其所矣. 禽獸知有母而不知有父, 無別故也.

'선(先)'자는 앞서 이끈다는 뜻이다. '집지(執摯)'는 전안(奠鴈)[2]을 뜻한다. 공경스러움을 시행하여 남녀의 유별함을 드러낸다. 그렇기 때문에 "공경스럽게 행동하여 유별함을 드러낸다."라고 말한 것이다. 남녀 사이에 유별함이 생기게 된다면, 근본을 동일하게 하여 부자관계에 친근함이 생기고, 친근하게 대해야 할 자를 친근하게 대함에 관계에 따른 차등이 있다면, 의가 발생하고 예가 만들어지며, 만물도 각각 제자리를 얻게 된다. 짐승은 자신의 모친이 있는지는 알지만 부친이 있다는 사실을 모르니, 유별함이 없기 때문이다.

【045】

壻親御授綏, 親之也. 親之也者, 親之也. 敬而親之, 先王之所以得天下也. 出乎大門而先[去聲], 男帥女, 女從男, 夫婦之義由此始也. 婦人從人者也, 幼從父兄, 嫁從夫, 夫死從子. 夫也者, 夫也. 夫也者, 以知[去聲]帥人者也.〈郊特牲-072〉

친영을 하여 아내를 데려갈 때, 남편은 직접 수레를 몰며 아내에게 수레에 오를 때 잡게 되는 끈을 건네니, 이것은 상대방을 친애하기 때문이다. 상대방을 친애하는 것은 상대방으로 하여금 자신을 친애하게 만드는 것이다. 공경스럽게 대하여 친애를 하는 것은 선왕이 천하를 얻었던 방법이다. 그녀의 집 대문을 나가게 되면, 남편이 탄 수레가 앞장을['先'자는 거성으로 읽는다.] 서니, 남자는 여자를 이끄는 것이고, 여자는 남자를 따르는 것으로, 부부의 의가 이 시점으로부터 시작된다. 부인은 타인을 따르는 존재이니, 어

---

2) 전안(奠鴈)은 고대에 혼례(昏禮)를 치르며, 신랑이 부인의 집으로 찾아가서 아내를 맞이하여 데려올 때, 기러기를 선물로 가져가는데, 이것을 '전안'이라고 부른다.

렸을 때에는 부친과 남자 형제들을 따르게 되고, 시집을 가게 되면 남편을 따르게 되며, 남편이 죽게 되면 아들을 따르게 된다. '부(夫)'라는 것은 사내를 뜻한다. 사내가 된 자는 지혜와['知'자는 거성으로 읽는다.] 재주로 상대방을 통솔하는 자이다.

集說 親御婦車而授之綏, 是親愛之義也. 親之, 乃可使之親己, 故曰親之也者親之也. 太王爰及姜女, 文王親迎于渭, 皆是敬而親之之道. 以至于有天下, 故曰先王之所以得天下也. 大門, 女家之門也. 先, 壻車在前也. 女從男, 婦車隨之也. 夫也者, 丈夫也. 丈夫者, 以才智帥人者也.

직접 부인이 탈 수레를 몰며 그녀에게 수레에 오를 때 잡게 되는 수를 건네는데, 이것은 친애하는 의에 해당한다. 그녀를 친애하게 되면, 곧 그녀로 하여금 자신을 친애하게 할 수 있다. 그렇기 때문에 "친애하게 대한다는 것은 본인을 친애하게 대하도록 하는 것이다."라고 말한 것이다. 태왕은 이에 강녀와 함께 왔다고 했고,3) 문왕은 위수에서 직접 맞이하였다고 했는데,4) 이 모두는 공경스럽게 행동하여 친애하는 도에 해당한다. 이것을 통해 천하를 소유하는 경지에 이르렀기 때문에, "선왕이 천하를 얻었던 방법이다."라고 말한 것이다. '대문(大門)'은 여자 집안의 문을 뜻한다. '선(先)'자는 남편이 타는 수레가 앞에 있다는 뜻이다. 여자가 남자를 따른다는 말은 부인이 타는 수레가 그 뒤를 따른다는 뜻이다. '부야자(夫也者)'라는 말은 사내를 뜻한다. 사내가 된 자는 재주와 지혜로 상대방을 통솔하는 자이다.

---

3) 『시』「대아(大雅)·면(緜)」: 古公亶父, 來朝走馬. 率西水滸, 至于岐下. <u>爰及姜女</u>, 聿來胥宇.

4) 『시』「대아(大雅)·대명(大明)」: 大邦有子, 俔天之妹. 文定厥祥, <u>親迎于渭</u>. 造舟爲梁, 不顯其光.

【046】

玄冕齊戒, 鬼神陰陽也. 將以爲社稷主, 爲先祖後, 而可以不致敬乎?〈郊特牲-073〉

현면을 착용하고 재계를 하는 것은 귀신을 섬기는 도리에 해당한다. 혼례를 치르는 자는 장차 사직의 제사를 주관하는 자가 되는데, 선조의 후예가 되는 자가 공경을 다하지 않을 수 있겠는가?

集說 服玄冕而致齊戒, 是事鬼神之道. 鬼者, 陰之靈. 神者, 陽之靈. 故曰鬼神陰陽也. 今昏禮者, 蓋將以主社稷之祭祀, 承先祖之宗廟也, 可不以敬社稷與先祖之禮敬之, 而玄冕齊戒乎?

현면을 착용하고 재계를 지극히 하는 것은 귀신을 섬기는 도에 해당한다. '귀(鬼)'는 음의 혼령이다. '신(神)'은 양의 혼령이다. 그렇기 때문에 '귀신음양(鬼神陰陽)'이라고 말한 것이다. 현재 혼례를 치르는 자는 장차 사직의 제사를 주관하게 되고 선조의 종묘를 받들게 되니, 사직과 선조에게 공경을 표하는 예에 대해서 공경스럽게 따르며, 현면을 착용하고 재계를 하지 않을 수 있겠는가?

【047】

共牢而食, 同尊卑也. 故婦人無爵, 從夫之爵, 坐以夫之齒. 器用陶匏, 尙禮然也. 三王作牢用陶匏. 厥明, 婦盥饋. 舅姑卒[子恤反]食, 婦餕[俊]餘, 私之也. 舅姑降自西階, 婦降自阼階, 授之室也. 昏禮不用樂, 幽陰之義也. 樂, 陽氣也. 昏禮不賀, 人之序也.〈郊特牲-074〉

혼례를 치른 부부가 희생물의 고기를 같은 도마에 두고 먹는 것은 부부의 신분이 동일함을 뜻한다. 그렇기 때문에 부인에게는 작위가 없지만 남편의 작위에 따르는 것이고, 모임에 참여하여 자리에 앉을 때에도 서열을 정함에 남편의 나이에 따르는 것이다. 기물들에 있어서 질그릇이나 바가지를 사용하는 것은 고대로부터 숭상되어 왔던 예가 이와 같았기 때문이다. 삼왕 때부터 희생물을 함께 먹고 질그릇과 바가지를 사용하는 것이 시행되었다. 혼례를 치른 다음날 아침 며느리는 깨끗하고 정결하게 씻고서, 시부모에게 음식을 바친다. 시부모가 그 음식을 다 먹은 뒤['卒'자는 '子(자)'자와 '恤(휼)'자의 반절음이다.] 며느리는 시부모가 남긴 음식을 먹게 되니['餕'자의 음은 '俊(준)'이다.] 이것은 자식처럼 여겨서 자애롭게 대하기 때문이다. 의례 절차가 끝나면 시부모는 빈객이 이용하는 서쪽 계단을 통해서 내려가고, 며느리는 주인이 이용하는 동쪽 계단을 통해서 내려가니, 그녀에게 가사를 전수한다는 뜻을 나타내기 위해서이다. 혼례를 치를 때에는 음악을 연주하지 않는데, 이것은 그윽하고 조용하고자 하는 의에 따르기 때문이다. 음악은 양의 기운에 해당한다. 혼례에서는 당사자에게 축하를 하지 않으니, 이것은 그 자가 부모의 지위를 계승하게 되어, 부모의 입장에서는 서글픈 일이 되기 때문이다.

集說 牢, 俎也. 尚禮然, 謂古來所尚之禮如此. 共牢之禮, 雖三王所作, 而俎之外, 器用皆如古者之用陶匏, 重夫婦之始也. 厥明, 昏禮之明日也. 盥饋, 盥潔而饋食也. 人之序, 謂相承代之次序也.

'뇌(牢)'는 희생물의 고기를 담은 도마를 뜻한다. '상례연(尚禮然)'은 고대로부터 숭상했던 예가 이와 같았다는 뜻이다. 희생물의 고기를 함께 먹는 예는 비록 삼왕 때부터 만들어진 것인데, 도마 이외의 기물에 있어서도, 모두 고대에 사용했던 질그릇과 바가지를 동일하게 따르는 것은 부부의 도리가 시작되는 것을 중시하기 때문이다. '궐명(厥明)'은 혼례를 치른 다음 날을 뜻한다. '관궤(盥饋)'는 깨끗하고 정결하게 씻고서 음식을 바친다는 뜻이다. '인지서(人之序)'는 서로 세대를 전승하는 순서를 뜻한다.

附註 尚禮然也, 尚, 如尚書之尚, 言上古之禮如此也.

'상례연야(尚禮然也)'라 했는데, '상(尚)'자는 상서(尚書)라고 할 때의 상(尚)자와 같은 것이니, 상고시대의 예법이 이와 같았다는 의미이다.

類編 右昏. [以上郊特文.]

여기까지는 '혼(昏)'에 대한 내용이다. [여기까지는 「교특생」편의 문장이다.]

◇ 향음(鄕飮)

【048】

鄕飮酒之義: 立賓以象天, 立主以象地, 設介僎以象日月, 立三賓以
象三光. 古之制禮也, 經之以天地, 紀之以日月, 參之以三光, 政敎
之本也. 〈鄕飮酒義-014〉 [本在"易易也"下.]

향음주례의 의미에 대해 말해보자면, 빈객을 세워서 하늘을 본뜨고, 주인
을 세워서 땅을 본뜨며, 개와 준을 두어서 해와 달을 본뜨고, 삼빈을 세워
서 삼광을 본뜬다. 고대에 예를 제작했을 때, 천지를 경으로 삼고 일월을
기로 삼으며 삼광을 참으로 삼았으니, 정치와 교화의 근본이 된다. [본래는
"잘 다스려진다."[1]라고 한 문장 뒤에 수록되어 있었다.]

集說 浩齋曰: 飮酒之禮, 莫先於賓主. 立賓象天, 立主象地, 禮之經
也. 其次立介僎以輔之者, 紀也. 其次立三賓以陪之者, 參也. 政敎
之立, 必有經有紀有參, 然後可行. 故飮酒之禮, 必有賓主介僎三賓,
然後可行. 故曰政敎之本也. 前言介僎陰陽, 此言象日月者, 前章言
氣, 故以陰陽象之; 此章言體, 故以日月象之也. 僎在東北, 象日出
也; 介在西南, 象月出也. 以三光爲三大辰, 正義按昭公十七年有星
孛于大辰, 公羊曰: "大辰者, 大火也. 伐爲大辰, 北辰亦爲大辰." 爾
雅: "房心尾大火, 謂之大辰. 北極, 謂之北辰." 大火與伐, 天所以示
民時早晩, 天下之所取正, 是亦政敎所出也.

호재가 말하길, 술을 마시는 예법에서 빈객과 주인보다 앞서는 것은 없
다. 빈객을 세워서 하늘을 본뜨고 주인을 세워서 땅을 본뜨니, 예의 경
(經)에 해당한다. 그 다음으로 개(介)와 준(僎)을 세워서 보필하도록 하

---

1) 『예기』「향음주의(鄕飮酒義)」013장 : 貴賤明, 隆殺辨, 和樂而不流, 弟長而無
遺, 安燕而不亂, 此五行者, 足以正身安國矣. 彼國安而天下安, 故曰: "吾觀於
鄕, 而知王道之易易也."

니, 예의 기(紀)에 해당한다. 그 다음으로 삼빈(三賓)을 세워서 돕도록 하는 것은 예의 참(參)에 해당한다. 정치와 교화를 세울 때에는 반드시 경(經)도 있어야 하고 기(紀)도 있어야 하며 참(參)도 있어야 하니, 그렇게 된 이후에야 시행될 수 있다. 그렇기 때문에 음주를 하는 예법에서는 반드시 빈객·주인·개·준·삼빈을 둔 이후에야 시행할 수 있는 것이다. 그래서 "정치와 교화의 근본이다."라고 말한 것이다. 앞에서는 개와 준은 음양(陰陽)을 본뜬 것이라고 했고, 이곳에서는 해와 달을 본뜬 것이라고 했는데, 앞에서는 기(氣)를 언급했기 때문에 음양으로써 본뜬 것이고, 이곳에서는 체(體)를 언급했기 때문에 해와 달로써 본뜬 것이다. 준이 동북쪽에 있는 것은 해가 떠오름을 본뜬 것이고, 개가 서남쪽에 있는 것은 달이 떠오름을 본뜬 것이다. '삼광(三光)'은 삼대진(三大辰)으로 여기는데, 『정의』에서는 소공(昭公) 17년에 대한 기록을 살펴보면, "혜성이 대진(大辰)에서 출현했다."[2]는 기록이 있고, 『공양전』에서는 "'대진(大辰)'이라는 것은 대화(大火)를 뜻한다. '벌(伐)'도 대진(大辰)이 되고, 북진(北辰) 또한 대진(大辰)이 된다."[3]라고 했고, 『이아』에서는 "방(房)·심(心)·미(尾)·대화(大火)를 '대진(大辰)'이라고 부른다. '북극(北極)'을 '북진(北辰)'이라고 부른다."[4]라고 했다. 대화(大火)와 벌(伐)은 하늘이 백성들에게 시기의 늦고 빠름을 보여주어서, 천하의 사람들이 올바름으로 삼는 것이다. 이것이 또한 정치와 교화가 도출되는 이유이다.

---

2) 『춘추』「소공(昭公) 17년」 : 冬, <u>有星孛于大辰</u>, 西及漢.

3) 『춘추공양전』「소공(昭公) 17년」 : 冬, 有星孛于大辰, 孛者何? 彗星也. 其言于大辰何? 在大辰也, <u>大辰者何? 大火也. 大火爲大辰, 伐爲大辰, 北辰亦爲大辰</u>. 何以書, 記異也.

4) 『이아』「석천(釋天)」 : 天駟, 房也. 大辰, 房·心·尾也. 大火謂之大辰.

【049】

烹狗於東方, 祖陽氣之發於東方也. 洗之在阼, 其水在洗東, 祖天地
之左海也.〈鄕飮酒義-015〉

동쪽에서 희생물로 사용할 개를 삶는 것은 양기가 동쪽에서 발생하는 것을
본받은 것이다. 세를 동쪽 계단에 놓고, 그곳에 채울 물을 세 동쪽에 놓아
두는 것은 천지가 바다를 좌측으로 두고 있음을 본받은 것이다.

集說 方氏曰 海有四, 正言東者, 取夫水之所歸也. 水位居坎, 而其
流歸東者, 由其生於天一, 行於地中故也. 天傾西北而不足, 故水之
源自此而生; 地缺東南而不滿, 故水之流順此而行. 天之所傾, 地之
所缺, 則其形下矣. 而善下者, 水之性也, 故其理如此. 然則水位居
北者, 本天位也. 其流歸東者, 因地勢也. 南與北合, 水位居北而流
不歸南者, 蓋東方之德木, 木則水之所生; 南方之德火, 火則水之所
勝; 生之爲利, 勝之爲害, 而善利者水之德也, 故趨其所生焉.

방씨가 말하길, 바다는 사면에 포진되어 있는데 동쪽에 있는 것만 언급한
것은 물이 귀의하는 곳에 따라 그 의미를 취했기 때문이다. 수(水)의 자
리는 감괘(坎卦☵)에 위치하는데 그 물의 흐름이 동쪽으로 귀의하는 것
은 천(天)의 1에서 생겨나서 지(地) 안에서 행동함에 말미암기 때문이다.
천은 서북쪽으로 기울어서 부족하게 된다. 그렇기 때문에 수의 근원이
이곳으로부터 생겨나는 것이다. 지는 동남쪽으로 틈이 생겨서 가득차지
못하게 된다. 그렇기 때문에 수의 흐름은 그 방향에 따라 흐르는 것이다.
천이 기울어진 것이고 지가 틈이 생긴 것이니, 그 형상은 아래로 내려간
다. 그리고 밑으로 잘 내려가는 것은 수의 성질이 된다. 그렇기 때문에
그 이치가 이와 같다. 그렇다면 수의 자리가 북쪽에 있는 것은 천의 자리
에 근본을 둔 것이다. 그 흐름이 동쪽으로 귀의하는 것은 지의 형세에
따른 것이다. 남쪽과 북쪽은 합치되는데 수의 자리가 북쪽에 머물지만
그 흐름이 남쪽으로 귀의하지 않는 것은 동쪽의 덕은 목(木)에 해당하고,
목은 수에서 생겨나는 것이며, 남쪽의 덕은 화(火)에 해당하고, 화는 수

가 이기는 대상인데, 낮게 하는 것은 이로움이 되고 지는 것은 해로움이 되며, 좋고 이롭게 하는 것은 수의 덕이다. 그렇기 때문에 생겨나는 것을 쫓는 것이다.

集說 浩齋曰: 烹狗以養賓, 陽氣以養萬物, 故祖而法之, 烹于東方焉. 海, 水之委也. 天地之間, 海居于東, 東則左也, 故洗之在阼. 其水在洗東, 有左海之義焉.

호재가 말하길, 개를 삶아서 빈객에게 대접하고 양기(陽氣)는 만물을 길러주기 때문에, 본받아 법도로 삼아서 동쪽에서 삶는 것이다. 바다는 수(水)가 모인 것이다. 천지 사이에 바다는 동쪽에 위치하고 동쪽은 좌측이 된다. 그렇기 때문에 세(洗)는 동쪽 계단에 두는 것이다. 그리고 그것에 담는 물을 세의 동쪽에 놓아두는 것에는 바다를 좌측으로 두는 뜻이 포함되어 있다.

集說 天地之位, 南前而北後, 故以東爲左.

천지의 위치는 남쪽을 앞으로 하고 북쪽을 뒤로 한다. 그렇기 때문에 동쪽을 뒤로 하여 좌측으로 삼는 것이다.

【050】
尊有玄酒, 敎民不忘本也.〈鄕飮酒義-016〉
술동이에 현주를 두는 것은 백성들에게 근본을 잊지 않는다는 뜻을 가르치는 것이다.

集說 玄古之世無酒, 以水行禮, 故後世因謂水爲玄酒. 不忘本者, 思禮之所由起者.

먼 옛날 술이 없었을 때에는 물을 이용해서 의례를 시행했다. 그렇기 때문에 후세에서는 그에 따라 물을 '현주(玄酒)'라고 불렀다. "근본을 잊지 않는다.”는 것은 예가 기원하게 된 바를 생각한다는 뜻이다.

【051】

賓必南鄕, 東方者春, 春之爲言蠢也, 産萬物者聖也. 南方者夏, 夏
之爲言假也, 養之長之, 假之仁也. 西方者秋, 秋之爲言愁[揫]也, 愁
之以時察, 守義者也. 北方者冬, 冬之爲言中也, 中者藏也. 是以天
子之立也左聖鄕仁, 右義偝藏也.〈鄕飮酒義-017〉

빈객은 반드시 남쪽을 향해서 위치하니, 동쪽은 봄에 해당하며 ‘춘(春)’이
라는 말은 생동함을 뜻하는 말이고 만물을 낳는 것은 성에 해당한다. 남쪽
은 여름에 해당하며 ‘하(夏)’라는 말은 크다는 뜻이고 길러주고 장성하게
하며 크게 만드는 것은 인에 해당한다. 서쪽은 가을에 해당하며 ‘추(秋)’라
는 말은 수렴한다는[‘愁’자의 음은 ‘揫(추)’이다.] 뜻이고 가을의 엄숙한 기운에
따라 거둬들이는 것은 의를 지키는 것이다. 북쪽은 겨울에 해당하며 ‘동
(冬)’이라는 말은 중이라는 뜻이고 중이라는 것은 보관한다는 뜻이다. 이러
한 까닭으로 천자가 위치할 때에는 성을 좌측에 두고 인을 향하며 의를
우측에 두고 장을 등진다.

集說 蠢者, 物生動之貌. 天地大德曰生, 聖人德合天地, 故曰産萬
物者聖也. 假, 大也. 揫, 斂縮之貌. 察, 猶察察嚴肅之意. 揫之以時
察, 言揫斂之以秋時嚴肅之氣也. 物之藏必自外而入內, 故曰中者藏
也. 天子南面而立, 則左東右西, 南前北後也.

‘준(蠢)’이라는 것은 만물이 생동하는 모습을 뜻한다. 천지의 큰 덕을 ‘생
(生)’이라 부르며,[5] 성인의 덕은 천지에 합하게 된다. 그렇기 때문에 “만
물을 낳는 자는 성(聖)이다.”라고 말한 것이다. ‘가(假)’자는 “크다.”는 뜻
이다. ‘추(揫)’자는 거둬들이는 모습을 뜻한다. ‘찰(察)’자는 상세하고 엄

---

5) 『역』「계사하(繫辭下)」: 天地之大德曰生, 聖人之大寶曰位. 何以守位? 曰仁.
何以聚人? 曰財. 理財正辭禁民爲非曰義.

숙하다는 뜻이다. '추지이시찰(揫之以時察)'이라는 말은 거둬들일 때에는 가을의 엄숙한 기운에 따라서 한다는 뜻이다. 만물이 보관될 때에는 반드시 밖으로부터 안으로 들어오게 된다. 그렇기 때문에 "중(中)이라는 것은 보관한다는 뜻이다."라고 말한 것이다. 천자는 남쪽을 바라보며 서 있으니, 좌측은 동쪽이 되고 우측은 서쪽이 되며, 남쪽은 앞이 되고 북쪽은 뒤가 된다.

附註 下段"介必東鄕, 介賓主也. 主人必居東方", 當入於"賓必南鄕"下. "主人者造之, 産萬物者也", 當入於"聖也"下. 東方者春止物者也十五字, 重出當刪.

아래 단락 중 "개는 반드시 동쪽을 향해서 위치하니, 빈객과 주인의 사이에 위치하는 것이다. 주인은 반드시 동쪽에 머물게 된다."[6]라 한 말은 마땅히 '빈필남향(賓必南鄕)'이라 한 말 뒤로 와야 한다. "주인은 술과 음식 등을 준비하니, 만물을 낳는 자에 해당한다."[7]라 한 말은 마땅히 '성야(聖也)'라 한 말 뒤로 와야 한다. '동방자춘(東方者春)'이라는 말부터 '물자야(物者也)'까지의 15개 글자[8]는 중복 출현하므로 마땅히 삭제해야 한다.

---

6) 『예기』「향음주의(鄕飮酒義)」018장 : <u>介必東鄕, 介賓主也. 主人必居東方</u>, 東方者春, 春之爲言蠢也, 産萬物者也. 主人者造之, 産萬物者也. 月者, 三日則成魄, 三月則成時. 是以禮有三讓, 建國必立三卿, 三賓者, 政敎之本, 禮之大參也.

7) 『예기』「향음주의(鄕飮酒義)」018장 : 介必東鄕, 介賓主也. 主人必居東方, 東方者春, 春之爲言蠢也, 産萬物者也. <u>主人者造之, 産萬物者也</u>. 月者, 三日則成魄, 三月則成時. 是以禮有三讓, 建國必立三卿, 三賓者, 政敎之本, 禮之大參也.

8) 『예기』「향음주의(鄕飮酒義)」018장 : 介必東鄕, 介賓主也. 主人必居東方, <u>東方者春, 春之爲言蠢也, 産萬物者也</u>. 主人者造之, 産萬物者也. 月者, 三日則成魄, 三月則成時. 是以禮有三讓, 建國必立三卿, 三賓者, 政敎之本, 禮之大參也.

【052】

介必東鄉, 介賓主也. 主人必居東方, 東方者春, 春之爲言蠢也, 産
萬物者也. 主人者造之, 産萬物者也. 月者, 三日則成魄, 三月則成
時. 是以禮有三讓, 建國必立三卿, 三賓者, 政敎之本, 禮之大參也.

〈鄕飮酒義-018〉

개는 반드시 동쪽을 향해서 위치하니, 빈객과 주인의 사이에 위치하는 것
이다. 주인은 반드시 동쪽에 머물게 되니, 동쪽은 봄에 해당하고 춘은 곧
준의 뜻이 되니 만물을 낳는 것이다. 주인은 술과 음식 등을 준비하니, 만
물을 낳는 자에 해당한다. 달은 3일이 되면 백이 이루어지고 3개월이 되면
한 계절을 이룬다. 이러한 까닭으로 예에는 세 차례 사양하는 예법이 있는
것이고, 나라를 세울 때에도 반드시 삼경을 두는 것이니, 삼빈이라는 것은
정치와 교화의 근본이 되며, 예 중에서도 대참이 된다.

集說 張子曰: 坐有四位者, 禮不主於敬主, 欲以尊賢. 若賓主相對,
則是禮主於敬主矣. 故其位賓主不相對, 坐介僎於其間, 以見賓賢之
義. 因而說四時之坐皆有義, 其實欲明其尊賢.

장자가 말하길, 앉는 자리에는 네 가지 위치가 있는데, 예에서는 주인
공경하는 것을 위주로 하지 않고, 빈객을 존경하고자 한다. 만약 빈객과
주인이 서로 대등한 관계라면, 이러한 경우의 예에서는 주인 공경하는
것을 위주로 한다. 그렇기 때문에 빈객과 주인의 위치를 서로 대등하게
놓지 않는 것이며, 그 사이에 개(介)와 준(僎)을 앉혀서, 현명한 자를 빈
객으로 대접한다는 뜻을 나타내는 것이다. 이러한 연유에 따라서 사계절
에 따라 앉는 자리에는 모두 해당하는 의미가 있음을 설명한 것인데, 실
제로는 현명한 자를 존경함을 나타내고자 한 것이다.

集說 呂氏曰: 天子南面而立, 而坐賓亦南鄉者, 尊賓之至也. 介, 間
也. 坐賓主之間, 所以間之也.

여씨가 말하길, 천자가 남쪽을 바라보며 서 있고 빈객을 앉히며 또한 남

쪽을 향하게 하는 것은 빈객을 존경하는 것이 지극한 것이다. '개(介)'자
는 "틈을 벌리다."는 뜻이다. 빈객과 주인의 사이에 앉히는 것은 둘 사이
를 벌리기 위해서이다.

集說 方氏曰: 飮食之養, 則主人之所造也, 而有産萬物之象, 所以
居東.
방씨가 말하길, 술을 마시고 음식을 먹으며 대접을 하는 것은 주인이 준
비하는 것이고, 만물을 길러주는 형상이 있는 있어서 동쪽에 위치하는
것이다.

類編 右鄕飮. [此鄕飮酒義文.]
여기까지는 '향음(鄕飮)'에 대한 내용이다. [이것은 「향음주의」편의 문장이다.]

◇ 사(射)

【053】

射之爲言者繹也, 或曰舍[去聲]也. 繹者, 各繹己之志也. 故心平體正,
持弓矢審固, 持弓矢審固, 則射中矣. 故曰爲人父者以爲父鵠[工毒
反], 爲人子者以爲子鵠, 爲人君者以爲君鵠, 爲人臣者以爲臣鵠. 故
射者各射己之鵠. 故天子之大射謂之射侯. 射侯者, 射爲諸侯也. 射
中則得爲諸侯, 射不中則不得爲諸侯. 〈射義-010〉 [本在"有存者"下.]

'사(射)'라는 말은 찾는다는 뜻이며, 또한 머무른다는['舍'자는 거성으로 읽는다.]
뜻으로 말하기도 한다. '역(繹)'이라는 것은 각각 자신의 뜻에 대해 탐구하
는 것이다. 그렇기 때문에 마음이 편안하고 몸이 바르며 활과 화살을 잡은
것이 모두 확고하니, 활과 화살을 잡은 것이 모두 확고하다면 활을 쏘아서
적중시킨다. 그렇기 때문에 부친이 된 자는 이것을 부곡으로['鵠'자는 '工(공)'
자와 '毒(독)'자의 반절음이다.] 삼고, 자식이 된 자는 이것을 자곡으로 삼으며,
군주가 된 자는 이것을 군곡으로 삼고, 신하가 된 자는 이것을 신곡으로
삼는다. 그래서 활쏘기는 각각 자신의 곡에 활을 쏘는 것이다. 그렇기 때문
에 천자가 제정한 대사례에 대해서는 이것을 사후라고 부르니, '사후(射
侯)'라는 것은 활을 쏘아서 제후가 된다는 뜻이다. 활을 쏘아서 적중을 시
킨 자는 제후가 될 수 있고, 활을 쏘아서 적중을 시키지 못한 자는 제후가
될 수 없다. [본래는 "남아있는 자가 있다."[1]라고 한 문장 뒤에 수록되어 있었다.]

集說 繹己之志者, 各尋其理之所在也. 射己之鵠者, 各中其道之當
然也. 舍, 止也. 道之所止, 如君止於仁, 父止於慈之類.

"자신의 뜻을 찾는다."는 말은 각각 그 이치가 있는 곳을 탐구한다는 뜻이
다. "자신의 곡(鵠)에 활을 쏜다."는 말은 각각 그 도의 당연한 바에 맞춘
다는 뜻이다. '사(舍)'자는 "머무르다."는 뜻이다. 도가 머물러 있다는 의

---

1) 『예기』「사의(射義)」 009장 : 序點又揚觶而語曰: "好學不倦, 好禮不變, 旄期稱
道不亂者, 不? 在此位也." 蓋齮有存者.

미이니, 예를 들어 군주가 인자함에 머물고 부친이 자애로움에 머문다는 부류와 같다.[2]

集說 鄭氏曰: 得爲諸侯, 謂有慶也. 不得爲諸侯, 謂有讓也. 又司裘註云: 侯者, 其所射也. 以虎熊豹麋之皮飾其側. 又方制之以爲準, 謂之鵠, 著于侯中. 謂之鵠者, 取名於鳱鵠. 鳱鵠小鳥, 難中, 是以中之爲雋.

정현이 말하길, "제후가 될 수 있다."는 말은 은덕을 받는다는 뜻이다. "제후가 될 수 없다."는 말은 책망을 받는다는 뜻이다. 또 『주례』「사구(司裘)」편에 대한 정현의 주에서 말하길, '후(侯)'라는 것은 활을 쏘는 과녁이다. 호랑이·곰·표범·사슴의 가죽으로 그 가장자리를 장식한다. 또한 균등하게 제작하여 판을 만드니, 이것을 '곡(鵠)'이라 부르고, 이것을 후(侯) 중앙에 붙인다. 이것을 '곡(鵠)'이라 부르는 이유는 간곡(鳱鵠)이라는 새에서 그 명칭을 취한 것이다. '간곡(鳱鵠)'은 작은 새이기 때문에 맞추기가 어렵다. 이러한 까닭으로 그 새를 맞춘 것을 '준(雋)'이라고 한다.[3]

集說 呂氏曰: 張皮侯而棲鵠, 方制之, 置侯之中以爲的者也.

여씨가 말하길, 가죽으로 된 과녁을 펼쳐서 '곡(鵠)'을 붙이는데, 균등하게 제작하여 과녁 가운데 이것을 붙여 적(的)으로 삼는 것이다.

---

2) 『대학』「전(傳) 3장」: <u>爲人君, 止於仁</u>, 爲人臣, 止於敬. 爲人子, 止於孝. <u>爲人父, 止於慈</u>. 與國人交, 止於信.

3) 이 문장은 『주례』「천관(天官)·사구(司裘)」편의 "王大射, 則共虎侯·熊侯·豹侯, 設其鵠. 諸侯則共熊侯·豹侯, 卿大夫則共麋侯, 皆設其鵠."이라는 기록에 대한 정현의 주이다.

【054】

天子將祭, 必先習射於澤. 澤者, 所以擇士也. 已射於澤而后射於射
宮. 射中者得與於祭, 不中者不得與於祭. 不得與於祭者有讓, 削以
地. 得與於祭者有慶, 益以地. 進爵絀地是也. 〈射義-011〉

천자가 제사를 지내려고 할 때에는 반드시 그보다 앞서서 택에서 활쏘기를
연습한다. 택에서 활쏘기를 하는 것은 사를 선발하기 위해서이다. 택에서
활쏘기 연습을 끝낸 이후에는 사궁에서 활쏘기를 한다. 활쏘기를 하여 적
중을 시킨 자는 제사에 참여할 수 있고, 적중시키지 못한 자는 제사에 참여
할 수 없다. 제사에 참여할 수 없는 자의 경우 책망을 받고 땅을 줄이게
된다. 제사에 참여할 수 있는 자의 경우 은덕을 받고 땅을 늘려주게 된다.
작위를 올려주고 땅을 삭감한다는 것이 바로 이것을 가리킨다.

集說 澤, 宮名, 其所在未詳. 疏云: "於寬閑之處, 近水澤而爲之. 射
宮, 卽學宮也." 進爵絀地者, 疏云: "進則爵輕於地, 故先進爵而後益
以地也. 退則地輕於爵, 故先削地而後絀爵也."

'택(澤)'은 건물의 이름으로, 그 건물이 위치했던 장소에 대해서는 자세히
알 수 없다. 소에서는 "넓고 조용한 장소로, 연못과 가까운 곳에 만든다.
'사궁(射宮)'은 곧 학궁(學宮)에 해당한다."라고 했다. "작위를 올려주고
땅을 줄인다."는 말에 대해서, 소에서는 "올려주는 경우 작위는 땅보다
중요하지 않은 대상이다. 그렇기 때문에 먼저 작위를 올려주고 그런 이후
에 땅을 늘려주는 것이다. 물리는 경우 땅은 작위보다 중요하지 않은 대
상이다. 그렇기 때문에 먼저 땅을 삭감하고 그런 이후에 작위를 낮추는
것이다."라고 했다.

【055】

故男子生, 桑弧蓬矢六, 以射[石]天地四方. 天地四方者, 男子之所有
事也. 故必先有志於其所有事, 然後敢用穀也, 飯[上聲]食[嗣]之謂也.

〈射義-012〉

그렇기 때문에 사내아이가 태어나면, 뽕나무로 만든 활과 쑥대로 만든 화살 6대를 가지고, 천지와 사방에 각각 한 발씩 쏜다.['射'자의 음은 '石(석)'이다.] 천지와 사방은 남자가 일삼는 대상이 존재하는 장소이다. 그렇기 때문에 반드시 가장 먼저 일삼는 대상이 존재하는 곳에 뜻을 두게 되고, 그런 이후에야 감히 모유를 먹게 하니, 이것을 반사라고['飯'자는 상성으로 읽는다. '食'자의 음은 '嗣(사)'이다.] 부른다.

> 集說 宇宙內事, 皆已分內事, 此男子志也. 人臣所以先盡職事, 而後敢食君之祿者, 正以始生之時, 先射天地四方, 而後使其母食之也, 故曰飯食之謂也. 飯食, 食子也.

우주 안에서 일어나는 일들은 모두 이미 내사(內事)로 구분되는데, 이것은 남자가 뜻을 두는 대상이다. 신하된 자가 먼저 자신의 직무를 다하고, 그런 이후에 감히 군주의 식록을 먹는 것은 바로 처음 태어났을 때, 우선 천지(天地)와 사방(四方)에 활을 쏘고, 그런 이후에 그 어미로 하여금 모유를 먹이도록 한 것에 해당한다. 그렇기 때문에 "반사(飯食)를 뜻한다."라고 말한 것이다. '반사(飯食)'라는 말은 자식을 먹인다는 뜻이다.

【056】

射者仁之道也. 求正諸己, 己正而后發; 發而不中, 則不怨勝己者, 反求諸己而已矣. 〈射義-013〉

활쏘기는 인을 시행하는 도리이다. 자신에게서 올바름을 찾고, 자신이 올바르게 된 이후에야 활을 쏘며, 활을 쏘아서 적중시키지 못한다면, 자신을 이긴 자에 대해서 원망하지 않고, 돌이켜보아서 자신에게서 원인을 찾을 따름이다.

> 集說 爲仁由己, 射之中否亦由己, 非他人所能與也, 故不怨勝己者, 而惟反求諸其身.

인(仁)을 시행하는 것은 자신에게서 비롯되니,4) 활을 쏘아서 적중을 시키느냐 시키지 못하느냐는 문제 또한 자신에게서 비롯되는 것이고, 타인이 관여할 수 있는 것이 아니다. 그렇기 때문에 자신을 이긴 자에 대해서 원망하지 않고, 오직 돌이켜보아 자신에게서 그 문제를 찾을 따름이다.

【057】

孔子曰: "射之以樂也, 何以聽? 何以射?"〈郊特牲-023〉 [本在"存室神也"下.]

공자가 말하길, "활을 쏠 때에는 음악을 함께 연주하는데, 어떻게 그처럼 음악을 들으면서 활 쏘는 예절을 흐트러트리지 않는가? 또 어떻게 그처럼 활을 쏘면서 음악의 악절과 호응이 되도록 하는가?"라고 감탄하였다. [본래는 "신이 자신을 의지하여 편안하게 머물도록 하였다."5)라고 한 문장 뒤에 수록되어 있었다.]

集說 何以聽, 謂射者何以能不失射之容節, 而又能聽樂之音節乎? 何以射, 謂何以能聽樂之音節, 而使射者之容與樂之節相應乎? 言其難而美之也.

"어떻게 듣는가?"라는 말은 활을 쏘는 자가 어떻게 활 쏘는 자세와 예절을 어기지 않으면서도, 음악의 음절을 들을 수가 있느냐는 뜻이다. "어떻게 쏘는가?"라는 말은 어떻게 음악의 음절을 들으면서도 활 쏘는 자태와 음악의 악절을 서로 호응이 될 수 있도록 하느냐는 뜻이다. 즉 이 말은 그 어려움에 대해서 찬미를 했다는 뜻이다.

---

4) 『논어』 「안연(顔淵)」 : 顔淵問仁. 子曰, "克己復禮爲仁. 一日克己復禮, 天下歸仁焉. 爲仁由己, 而由人乎哉?" 顔淵曰, "請問其目." 子曰, "非禮勿視, 非禮勿聽, 非禮勿言, 非禮勿動." 顔淵曰, "回雖不敏, 請事斯語矣."

5) 『예기』 「교특생(郊特牲)」 022장 : 鄕人禓, 孔子朝服立于阼, 存室神也.

【058】

孔子曰: "士使之射, 不能, 則辭以疾, 縣[玄]弧之義也." 〈郊特牲-024〉 [二段郊特.]

공자가 말하길, "사의 신분인 자에게 활쏘기를 시켰는데, 만약 그가 활쏘기에 익숙하지 못하다면, 질병을 핑계로 사양을 해야 하니, 이것은 사내아이가 처음 태어났을 때 문 옆에 활을 걸어두는['縣'자의 음은 '玄(현)'이다.] 도의에 해당한다."라고 했다. [2개 단락은 「교특생」편의 문장이다.]

集說 爲士者當習於射, 以六藝之一也. 不敢以不能辭, 惟可以疾辭. 蓋生而設弧於門左, 已有射道, 但未能耳. 今辭以疾而未能, 則亦與初生之未能相似, 故云縣弧之義也.

사의 신분이 된 자는 마땅히 활쏘기에 대해서 익혀야 하니, 활쏘기는 육예 중 하나이기 때문이다. 감히 활쏘기를 잘 못한다는 이유로 사양을 할 수 없고, 오직 질병을 이유로만 사양할 수 있다. 무릇 사내아이가 태어나서 문의 좌측에 활을 걸어두는 것은 이미 활 쏘는 도의를 지니고 있지만, 아직은 익숙하지 못하다는 뜻이다. 현재 질병에 걸려서 아직 몸이 회복되지 않았다고 사양을 하는 것은 또한 처음 태어났을 때 아직 활을 쏠 수 없는 것과 유사하다. 그렇기 때문에 "활을 걸어두는 뜻이다."라고 말한 것이다.

【059】

孔子曰: "君子無所爭, 必也射乎! 揖讓而升, 下而飲, 其爭也君子." 〈射義-014〉 [本在"而已矣"下.]

공자가 말하길, "군자는 다투는 일이 없지만, 다툼이 있다면 그것은 반드시 활쏘기일 것이다! 활쏘기를 할 때에는 읍을 하고 사양을 한 뒤에야 당에 오르고, 내려온 뒤 패자가 다시 올라가 술을 마시니, 그 다툼이야말로 군자다운 것이다."라고 했다. [본래는 "따름이다."⁶)라고 한 문장 뒤에 수록되어 있었다.]

集說 朱子曰: 揖讓而升者, 大射之禮, 耦進三揖而後升堂也. 下而飲, 謂射畢揖降, 以俟眾耦皆降. 勝者乃揖不勝者升, 取觶立飲也. 言君子恭遜不與人爭, 惟於射而後有爭. 然其爭也雍容揖遜乃如此, 則其爭也君子, 而非若小人之爭矣.

주자가 말하길, "읍하고 사양을 하고 오른다."는 말은 대사례(大射禮)에서 짝을 이룬 자들이 나아가며 세 차례 읍을 한 이후에야 당에 오른다는 뜻이다. "내려가서 마신다."는 말은 활쏘기를 끝내고 읍을 하고 내려와서, 짝을 이루었던 자들이 모두 내려오기를 기다린다. 승자는 곧 읍을 하고 패자는 올라가서 치(觶)를 가져다가 서서 벌주를 마신다는 뜻이다. 즉이 말은 군자는 공손하게 행동하여 다른 사람과 다투지 않는데, 오직 활쏘기에서만 다툼이 있게 된다는 뜻이다. 그런데 그 다툼이라는 것은 온화하고 예법에 맞는 행동거지를 하며 읍을 하고 사양을 함이 곧 이와 같으니, 그 다툼이라는 것은 군자다운 것이고 소인들의 다툼과는 다른 것이다.

集說 今按: 揖讓而升, 未射時也. 下而復升以飲, 則射畢矣. 揖讓而升下五字, 當依鄭註爲句.

지금 살펴보니, "읍을 하고 사양을 하여 당에 오른다."는 말은 아직 활을 쏘기 이전의 시기를 뜻한다. 내려와서 재차 당에 올라서 술을 마신다면, 활쏘기가 끝난 것이다. 따라서 "읍을 하고 사양을 하며 올라가갔다가 내려온다."는 다섯 글자는 마땅히 정현의 주에 근거해서 구문을 끊어야 한다.

類編 右射. [此射義文.]
여기까지는 '사(射)'에 대한 내용이다. [이것은 「사의」편의 문장이다.]

---

6) 『예기』「사의(射義)」 013장 : 射者仁之道也. 求正諸己, 己正而后發; 發而不中, 則不怨勝己者, 反求諸己而已矣.

禮記類編大全卷之十八

『예기유편대전』 18권

◇ 禮運第十六(下) / 「예운」 16편(하편)

◇ 상례(喪禮)

【001】

喪禮, 哀戚之至也. 節哀, 順變也, 君子念始之者也. 〈檀弓下-021〉 [本在 "穆伯始也"下.]

상례에서는 지극히도 애통한 자식의 마음이 나타나게 된다. 그런데도 예법을 제정하여 그 슬픔을 조절하도록 했던 것은 자식의 감정에 따르면서도 점진적으로 변화를 시켜서 슬픔을 덜어주기 위함이다. 이처럼 했던 이유는 애통해함이 지속되다보면 생명을 잃을 수도 있으니, 군자는 자신을 낳아준 부모에 대해 항상 유념하기 때문이다. [본래는 "목백에게 곡을 했던 것에서부터 시작되었다."[1]라고 한 문장 뒤에 수록되어 있었다.]

> **集說** 孝子之哀, 發於天性之極至, 豈可止遏, 聖人制禮以節其哀, 蓋順以變之也. 言順孝子之哀情, 以漸變而輕減也. 始, 猶生也, 生我者父母也, 毀而滅性, 是不念生我者矣.

자식의 애통한 마음은 천성의 지극함으로부터 표출되는 것이니, 어찌 멈출 수가 있겠는가? 그런데도 성인은 예법을 제정하여 그 슬픔을 절제하도록 했으니, 무릇 그에 따름으로써 점진적으로 변화시키고자 했던 것이다. 즉 자식의 애통한 감정에 따라서 점진적으로 변화를 시켜 줄어들도록 했다는 뜻이다. '시(始)'자는 "태어나다."는 뜻과 같으니, 나를 낳아준 자는 부모인데, 자신의 몸을 해쳐 목숨을 잃게 되는 것은 나를 낳아준 자를 유념치 않는 행동이다.

---

1) 『예기』「단궁하(檀弓下)」 020장 : 帷殯, 非古也, 自敬姜之哭穆伯始也.

【002】

復, 盡哀之道也, 有禱祠之心焉. 望反諸幽, 求諸鬼神之道也. 北面, 求諸幽之義也. 〈檀弓下-022〉

초혼을 하는 것은 부모를 그리워하는 마음을 극진히 하는 도리에 해당하니, 초혼을 할 때에도 오사(五祀)에게 생명이 되돌아오기를 기도했던 마음을 지니고 있는 것이다. 귀신들이 머무는 그윽한 세상에서 부모의 혼백이 되돌아오기를 기대하는 것은 곧 귀신에 대해 기원하는 도리이다. 북쪽을 바라보는 것은 그윽한 세상에서 무언가를 찾고자 하는 뜻에 해당한다.

集說 行禱五祀而不能回其生, 又爲之復, 是盡其愛親之道, 而禱祠之心猶未忘於復之時也. 望反諸幽, 望其自幽而反也. 鬼神處幽暗, 北乃幽陰之方, 故求諸鬼神之幽者必向北也.

오사에게 기도를 하더라도 그 생명을 되돌릴 수 없지만, 또한 부모를 위해 초혼을 하는 것은 부모를 사랑하는 마음을 극진히 하는 도리이고, 기도를 했던 마음을 초혼을 할 때에도 여전히 잊지 않은 것이다. '망반제유(望反諸幽)'라는 말은 그윽한 저 세상에서 되돌아오기를 기대한다는 뜻이다. 귀신은 그윽한 암흑의 세상에 머물게 되고, 북쪽은 곧 그윽하고 음한 방위가 된다. 그렇기 때문에 귀신이 머무는 그윽한 세상에서 찾고자 할 때에는 반드시 북쪽을 바라보는 것이다.

【003】

拜稽顙, 哀戚之至隱也. 稽顙, 隱之甚也. 〈檀弓下-023〉

절을 하고 머리를 땅바닥에 대는 것은 애통함이 지극한 것이다. 그 중에서도 머리를 땅에 대는 것은 애통함이 더욱 지극한 것이다.

集說 隱, 痛也. 稽顙者, 以頭觸地, 無復禮容. 就拜與稽顙言之, 皆爲至痛, 而稽顙則尤其痛之甚者也.

'은(隱)'자는 애통함을 뜻한다. '계상(稽顙)'은 머리를 땅에 대는 것이니, 다시금 예법에 따른 행동거지를 꾸밈이 없다. 절을 하는 것과 머리를 땅에 댄다고 말한 것은 둘 모두 지극히 애통함을 나타내는 것인데, 머리를 땅에 대는 경우에는 더욱이 그 애통함이 극심한 것에 해당한다.

【004】
飯[上聲]用米·貝, 弗忍虛也. 不以食道, 用美焉爾. 〈檀弓下-024〉
반함을['飯'자는 상성으로 읽는다.] 할 때에는 쌀과 화폐를 이용하게 되는데, 그 이유는 차마 시신의 입을 비워둔 상태로 놔둘 수 없기 때문이다. 그런데 이때 실제로 먹는 음식들을 사용하지 않기 때문에, 아름답고 청결한 물건을 사용할 따름이다.

集說 實米與貝于死者口中, 不忍其口之虛也. 此不是用飲食之道, 但用此美潔之物以實之焉爾.
시신의 입안에 쌀과 화폐를 채우는 것은 시신의 입이 비워져 있는 것을 참아낼 수 없기 때문이다. 그런데 이때에는 실제로 음식을 먹는 도리에 따르는 것이 아니며, 단지 아름답고 깨끗한 사물을 이용해서, 입을 채울 따름이다.

【005】
銘, 明旌也. 以死者爲不可別已, 故以其旗識[式志反]之. 愛之, 斯錄之矣; 敬之, 斯盡其道焉耳. 〈檀弓下-025〉
명(銘)은 명정(明旌)2)을 뜻한다. 죽은 자에 대해서는 가리게 되므로 구별

---

2) 명정(銘旌)은 명정(明旌)이라고도 부른다. 영구(靈柩) 앞에 세워서 죽은 자의 관직 및 성명(姓名)을 표시하는 깃발이다.

을 할 수 없다. 그렇기 때문에 깃발을 두어서 표식을['識'자는 '式(식)'자와 '志(지)'자의 반절음이다.] 하는 것이다. 그를 사랑하므로, 그 깃발에 이름을 기록하는 것이며, 그를 공경하기 때문에, 여기에 그 도리를 극진히 하는 것일 따름이다.

集說 士喪禮銘曰, 某氏某之柩. 初置于簷下西階上, 及爲重畢, 則置於重, 殯而卒塗, 始樹於肂坎之東. 疏云, 士長三尺, 大夫五尺, 諸侯七尺, 天子九尺. 若不命之士, 則以緇長半幅. 經末, 長終幅, 廣三寸. 半幅, 一尺也. 終幅, 二尺也. 是總長三尺. 夫愛之而錄其名, 敬之而盡其道, 曰愛曰敬, 非虛文也.

『의례』「사상례(士喪禮)」편에서는 '명(銘)'에 대해서 '아무개 씨 아무개의 영구'라고 기록한다고 했다.[3] 최초 처마 밑 서쪽 계단 위에 두었다가 중(重) 만드는 일이 끝나게 되면 중에 두고, 빈소를 마련하여 흙 바르는 일이 끝나면 비로소 하관을 하게 되는 구덩이 동쪽에 꼽게 된다. 소에서는 다음과 같이 말했다. 사의 경우 그 길이를 3척으로 하고, 대부의 경우 그 길이를 5척으로 하며, 제후의 경우 그 길이를 7척으로 하고, 천자의 경우 그 길이를 9척으로 한다. 만약 명(命)의 등급을 받지 못한 사인 경우라면, 검은색 천으로 만들며, 그 길이는 반폭이 되도록 한다. 붉은 비단의 끝은 그 길이가 종폭(終幅)이고, 너비가 3촌이다. 반폭(半幅)은 1척이다. 종폭은 2척이다. 따라서 총 길이는 3척이 된다. 무릇 그를 사랑하므로 그의 이름을 기록하는 것이고, 그를 공경하므로 그 도리를 지극히 하는 것이니, '애(愛)'라 기록하고, '경(敬)'이라 기록한 것은 공허하게 쓴 말이 아니다.

---

3) 『의례』「사상례(士喪禮)」: 爲銘, 各以其物. 亡則以緇長半幅, 經末長終幅, 廣三寸. <u>書銘于末曰, "某氏某之柩."</u> 竹杠長三尺, 置于宇, 西階上.

【006】

重[平聲], 主道也. 殷主綴[拙]重焉, 周主重徹焉.〈檀弓下-026〉

중에는['重'자는 평성으로 읽는다.] 신주에 대한 도리가 포함되어 있다. 은나라 때에는 우주(虞主)[4]를 만들게 되면 중을 묶어서['綴'자의 음은 '拙(졸)'이다.] 묘(廟)에 매달아 두었고, 주나라 때에는 신주를 만들게 되면 중을 치워서 매장하였다.

集說 禮註云, 士重木長三尺. 始死作重以依神, 雖非主而有主之道, 故曰主道也. 殷禮始殯時, 置重于殯廟之庭, 暨成虞主, 則綴此重而懸於新死者所殯之廟; 周人虞而作主, 則徹重而埋之也.

『예기』에 대한 정현의 주에서는 사의 경우 중은 그 길이를 3척이다. 어떤 자가 이제 막 죽었을 때, 중을 만들어서 신령이 의지하도록 하니, 비록 신주가 아니더라도 신주와 같은 도리가 포함되어 있다. 그렇기 때문에 '주도(主道)'라고 부른 것이다. 은나라 때의 예법에서는 처음으로 빈소를 차릴 때, 빈소가 차려진 곳 마당에 중을 설치하였고, 우주를 완성하게 되면, 이러한 중을 묶어서 이제 막 죽은 자에 대해 빈소를 마련한 묘에 매달아 두었고, 주나라 때에는 우제를 지내고 신주를 만들게 되면, 중을 치워서 매장했다.

【007】

奠以素器, 以生者有哀素之心也. 唯祭祀之禮, 主人自盡焉爾, 豈知神之所饗? 亦以主人有齊[齋]敬之心也!〈檀弓下-027〉

전제사에서는 별다른 장식이 없는 소기를 사용하여 음식을 올린다. 그 이유는 전제사를 올리는 자들에게 애통하여 꾸밈을 갖출 수 없는 마음이 있

---

4) 우주(虞主)는 장례(葬禮)를 치른 뒤 우제(虞祭)를 지낼 때 세워두는 신주(神主)를 뜻한다.

기 때문이다. 오직 제사의 예에서만 주인은 제 스스로 문식을 극진히 꾸미게 될 따름이다. 그런데 어떻게 신이 흠향하게 될 것을 알 수 있는가? 그 이유는 또한 주인이 재계를[齊'자의 음은 '齋(재)'이다.] 하고 공경스러운 마음을 지니고 있기 때문이다.

集說 鄭氏曰: 哀素, 言哀痛無飾也. 凡物無飾曰素. 哀則以素, 敬則以飾, 禮由人心而已.

정현이 말하길, '애소(哀素)'는 애통하여 법식에 따른 꾸밈이 없다는 뜻이다. 무릇 사물들 중에 꾸밈이 없는 것을 '소(素)'라고 부른다. 애통하다면 소(素)한 것을 사용하고, 공경한다면 꾸밈을 가미하게 되는데, 예는 사람의 마음에서 비롯될 따름이다.

集說 方氏曰: 士喪禮有素俎, 士虞禮有素几, 皆其哀而不文故也. 喪葬凶禮, 故若是; 至於祭祀之吉禮, 則必自盡以致其文焉, 故曰: "唯祭祀之禮, 主人自盡焉爾." 然主人之自盡, 亦豈知神之所享必在於此乎? 且以表其齊敬之心而已耳.

방씨가 말하길, 「사상례」편에는 '소조(素俎)'5)라는 것이 나오고,6) 『의례』 「사우례(士虞禮)」편에는 '소궤(素几)'7)라는 것이 나오는데,8) 둘 모두 애

---

5) 소조(素俎)는 고대의 제사 때 사용된 제기(祭器) 중 하나이다. 희생물의 고기를 올려놓던 도마인데, 질박함을 숭상하여 백색의 나무로 제작하고 별다른 장식을 하지 않았기 때문에 '소(素)'자를 붙여서, '소조'라고 부르는 것이다.

6) 『의례』 「사상례(士喪禮)」: 陳一鼎于寢門外, 當東塾少南, 西面. 其實特豚, 四鬐, 去蹄, 兩胉·脊·肺. 設扃鼏, 鼏西末. 素俎在鼎西, 西順. 覆匕, 東柄.

7) 소궤(素几)는 상례(喪禮) 때 사용하는 것으로, 흰 흙을 발라서 만든 작은 안석이다. 『주례』 「춘관(春官)·사궤연(司几筵)」편에는 "凡喪事, 設葦席, 右素几."라는 기록이 있다. 즉 무릇 상사(喪事)에는 갈대로 엮은 자리를 설치하고, 오른쪽에는 '소궤'를 둔다.

8) 『의례』 「사우례(士虞禮)」: 尊于室中北墉下當戶兩甒, 醴·酒, 酒在東, 無禁, 冪用絺布, 加勺, 南枋. 素几·葦席在西序下.

통함을 나타내어 꾸밈을 가미하지 않기 때문이다. 상례와 장례는 흉례에 해당하기 때문에 이처럼 하는 것이다. 길례에 해당하는 제사의 경우라면, 반드시 제 스스로 그 문식을 지극히 가미하게 된다. 그렇기 때문에 "오직 제사의 예에서는 주인이 제 스스로 다할 따름이다."라고 말한 것이다. 그런데 주인이 제 스스로 다한다고 해도 또한 어떻게 흠향하는 장소가 반드시 이곳이라는 것을 신이 알 수 있는가? 또한 이를 통해서 그가 재계를 하고 공경한다는 마음을 나타낼 따름이다.

【008】

歠, 主人·主婦·室老, 爲其病也, 君命食[嗣]之也. 〈檀弓下-031〉 [本在 "昴而葬"下.]

죽을 마시게 될 때, 상을 치르는 주요 대상들인 주인·주부·실로(室老)[9] 들은 자칫 몸이 쇠약해져서 병에 걸릴 수가 있으므로, 군주는 명령을 내려서 그들에게 밥을['食'자의 음은 '嗣(사)'이다.] 먹도록 시킨다. [본래는 "후(昴)를 쓰고 서 장례를 치렀다."[10]라고 한 문장 뒤에 수록되어 있었다.]

集說 疏曰: 親喪歠粥之時, 主人, 亡者之子; 主婦, 亡者之妻, 無則 主人之妻也; 室老, 家之長相; 此三人竝是大夫之家貴者, 爲其歠粥 病困之故, 君必命之食疏飯也. 若士喪, 君不命也. 喪大記言主婦食 疏食, 謂旣殯之後; 此主婦歠者, 謂未殯前.

소에서 말하길, 이 시기는 부모의 장례를 치르며 죽을 마시게 될 때를 뜻하는데, '주인(主人)'은 죽은 자의 아들을 뜻하고, '주부(主婦)'는 죽은 자의 처를 뜻한다. 죽은 자의 처가 없다면, 상주의 처를 뜻하게 된다. '실로(室老)'는 가신들의 우두머리이다. 이 세 사람은 모두 대부의 집에

---

9) 실로(室老)는 가신(家臣) 중의 우두머리를 뜻한다.

10) 『예기』「단궁하(檀弓下)」 030장 : 弁絰葛而葬, 與神交之道也, 有敬心焉. 周人 弁而葬, 殷人昴而葬.

서 가장 존귀한 자가 되니, 그들이 죽을 마시며 쇠약해져서 병에 걸리게
될까를 염려하기 때문에, 군주는 반드시 그들에게 명령을 내려 거친 밥이
라도 먹게 한다. 만약 사의 상인 경우라면, 군주는 명령을 내리지 않는다.
『예기』「상대기(喪大記)」편에서 주부가 거친 밥을 먹는다고 한 말11)은
빈(殯)을 한 이후의 시기를 뜻하고, 이곳에서 주부가 죽을 마신다고 한
말은 아직 빈소를 마련하기 이전의 시기를 뜻한다.

【009】

袒·括髮, 變也. 慍, 哀之變也. 去[上聲]飾, 去美也. 袒·括髮, 去飾之
甚也. 有所袒, 有所襲, 哀之節也.〈檀弓下-029〉[本在"節文也"下.]

단을 하고 괄발(括髮)12)을 하는 것은 모습을 변화시키는 것이다. 원망함은
애통한 감정이 변화된 것이다. 치장을 제거하는「去'자는 상성으로 읽는다.] 것은
아름다운 것을 제거하는 것이다. 단과 괄발은 치장을 제거하는 것 중에서
도 수위가 가장 높은 것이다. 단을 하는 경우도 있고, 습(襲)을 하는 경우도
있는 것은 애통한 감정에 대해 절제를 한 것이다. [본래는 "절제를 하여 법식을
꾸민 것이다."13)라고 한 문장 뒤에 수록되어 있었다.]

集說 疏曰: 袒衣括髮, 形貌之變也; 悲哀慍恚, 哀情之變也. 去其尋
常吉時之服飾, 是去其華美也. 去飾雖多端, 惟袒而括髮, 又去飾之
中最甚者也. 理應常袒, 何以有袒時·有襲時? 蓋哀甚則袒, 哀輕則
襲, 哀之限節也.

---

11) 『예기』「상대기(喪大記)」 030장 : 君之喪, 子大夫公子衆士皆三日不食. 子大夫
公子食粥, 納財朝一溢米, 莫一溢米, 食之無算. 士疏食水飮, 食之無算. 夫人
世婦諸妻皆疏食水飮, 食之無算.

12) 괄발(括髮)은 상(喪)을 치를 때, 관(冠)을 벗고 머리를 마(麻)로 된 천으로 싸매는
것을 뜻한다.

13) 『예기』「단궁하(檀弓下)」 028장 : 辟踊, 哀之至也. 有算, 爲之節文也.

소에서 말하길, 옷에 대해 단(袒)을 하고 괄발(括髮)을 하는 것은 모습을 변화시키는 것이며, 비통하고 애통해하며 원망하게 되는 것은 슬퍼하는 감정이 변화된 것이다. 일상적으로 길한 때 착용하는 복식을 제거하는 것은 화려하고 아름다운 치장을 제거하기 때문이다. 치장을 제거함에 있어서는 비록 여러 단계가 있지만, 오직 단과 괄발만을 언급한 것은 이것이 또한 치장을 제거하는 것 중에서도 가장 수위가 높은 것이기 때문이다. 이치상 항상 단을 하고 있어야만 하는데, 어떻게 단을 하는 때가 있고, 또 습(襲)을 하는 때가 있을 수 있는가? 무릇 애통함이 심하다면 단을 하는 것이고, 애통함이 경감되면 습을 하는 것이니, 이것은 애통함에 대해 절제를 하고 제한을 한 것이다.

【010】

辟[婢亦反]踊, 哀之至也. 有筭, 爲之節文也.〈檀弓下-028〉 [本在"齊敬之心也"之下.]

가슴을 치고['辟'자는 '婢(비)'자와 '亦(역)'자의 반절음이다.] 발을 구르는 것은 애통함이 지극해서 나타나는 행위이다. 그러나 너무 지나치게 되면 생명을 해치게 되므로, 정해진 수치를 둔 것이니, 이것은 그 행위에 대해서 절제를 하여 법식을 꾸민 것이다. [본래는 "재계를 하고 공경스러운 마음을 지니고 있기 때문이다."[14]라고 한 문장 뒤에 수록되어 있었다.]

集說 疏曰: 拊心爲辟, 跳躍爲踊, 是哀痛之至極, 若不裁限, 恐傷其性, 故有筭以爲之準節. 每一踊三跳, 三踊九跳爲一節; 士三日有三次踊, 大夫四日五踊, 諸侯六日七踊, 天子八日九踊, 故云: "爲之節文也." 소에서 말하길, 가슴을 두드리는 것을 '벽(辟)'이라고 하며, 발을 구르는

---

14) 『예기』「단궁하」027장 : 奠以素器, 以生者有哀素之心也. 唯祭祀之禮, 主人自盡焉爾, 豈知神之所饗? 亦以主人有齊敬之心也!

것을 '용(踊)'이라고 하는데, 이것은 애통함이 지극하기 때문에 나타나는 행동이다. 그런데 만약 절제를 하여 제한을 두지 않는다면, 아마도 그 생명을 해치게 될까 염려되기 때문에, 수치를 두어서 조절의 수위로 삼는 것이다. 매번 1차례 용을 하며 3번 발을 구르니, 3차례 용을 하며 9번 발을 구르는 것을 1절(節)로 삼는다. 사의 경우에는 3일 동안 3차례 용을 하고, 대부의 경우에는 4일 동안 5차례 용을 하며, 제후의 경우에는 6일 동안 7차례 용을 하고, 천자의 경우에는 8일 동안 9차례 용을 한다. 그렇기 때문에 "절문(節文)을 한 것이다."라고 말한 것이다.

【011】

衰, 與其不當[去聲]物也, 寧無衰. 齊衰不以邊坐, 大功不以服勤. ⟨檀弓上-052⟩ [本在"君子以爲難"下.]

상복이 규정에 따라 제대로 만들어진 것이 아니라면['當'자는 거성으로 읽는다.] 차라리 입지 않는 것이 낫다. 자최복을 입고 있을 때에는 한쪽으로 치우친 자세로 앉아 있을 수 없고, 대공복을 입고 있을 때에는 노역에 참여할 수 없다. [본래는 "군자는 따를 수 없는 것이라고 평가했다."[15]라고 한 문장 뒤에 수록되어 있었다.]

集說 疏曰: 物, 謂升縷及法制長短幅數也. 邊坐, 偏倚也. 喪服宜敬, 坐起必正, 不可著衰而偏倚也. 齊衰輕旣不倚, 斬重不言可知. 大功雖輕, 亦不可著衰服而爲勤勞之事也.

소에서 말하길, '물(物)'은 상복의 올수 및 법도에 따라 제작하게 되는 길이와 폭의 수치 등을 뜻한다. '변좌(邊坐)'는 한쪽으로 기대어 앉는다는 뜻이다. 상복을 착용했을 때에는 마땅히 공경스러운 태도를 취해야

---

15) 『예기』「단궁상(檀弓上)」051장 : 高子皐之執親之喪也, 泣血三年, 未嘗見[現]齒, 君子以爲難.

하니, 앉고 일어날 때에도 반드시 바른 자세로 해야 하므로, 상복을 입었을 때에는 한쪽으로 기대어 앉을 수가 없다. 자최복은 참최복보다도 수위가 낮은 상복인데도, 기대어 앉지 않는다고 하였으니, 참최복처럼 수위가 높은 상복에 대해서는 말을 하지 않아도 이러한 규정에 따른다는 사실을 알 수 있다. 대공복은 비록 수위가 낮은 상복이지만, 또한 이러한 상복을 착용하고 있다면 노역하는 일을 시행할 수 없다.

集說 馬氏曰: 衰不當物, 則亂先王之制, 而後世疑其傳. 無衰, 則禮雖不行, 而其制度定于一, 猶可以識之, 故曰, "與其不當物也寧無衰."
마씨가 말하길, 상복이 합당한 법도에 맞지 않다면, 선왕의 제도를 문란하게 하여, 후세에는 전수된 규정에 대해서 의심을 하게 된다. 상복을 입지 않는다면, 예법에 따라서는 비록 시행할 수 없는 것이지만, 상복에 대한 제도는 일정한 규정에 따라 유지되니, 오히려 이것을 통해서 제대로 된 규정을 알 수 있게 된다. 그렇기 때문에 "합당한 법도에 따라 만든 상복이 아니라면, 차라리 상복을 입지 않는 것이 낫다."라고 말한 것이다.

附註 寧無衰, 如死不如速朽之言, 甚言衰不當物之不可耳. 註云 "無衰則制度定于一", 未詳.
'영무최(寧無衰)'는 "죽어서 빨리 그 육신이 썩어버리는 것만 못하다."[16]는 말과 같으니, 상복에 있어서는 해당하지 않는 것을 착용할 수 없다는 사실을 강조해 말한 것일 뿐이다. 주에서 "상복을 입지 않는다면 제도가 일정한 규정에 따라 유지된다."라고 한 말은 상세하지 않다.

---

16) 『예기』 「단궁상(檀弓上)」 091장 : 有子問於曾子曰: "問喪於夫子乎?" 曰: "聞之矣, 喪欲速貧, 死欲速朽." 有子曰: "是非君子之言也." 曾子曰: "參也聞諸夫子也." 有子又曰: "是非君子之言也." 曾子曰: "參也與子游聞之." 有子曰: "然. 然則夫子有爲言之也." 曾子以斯言告於子游. 子游曰: "甚哉! 有子之言似夫子也. 昔者夫子居於宋, 見桓司馬自爲石槨, 三年而不成. 夫子曰: '若是其靡也! 死不如速朽之愈也.' 死之欲速朽, 爲桓司馬言之也."

【012】

喪服, 兄弟之子猶子也, 蓋引而進之也; 嫂叔之無服也, 蓋推而遠[去聲]之也; 姑姉妹之薄也, 蓋有受我而厚之者也. 〈檀弓上-087〉 [本在"喪具君子不爲也"下.]

상복에 있어서 형제의 자식들이 죽었을 때에는 자신의 자식이 죽었을 때와 동일한 상복을 착용하니, 이처럼 하는 이유는 그와의 은정으로 인해 그의 관계를 끌어 올려서 친밀한 관계로 포함시키기 때문이다. 형제의 아내와 남편의 형제 사이에는 확연한 구분이 있으니, 그 둘 사이에는 상복관계가 성립되지 않는데, 이처럼 하는 이유는 남녀사이에서 발생하는 혐의를 멀리 하기 위해, 그 둘의 관계를 미루어서 멀리 대하기['遠'자는 거성으로 읽는다.] 때문이다. 고모와 자매가 시집을 갔을 때에는 그녀들에 대한 상복의 수위 를 낮추니, 무릇 본인을 대신해서 그녀들을 위해 수위가 높은 상복을 입어 줄 사람이 있기 때문이다. [본래는 "상을 치를 때 소용되는 기물들을 …… 군자는 미리 마련하지 않는다."[1]라고 한 문장 뒤에 수록되어 있었다.]

集說 方氏曰: 兄弟之子, 雖異出也, 然在恩爲可親, 故引而進之, 與子同服; 嫂叔之分, 雖同居也, 然在義爲可嫌, 故推而遠之, 不相爲服. 姑姉妹在室, 與兄弟姪皆不枚期, 出適則皆降服大功而從輕者, 蓋有受我者服爲之重故也. 言其夫受之, 而服爲之枚期以厚之, 故於本宗相爲皆降一等也.

방씨가 말하길, 형제의 자식은 비록 다른 부모에게서 태어났지만, 은정에 있어서는 친근하게 대할 수 있다. 그렇기 때문에 끌어 올려서 나아가게 하여, 자식에 대한 상복과 동일하게 한 것이다. 형제의 아내와 남편의 형제는 구분에 있어서 비록 같은 집에 살고 있다 하더라도, 의리에 따라 혐의스러운 점이 생길 수 있다. 그렇기 때문에 미루어서 멀리하여, 서로

---

1) 『예기』 「단궁상(檀弓上)」 086장 : <u>喪具</u>, 君子恥具. 一日二日而可爲也者, <u>君子弗爲也</u>.

간에 상복을 입지 않는 것이다. 고모와 자매가 시집을 가지 않았을 때에는 형제의 자식들에 대한 경우와 마찬가지로, 모두 지팡이를 잡지 않는 기년복을 착용하는데, 그녀들이 출가를 했다면 모두에 대해서 상복의 수위를 낮춰서 대공복을 착용하고, 수위가 낮은 것을 따르게 되니, 무릇 나를 대신해서 상복을 입는 자가 있어서, 그들이 그녀를 위해 수위가 무거운 상복을 착용하기 때문이다. 즉 그녀의 남편이 나를 대신하여 상복을 착용할 때 그녀를 위해 지팡이를 잡게 되는 기년복을 착용하여 후하게 대한다는 뜻이다. 그렇기 때문에 그녀의 친정에서는 서로를 위해 모두들 한 등급씩 낮춰서 상복을 착용하는 것이다.

【013】

古者冠縮縫, 今也衡[橫]縫. 故喪冠之反吉, 非古也.〈檀弓上-043〉 [本在
"言思也亦然"下.]

고대에는 관을 만들 때, 길례와 흉례의 차이와 상관없이 모든 관을 세로로 꿰맸고, 현재는 흉례 때 쓰는 관은 세로로 꿰매지만, 길례 때 쓰는 관은 가로로['衡'자의 음은 '橫(횡)'이다.] 꿰맨다. 그러므로 상례 때 쓰는 관의 꿰맨 방법은 길례 때 쓰는 관과 반대가 되니, 이것은 고대의 제도가 아니라 주나라 때의 제도일 따름이다. [본래는 "언사에 대해서, 곡을 했을 때에도 이처럼 했다."2)라고 한 문장 뒤에 수록되어 있었다.]

集說 疏曰: 縮, 直也. 殷尙質, 吉凶冠皆直縫. 直縫者, 辟積襵少, 故一一前後直縫之. 衡, 橫也. 周尙文, 冠多辟積, 不一一直縫, 但多作襵而幷橫縫之. 若喪冠質, 猶疎辟而直縫, 是與吉冠相反. 時人因言古喪冠與吉冠反, 故記者釋之云, 非古也, 止是周世如此耳. 古則

---

2) 『예기』「단궁상(檀弓上)」 042장 : 曾子曰: "小功不爲位也, 者是委巷之禮也. 子思之哭嫂也爲位, 婦人倡踊. 申祥之哭<u>言思也亦然</u>."

吉凶冠同直縫也.

소에서 말하길, '축(縮)'자는 세로를 뜻한다. 은나라 때에는 질박함을 숭상했으므로, 길례와 흉례 때 쓰는 관을 모두 세로로만 꿰맸다. 세로로 꿰맨다는 것은 포갤 때 주름이 적게 잡히도록 하는 것이다. 그렇기 때문에 일일이 앞뒤에서 세로로 꿰맨 것이다. '형(衡)'자는 가로를 뜻한다. 주나라 때에는 화려함을 숭상했으므로, 관은 포개는 것을 많게 했으니, 일일이 세로로 꿰맨 것이 아니라 단지 주름을 많이 잡아서 한꺼번에 가로로 꿰맸다. 상례 때 쓰는 관의 경우에는 질박하므로, 여전히 포갠 것을 적게 하여 세로로 꿰매니, 이것은 길례 때 쓰는 관과 반대가 된다. 당시 사람들은 이러한 이유 때문에 고대에 상례 때 썼던 관과 길례 때 썼던 관이 반대가 된다고 여겼다. 그렇기 때문에 『예기』를 기록한 자는 그 의미를 해석하여, 이것은 고대의 제도가 아니니, 단지 주나라 때부터 이처럼 한 것일 뿐이라고 했다. 즉 고대에는 길례와 흉례 때 쓰는 관을 모두 세로로 꿰맸다.

【014】

古者貴賤皆杖. 叔孫武叔朝見輪人以其杖關轂而輠[胡罪反]輪者, 於是有爵而後杖也.〈雜記下-028〉[本在"伯子某"下.]

고대에는 신분에 상관없이 모두 상례를 치르며 지팡이를 사용했다. 그런데 어느 날 숙손무숙이 조회에 참여했다가 수레바퀴를 만드는 사람이 상례 때 사용하는 지팡이를 이용해서 바퀴통에 꼽고 바퀴를 회전시키는['輠'자는 '胡(호)'자와 '罪(죄)'자의 반절음이다.] 모습을 보았다. 그 일로 인해 서인들이 상례를 치르며 지팡이를 사용하지 못하도록 했으니, 이 시기부터 작위를 가진 자만이 지팡이를 사용하게 되었다. [본래는 "아무개가 동생 아무개의 장례에 대해서 거북점을 칩니다."[3]라고 한 문장 뒤에 수록되어 있었다.]

---

3) 『예기』「잡기하(雜記下)」 027장 : 祝稱卜葬虞, 子孫曰"哀", 夫曰"乃", 兄弟曰"某

集說 輪人, 作車輪之人也. 關, 穿也. 輠, 廻也. 謂以其衰服之杖穿
於車轂中而廻轉其輪, 鄙褻甚矣, 自後無爵者不得杖. 此記庶人廢禮
之由也.

'윤인(輪人)'은 수레바퀴를 만드는 자이다. '관(關)'자는 "꿰뚫다."는 뜻이
다. '회(輠)'자는 "돌리다."는 뜻이다. 즉 상복에 사용하는 지팡이로 수레
의 바퀴통에 꼽고서 바퀴를 회전시켰다는 뜻으로, 너무 소홀하게 대한
것이니, 그 이후로 작위가 없는 자는 상복의 지팡이를 사용할 수 없었다.
이것은 서인에게 있어서 관련 예법을 폐지하게 된 이유를 기록한 것이다.

【015】

鑿巾以飯[上聲], 公羊賈爲之也. 〈雜記下-029〉

수건을 시신의 얼굴에 덮고, 입 부분만 뚫어서 그곳으로 함(含)을 하는데
['飯'자는 상성으로 읽는다.] 공양고는 사의 신분이었음에도, 상위 계층의 예법에
따라 이처럼 행했다.

集說 飯, 含也. 大夫以上貴, 使賓爲其親含, 恐尸爲賓所憎穢, 故以
巾覆尸面, 而當口處鑿穿之令含玉得以入口. 士賤不得使賓, 子自
含, 無憎穢之心, 故不以巾覆面. 公羊賈, 士也. 而鑿以飯, 是憎穢其
親矣. 此記士失禮之所由也.

'반(飯)'은 함을 뜻한다. 대부로부터 그 이상의 계급은 존귀하므로, 빈객
으로 하여금 시신의 입에 함옥 등을 넣도록 하는데, 아마도 시신이 빈객
에게 꺼림을 당하게 될 것을 염려했기 때문에, 수건으로 시신의 얼굴을
덮고, 입 부분을 뚫어서 그곳으로 함옥 등을 넣어 입에 들어가도록 했던
것이다. 사는 미천하여 빈객으로 하여금 함을 하도록 할 수 없어서, 자식

卜葬其兄", 弟曰"伯子某".

이 직접 함을 하는데, 시신을 꺼리는 마음이 없기 때문에, 수건으로 얼굴을 가리지 않는다. 공양고는 사 계급이다. 그런데도 구멍을 뚫은 수건을 시신의 얼굴에 덮고서 함을 했던 것은 그 부친을 꺼려했기 때문이다. 이것은 사가 예법을 실추시킨 유래를 기록한 것이다.

【016】

冒者何也? 所以揜形也. 自襲以至小斂, 不設冒則形, 是以襲而后設冒也. 〈雜記下-030〉 [三段雜記.]

'모(冒)'라는 것은 무엇인가? 시신의 몸을 감싸는 것이다. 습을 한 뒤로부터 소렴에 이르기까지, 모를 사용하지 않는다면 시신이 노출되니, 이러한 까닭으로 습을 하며 모를 사용한다. [3개 단락은 「잡기」편의 문장이다.]

集說 冒, 說見王制. 襲, 沐浴後以衣衣尸也. 則形者, 言尸雖已著衣, 若不設冒, 則尸象形見, 爲人所惡, 是以襲而設冒也. 后字衍.

'모(冒)'는 그 설명이 『예기』 「왕제(王制)」 편에 나온다. '습(襲)'은 시신을 목욕시킨 이후 옷을 이용해서 시신의 몸에 옷을 입히는 것이다. '즉형(則形)'은 시신에게 비록 이미 옷을 입혔더라도, 만약 모를 사용하지 않는다면, 시신의 형체가 노출되어, 사람들이 꺼리게 된다는 뜻이다. 이러한 까닭으로 습을 하며 모를 사용하는 것이다. '후(后)'자는 연문으로 들어간 글자이다.

附註 按: 后字非衍.

살펴보니, '후(后)'자는 연문이 아니다.

【017】

帷殯, 非古也, 自敬姜之哭穆伯始也.〈檀弓下-020〉[本在"遠利也"下.]

조석으로 곡을 할 때 빈소에 휘장을 쳐두는 것은 고대의 예법이 아니다. 휘장을 친 상태에서 곡을 하는 것은 경강이 자신의 남편 목백에게 곡을 했던 것에서부터 시작되었다. [본래는 "이로움을 멀리하였기 때문이다."[1]라고 한 문장 뒤에 수록되어 있었다.]

集說 禮. 朝夕哭殯之時, 必褰開其帷. 敬姜哭其夫穆伯之殯, 乃以避嫌而不復褰帷, 自此以後, 人皆傚之. 故記者云"非古也." 穆伯魯大夫季悼子之子, 公甫靖也.

예법에 따르면, 조석으로 빈소에서 곡을 할 때에는 반드시 휘장을 걷어 올려야 한다. 경강이 남편 목백의 빈소에서 곡을 할 때, 곧 혐의를 피하고자하여 다시 휘장을 걷어 올리지 않았는데, 이로부터 그 이후로는 사람들이 모두 이 방법을 따라했다. 그렇기 때문에 『예기』를 기록한 자가 "고대의 예법이 아니다."라고 말한 것이다. '목백(穆伯)'은 노나라 대부 계도자의 아들로, 공보정이다.

【018】

邾婁[閭]復之以矢, 蓋自戰於升陘[刑]始也.〈檀弓上-028〉[本在"祥而廓然"下.]

주려['婁'자의 음은 '閭(려)'이다.]가 전쟁터에서 죽은 자에 대해 초혼을 하며 옷 대신 화살을 사용했으니, 무릇 전쟁터에서 죽은 자에 대해 초혼을 하는 의식은 주려가 승형['陘'자의 음은 '刑(형)'이다.] 땅에서 전쟁을 했을 때로부터 시작되었다. [본래는 "대상을 치르고 나서는 막막하여 즐겁지 않게 된다."[2]라고 한 문장

---

1) 『예기』「단궁하(檀弓下)」 019장 : 子顯以致命於穆公. 穆公曰: "仁夫公子重耳! 夫稽顙而不拜, 則未爲後也, 故不成拜. 哭而起, 則愛父也; 起而不私, 則遠利也."

2) 『예기』「단궁상(檀弓上)」 027장 : 始死, 充充如有窮; 旣殯, 瞿瞿如有求而不得; 旣葬, 皇皇如有望而不至. 練而慨然, 祥而廓然.

뒤에 수록되어 있었다.]

集說 魯僖公二十一年, 與邾人戰于升陘, 魯地. 邾師雖勝, 而死傷者多, 軍中無衣, 復者用矢. 釋云: "邾人呼邾聲曰婁, 故曰邾婁." 夫以盡愛之道, 禱祠之心, 孝子不能自已, 冀其復生也. 疾而死, 行之可也; 兵刃之下, 肝腦塗地, 豈有再生之理? 復之用矢, 不亦誣乎?

노나라 희공 21년에, 주나라와 승형 땅에서 전쟁을 했으니, 이 땅은 노나라 땅이다. 주나라 군대는 비록 승리를 했지만 사상자가 많았고, 군대 안에 옷이 없었으므로, 초혼을 할 때 옷 대신 화살을 사용했다. 『경전석문』에서는 "주나라 사람이 '주(邾)'자를 발음할 때에는 '려(婁)'라고 했다. 그렇기 때문에 '주려(邾婁)'라고 한 것이다."라고 했다. 무릇 친애함을 다하는 도와 기도를 하며 제사를 지내는 마음에 대해서, 자식된 자들은 제 스스로 그만 둘 수 없으며, 그가 다시 살아나기를 희망하게 된다. 병에 걸려서 죽었을 때에는 초혼의 의식을 시행해도 괜찮지만, 전쟁터에서 죽게 되면, 장기와 시신이 흙에 파묻히게 되는데, 어찌 다시 살아나는 이치가 있을 수 있겠는가? 초혼을 하며 화살을 사용하는 것은 또한 무람된 일이 아니겠는가?

【019】
魯婦人之髽[莊華反]而弔也, 自敗於臺[狐]鮐[苔]始也. 〈檀弓上-029〉
노나라의 부인들이 상을 치를 때 하는 머리모양인 좌['髽'자는 '莊(장)'자와 '華(화)'자의 반절음이다.]를 틀고 조문을 한 것은 호태['臺'자의 음은 '狐(호)'이고, '鮐'자의 음은 '苔(태)'이다.]의 전투에서 패배했던 일로부터 시작되었다.

集說 吉時以纚韜髮, 凶則去纚而露其髻, 故謂之髽. 狐眙之戰, 在魯襄公四年, 蓋爲邾人所敗也. 髽不以弔, 時家家有喪, 故髽而相弔也.

길한 때에는 이(纚)를 이용해서 머리카락을 감싸서 숨겼고, 흉한 때에는 이를 제거하고 머리카락을 노출시켰다. 그렇기 때문에 이러한 머리모양을 '좌(髽)'라고 부른 것이다. 호태 땅에서의 전쟁은 노나라 양공 4년에 일어났는데, 주나라에 의해 패배를 당하였다. 좌를 하고는 조문을 하지 않는데, 당시 집집마다 상이 발생했기 때문에 좌를 하고서 서로 조문을 했던 것이다.

集說 方氏曰: 矢所以施於射, 非所以施於復; 髽所以施於喪, 非所以施於弔. 因之而不改, 則非矣.

방씨가 말하길, 화살은 활쏘기를 할 때 사용하는 것이니, 초혼을 할 때 사용할 수 있는 물건이 아니다. 좌는 상을 치를 때 사용하는 머리방식이니, 조문을 할 때 사용하는 방식이 아니다. 각각의 일들로 인한 경우이지만 이 방법을 고치지 않았으니, 비례가 된다.

【020】
経也者, 實也. 〈檀弓上-075〉 [本在"周道也"下.]

상례에 사용되는 '질(経)'이라는 것은 자식의 충실한 마음을 뜻한다. [본래는 "주나라 때의 도에 해당한다."³⁾라고 한 문장 뒤에 수록되어 있었다.]

集說 麻在首·在要皆曰経, 分言之則首曰経, 要曰帶. 経之言實, 明孝子有忠實之心也. 首経象緇布冠之缺項; 要経象大帶, 又有絞帶象革帶. 齊衰以下用布.

마는 머리에도 쓰고 허리에도 차게 되는데, 이것들을 모두 '질(経)'이라고 부르며, 구별하여 말한다면, 머리에 쓰는 것을 '질(経)'이라 부르고, 허리

---

3) 『예기』「단궁상(檀弓上)」 074장 : 幼名, 冠字, 五十以伯仲, 死謚, 周道也.

에 차는 것을 '대(帶)'라 부른다. '질(絰)'자의 뜻은 "가득차다."는 뜻이니, 자식에게 있는 진실되고 가득한 마음을 나타낸다. 머리에 쓰는 질은 치포 관에 달린 규항을 본뜬 것이고, 허리에 차는 질은 대대를 본뜬 것이며, 또 교대에는 혁대를 본뜬 점이 있다. 자최복으로부터 그 이하의 상복에서 는 포를 사용한다.

集說 朱子曰: 首絰大一搹, 是拇指與第二指一圍; 要絰較小, 絞帶 又小於要絰. 要絰象大帶, 兩頭長垂下; 絞帶象革帶, 一頭有彄子, 以 一頭串於中而束之.

주자가 말하길, 머리에 쓰는 질의 크기는 1액(搹)으로, 이것은 엄지손가 락과 검지손가락으로 원을 그린 크기이며, 허리에 하는 질은 그 크기가 비교적 작은 것이고, 교대는 또한 허리에 차는 질보다도 작은 것이다. 허리에 차는 질은 대대를 본뜬 것이니, 양쪽 끝을 길게 하여 밑으로 내려 트리고, 교대는 혁대를 본뜬 것이니, 한쪽 끝에 고리가 있어서, 한쪽 끝으 로 그 중앙에 꿰어서 결속한다.

【021】

弁絰葛而葬, 與神交之道也, 有敬心焉. 周人弁而葬, 殷人冔[火羽反] 而葬.〈檀弓下-030〉[本在"哀之節也"下.]

흰색의 명주로 만든 변(弁)을 쓰고 그 위에 갈로 엮은 환질(環絰)을 두르고 장례를 치르는 것은 신과 교감하는 도리이니, 공경하는 마음이 포함되어 있기 때문이다. 주나라 때에는 변을 쓰고서 장례를 치렀고, 은나라 때에는 후['冔'자는 '火(화)'자와 '羽(우)'자의 반절음이다.]를 쓰고서 장례를 치렀다. [본래는 "애통한 감정에 대해서 절제를 한 것이다."4)라고 한 문장 뒤에 수록되어 있었다.]

---

4) 『예기』「단궁하」029장 : 袒·括髮, 變也. 慍, 哀之變也. 去飾, 去美也. 袒·括 髮, 去飾之甚也. 有所袒, 有所襲, 哀之節也.

集說 居喪時, 冠服皆純凶, 至葬而吾親託體地中, 則當以禮敬之心, 接於山川之神也. 於是以絹素爲弁, 如爵弁之制, 以葛爲環絰在首以送葬. 不敢以純凶之服交神者, 示敬也, 故曰: "有敬心焉."

상을 치를 때 착용하는 관과 복장은 모두 순전한 흉복에 따르는데, 장례를 치르게 되면 자신의 부모가 그 신체를 땅에 의탁하게 되므로, 마땅히 예법에 따른 공경하는 마음으로, 산천의 신들과 교감해야만 한다. 이때 흰색의 명주로 변을 만들게 되는데, 작변(爵弁)[5]의 모양으로 만들고, 갈을 엮어서 환질을 만들어 머리에 쓰고 장례를 전송한다. 감히 순전한 흉례에 따른 복장으로 신과 교감하지 못하는 이유는 공경함을 나타내기 위해서이다. 그렇기 때문에 "공경하는 마음이 있기 때문이다."라고 말한 것이다.

【022】

葬於北方北首, 三代之達禮也, 之幽之故也. 〈檀弓下-035〉 [本在"吾從周" 下.]

북쪽 땅에서 장례를 치르고 장례를 치를 때 시신의 머리를 북쪽으로 두는 것은 삼대(三代)[6]가 모두 따랐던 예법이니, 그가 그윽한 세상으로 가게 되기 때문이다. [본래는 "나는 주나라의 예법을 따르겠다.[7]"라고 한 문장 뒤에 수록되어

---

5) 작변(爵弁)은 고대의 예관(禮冠) 중 하나로, 면류관[冕] 다음 등급에 해당한다. '작(爵)'자는 관의 모습이 참새의 머리처럼 생겼기 때문에 붙여진 명칭이다. 적색과 은미한 흑색이 나는 30승(升)의 포(布)로 만든다. 또한 '작변'은 작변복(爵弁服)을 지칭하기도 한다. 예복(禮服)의 경우 착용하는 관(冠)에 따라서 그 복장의 명칭을 붙이기도 하기 때문이다. '작변복'은 작변의 관, 분홍색의 하의, 명주로 만든 상의, 검은색의 대(帶), 매겹(韎韐)이라는 슬갑을 착용한다.

6) 삼대(三代)는 하(夏), 은(殷), 주(周)의 세 왕조를 말한다. 『논어』「위령공(衛靈公)」편에는 "斯民也, 三代 之所以直道而行也."라는 기록이 있고, 이에 대한 형병(邢昺)의 소(疏)에서는 "三代, 夏殷周也."로 풀이했다.

있었다.]

集說 北方, 國之北也. 殯猶南首, 未忍以鬼神待其親也; 葬則終死
事矣, 故葬而北首. 三代通用此禮也. 南方昭明, 北方幽暗. 之幽, 釋
所以北首之義.

'북방(北方)'은 국가의 북쪽 땅을 뜻한다. 빈소를 마련할 때에는 여전히
시신의 머리를 남쪽으로 두니, 아직까지 귀신을 대하는 방법으로 차마
자신의 부모를 대할 수 없기 때문이다. 그러나 장례를 치르게 되면 부모
의 죽음에 대한 일들을 끝맺게 된다. 그렇기 때문에 장례를 치를 때에는
머리를 북쪽으로 두는 것이다. 삼대(三代)가 모두 이 예법을 사용했다.
남쪽은 밝은 장소이고 북쪽은 그윽하고 어두운 장소이다. '지유(之幽)'는
머리를 북쪽으로 두는 의미를 풀이한 말이다.

【023】
反哭升堂, 反諸其所作也. 主婦入于室, 反諸其所養[去聲]也. 〈檀弓下
-032〉[本在"命食之也"下.]

장례를 끝내고 되돌아와서 상주는 묘(廟)의 당에 올라가서 반곡(反哭)8)을
하니, 이 장소에서 하는 이유는 평상시 제사 등의 의례를 시행하던 장소가
되기 때문이다. 또한 주부는 묘(廟)의 실에 들어가서 하게 되니, 평상시
음식을 차려서 봉양을['養'자는 거성으로 읽는다.] 하던 장소이기 때문이다. [본래
는 "명령을 내려서, 그들에게 밥을 먹도록 시킨다."9)라고 한 문장 뒤에 수록되어 있었다.]

---

7) 『예기』「단궁하(檀弓下)」 034장 : 殷旣封而弔, 周反哭而弔, 孔子曰: "殷已慤,
   吾從周."

8) 반곡(反哭)은 장례(葬禮) 절차 중 하나이다. 장지(葬地)에 시신을 안치한 이후,
   상주(喪主)는 신주(神主)를 받들고 되돌아와서 곡(哭)을 하는데, 이것을 '반곡'이
   라고 부른다.

9) 『예기』「단궁하(檀弓下)」 031장 : 歠, 主人・主婦・室老, 爲其病也, 君命食之也.

集說 此堂與室, 皆謂廟中也. 卒窆而歸, 乃反哭於祖廟. 其二廟者,
則先祖後禰. 所作者, 平生祭祀冠昏所行禮之處也. 所養者, 所饋食
供養之處也.

여기에서 말한 당(堂)과 실(室)은 모두 묘(廟)에 있는 것들이다. 봉분
쌓는 일을 끝내고 되돌아오면, 곧 조묘(祖廟)에서 반곡(反哭)을 하게 된
다. 두 개의 묘가 있는 경우에는 먼저 조부의 묘에서 하고, 그 이후에
부친의 묘에서 한다. '소작(所作)'이라는 말은 평상시 제사를 지내고 관
례나 혼례 등의 예법을 치르던 장소를 뜻한다. '소양(所養)'이라는 말은
음식을 바쳐서 봉양을 하던 장소를 뜻한다.

【024】

反哭之弔也, 哀之至也. 反而亡焉, 失之矣, 於是爲甚.〈檀弓下-033〉

반곡을 할 때 조문을 하는 이유는 상주의 애통함이 극심하므로 위로를 하
기 위해서이다. 상주가 장례를 마치고 되돌아왔는데 부친이 이미 없어졌
고, 그 모습을 다시는 볼 수 없게 되었으니, 이때 애통함이 가장 극심하게
나타난다.

集說 賓之弔者升自西階, 曰如之何! 主人拜稽顙, 當此之時, 亡矣
失矣, 不可復見吾親矣, 哀痛於是爲甚也. 賓弔畢而出, 主人送于門
外, 遂適殯宮, 卽先時所殯正寢之堂也.

빈객이 조문을 할 때에는 서쪽 계단을 통해서 올라가서, "이 일을 어찌합
니까!"라고 말한다. 그러면 상주는 절을 하고 머리를 땅에 대는데, 이러한
시기에는 부친이 없어졌고, 그 모습을 찾을 수 없으니, 다시는 본인의
부친을 볼 수 없게 된 것으로, 애통함이 이때 가장 극심하게 나타난다.
빈객이 조문하는 것을 마치고 밖으로 나가면, 상주는 문밖에서 그를 전송
하고, 마침내 빈소로 가게 되니, 곧 이전에 빈소를 차렸던 정침(正寢)의
당으로 가는 것이다.

【025】

殷旣封[窆]而弔, 周反哭而弔, 孔子曰: "殷已慤[殼], 吾從周." 〈檀弓下
-034〉

은나라의 예법에 따르면, 흙으로 묻는['封'자의 음은 '窆(폄)'이다.] 일이 끝나게
되면, 묘(墓)에서 직접 조문을 했다. 반면 주나라의 예법에 따르면, 상주가
반곡을 끝낼 때까지 기다린 뒤에 조문을 했다. 공자는 이 두 가지 사안을
평가하며, "은나라는 너무 질박하고 정성스러운['慤'자의 음은 '殼(각)'이다.] 마
음에만 치중했으니, 나는 감정과 예법을 모두 충실히 발휘한 주나라의 예
법에 따르겠다."라고 했다.

集說 殷之禮, 窆畢, 賓就墓所弔主人; 周禮則俟主人反哭而后弔.
孔子謂殷禮大質慤者, 蓋親之在土固爲可哀, 不若求親於平生居止
之所而不得, 其哀爲尤甚也. 故弔於墓者, 不如弔於家者之情文爲兼
盡, 故欲從周也.

은나라 때의 예법에 따르면, 흙으로 묻는 일이 끝나면, 빈객은 묘(墓)의
지정된 장소로 나아가서, 상주에게 조문을 한다. 반면 주나라의 예법에
따르면, 상주가 반곡을 할 때까지 기다린 이후에 조문을 한다. 공자는
은나라 때의 예법은 너무 질박하고 정성스러운 마음에만 치중했다고 평
가했는데, 무릇 부모의 육신이 땅에 묻혔으므로 애통해할 수 있지만, 부
모가 평소에 머물던 장소에서 부모를 찾으나 그 소망을 이룰 수 없어서,
애통함이 극심하게 나타나는 것만 못하다. 그렇기 때문에 묘(墓)에서 조
문을 하는 것은 집에서 조문을 하여, 감정과 예법을 모두 다하는 것만
같지 못한 것이다. 그래서 주나라의 예법을 따르고자 했던 것이다.

【026】

旣封, 主人贈, 而祝宿虞尸. 〈檀弓下-036〉 [本在"之幽之故也"下.]

무덤에 흙 뿌리는 일이 끝나면, 상주는 죽은 자에게 폐백을 드리고, 축관은

그보다 먼저 되돌아와서, 우제(虞祭)를 지낼 때 세우게 되는 시동을 준비시킨다. [본래는 "그가 그윽한 세상으로 가게 되기 때문이다."10)라고 한 문장 뒤에 수록되어 있었다.]

集說 柩行至城門, 公使宰夫贈玄纁束, 旣窆, 則用此玄纁贈死者於墓之野. 此時祝先歸, 而肅虞祭之尸矣. 宿, 讀爲肅, 進也. 虞, 猶安也. 葬畢, 迎精而反, 日中祭之於殯宮, 以安之也. 男則男子爲尸, 女則女子爲尸. 尸之爲言主也, 不見親之形容, 心無所係, 故立尸而使之著死者之服, 所以使孝子之心主於此也. 禫祭以前男女異尸異几, 祭於廟, 則無女尸, 而几亦同矣. 少牢禮云, "某妃配", 是男女共尸.

영구가 이동하여 성문에 당도하게 되면, 군주는 재부(宰夫)를 시켜서 현색과 훈색의 비단 1속(束)11)을 부의로 보내고, 흙 덮는 일이 끝나게 되면, 이러한 현색과 훈색의 비단을 이용하여, 무덤이 있는 들판에서 죽은 자에게 바치게 된다. 이 시기에 축관은 먼저 되돌아와서 우제를 지낼 때 세우게 되는 시동을 오도록 한다. '숙(宿)'자는 숙(肅)자로 풀이하니, '숙(肅)'자는 "나아간다."는 뜻이다. '우(虞)'자는 "안정을 시킨다."는 뜻이다. 장례를 끝내게 되면 정기(精氣)를 맞이하여 되돌아오고, 그날 정오에 빈소에서 제사를 지내서 신령을 안심시키는 것이다. 남자가 죽었을 때에는 남자를 시동으로 세우고, 여자가 죽었을 때에는 여자를 시동으로 세운다. '시(尸)'자는 "위주가 된다."는 뜻이니, 부모의 모습을 직접 볼 수 없어서, 마음을 다잡을 수 없게 된다. 그렇기 때문에 시동을 세우고, 그 자로 하여금 죽은 자가 입었던 옷을 입도록 하여, 자식의 마음을 이곳에 집중하도

---

10) 『예기』「단궁하(檀弓下)」 035장 : 葬於北方北首, 三代之達禮也, 之幽之故也.
11) 속(束)은 견직물을 헤아리는 단위이다. 1'속'은 10단(端)을 뜻하는데, 1단의 길이는 1장(丈) 8척(尺)이 되며, 2단이 합쳐서 1권(卷)이 되므로, 10단은 총 5필이 된다. 『주례』「춘관(春官)·대종백(大宗伯)」편에는 "孤執皮帛."이라는 기록이 있고, 이에 대한 가공언(賈公彦)의 소(疏)에서는 "束者十端, 每端丈八尺, 皆兩端合卷, 總爲五匹, 故云束帛也."라고 풀이했다.

록 만드는 것이다. 담제 이전에는 남녀에 대해서 시동도 달리 하고, 궤(几)도 달리하게 되는데, 묘에서 제사를 지내게 되면, 여자 시동은 없게 되고, 궤 또한 동일하게 사용한다. 『의례』「소뢰궤식례(少牢饋食禮)」편에서는 "아무개 비(妃)를 배향한다."[12]라고 했으니, 이 말은 곧 남녀가 시동을 같이는 뜻을 나타낸다.

【027】

旣反哭, 主人與有司視虞牲. 有司以几筵舍[釋]奠於墓左, 反, 日中而虞.〈檀弓下-037〉

반곡을 끝내게 되면, 상주는 유사와 함께 우제 때 쓸 희생물을 살펴보게 된다. 그리고 또한 별도의 유사를 묘(墓)에 남겨두게 되는데, 그 자는 안석과 자리를 펴두고 음식을 차려서 묘의 좌측에 놓아두게['舍'자의 음은 '釋(석)'이다.] 된다. 그리고 이 자가 되돌아오면, 상주는 곧 그 날 정오에 우제를 치르게 된다.

集說 士之禮, 虞牲特豕. 几, 所以依神. 筵, 坐神之席也, 席敷陳曰筵. 孝子先反而視牲, 別令有司釋奠以禮地神, 爲親之託體於此也. 舍, 讀爲釋. 奠者, 置也, 釋置此祭饌也. 墓道向南, 以東爲左, 待此有司之反, 卽於日中時虞祭也.

사 계층이 따르는 예법에서 우제 때 사용하는 희생물은 한 마리의 돼지이다. '궤(几)'는 신이 의지하도록 하는 물건이다. '연(筵)'은 신이 앉게 되는 자리인데, 자리를 펼쳐둔 것을 '연(筵)'이라고 부른다. 자식은 먼저 되돌아와서 희생물을 살펴보고, 별도의 유사를 시켜서 음식을 차려 올리며 지신을 예우하도록 하니, 부모의 시신이 땅에 의탁해 있기 때문이다. '석

---

12) 『의례』「소뢰궤식례(少牢饋食禮)」: 主人曰, "孝孫某, 來日丁亥, 用薦歲事于皇祖伯某, 以<u>某妃配</u>某氏, 尙饗."

(舍)'자는 석(釋)자로 풀이한다. '전(奠)'자는 '치(置)'자의 뜻이니, 이곳에 제사 때 올리는 음식들을 차려낸다는 의미이다. 묘의 길은 남쪽을 향해 있으니 동쪽이 좌측이 되고, 묘에 남아 있던 유사가 되돌아오기를 기다린 다음에 곧 그 날 정오에 우제를 치르게 된다.

【028】

葬日虞, 弗忍一日離[去聲]也. 〈檀弓下-038〉

장례를 치른 날 우제를 지내는 이유는 신령으로 하여금 단 하루라도 회귀 할 곳 없이 떠돌도록['離'자는 거성으로 읽는다.] 함을 차마 할 수 없기 때문이다.

集說 鄭氏曰: 弗忍其無所歸.

정현이 말하길, 신령에게 회귀할 곳이 없도록 함을 차마 할 수 없기 때문 이다.

【029】

是日也, 以虞易奠. 卒哭曰: "成事." 〈檀弓下-039〉

우제를 치르는 날에는 우제로써 상전(喪奠)[13]을 대신한다. 졸곡을 지낼 때 에는 축사에서 "이제 슬퍼하며 음식을 올리는 일이 완성되어, 길제가 되었 습니다."라고 말하게 된다.

集說 始死·小斂·大斂·朝夕·朔月·朝祖·贈遣之類, 皆喪奠 也. 此日以虞祭代去喪奠, 故曰以虞易奠也. 卒哭曰成事者, 蓋祝辭 曰哀薦成事也. 祭以吉爲成, 卒哭之祭, 乃吉祭故也.

---

13) 상전(喪奠)은 상례(喪禮)를 시행하는 도중 아직 장례(葬禮)를 치르지 않은 상태 에서, 음식물들을 진설하며 지내는 전(奠)제사를 뜻한다.

어떤 자가 이제 막 죽었을 때 음식을 차려내고, 소렴과 대렴을 하면서 음식을 차려내며, 조석으로 음식을 차려내고, 매월 초하루에 성대한 음식을 차려내며, 영구를 조묘(祖廟)에 들일 때 음식을 차려내고, 부의를 보내고 영구를 실은 수레를 떠나보낼 때 음식을 차려내는 것들은 모두 상전(喪奠)이 된다. 장례를 치른 날에는 우제를 지냄으로써 상전을 대체한다. 그렇기 때문에 "우제로써 전을 바꾼다."라고 말한 것이다. '졸곡왈성사(卒哭曰成事)'라는 말은 아마도 축사에서, "슬퍼하며 음식 올리는 일이 이제 완성이 되었습니다."라고 하는 말과 같은 뜻인 것 같다. 제사에서는 길제를 완성된 것으로 여기니, 졸곡을 하며 지내는 제사는 곧 길제에 해당하기 때문이다.

【030】

是日也, 以吉祭易喪祭, 明日祔于祖父. 〈檀弓下-040〉

졸곡을 치른 날에는 길제로써 상제를 대체하게 되고, 그 다음날에는 조부의 묘(廟)에 부제를 지낸다.

集說 吉祭, 卒哭之祭也. 喪祭, 虞祭也. 卒哭在虞之後, 故云"以吉祭易喪祭"也. 祔之爲言附也. 祔祭者, 告其祖父以當遷他廟, 而告新死者以當入此廟也. 禮云, "明日以其班祔", 明日者, 卒哭之次日也. 卒哭時告于新主曰, "哀子某來日隮祔爾于爾皇祖某甫", 及時, 則奉新主入祖之廟而幷告之曰, "適爾皇祖某甫, 以隮祔爾孫某甫." 孫必祔祖者, 昭穆之位同, 所謂以其班也. 畢事, 虞主復于寢. 三年喪畢, 遇四時之吉祭, 而後奉新主入廟也. 虞祭間一日, 而卒哭與祔則不間日.

'길제(吉祭)'는 졸곡을 하며 지내는 제사를 뜻한다. '상제(喪祭)'는 우제를 뜻한다. 졸곡을 치르는 시기는 우제 다음에 놓이기 때문에, "길제로써 상제를 바꾼다."라고 말한 것이다. '부(祔)'자는 "붙이다."는 뜻이다. '부제(祔祭)'라는 것은 조부에게 다른 묘로 신주를 옮겨야만 한다는 사실을 아뢰고, 이제 막 죽은 자의 신주를 이곳 묘로 들여야만 한다는 사실을 아뢰는 것이다. 『예』에서는 "다음날 그 순서에 따라서 부제를 한다."[14]라고 했는데, '명일(明日)'이라는 말은 졸곡을 치른 다음날을 뜻한다. 졸곡을 치를 때에는 새로운 신주에게 아뢰며, "애자(哀子) 아무개가 내일 그대를 그대의 황조(皇祖)이신 아무개 보(甫)께 합사를 하려고 합니다."라고 아뢴다. 그리고 그 시기가 되면, 새로운 신주를 받들어서, 조부의 묘로 가지고 들어가고, 함께 아뢰길, "그대 황조 아무개 보(甫)께 와서, 그대의 손(孫) 아무개 보(甫)를 함께 합사합니다."라고 아뢴다. 손자 항렬의 사람을 반드시 조부의 묘에서 합사하는 이유는 소목의 차례가 동일하기 때문이니, 이것이 이른바 "그 순서에 따라서 한다."라는 뜻에 해당한다. 그 일이 모두 끝나면, 우제를 지낼 때 세웠던 신주는 침으로 되돌려 놓는다. 삼년상을 모두 끝내게 되었을 때, 사계절마다 지내는 길제의 시기를 만나게 된다면, 그 이후에는 새로운 신주를 받들어서 묘로 들인다. 우제를 치를 때에는 그 제사마다 하루의 간격이 있지만, 졸곡과 부제를 치를 때에는 하루의 간격을 두지 않는다.

【031】

其變而之吉祭也, 比[卑]至於祔, 必於是日也接, 不忍一日未有所歸也.〈檀弓下-041〉

일상적인 예법을 따르는 것이 아니라 특별한 이유로 변례(變禮)를 따르게 될 때에는 길제로 접어들 때까지['比'자의 음은 '卑(비)'이다.] 그 사이에 걸리는 강일(剛日)에는 반드시 날마다 제사를 지내야 한다. 이처럼 하는 이유는 차마 자신의 부모로 하여금 귀의할 곳 없이 이리저리 떠돌게 할 수 없기 때문이다.

集說 上文所言皆據正禮, 此言變者, 以其變易常禮也. 所以有變者,

---

14) 『의례』「기석례(旣夕禮)」 : 猶朝夕哭, 不奠, 三虞. 卒哭, 明日以其班祔.

以有他故, 未及葬期而卽葬也. 據士禮, 速葬速虞之後, 卒哭之前, 其日尙賒, 不可無祭. 之, 往也. 虞往, 至吉祭, 其禮如何? 曰, 虞後比至於祔, 遇剛日而連接其祭. 若丁日葬, 則己日再虞, 後虞改用剛日, 則庚日三虞也. 此後遇剛日則祭, 至祔而後止, 此孝子不忍使其親一日無所依歸也.

앞 문장의 내용은 모두 정규 예법에 근거한 기록인데, 이곳 문장에서 '변(變)'이라고 언급한 이유는 정규 예법을 변화시키기 때문이다. 변화되는 점이 발생한 이유는 다른 연유가 있어서, 장례의 기일에 도달하지도 않았는데, 곧바로 장례를 치러야 했기 때문이다. 사 계층에게 적용되는 예법을 기준으로 삼는다면, 신속히 장례를 치르고 신속히 우제까지 치른 뒤에는 졸곡을 지내기 전까지, 그 날짜가 여전히 많이 남게 되어, 제사를 지내지 않을 수가 없다. '지(之)'자는 "가다."는 뜻이다. 우제를 지낸 이후로 시간이 흘러서, 길제로 접어들게 되면, 그 예법을 어떻게 적용해야 하는가? 대답해보자면, 우제를 지낸 이후로부터 부제를 지내는 것에 이르기까지, 강일(剛日)이 걸리게 되면, 그 제사를 잇달아 지내게 된다. 만약 정일(丁日)에 장례를 치렀다면, 그날 바로 첫 번째 우제를 지내고, 기일(己日)에 두 번째 우제를 지내며, 마지막 우제는 날짜 방식을 고쳐서 강일을 사용하게 되니, 경일(庚日)에 세 번째 우제를 지내게 된다. 이후 강일이 걸리게 되면, 또한 제사를 지내고, 부제를 지낼 때에 이르게 되면, 그 이후에는 이처럼 강일마다 지내는 제사를 멈추게 된다. 이것은 자식된 자가 차마 하루라도 자신의 부모로 하여금 귀의할 곳 없이 떠돌게 할 수 없기 때문이다.

【032】

殷練而祔, 周卒哭而祔. 孔子[曰: "周已戚, 吾]善殷." 〈檀弓下-042〉

은나라 때에는 소상(小祥)을 치르고 부제를 지냈으며, 주나라 때에는 졸곡을 끝내고 부제를 지냈다. 공자는 두 제도를 평가하며, "[주나라는 너무 급박하므로,

나는 은나라 때의 예법이 좋다고 생각한다."라 했다.

集說 孝經曰, "爲之宗廟, 以鬼享之." 孔子善殷之祔者, 以不急於鬼其親也.

『효경』에서는 "그를 위해 종묘를 만들어서, 귀신으로 받들며 흠향을 시켜드렸다."[15]라고 했다. 공자가 은나라 때 시행한 부제를 칭찬한 이유는 부모를 귀신으로써 섬기는 것에 있어서, 급급하지 않았기 때문이다.

附註 周已釐吾善殷, 用家語文補. 善殷者, 旣非時王, 從則不可, 故善之而已.

'주이축오선은(周已釐吾善殷)'은 『공자가어』의 문장을 이용해 보충하였다. '선은(善殷)'이라 한 것은 이미 당시의 제왕이 아니므로, 그것을 따른다는 것은 불가하다. 그렇기 때문에 좋다고만 했을 따름이다.

---

15) 『효경』「상친장(喪親章)」 : <u>爲之宗廟, 以鬼享之</u>. 春秋祭祀, 以時思之.

【033】

君臨臣喪, 以巫祝桃茢, 執戈, 惡之也, 所以異於生也. 喪有死之道
焉, 先王之所難[去聲]言也.〈檀弓下-043〉

군주가 신하의 상에 임하게 되면, 무(巫)와 축관(祝官)은 복숭아나무 가지와
갈대로 엮은 빗자루를 들고, 소신(小臣)들은 창을 들게 된다. 이것은 사악한
기운을 꺼려하기 때문이니, 이처럼 대하는 것은 살아있는 자들을 대함과
달리 하기 위해서이다. 상에는 죽은 자를 꺼려하는 도리가 포함되어 있으니,
이것은 선왕도 말하기를 꺼려했던['難'자는 거성으로 읽는다.] 부분이다.

集說 桃性辟惡, 鬼神畏之, 王莽惡高廟神靈, 以桃湯灑其壁. 茢, 苕
帚也, 所以除穢. 巫執桃, 祝執茢, 小臣執戈, 蓋爲其有凶邪之氣可
惡, 故以此三物辟祓之也. 臨生者則惟執戈而已, 今加以桃·茢, 故
曰, "異於生也." 君使臣以禮, 死而惡之, 豈禮也哉? 然人死斯惡之矣,
故喪禮實有惡死之道焉, 先王之所不忍言也.

복숭아나무의 성질은 악귀를 쫓아내니, 귀신이 그것을 두려워한다. 왕망
은 한고조의 묘에 있는 신령을 싫어하여, 복숭아를 끓인 물을 그 벽에
뿌렸다.[1] '열(茢)'자는 갈대로 엮은 빗자루이니, 더러움을 제거하기 위한
도구이다. 무(巫)는 복숭아나무 가지를 들고, 축관(祝官)은 갈대로 엮은
빗자루를 잡으며, 소신(小臣)은 창을 잡으니, 무릇 흉악하고 사악한 기운
이 포함되어 있어서, 나쁜 영향을 받을 수 있기 때문이다. 그래서 이러한
세 가지 사물들을 이용해서, 그것들을 내쫓는 것이다. 살아있는 자들에게
임하게 되면, 오직 창만 잡을 따름이다. 그런데 여기에서는 복숭아나무
가지와 갈대로 엮은 빗자루를 추가했다. 그렇기 때문에 "살아있는 자들에

---

1) 『한서』「왕망전(王莽傳)」: 莽夢長樂宮銅人五枚起立, 莽惡之, 念銅人銘有"皇
帝初兼天下"之文, 卽使尙方工鑴滅所夢銅人曆文. 又感漢高廟神靈, 遣虎賁武
士入高廟, 拔劍四面提擊, 斧壞戶牖, 桃湯赭鞭鞭灑屋壁, 令輕車校尉居其中,
又令中軍北壘居高寢.

대한 일과 달리 하는 것이다."라고 말한 것이다. 군주가 신하를 부릴 때에
는 예로써 하는데,[2] 그가 죽었을 때 꺼려한다는 것이 어찌 예에 따른
것이겠는가? 그러나 사람이 죽게 되면, 그를 꺼려하게 된다.[3] 그렇기 때
문에 상례에는 실질적으로 죽은 자를 꺼려하는 도리가 포함되어 있는 것
이니, 선왕은 차마 그 부분에 대해서 언급을 하지 못했던 것이다.

附註 難, 平聲.
'難'자는 평성으로 읽는다.

---

2) 『논어』「팔일(八佾)」: 定公問, "君使臣, 臣事君, 如之何?" 孔子對曰, "君使臣以
   禮, 臣事君以忠."
3) 『예기』「단궁하(檀弓下)」063장: 人死, 斯惡之矣. 無能也, 斯倍之矣. 是故制絞
   衾, 設蔞翣, 爲使人物惡也.

【034】

喪之朝也, 順死者之孝心也. 其哀離[去聲]其室也, 故至於祖·考之廟
而后行. 殷朝而殯於祖, 周朝而遂葬. 〈檀弓下-044〉

상을 치를 때 조묘(朝廟)를 하는 것은 죽은 자의 효심에 따르기 때문이다.
또한 부모가 거처하던 곳을 떠나[離'자는 거성으로 읽는다.] 영원히 땅속에 묻히
게 되는 것을 슬퍼하기 때문에, 조고의 묘에 이르러서 아뢴 이후에야 떠나
가는 것이다. 은나라 때에는 조묘를 하고서 묘에 빈소를 마련했고, 주나라
때에는 조묘를 하고서 마침내 장지로 떠나갔다.

集說 子之事親出必告, 反必面, 今將葬而奉柩以朝祖, 固爲順死者
之孝心, 然求之死者之心, 亦必自哀其違離寢處之居, 而永棄泉壤之
下, 亦欲至祖考之廟而訣別也. 殷尙質, 敬鬼神而遠之, 故大斂之後,
卽奉柩朝祖而遂殯於廟; 周人則殯於寢, 及葬則朝廟也.

자식이 부모를 섬길 때에는 밖을 나설 때 반드시 부모에게 그 사실을
아뢰어야 하고, 집으로 되돌아와서는 반드시 부모를 뵈어야 하는데,[1] 현
재 장례를 치르고자 하여 영구를 받들고 가서 조상에게 조묘를 하니, 이
것은 진실로 죽은 자의 효심에 따르기 때문이다. 그런데 죽은 자의 마음
을 헤아릴 때에는 또한 그가 거처하던 장소를 멀리 떠나서, 영원히 땅에
묻히게 됨을 제 스스로 슬퍼하게 되기 때문에, 또한 조고의 묘에 이르러
서, 결별을 아뢰고자 하는 것이다. 은나라 때에는 질박함을 숭상하여 귀
신을 공경하되 소원하게 대했다.[2] 그렇기 때문에 대렴을 치른 이후에,
곧바로 영구를 받들어서 조상에게 조묘를 하고, 그것이 끝나면 마침내
묘에 빈소를 마련했던 것이다. 반면 주나라에서는 침에 빈소를 마련하였

---

1) 『예기』「곡례상(曲禮上)」037장 : 夫爲人子者, <u>出必告, 反必面</u>, 所遊必有常, 所
習必有業.

2) 『논어』「옹야(雍也)」: 樊遲問知. 子曰, "務民之義, <u>敬鬼神而遠之</u>, 可謂知矣."
問仁. 曰, "仁者先難而後獲, 可謂仁矣."

고, 장례를 치러야 할 때가 되면 조묘를 했다.

【035】

幼名, 冠[去聲]字, 五十以伯仲, 死諡, 周道也. 〈檀弓上-074〉[本在"其動也中"下.]

어렸을 때에는 이름으로 부르고, 관례를 치르게 되면[冠'자는 거성으로 읽는다.] 자(字)로 부르며, 50세가 넘어가게 되면 백씨(伯氏)나 중씨(仲氏) 등으로 부르게 되고, 죽게 되면 시호로 부르게 되니, 이처럼 하는 것은 주나라 때의 도에 해당한다. [본래는 "그의 행동은 모두 절도에 맞는구나.3)라고 한 문장 뒤에 수록되어 있었다.]

集說 疏曰: 凡此之事, 皆周道也. 又殷以上有生號, 乃爲死後之稱, 更無別諡, 堯·舜·禹·湯之例是也. 周則死後別立諡.

소에서 말하길, 무릇 이러한 사안들은 모두 주나라 때의 도에 해당한다. 또한 은나라 이전에는 생전에 호가 지어졌고, 그가 죽은 이후에 그를 부르는 칭호로 삼았으니, 별도로 시호를 정하는 일이 없었다. '요(堯)'·'순(舜)'·'우(禹)'·'탕(湯)' 등의 임금들을 이처럼 부르는 것이 바로 그 용례이다. 주나라의 경우에는 죽은 이후에 별도의 시호를 정했다.

集說 朱子曰: 儀禮賈公彦疏云: "少時便稱伯某甫, 至五十乃去某甫而專稱伯仲", 此說爲是. 如今人於尊者不敢字之, 而曰幾丈之類.

주자가 말하길, 『의례』에 대한 가공언4)의 소에서 말하길, "젊었을 때에는

---

3) 『예기』「단궁상(檀弓上)」073장 : 將軍文子之喪, 旣除喪而后越人來弔, 主人深衣·練冠, 待于廟, 垂涕洟. 子游觀之, 曰: "將軍文氏之子, 其庶幾乎! 亡於禮者之禮也, 其動也中.

4) 가공언(賈公彦, ?~?) : 당(唐)나라 때의 유학자이다. 정현(鄭玄)을 존숭하였다. 예학(禮學)에 조예가 깊었다. 『주례소(周禮疏)』, 『의례소(儀禮疏)』 등의 저서를

곧 백(伯) 아무개인 보(甫)라고 부르고, 50세가 되면 아무개 보(甫)라는 말을 생략하고, 오로지 백(伯)이나 중(仲) 등으로 부른다."라고 했는데, 이 주장이 옳다. 오늘날 사람들이 존귀한 자에 대해서 감히 자로 그 자를 부르지 못하여, "그 키가 ~장(丈)에 이른다."라고 부르는 것들과 같다.

【036】

掘中霤而浴, 毁竈以綴[拙]足. 〈檀弓上-076〉 [本在"経也者實也"下.]

어떤 자가 죽게 되면 방의 중앙에 구덩이를 만들고 그 위에 침상을 걸쳐놓으며 침상 위에서 시신을 목욕시키고, 부엌을 허물어서 나온 벽돌로 시신의 발이 뒤틀리지 않도록 고정시킨다.['綴'자의 음은 '拙(졸)'이다. 본래는 "질이라는 것은 자식의 충실한 마음을 뜻한다."[5]라고 한 문장 뒤에 수록되어 있었다.]

集說 疏曰: 中霤, 室中也. 死而掘室中之地作坎, 以牀架坎上, 尸於牀上浴, 令俗沖入坎也. 死人冷强, 足辟戾, 不可著屨, 故用毁竈之甓, 連綴死人足令直, 可著屨也.

소에서 말하길, '중류(中霤)'라는 것은 방의 중앙을 뜻한다. 어떤 자가 죽게 되면 방의 중앙을 파서 구덩이를 만들고, 침상을 구덩이 위에 올린 뒤에 시신을 침상 위에 올려놓고 목욕을 시켜서, 목욕물이 구덩이로 떨어지도록 한다. 죽은 자의 몸은 차가워지고 굳어지므로 발이 뒤틀리게 되니 신을 신길 수 없다. 그렇기 때문에 부엌을 허물어서 나온 벽돌을 이용하여, 죽은 자의 발이 곧게 뻗도록 묶어두어, 신발을 신길 수 있도록 만드는 것이다.

남겼으며, 이 저서들은 『십삼경주소(十三經注疏)』에 포함되었다.
5) 『예기』「단궁상(檀弓上)」 075장 : 経也者, 實也.

【037】

及葬, 毀宗躐行, 出于大門, 殷道也. 學者行之.〈檀弓上-077〉

장례를 치러야 할 때가 되면, 종묘의 서쪽 담장을 허물고, 그곳을 밟고서
대문을 빠져나가니, 이처럼 하는 것은 은나라 때의 도이다. 공자에게서 수
학했던 자들은 이러한 예를 실천하였다.

集說 疏曰: 毀宗, 毀廟也. 殷人殯於廟, 至葬, 柩出, 毀廟門西邊墻,
而出于大門. 行, 神之位, 在廟門西邊, 當所毀宗之外. 生時出行, 則
爲壇幣告行神, 告竟車躐行壇上而出, 使道中安穩如在壇. 今向毀宗
處出, 仍得躐行此壇如生時之出也. 學於孔子者行之, 效殷禮也.

소에서 말하길, '훼종(毀宗)'은 종묘를 허문다는 뜻이다. 은나라 때에는
묘에서 빈소를 마련하였고, 장례를 치러야 할 때가 되면 영구를 출발시키
며 묘문의 서쪽 담을 허물고 그곳을 지나 대문으로 빠져나갔다. '행(行)'
이라는 것은 도로의 신이 있는 자리이니, 묘문의 서쪽 가장자리는 헐린
종묘의 바깥쪽에 해당한다. 생전에 외국으로 출타하게 되면, 제단을 만들
고 폐물을 사용하여 도로의 신에게 아뢰며, 아뢰는 일이 다 끝나면 수레
로 제단 위를 지나치게 한 뒤에 국경을 빠져나가니, 마치 제단이 있을
때처럼 여정 중 안전하게 해달라는 뜻이다. 그런데 현재 종묘의 허문 곳
으로부터 밖으로 나가게 되면, 곧 이러한 제단을 밟고 지나갈 수 있어서
마치 생전에 국경 밖을 벗어날 때 하던 것처럼 된다. 공자에게서 수학을
하여 예를 시행했던 자들은 은나라 때의 예를 본받았던 것이다.

附註 學孔子云者, 太局. 學者, 泛言儒士學問之人.

공자에게 수학한 자라 했는데, 이것은 지나치게 국한적이다. '학자(學者)'
는 유생과 학문하는 자들을 범범히 가리켜 말한 것이다.

【038】

有虞氏瓦棺, 夏后氏聖[稷]周, 殷人棺槨, 周人牆置翣.〈檀弓上-016〉[本
在"喪冠不緌"下.]

유우씨 때에는 와관의 방법을 사용했고, 하후씨 때에는 직['聖'자의 음은 '稷
(직)'이다.]주의 방법을 사용했으며, 은나라 때에는 관과 곽을 사용했고, 주나
라 때에는 영구를 가릴 때 삽을 두었다. [본래는 "상을 당했을 때 쓰는 관에서는
턱 끈의 남은 부분을 앞으로 늘어트리지 않는다."[1]라고 한 문장 뒤에 수록되어 있었다.]

集說 瓦棺, 始不衣薪也. 聖周, 或謂之土周; 聖者, 火之餘燼, 蓋治
土爲甎而四周於棺之坎也. 殷世始爲棺槨, 周人又爲飾棺之具, 蓋彌
文矣. 牆, 柳衣也, 柳者, 聚也, 諸飾之所聚也. 以此障柩, 猶垣墻之
障家, 故謂之墻. 翣, 如扇之狀, 有畫爲黼者, 有畫爲黻者, 有畫雲氣
者, 多寡之數, 隨貴賤之等.

'와관(瓦棺)'은 애초부터 섶을 두르지 않은 것이다. '직주(聖周)'는 토주
(土周)라고도 부르는데, '직(聖)'이라는 것은 불을 피우고 남은 불씨이니,
흙을 구워서 벽돌을 만들고 관을 안치하는 구덩이 네 벽면을 벽돌로 두르
게 된다. 은나라 때에는 처음으로 관과 외관인 곽을 만들었으며, 주나라
사람들은 또한 관을 치장하는 도구들을 만들었으니, 아마도 문식을 확장
했기 때문일 것이다. '장(牆)'은 유의(柳衣)를 뜻하는데, '유(柳)'라는 것
은 "모으다."는 뜻이며, 장식을 하는 여러 물건들이 모여진 것을 뜻한다.
이러한 장식물로써 영구를 가리는 것이 마치 담장으로 집을 가리는 것과
같기 때문에, 이것을 '장(牆)'이라고 부른다. '삽(翣)'이라는 것은 부채의
모습과 비슷한데, 보(黼) 모양을 그림으로 그린 것도 있고, 불(黻) 모양을
그림으로 그린 것도 있으며, 구름을 그림으로 그린 것도 있는데, 그 수량
은 신분의 등급에 따른다.

---

1) 『예기』「단궁상(檀弓上)」 015장 : 喪冠不緌.

【039】

周人以殷人之棺槨葬長殤, 以夏后氏之堲周葬中殤 · 下殤, 以有虞
氏之瓦棺葬無服之殤.〈檀弓上-017〉

주나라에서는 은나라 때 사용했던 관곽을 이용해서 장상인 자들을 장례지
냈고, 하후씨 때 사용했던 직주를 이용해서 중상과 하상인 자들을 장례지
냈으며, 유우씨 때 사용했던 와관을 이용해서 아직 상복 관계가 성립되지
않은 채 죽은 자를 장례지냈다.

集說 十六至十九爲長殤, 十二至十五爲中殤, 八歲至十一爲下殤,
七歲以下爲無服之殤, 生末三月不爲殤.

16세로부터 19세 사이에 요절한 자를 '장상(長殤)'이라 하며, 12세로부터
15세 사이에 요절한 자를 '중상(中殤)'이라 하고, 8세로부터 11세 사이에
요절한 자를 '하상(下殤)'이라 하며, 7세 이하의 나이에 요절한 자를 상복
관계가 없이 요절한 자라 하는데, 태어난 후 3개월도 되지 않아 죽은 자
에 대해서는 요절한 것으로 여기지 않는다.

【040】

夏后氏尚黑, 大事斂用昏, 戎事乘驪, 牲用玄. 殷人尚白, 大事斂用
日中, 戎事乘翰, 牲用白. 周人尚赤, 大事斂用日出, 戎事乘騵[元], 牲
用騂.〈檀弓上-018〉

하후씨 때에는 흑색을 숭상하여 상사에서 염(斂)[2]을 할 때 해가 저물녘에
했고, 전쟁과 관련된 일에서는 검은 말에 멍에를 메게 했으며, 제사 때 사
용한 희생물은 검은색의 것들을 사용했다. 은나라 때에는 백색을 숭상하여
상사에서 염을 할 때에는 한낮에 했고, 전쟁과 관련된 일에서는 백색의
말에 멍에를 메게 했으며, 제사 때 사용한 희생물은 백색의 것들을 사용했

---

2) 염(斂)은 시신에 옷을 입혀서 관에 안치하는 것을 뜻한다.

다. 주나라 때에는 적색을 숭상하여, 상사에서 염을 할 때에는 일출 때 했고, 전쟁과 관련된 일에서는 적색의 털빛에 검은색의 갈기를 가진 말['騵'자의 음은 '元(원)'이다.]에 멍에를 메게 했으며, 제사 때에는 적색의 것들을 사용했다.

集說 禹以治水之功得天下, 故尚水之色; 湯以征伐得天下, 故尚金之色. 周之尚赤, 取火之勝金也. 大事, 喪事也. 驪, 黑色. 翰, 白色. 易曰: "白馬翰如." 騵, 赤馬而黑鬣尾也.

우임금은 치수를 했던 공덕으로 천하를 얻었다. 그렇기 때문에 수(水)의 색깔을 숭상했던 것이다. 탕임금은 정벌을 통해 천하를 얻었다. 그렇기 때문에 금(金)의 색깔을 숭상했던 것이다. 주나라는 적색을 숭상했는데, 이것은 화(火)가 금(金)을 이기는 뜻에서 취한 것이다. '대사(大事)'는 상사를 뜻한다. '여(驪)'는 흑색의 말이다. '한(翰)'은 백색의 말이다. 『역』에서는 "백마가 나는 듯이 달린다."3)라고 했다. '원(騵)'은 몸통이 적색인 말이며, 흑색으로 된 말갈기와 꼬리털을 가지고 있다.

附註 大事斂用日中, 斂, 或曰下棺.

'대사렴용일중(大事斂用日中)'이라 했는데, '염(斂)'에 대해 혹자는 하관하는 것을 뜻한다고 한다.

類編 右喪禮. [此一節檀弓.]

여기까지는 '상례(喪禮)'에 대한 내용이다. [이 한 절은 「단궁」편의 문장이다.]

---

3) 『역』「분괘(賁卦)」: 六四, 賁如, 皤如, <u>白馬翰如</u>, 匪寇, 婚媾.

◇ 체(禘)

【041】

禮不王不禘.〈喪服小記-020〉[本在"女君之子服"下.]

예법에 따르면, 천자가 아니라면 체제사를 지내지 않는다. [본래는 "여군의
자식을 위한 상복"1)이라고 한 문장 뒤에 수록되어 있었다.]

集說 禘, 王者之大祭. 諸侯不得行之, 故云不王不禘.

'체(禘)'는 천자가 치르는 대제이다. 제후는 그 제사를 시행할 수 없다.
그렇기 때문에 "천자가 아니라면 체제사를 지내지 않는다."라고 말한 것
이다.

集說 石梁王氏曰: 此句合在王者禘其祖之所自出上, 錯亂在此.

석량왕씨가 말하길, 이 구문은 "천자는 자신의 시조를 출생한 자에 대해
서 체제사를 지낸다."고 한 문장 앞에 와야 하는데, 착간되어 이곳에 기록
된 것이다.

【042】

王者禘其祖之所自出, 以其祖配之, 而立四廟. 庶子王亦如之.〈喪服
小記-011〉[本在"而親畢矣"下.]

천자는 시조를 출생시킨 제왕에게 체제사를 지내서, 시조를 배향하고, 네
개의 묘를 세운다. 서자가 천자가 된 경우에도 이처럼 한다. [본래는 "친애하는
관계가 끝난다."2)라고 한 문장 뒤에 수록되어 있었다.]

---

1) 『예기』「상복소기(喪服小記)」 019장 : 妾從女君而出, 則不爲女君之子服.
2) 『예기』「상복소기(喪服小記)」 010장 : 親親以三爲五, 以五爲九, 上殺·下殺·
   旁殺, 而親畢矣.

집說 四廟, 謂高·曾·祖·禰四親廟也. 始祖居中爲五, 幷高祖之
父祖爲七. 或世子有廢疾不可立, 而庶子立爲王者, 其禮制亦然.

'사묘(四廟)'는 고조·증조·조부·부친의 네 조상에 대한 묘를 뜻한다.
시조의 묘는 그 중간에 위치하여 5개가 되며, 고조의 부친과 조부의 묘를
합하면 7개가 된다. 간혹 세자 중에 폐위가 되거나 질병으로 인해 등극을
하지 못하여, 서자를 천자로 세운 경우가 있다면, 그 예제 또한 이와 같다.

집說 趙氏曰: 禘, 王者之大祭也. 王者旣立始祖之廟, 又推始祖所
自出之帝, 祀之於始祖之廟, 而以始祖配之也.

조씨가 말하길, '체(禘)'는 천자가 지내는 큰 제사이다. 천자가 시조의 묘
를 세웠다면, 또한 시조를 출생시킨 제왕을 추존하여 시조의 묘에서 제사
를 지내고, 시조를 배향한다.

【043】

別子爲祖, 繼別爲宗. 繼禰者爲小宗. 有五世而遷之宗, 其繼高祖者
也. 是故祖遷於上, 宗易於下. 尊祖故敬宗, 敬宗所以尊祖禰也. 〈喪服
小記-012〉

제후의 적장자 이외의 나머지 아들은 별자로 자기 가문의 시조가 되며,
별자를 계승하는 적장자는 대종이 된다. 별자의 적장자 이외의 나머지 아
들은 부친의 제사를 섬기니 그는 별도로 자기 가문의 소종이 된다. 5세대가
지나서 소종의 지위를 잃는 것은 고조까지 섬기는 것을 소종의 한도로 삼
기 때문이다. 이러한 까닭으로 조상은 위로 체천되어, 고조 이상이 되면
관계가 끊어지고, 종자는 밑으로 바뀌어, 5세대가 지나면 지위를 잃는다.
선조를 존숭하기 때문에 종자를 공경하는 것이며, 종자를 공경함은 선조를
존숭하는 방법이다.

집說 別子有三, 一是諸侯適子之弟, 別於正適; 二是異姓公子來自

他國, 別於本國不來者; 三是庶姓之起於是邦爲卿·大夫, 而別於不仕者, 皆稱別子也. 爲祖者, 別與後世爲始祖也. 繼別爲宗者, 別子之後, 世世以適長子繼別子, 與族人爲百世不遷之大宗也. 繼禰者爲小宗, 謂別子之庶子, 以其長子繼己爲小宗, 而其同父之兄弟宗之也. 五世者, 高祖至玄孫之子. 此子於父之高祖無服, 不可統其父同高祖之兄弟, 故遷易而各從其近者爲宗矣. 故曰有五世而遷之宗, 其繼高祖者也. 四世之時, 尙事高祖, 五世則於高祖之父無服, 是祖遷於上也. 四世之時, 猶宗三從族人, 至五世則不復宗四從族人矣, 是宗易於下也. 宗是先祖正體, 惟其尊祖, 是以敬宗也.

'별자(別子)'에는 세 종류가 있다. 첫 번째는 제후의 적자 동생으로, 정통 적자와는 구별되는 자이다. 두 번째는 이성의 공자가 다른 나라로부터 이주한 자로, 그의 본국에 남아있던 자와 구별되는 자이다. 세 번째는 군주와 이성이거나 친속 관계가 없는 자 중에서 이 나라에서 일어나 경이나 대부가 되어, 벼슬을 하지 않는 자와 구별되는 자인데, 이들에 대해서 모두 '별자(別子)'라고 지칭한다. '위조(爲祖)'는 별도로 후세의 시조가 된다는 뜻이다. '계별위종(繼別爲宗)'은 별자 이후에는 대대로 적장자가 별자의 뒤를 계승하여, 족인들에 대해 영원히 체천되지 않는 대종이 된다는 뜻이다. '계녜자위소종(繼禰者爲小宗)'은 별자의 서자들에 있어서, 그들의 장자가 그들을 이어서 소종이 되고, 부친이 같은 형제들이 그를 소종으로 섬긴다는 뜻이다. '오세(五世)'는 고조로부터 현손의 자식에 이르기까지를 뜻한다. 이러한 자식들은 부친의 고조에 대해 상복 관계가 없어서, 그의 부친과 고조가 같은 형제들에 대해서 통솔하지 못하기 때문에, 체천되고 바뀌어 각각 그들과 대수가 가까운 자를 종주로 삼는다. 그렇기 때문에 "5세대가 지나서 종주를 옮기는 자들은 고조를 잇는 자이다."라고 말한 것이다. 4세대가 지났을 때에는 여전히 고조를 섬기지만, 5세대가 되면 고조의 부친에 대해서는 상복 관계가 없으니, 이것이 조상이 위로 체천되는 경우이다. 4세대가 지났을 때에는 여전히 삼종의 족인들을 통솔하지만, 5세대가 되면 사종의 족인들을 재차 통솔하지 못하니, 이것이 종주가 밑으로 바뀌는 경우이다. 종자는 선조의 정통을 계승한 자이니, 선조를 존숭하기 때문에, 종자를 공경하는 것이다.

集說 疏曰: 族人一身事四宗, 事親兄弟之適, 是繼禰小宗也. 事同堂兄弟之適, 是繼祖小宗也. 事再從兄弟之適, 是繼曾祖小宗也. 事三從兄弟之適, 是繼高祖小宗也. 小宗凡四, 獨云繼禰者, 初皆繼禰爲始, 據初而言之也.

소에서 말하길, 족인들 본인은 모두 4종류의 종주를 섬기니, 친형제 중 적자를 섬기는 것은 그가 부친을 계승한 소종에 해당하기 때문이다. 동당의 형제 중 적자를 섬기는 것은 그가 조부를 계승한 소종에 해당하기 때문이다. 재종형제 중 적자를 섬기는 것은 그가 증조를 계승한 소종에 해당하기 때문이다. 삼종형제 중 적자를 섬기는 것은 그가 고조를 계승한 소종에 해당하기 때문이다. 소종은 모두 네 부류인데, 유독 부친을 섬기는 자만 언급한 이유는 그들 모두는 애초에 부친을 계승한 자가 각 분파의 시조가 되었기 때문에, 처음에 기준을 두어 언급한 것이다.

【044】
庶子不祭祖者, 明其宗也.〈喪服小記-013〉

적사는 2개의 묘를 세울 수 있지만, 그가 서자의 신분이라면, 조부의 묘를 세워서 제사를 지낼 수 없으니, 이처럼 하는 것은 종가에 조부의 묘가 있음을 드러내기 위해서이다.

集說 此據適士立二廟, 祭禰及祖. 今兄弟二人, 一適一庶, 而俱爲適士, 其適子之爲適士者, 固祭祖及禰矣, 其庶子雖適士, 止得立禰廟, 不得立祖廟而祭祖者, 明其宗有所在也.

이 내용은 적사가 2개의 묘를 세워서, 부친과 조부에 대해 제사를 지내는

것에 기준을 둔 것이다. 현재 형제 2명이 있는데, 한 명은 적자이고 다른
한 명은 서자이지만, 둘 모두 적사의 신분이 된다. 다만 그들 중 적자인
적사만이 조부와 부친에게 제사를 지낼 수 있고, 서자가 비록 적사의 신
분이라 하더라도, 단지 부친의 묘만 세울 수 있고, 조부의 묘를 세워서
조부에게 제사를 지낼 수 없으니, 이처럼 하는 것은 종가에 조부의 묘가
있음을 명시하기 위해서이다.

【045】

庶子不祭禰者, 明其宗也. 〈喪服小記-016〉 [本在"從祖祔食"下.]

서자가 부친에 대한 제사를 지내지 못하는 것은 종자의 권한을 나타내기
위해서이다. [본래는 "조묘에 합사하여 흠향을 하도록 하기 때문이다."[3]라고 한 문장 뒤에
수록되어 있었다.]

集說　庶子不得立禰廟, 故不得祭禰. 所以然者, 明主祭在宗子, 廟
必在宗子之家也. 庶子雖貴, 止得供具牲物, 而宗子主其禮也. 上文
言庶子不祭祖, 是猶得立禰廟, 以其爲適士也. 此言不祭禰, 以此庶
子非適士, 或未仕, 故不得立廟以祭禰也.

서자는 부친의 묘를 세울 수 없기 때문에, 부친에 대한 제사를 지낼 수
없다. 이처럼 하는 이유는 제사를 주관하는 권한이 종자에게 있고, 묘가
반드시 종자의 집에 있어야 함을 나타내기 위해서이다. 서자가 비록 존귀
한 신분이 되었더라도, 단지 제사에 사용될 희생물을 공급만 할 수 있고,
종자가 그 제례를 주관하게 된다. 앞 문장에서는 서자가 조부에 대한 제
사를 지내지 않는다고 했는데, 이러한 경우에는 오히려 부친의 묘를 세울
수 있으니, 그가 적사의 신분이기 때문이다. 이곳에서 부친에게 제사를

---

3) 『예기』「상복소기(喪服小記)」 015장 : 庶子不祭殤與無後者, 殤與無後者, 從祖
祔食.

지내지 못한다고 했는데, 여기에서 말한 서자는 적사의 신분이 아니거나 아직 벼슬살이를 못한 경우이기 때문에, 묘를 세워서 부친에 대한 제사를 지내지 못하는 것이다.

【046】

庶子不祭殤與無後者, 殤與無後者, 從祖祔食.〈喪服小記-015〉 [本在"祖與禰故也"下.]

서자는 자식들 중 요절한 자와 후손이 없는 자에게 제사를 지내지 않으니, 요절한 자와 후손이 없는 자에 대해서는 조묘에 합사하여 흠향을 하도록 하기 때문이다. [본래는 "조부나 부친의 뒤를 잇지 않았기 때문이다."⁴⁾라고 한 문장 뒤에 수록되어 있었다.]

集說 長·中·下殤, 見前篇, 蓋未成人而死者也. 無後者, 謂成人未昏, 或已娶無子而死者也. 庶子所以不得祭此二者, 以己是父之庶子, 不得立父廟, 故不得自祭其殤子也. 若己是祖之庶孫, 不得立祖廟, 故無後之兄弟, 己亦不得祭之也. 祖廟在宗子之家, 此殤與此無後者, 當祭祖之時, 亦與祭於祖廟也. 故曰從祖祔食.

장상·중상·하상에 대해서는 앞 편에 설명이 나오니, 아직 성인이 되지 못한 상태에서 요절한 자이다. '무후자(無後者)'는 성인이 되었지만 아직 혼인을 못했거나 혼인을 했지만 자식이 없는 상태에서 죽은 자를 뜻한다. 서자가 이 두 부류에 해당하는 자식들에 대해 제사를 지낼 수 없는 이유는 그가 부친의 서자 입장이 되어, 부친의 묘를 세울 수 없기 때문에, 직접 자신의 요절한 자식에 대해 제사를 지낼 수 없다. 만약 자신이 조부의 서손인 경우라면, 조부의 묘를 세울 수 없기 때문에, 후손이 없는 형제들에 대해 본인 또한 그들에 대한 제사를 지낼 수 없다. 조부의 묘는

---

4) 『예기』「상복소기(喪服小記)」 014장 : 庶子不爲長子斬, 不繼祖與禰故也.

종자의 집에 있으니, 여기에서 말한 요절한 자와 후손이 없는 자에 대해서는 조부에 대한 제사를 지내야 할 때, 그에 대해서도 조부의 묘에서 제사를 지낸다. 그렇기 때문에 "조묘에 합사하여 흠향을 하도록 한다."라고 말한 것이다.

類編 右禘. [宗法附. ○喪服小記.]
여기까지는 '체(禘)'에 대한 내용이다. [종법에 대한 내용이 덧붙어 있다. ○「상복소기」편의 문장이다.]

◇ 교(郊)

【047】

郊之祭也, 迎長日之至也.〈郊特牲-035〉[本在"先柴"下.]

교에서 하늘에게 제사를 지내는 이유는 해가 길어지게 됨을 맞이하기 위해서이다. [본래는 "우선적으로 시제를 한다."[1]라고 한 문장 뒤에 수록되어 있었다.]

集說 至, 猶到也. 冬至日短極而漸舒, 故云迎長日之至.

'지(至)'자는 "이르다."는 뜻이다. 동지 때 낮의 길이가 짧아진 것이 지극해졌다가 점진적으로 길어지게 된다. 그렇기 때문에 "해가 길어지는 일이 도래하는 것을 맞이한다."라고 말한 것이다.

集說 朱子曰: 以始祖配天, 須在冬至, 一陽始生, 万物之始. 宗祀九月, 万物之成. 父者, 我所自生. 帝者, 生物之祖. 故推以爲配, 而祀於明堂. 此議方正.

주자가 말하길, 그 왕조의 시조를 하늘에 배향하는데, 동지 때 해야 하는 이유는 하나의 양이 비로소 생겨나서 만물이 시작되기 때문이다. 시조를 종주로 삼아서 9월에 제사를 지내는 것은 그 시기에 만물이 완성되기 때문이다. 부친은 내가 태어나게 된 이유이다. 상제는 만물을 태어나게 한 근본이다. 그렇기 때문에 시조를 추존하여 상제에게 배향하고, 명당에서 제사를 지내는 것이니,[2] 이러한 의론은 올바르다.

集說 問: "郊祀后稷以配天, 宗祀文王以配上帝. 帝只是天, 天只是帝, 却分祭, 何也?" 朱子曰: "爲壇而祭, 故謂之天. 祭於屋下, 而以神祇祭之, 故謂之帝."

---

1) 『예기』「교특생(郊特牲)」 034장 : 天子適四方, 先柴.
2) 『효경』「성치장(聖治章)」: 昔者周公郊祀后稷以配天. 宗祀文王於明堂以配上帝.

묻기를 "후직에게 교에서 제사를 지내 하늘에 배향하고, 문왕을 종주로 삼아 제사를 지내서 상제에게 배향했다. 상제는 하늘일 따름이며, 하늘 또한 상제일 따름인데, 이 둘을 나누어서 제사를 지내는 것은 무슨 이유인가?"라고 하자 주자가 답하길, "제단을 쌓아서 제사를 지내기 때문에, 그 대상을 하늘이라고 부른 것이다. 지붕 아래에서 제사를 지내고, 신지로 제사를 지내기 때문에, 그 대상을 상제라고 부른 것이다."라고 했다.

集說 今按: 郊祀一節, 先儒之論不一者, 有子月·寅月之異, 有周禮·魯禮之分, 又以郊與圓丘爲二事, 又有祭天與祈穀爲二郊, 今皆不復詳辨, 而以朱說爲定.

현재 살펴보니, '교사(郊祀)'에 대한 문단에 대해, 선대 유학자들의 논의가 동일하지 않다. 그 주장들 속에는 자월(子月)에 치르고 또는 인월(寅月)에 치른다는 차이점이 있고, 주나라의 예법이고 또 노나라의 예법이라는 구분이 있으며, 또 교에서 지내는 제사와 원구(圓丘)³⁾에서 지내는 제사를 별개의 두 가지 사안으로 여기고, 또 하늘에게 제사를 지내고 곡식의 풍년을 기원하는 두 가지 교제사가 있다고도 여기는데, 현재 이 모든 주장들에 대해서는 자세히 논변하지 않았지만, 주자의 주장을 정설로 삼는다.

---

3) 원구(圓丘)는 환구(圜丘)라고도 부른다. 고대에 제왕이 동지(冬至)에 제천(祭天) 의식을 집행하던 곳이다. 자연적으로 형성된 언덕의 형상을 본떠서, 흙을 높이 쌓아올려 만들었기 때문에, '구(丘)'자를 붙여서 부른 것이며, 하늘의 둥근 형상을 본떴다는 뜻에서 '환(圜)' 또는 '원(圓)'자를 붙여서 부른 것이다. 『주례』「춘관(春官)·대사악(大司樂)」편에는 "冬日至, 於地上之圜丘奏之."라는 기록이 있고, 이에 대한 가공언(賈公彦)의 소(疏)에서는 "土之高者曰丘, 取自然之丘. 圜者, 象天圜也."라고 풀이했다.

【048】

大報天而主日也, 兆於南郊, 就陽位也. 掃[去聲]地而祭, 於其質也.
器用陶匏, 以象天地之性也.〈郊特牲-036〉

교제사는 하늘의 큰일에 대해 크게 보답하고, 하늘대신 해를 위주로 하니,
남쪽 교외에서 조를 만들어 제사를 지내는 것은 양의 방위에 따르기 때문
이다. 그리고 땅만 청소하고['掃'자는 거성으로 읽는다.] 제사를 지내는 것은 하
늘의 성질이 질박하기 때문이다. 제기에 있어서도 질그릇과 바가지를 사용
하는데, 이것을 통해서 천지의 질박한 본성을 모방하는 것이다.

集說 郊祭者, 報天之大事, 而主於迎長日之至. 祭義云: "配以月",
故方氏謂天之尊無爲. 可祀之以其道, 不可主之以其事, 故以日爲之
主焉. 天秉陽, 日者衆陽之宗, 故就陽位而立郊兆. 陶匏, 亦器之質
者, 質乃物性之本然也.

교제사는 하늘이 시행하는 큰일에 대해 보답하고, 해가 길어지게 됨이
도래함을 맞이하는 것을 위주로 한다. 『예기』「제의(祭義)」편에서는 "달
로 배향한다."[4]라고 하였다. 그렇기 때문에 방각은 "하늘은 존귀하지만
구체적인 행위의 드러남이 없다. 따라서 그 도리로 제사를 지낼 수 있지만,
구체적인 일을 위주로 할 수는 없다. 그러므로 하늘대신 해를 위주로 삼게
되는 것이다."라고 말한 것이다. 그리고 하늘은 양을 부리고, 해는 모든
양 중에서도 종주가 된다. 그렇기 때문에 양의 방위에 나아가서, 교에
조를 세우는 것이다. 질그릇과 바가지 또한 기물들 중에서도 질박한 것이
니, 질박한 것은 곧 사물의 성질 중에서도 본래의 것에 가까운 것이다.

---

4) 『예기』「제의(祭義)」018장 : 郊之祭, 大報天而主日, 配以月. 夏后氏祭其闇, 殷
人祭其陽, 周人祭日以朝及闇.

【049】

於郊, 故謂之郊. 牲用騂, 尚赤也. 用犢, 貴誠也. 郊之用辛也.〈郊特牲 -037〉 **周之始郊日以至.**〈郊特牲-038〉

교제사는 교외에서 지내기 때문에, 그 명칭을 '교(郊)'라고 부르는 것이다. 희생물은 붉은색의 소를 사용하니, 적색을 숭상하기 때문이다. 소 중에서도 송아지를 사용하는 것은 진실됨을 숭상하기 때문이다. 교제사는 신자가 들어가는 날을 이용해서 치른다. 주나라에서 처음으로 교제사를 지낼 때에는 그 날짜를 동지로 정했다.

集說 問: 郊之用辛日, 何謂? 謂周家始郊祀, 適遇冬至是辛日, 自後用冬至后辛日也.

묻기를, 교제사를 신자가 들어가는 날에 지낸다는 것은 무슨 뜻인가? 주나라에서 처음으로 교제사를 지냈을 때에는 동지에 지냈는데, 때마침 그 날이 신자가 들어가는 날이었고, 그 이후로부터는 동지 이후 신자가 들어가는 날을 이용해서, 교제사를 지내게 되었다는 뜻이다.

【050】

卜郊, 受命于祖廟, 作龜于禰宮, 尊祖親考之義也.〈郊特牲-039〉

교제사에 대해서 거북점을 칠 때에는 그 사안을 태조의 묘에서 아뢰어 태조로부터 명령을 하달 받고, 거북점은 부친의 묘에서 치게 되니, 이것은 태조를 존귀하게 받들고 부친에게 친근하게 대하는 도의이다.

集說 告于祖廟而行事, 則如受命于祖, 此尊祖之義. 作, 猶用也. 用龜以卜而于禰宮, 此親考之義. 曲禮言大饗不問卜, 既用冬至, 則有定日, 此但云卜郊, 則非卜日矣. 下文言帝牛不吉, 亦或此爲卜牲歟. 不然則異代之禮也.

태조의 묘에서 아뢰고 제사를 시행한다면, 태조에게서 명령을 받은 것과

같은 일이니, 이것은 태조를 존귀하게 받드는 도의가 된다. '작(作)'자는
"사용한다."는 뜻이다. 거북껍질을 사용하여 거북점을 치는데, 이것을 부
친의 묘에서 한다면, 이것은 부친을 친근하게 대하는 도의가 된다. 『예기』
「곡례(曲禮)」편에서는 큰 제사 때에는 점을 쳐서 날짜를 묻지 않는다고
하였고,[5] 교제사에 대해서는 이미 동지 때 치른다고 하였으므로, 정해진
날짜가 있는 것이다. 이곳 문장에서는 단지 교제사에 대해서 점을 친다고
했으니, 이것은 제삿날에 대해서 점을 친다는 뜻이 아니다. 아래문장에서
는 상제에게 바칠 소에 대해서 불길하다는 점괘가 나온다고 하였으므로,
이곳 문장의 뜻 또한 희생물에 대해서 점을 친다는 뜻일 것이다. 그렇지
않다면 주나라 이전 왕조의 예법에 해당할 것이다.

【051】

卜之日, 王立于澤, 親聽誓命, 受敎諫之義也.〈郊特牲-040〉

거북점을 치는 날에 천자는 택궁에 서서, 유사가 다른 관리들에게 제사와
관련된 일을 명령하는 것을 들으니, 이처럼 하는 것은 가르침과 간언을
받아들이는 도의에 해당한다.

集說 澤, 澤宮也. 於其中射以擇士, 因謂之澤宮. 又其宮近水澤, 故
名也. 其日卜竟, 有司卽以祭事誓戒命令衆執事者, 而君亦聽受之,
是受敎諫之義也.

'택(澤)'은 택궁이다. 그 안에서 활쏘기를 하여 사를 선발하기 때문에, '택
궁(澤宮)'이라고 부르게 되었다. 또 그 장소는 연못 근처에 있기 때문에,
'택궁(澤宮)'이라는 명칭이 생기게 되었다. 점치는 날 점치는 일이 모두
끝나면, 유사는 곧 제사에서 지키고 경계해야 하는 것들을 일을 맡아보는
많은 자들에게 명령하게 되고, 군주는 또한 그것을 들으며, 그 내용을

---

5) 『예기』「곡례하(曲禮下)」 116장 : 大饗不問卜, 不饒富.

받아들이게 되니, 가르침과 간언을 받아들이는 도의에 해당하는 것이다.

【052】

獻命庫門之內, 戒百官也. 大廟之命, 戒百姓也.〈郊特牲-041〉

유사가 모든 관리들에게 훈계할 내용을 기록하여 천자에게 바치면, 천자는
그것을 가지고 고문 안에서 모든 관리들에게 주의를 준다. 그리고 태묘에
서도 명령을 내려서, 동족의 신하들에게 주의를 준다.

集說 有司獻王所以命百官之事, 王乃於庫門內集百官而戒之. 又
於大廟之內, 戒其族姓之臣也.

유사는 백관에게 명령할 일에 대해 기록하여 천자에게 바치고, 천자는
곧 고문 안에서 모든 관리들을 모아두고 그들에게 주의를 준다. 또 태묘
안에서도 동족인 신하들에게 주의를 준다.

【053】

祭之日, 王皮弁以聽祭報, 示民嚴上也. 喪者不哭, 不敢凶服, 氾[泛]
埽[去聲]反道, 鄕爲田燭, 弗命而民聽上.〈郊特牲-042〉

교제사를 지내는 날이 되면, 천자는 피변을 착용하고서 제사의 준비 사항
등을 보고받으니, 백성들에게 윗사람을 존엄하게 대해야 한다는 사실을 보
여주기 위해서이다. 상을 치르는 자는 이날 곡을 하지 않고, 감히 상복을
입지 않으며, 땅에 물을 뿌려서['氾'자의 음은 '泛(범)'이다.] 청소하고['埽'자는 거성
으로 읽는다.] 흙을 파서 뒤집어 놓으며, 육향에 살고 있는 백성들은 밭두둑에
횃불을 밝혀 놓으니, 이러한 일들은 별도로 명령을 내리지 않아도 백성들
이 자발적으로 따르는 지침이다.

集說 祭報, 報白日時早晚, 及牲事之備具也. 氾埽, 洒水而后掃也.
反道, 剗道路之土反之, 令新者在上也. 鄕, 郊內六鄕也. 六鄕之民,

各於田首設燭照路, 恐王行事之早也. 喪者不哭以下諸事, 皆不待上
令而民自聽從, 蓋歲以爲常也.

'제보(祭報)'는 시간의 빠르고 늦은 차이와 희생물 및 각각의 사안들을
갖춘 정도에 대해서 보고한다는 뜻이다. '범소(氾埽)'는 물을 뿌린 이후
에 청소를 한다는 뜻이다. '반도(反道)'는 도로의 흙을 파서 뒤집어엎어
새로운 빛깔의 흙이 그 위로 오도록 하는 것이다. '향(鄕)'은 교 안에 있는
육향을 뜻한다. 육향에 속한 백성들은 각자 자신의 경작지 두둑에 횃불을
설치하여 길을 밝히니, 천자가 제사를 지내러 일찍 찾아오게 될까를 염려
해서이다. 상을 치르는 자가 곡을 하지 않는다는 것으로부터 그 이하의
여러 사안들은 모두 위정자가 명령을 내릴 때까지 기다리지 않고 백성들
이 자발적으로 따르게 되는 것이니, 아마도 한 해를 터울로 일정하게 시
행해야 할 일로 여겼기 때문이다.

【054】
祭之日, 王被衮以象天. 〈郊特牲-043〉
제사를 지내는 당일에 천자는 용곤의 복장을 겉에 입음으로써 하늘의 형상
을 본뜬다.

集說 象天, 謂有日月星辰之章也.
'상천(象天)'은 해·달·별들의 무늬가 포함되어 있다는 뜻이다.

集說 陳氏曰: 合周官·禮記而考之, 王之祀天, 內服大裘, 外被龍
衮. 龍衮所以襲大裘也.
진씨가 말하길, 『주례』와 『예기』의 기록을 함께 고찰해보면, 천자가 하
늘에 대한 제사를 지낼 때에는 안에 대구를 착용하고, 겉에 용곤(龍衮)[6]
을 착용한다. 용곤은 대구를 습하는 옷이다.

【055】

戴冕璪[藻]十有二旒, 則天數也. 乘素車, 貴其質也. 旂十有二旒, 龍
章而設日月, 以象天也. 天垂象, 聖人則之, 郊所以明天道也.〈郊特牲
-044〉

면류관을 씀에 면류관에는 옥을 꿴 줄이['璪'자의 음은 '藻(조)'이다.] 12개 들어
가니, 이것은 하늘의 법칙을 본받기 위해서이다. 나무로 만든 수레인 소거
를 타는 것은 그 질박함을 숭상하기 때문이다. 깃발에 12개의 깃술을 달며,
용의 무늬를 새기고, 해와 달의 모양을 새겨서, 하늘의 형상을 본뜨게 된
다. 하늘은 형상을 드리우고, 성인은 그것을 본받으니, 교제사는 하늘의
도를 밝히는 방법이 된다.

> **集說** 璪, 與藻同. 素車, 殷之木路也. 旂之旒與冕之旒, 皆取下垂之
> 義, 餘見前.

'조(璪)'자는 옥장식을 뜻하는 조(藻)자와 동일하다. '소거(素車)'는 은나
라 때의 목로이다. 깃발에 다는 깃술과 면류관에 다는 옥을 꿴 줄은 모두
하늘의 형상을 세상으로 드리우는 뜻에서 취하여 만든 것이다. 나머지
부분에 대한 설명은 앞 편에 나온다.

【056】

帝牛不吉, 以爲稷牛. 帝牛必在滌三月, 稷牛唯具, 所以別事天神與
人鬼也. 萬物本乎天, 人本乎祖, 此所以配上帝也. 郊之祭也, 大報
本反始也.〈郊特牲-045〉

상제에게 바치는 소에 대해 점을 쳤는데 불길하다는 점괘가 나오게 되면,

---

6) 용곤(龍袞)은 천자의 예복(禮服) 중 하나이다. 상의에 용(龍)을 수놓은 옷이다.
『예기』「예기(禮器)」편에는 "禮有以文爲貴者. <u>天子龍袞</u>, 諸侯黼, 大夫黻, 士玄
衣纁裳."이라는 기록이 있다.

후직에게 바치는 소로 대체한다. 제우는 반드시 우리에서 3개월 동안 가둬서 키운 것으로 사용하고, 직우는 단지 흠 없이 온전한 것을 사용하니, 이처럼 하는 이유는 천신과 인귀를 섬기는 것을 구별하기 위해서이다. 만물은 하늘에 근본을 두고 있고, 사람은 조상에 근본을 두고 있으니, 이러한 이유로 자신의 조상을 상제에게 배향하는 것이다. 교에서 지내는 제사는 근본에 보답하고 시초를 반추하는 성대한 의식이다.

集說 郊祀后稷以配天, 故祭上帝者謂之帝牛, 祭后稷者謂之稷牛. 滌者, 牢中淸除之所也. 此二牛皆在滌中, 爲猶用也. 若至期卜牲不吉, 或有死傷, 卽用稷牛爲帝牛, 而別選稷牛也. 非在滌三月者不可爲帝牛, 故以稷牛代之. 稷乃人鬼, 其牛但得具用足矣, 故云稷牛唯具. 人本乎祖, 故以祖配帝. 是郊之祭, 乃報本反始之大者.

교에서 후직에게 제사를 지내면서 하늘에 배향한다. 그렇기 때문에 상제에게 제사지낼 때 사용하는 소를 '제우(帝牛)'라 부르는 것이고, 후직에게 제사지낼 때 사용하는 소를 '직우(稷牛)'라 부르는 것이다. '척(滌)'이라는 것은 우리 중의 청결한 장소를 뜻한다. 이러한 두 종류의 소는 모두 척에 가두게 된다. '위(爲)'자는 "사용한다."는 뜻이다. 만약 기약된 날짜가 되어 희생물에 대해 점을 쳤는데 불길하다는 점괘가 나오게 되거나 혹은 희생물이 죽거나 상처가 생기게 된다면, 직우를 이용해서 제우로 사용하게 되고, 별도로 직우를 선별하게 된다. 척에서 3개월 동안 가둬서 키우지 않은 것으로는 제우로 삼을 수 없다. 그렇기 때문에 직우로 대체하는 것이다. 후직은 사람이 죽어서 신이 된 자이니, 그에게 사용되는 소는 단지 흠이 없이 온전한 것을 갖추기만 하면 충분하다. 그렇기 때문에 "직우는 오직 온전한 것을 사용한다."라고 말한 것이다. 사람은 조상에게 근본을 두고 있다. 그렇기 때문에 자신의 조상을 상제에게 배향하는 것이다. 교에서 지내는 제사는 곧 근본에 보답하고 시초를 반추하는 것들 중에서도 매우 성대한 것이다.

附註 帝牛不吉, 以爲稷牛, 帝牛雖用特, 在滌者非一牛也, 故初卜不吉, 則以此爲稷牛, 更卜在滌. 稷牛惟具, 不必在滌. 如帝牛卜吉, 則稷牛臨時用他牛. 註說用稷牛, 未當.

"제우가 불길하다면 직우로 삼는다."라 했는데, 제우는 비록 한 마리를 사용하지만, 우리에 가둔 것은 소 한 마리가 아니다. 그렇기 때문에 최초 점을 쳐서 불길하다는 점괘가 나오면 이 소를 직우로 삼고, 다시 우리에 있는 소로 점을 치는 것이다. 직우는 온전히 갖춰진 것을 사용하기만 하며 우리에 가둘 필요는 없다. 만약 제우에 대해 점을 쳤는데 길하다는 점괘가 나오면 직우에 대해서는 그 시기에 임했을 때 다른 소를 사용한다. 주의 설명에서는 직우를 대신 사용한다고 했는데, 타당하지 않다.

類編 右郊.

여기까지는 '교(郊)'에 대한 내용이다.

◇ 사(社)

【057】

社祭土而主陰氣也, 君南鄕於北墉下, 答陰之義也. 日用甲, 用日之
始也.〈郊特牲-027〉[本在"西方失之矣"下.]

사에서는 땅에게 제사를 지내고 음기를 위주로 한다. 그렇기 때문에 군주
는 북쪽 담장 아래에서 남쪽을 바라보게 되니, 이것은 음기에 마주하는
도의를 나타낸다. 제사일을 정할 때에는 갑자가 들어간 날로써 하니, 날짜
가 시작되는 것에 따르기 때문이다. [본래는 "서쪽에서 개설하고 있으니, 이 모두는
예법을 잃어버린 일들이다."[1]라고 한 문장 뒤에 수록되어 있었다.]

集說 地秉陰, 則社乃陰氣之主. 社之主設於壇上北面, 而君來北墻
下, 南向祭之, 蓋社不屋, 惟立之壇壝而環之以墻. 旣地道主陰, 故其
主北向而君南何對之. 答, 對也. 甲爲十干之首.

땅은 음을 부리게 되니, 사는 곧 음기의 주인이 된다. 사의 신주는 제단
위에서 북쪽을 바라보도록 설치하고, 군주는 그곳에 찾아가서 북쪽 담
아래에서 남쪽을 향해서 제사를 지내니, 아마도 사의 제단에는 지붕을
씌우지 않고 오직 제단만 쌓고 그 주변을 담으로 둘렀기 때문일 것이다.
땅의 도리 자체가 음을 위주로 하고 있기 때문에, 그 신주는 북쪽을 바라
보고 있고 군주는 남쪽을 바라보며 그를 마주하게 된다. '답(答)'자는 "마
주한다."는 뜻이다. '갑(甲)'은 십간의 시작이 된다.

【058】

天子大社, 必受霜露風雨, 以達天地之氣也. 是故喪[去聲]國之社屋

---

1) 『예기』「교특생(郊特牲)」 026장 : 孔子曰: "繹之於庫門內, 祊之於東方, 朝市之
於西方, 失之矣."

之, 不受天陽也. 薄社北牖, 使陰明也. 〈郊特牲-028〉

천자의 대사에는 지붕을 올리지 않으니, 제단을 노출시켜서 반드시 서리·
이슬·바람·비가 그대로 닿게 하여, 천지의 기운을 소통시킨다. 이러한
까닭으로 패망한[喪'자는 거성으로 읽는다.] 나라의 사에는 지붕을 올려서, 하늘
의 양기를 받아들이지 못하도록 한다. 박땅에 있던 사에는 북쪽에 들창을
내어서, 음기가 엄습하도록 만들었다.

集說 薄, 書作亳. 薄社於周爲喪國之社, 必存之者, 白虎通云: "王
者諸侯必有薄社, 示有存亡也." 屋其上, 則天陽不入, 牖於北, 則陰
氣可通, 陰明則物死也.

'박(薄)'을 『서』에서는 박(亳)으로 기록하고 있다. 박에 있는 사는 주나라
입장에서는 패망한 나라의 사가 되는데, 굳이 이곳을 보존하는 이유에
대해, 『백호통』2)에서는 "천자 및 제후가 반드시 박사를 보존해두는 이유는
존망의 도리를 나타내기 위해서이다."라고 했다. 그 위에 지붕을 올리게
되면, 하늘의 양기가 들어가지 못하게 되고, 북쪽에 들창을 뚫게 되면,
음기가 소통될 수 있으니, 음기의 밝음이 들이치게 되면 만물이 죽게 된다.

【059】
社所以神地之道也. 地載萬物, 天垂象, 取財於地, 取法於天, 是以
尊天而親地也, 故敎民美報焉. 家主中霤而國主社, 示本也. 〈郊特牲
-029〉

사에서 제사를 지내는 것은 땅의 도리를 신령스럽게 섬기는 방법이다. 땅
은 만물을 실어주고, 하늘은 별과 해 등을 통해 형상을 드리우며, 사람들은
땅에서 재화를 채취하고, 하늘에서 법도를 본뜨게 된다. 이러한 까닭은 성

---

2) 『백호통(白虎通)』은 후한(後漢) 때 편찬된 서적이다. 『백호통의(白虎通義)』라
고도 부른다. 후한의 장제(章帝)가 학자들을 불러 모아서, 백호관(白虎觀)에서
토론을 시키고, 각 경전 해석의 차이점을 기록한 서적이다.

인은 하늘을 존귀하게 여기고, 땅을 친근하게 여겼던 것이며, 또 백성들에게 보답하는 것을 아름답게 여기도록 가르쳤던 것이다. 가에서는 중류에서 땅의 신에 대한 제사를 주관하게 되고, 나라에서는 사에서 땅의 신에 대한 제사를 주관하게 되니, 이것은 땅이 근본이 됨을 나타내는 것이다.

集說 聖人知地道之大, 故立社以祭, 所以神而明之也. 美報, 美善其報之之禮也. 上古穴居, 故有中霤之名. 中霤與社皆土神. 卿・大夫之家主祭土神於中霤, 天子・諸侯之國主祭土神於社. 此皆以示其爲載物生財之本也.

성인은 땅의 도리가 위대하다는 사실을 알고 있었기 때문에, 사를 세워서 제사를 지내도록 한 것이니, 이것은 땅을 신령스럽게 여겨서 그 도리를 드러내는 방법이 된다. '미보(美報)'는 땅에게 보답하는 것을 아름답고 좋게 여기는 예이다. 상고시대에는 혈거 생활을 하였다.3) 그렇기 때문에 집 중앙에 뚫린 구멍이라는 명칭이 생기게 된 것이다. '중류(中霤)'와 '사(社)'는 모두 땅의 신이 머무는 곳이다. 경과 대부의 집에서는 중류에서 땅의 신에 대한 제사를 주관하게 되고, 천자와 제후의 나라에서는 사에서 땅의 신에 대한 제사를 주관하게 된다. 이러한 행위들은 모두 땅이 만물을 실어주고 재화를 생산해주는 근본이 됨을 나타낸다.

【060】
唯爲[去聲]社事, 單[丹]出里. 〈郊特牲-030〉

오직 사에 대한 제사를 지낼 때에만['爲'자는 거성으로 읽는다.] 한 마을에 있는 사람들이 모두['單'자의 음은 '丹(단)'이다.] 나와서 그 제사를 돕는다.

---

3) 『역』「계사하(繫辭下)」: 上古穴居而野處, 後世聖人易之以宮室, 上棟下宇, 以待風雨, 蓋取諸大壯.

集說 社事, 祭社之事也. 二十五家爲里. 單, 盡也. 言當祭社之時, 一里之人盡出而供給其事, 蓋每家一人也.

'사사(社事)'는 사에서 제사지내는 일을 뜻한다. 25개의 가를 묶어서 1개의 리로 삼는다. '단(單)'자는 "다한다."는 뜻이다. 즉 이 말은 사제사를 지내야 할 때, 한 리에 있는 사람들이 모두 나와서, 그 제사를 돕게 되니, 아마도 각 가마다 1명씩 나오게 될 것이다.

【061】

唯爲社田, 國人畢作. 〈郊特牲-031〉

오직 사에 제사를 지내기 위해 사냥을 할 때에만 나라 안의 사람들이 모두 나와서 사냥을 돕게 된다.

集說 爲祭社之事而田獵, 則國中之人皆行, 無留家者.

사에 대한 제사를 지내기 위해서 사냥을 하게 된다면, 나라 안의 사람들이 모두 사냥을 돕게 되니, 가에 머무는 자가 없게 된다.

【062】

唯社, 丘乘[去聲]供粢盛[平聲], 所以報本反始也. 〈郊特牲-032〉

오직 사에 대한 제사에서만, 구승의['乘'자는 거성으로 읽는다.] 행정구역에서 제사 때 진설하는 자성을['盛'자는 평성으로 읽는다.] 공급하게 하니, 이러한 것들은 근본에 보답하고 시초를 반추하는 방법이다.

集說 祭社必有粢盛, 稷曰明粢, 在器曰盛. 此粢盛則使丘乘供之. 井田之制, 九夫爲井, 四井爲邑, 四邑爲丘, 四丘爲乘也. 報, 者酬之以禮. 反者, 追之以心.

사에 제사를 지낼 때에는 반드시 자성을 진설하게 되니, 곡식을 '명자(明

粢)'라 부르고, 그 곡식을 제기에 담는 것을 '성(盛)'이라 부른다. 이러한 '자성(粢盛)'은 구승으로 하여금 공급하도록 시킨다. 정전제에서 9개의 집안이 1정이 되고, 4개의 정이 모여서 1개의 읍이 되며, 4개의 읍이 모여서 1개의 구가 되고, 4개의 구가 모여서 1개의 승이 된다. '보(報)'라는 것은 예법에 따라 보답하는 것이다. '반(反)'이라는 것은 마음을 다해 추념하는 것이다.

【063】

季春出火, 爲焚也. 然後簡其車賦, 而歷其卒伍[爲去聲], 而君親誓社以習軍旅, 左之右之, 坐之起之, 以觀其習變也. 而流示之禽, 而鹽[去聲]諸利, 以觀其不犯命也. 求服其志, 不貪其得, 故以戰則克, 以祭則受福.〈郊特牲-033〉

계춘의 달에는 들판에 불을 내니, 잡초들을 제거하기 위해서이다. 그런 뒤에 수레와 병사들을 검열하며, 대오의['伍'자는 거성으로 읽는다.] 수를 셈하고, 군주는 직접 사에서 대중들에게 서약을 하고, 이 기회를 통해서 군대를 연습시킨다. 군대의 대오를 좌로 움직이게 하고 또 우로 움직이게 하며, 혹은 앉게 시키고 또 일어서게도 시키며, 변화된 상황에 따라 대처법을 익힌 것을 관찰한다. 그리고 짐승들을 이리저리 흩어지게 하여 병사들에게 그 모습을 보이고, 이로움을 흠모하도록['鹽'자는 거성으로 읽는다.] 만든 뒤에, 이를 통해서 명령을 어기고 짐승들을 취하지 않는가를 살펴보게 된다. 이처럼 하는 것은 이로움을 탐하는 마음을 굴복시키기 위함이고, 군주 또한 취득한 것에 대해서 탐내지 않는다. 그렇기 때문에 전쟁을 하면 반드시 이기게 되는 것이고, 제사를 지내게 되면 복을 받게 되는 것이다.

集說 建辰之月, 大火心星昏見南方, 故出火以焚除草萊, 焚後卽蒐田. 簡, 閱視也. 賦, 兵也. 歷, 數之也. 百人爲卒, 五人爲伍. 誓社, 誓衆於社也. 或左或右, 或坐或作, 皆是軍旅之法. 習變, 習熟其變動之節也. 驅逐之際, 禽獸流動紛紜, 衆皆見之, 故云流示之禽. 鹽,

讀爲艶. 艶諸利, 謂使之歆艶於利也. 禽獸雖甚可欲, 而殺獲取舍,
皆有定制. 犯命者必罰, 不使之犯命者, 是求以遏服其貪利之志. 人
君亦取之有制, 如大獸公之, 小禽私之, 不踰法而貪下之所得也. 以
戰則克, 習氏於變也. 祭則受福, 獲牲以禮也.

북두칠성의 자루가 진에 걸치는 달에, 대화의 심성은 저녁 무렵 남쪽 하
늘에 나타난다. 그렇기 때문에 불을 내서 잡초들을 제거하고 잡초들을
불사른 이후에는 곧 '수전(蒐田)'⁴⁾을 한다. '간(簡)'자는 검열을 한다는
뜻이다. '부(賦)'자는 병사를 뜻한다. '역(歷)'자는 셈을 한다는 뜻이다.
100명의 사람이 1졸이 되고, 5명이 1오가 된다. '서사(誓社)'라는 것은
사에서 대중들에게 서약을 한다는 뜻이다. 좌로 움직이게도 하고 또는
우로 움직이게도 하며, 앉히기도 하고 또는 일어서게도 하는데, 이 모두
는 군대를 움직이는 법도에 해당한다. '습변(習變)'은 변동에 따른 절도
를 익힌다는 뜻이다. 짐승들을 쫓을 때 짐승들은 이리저리 움직이며 흩어
지게 되고, 대중들이 모두 그것들을 바라보게 된다. 그렇기 때문에 "이리
저리 움직여 흩어지는 모습을 보이는 짐승들"이라고 말한 것이다. '염
(鹽)'자는 염(艶)자로 해석하니, '염제리(艶諸利)'라는 말은 그들로 하여
금 이로움에 대해서 흠모하도록 만든다는 뜻이다. 짐승들에 대해서 비록
모두 잡아들이고 싶어 하지만, 살생하고 포획하며 취사선택을 하는 데에
는 모두 정해진 법제가 있다. 명령을 범한 자는 반드시 벌을 받게 하여,
그들로 하여금 명령을 어기지 못하도록 한 것은 그들의 이로움을 탐하는
뜻을 꺾고자 한 것이다. 군주 또한 취득을 하는데 있어서 정해진 법제가
있으니, 예를 들어 덩치가 큰 짐승은 모두와 함께 나누고, 작은 짐승만을
사적으로 취득하여, 법도를 어기면서까지 백성들이 얻은 것을 탐하지 않
는 것이다. 이를 통해 전쟁을 하게 되면 이기게 되는 것은 변화된 상황에

---

4) 수전(蒐田)은 봄에 시행하는 사냥을 뜻하며, 또한 사냥 전체를 범칭하는 용어로도
   사용된다.

대해서 백성들에게 대처법을 익히게 했기 때문이다. 그리고 이를 통해 제사를 지내게 되면 복을 받게 되는 것은 희생물을 포획하길 예에 맞춰서 했기 때문이다.

集說 疏曰: 祭社旣在仲春, 此出火爲焚, 當在仲春之月, 記者誤也.
소에서 말하길, 사에 대한 제사는 이미 중춘 때 치르게 되어 있으므로, 이곳에서 불을 내어 잡초를 제거한다고 한 일도 마땅히 중춘의 달에 시행하는 것이다. 따라서 『예기』를 기록한 자가 이 문장을 잘못 기록한 것이다.

附註 鹽諸利, 鹽, 註音豔. 按: 此恐鹽字之誤, 言流示所獲而踈諸利, 以觀其不犯命也. 音苦.
'염저리(鹽諸利)'에서의 '염(鹽)'자를 주에서는 그 음을 '豔(염)'이라고 했다. 살펴보니, 이것은 아마도 고(鹽)자의 오자인 것 같으니, 포위한 짐승들을 흩어지게 하여 이러한 모습을 보이고 이로움에 대해 멀리하여, 이를 통해 명령을 범하지 않는가를 살핀다는 뜻이다. 따라서 그 음은 '苦(고)'이다.

類編 右社.
여기까지는 '사(社)'에 대한 내용이다.

◇ 산천(山川)

【064】

天子適四方, 先柴. 〈郊特牲-034〉

천자가 사방으로 순수를 하게 되면, 그 지역에 도착하여 우선적으로 시제를 한다.

[集說] 書曰: 歲二月東巡守, 至于岱宗, 柴.

『서』에서 말하길, 그 해 2월에 동쪽으로 순수하여, 대종(岱宗)[1]에 이르러서 시제(柴祭)[2]를 했다.[3]

[附註] 此下, 當有闕文.

이 문장 뒤에는 분명 누락된 문장이 있을 것이다.

[類編] 右山川. [以上郊特.]

여기까지는 '산천(山川)'에 대한 내용이다. [여기까지는 「교특생」편의 문장이다.]

---

1) 대종(岱宗)은 오악(五嶽) 중 동악(東嶽)에 해당하는 태산(泰山)을 가리킨다. 대(岱)자는 태산을 뜻하고, 종(宗)자는 존귀하다는 의미에서 붙여진 것으로 풀이하기도 한다.

2) 시제(柴祭)는 일종의 하늘에 대한 제사이다. 초목을 태워서 그 연기를 하늘로 올려 보내며 아뢰는 의식이다. 『서』「우서(虞書)·순전(舜典)」편에는 "歲二月, 東巡守, 至于岱宗, 柴."라는 기록이 있고, 이에 대한 공안국(孔安國)의 전(傳)에서는 "燔柴祭天告至."라고 풀이했다.

3) 『서』「우서(虞書)·순전(舜典)」: 歲二月, 東巡守至于岱宗, 柴, 望秩于山川, 肆覲東后, 協時月正日, 同律度量衡, 修五禮, 五玉, 三帛, 二生, 一死, 贄, 如五器, 卒乃復.

【065】

爓[煩]柴於奧[爨]. 夫奧者, 老婦之祭也. 盛[平聲]於盆[蒲門反], 尊於瓶.
〈禮器-042〉 [本在"而弗止也"下.]

부뚜막 신에게['奧'자의 음은 '爨(찬)'이다.] 땔감을 불 피워['爓'자의 음은 '煩(번)'이
다.] 제사를 지냈는데도, 장문중은 이러한 잘못을 바로잡지 못했다. 무릇
부뚜막에 대한 제사는 노부에게 지내는 제사이다. 이 제사 때에는 단지
분에['盆'자는 '蒲(포)'자와 '門(문)'자의 반절음이다.] 밥을 담고['盛'자는 평성으로 읽는
다.] 병에 술을 담아서 지낼 뿐이다. [본래는 "멈추지 못했다."[1]라고 한 문장 뒤에
수록되어 있었다.]

集說 此亦言臧文仲不能正失禮之事. 周禮以實柴祀日月星辰, 有
大火之次, 故祭火神, 則爓柴也. 今弗慕爲禮官, 謂爨神是火神, 遂爓
柴祭之, 是失禮矣. 禮, 祭至尸食竟而祭爨神, 宗婦祭饎爨, 烹者祭饔
爨. 其神則先炊也, 故謂之老婦. 惟盛食於盆, 盛酒於瓶, 卑賤之祭
耳. 雖卑賤而必祭之者, 以其有功於人之飲食, 故報之也.

이 내용 또한 장문중이 예를 그르친 것을 바로잡지 못한 일에 대해서
언급하고 있다. 『주례』에서는 실시(實柴)[2]를 하여 일월과 성신에게 제
사를 지낸다고 하였는데,[3] 대화(大火)[4]의 자리에 놓이기 때문에, 화를

---

1) 『예기』「예기(禮器)」 041장 : 孔子曰: "臧文仲安知禮? 夏父弗綦逆祀而弗止也."
2) 실시(實柴)는 고대에 시행되었던 제사 절차이다. 희생물을 땔감 위에 올려두고
   불을 피워서, 하늘로 올라가는 연기로 신들에게 흠향을 시키는 방법이다. 『주례』「춘
   관(春官)·대종백(大宗伯)」편에는 "以實柴祀日月星辰."이라는 기록이 있고, 이
   에 대한 정현의 주에서는 "實柴, 實牛柴上也."라고 풀이했다.
3) 『주례』「춘관(春官)·대종백(大宗伯)」: 以禋祀祀昊天上帝, 以實柴祀日·月·
   星·辰, 以槱燎祀司中·司命·飌師·雨師.
4) 대화(大火)는 본래 동방에 속하는 7개의 별자리 중 저수(氐宿), 방수(房宿), 심수

주관하는 신에게 제사를 지내게 되어, 땔감을 불 피우는 것이다. 당시 하보불기는 의례를 진행하는 관리가 되었는데, 부뚜막 신이 화신에 해당한다고 여기고, 결국 땔감을 불 피워서 제사를 지냈으니, 이것은 곧 실례에 해당한다. 예에 따르면, 제사에 있어서는 시동이 식사를 끝내는 순서까지 진행되어야 부뚜막 신에게 제사를 지내는데, 종부는 익힌 밥으로 제사를 지내며, 고기를 익히는 자는 조리한 음식으로 제사를 지내게 된다. 그러므로 부뚜막 신은 선취(先炊)5)에 해당한다. 그렇기 때문에 그 신을 '노부(老婦)'라고 부르는 것이다. 따라서 선취에게 지내는 제사에서는 단지 분에 밥을 담고, 병에 술을 담아서 지낼 따름이니, 신들 중에서도 신분이 낮고 천한 신에게 지내는 제사일 따름이다. 그런데 비록 부뚜막 신이 신분이 낮고 천하더라도, 반드시 그에게도 제사를 지내는 이유는 그가 사람이 음식을 해먹을 수 있게끔 공덕을 세웠기 때문이다. 그래서 그에게도 보답하는 제사를 지내는 것이다.

附註　燔柴於奧, 註以爲臧文仲事, 經文未見此意, 恐因上文而生義. 此言五祀之禮, 非譏其失禮也. 或曰: "當入于'野夫黃冠'下."
'번시어오(燔柴於奧)'에 대해 주에서는 장문중의 일화로 여겼는데, 경문에는 이러한 의미가 나타나지 않으니, 아마도 앞 문장으로 인해 이러한 의미를 만들어낸 것 같다. 이것은 오사(五祀)의 예법을 언급한 것이지,

---

(心宿)를 가리킨다. 또한 '대화'는 동방에 속하는 7개의 별자리 중 '심수'를 가리키는 용어로도 사용되며, 7개의 별자리를 모두 가리키는 '청룡(靑龍)'이라는 뜻으로도 사용된다.

5) 선취(先炊)는 처음으로 불을 때서 밥 짓는 방법을 만들어낸 사람이다. 신격화되어 여성 신(神)으로 모셔졌으며, 노부(老婦)라고도 부른다. 『예기』「예기(禮器)」편에는 "奧者, 老婦之祭也."라는 기록이 있고, 이에 대한 정현의 주에서는 "老婦, 先炊者也."라고 풀이했다. 또 『사기(史記)』「봉선서(封禪書)」편에는 '선취'가 기록되어 있는데, 장수절(張守節)의 『정의(正義)』에서는 "先炊, 古炊母神也."라고 풀이했다.

실례를 기롱한 것이 아니다. 혹자는 "이 문장은 '초야에 머무는 자들은 황색의 모자를 쓴다.'6)라고 한 문장 뒤로 들어가야 한다."라 주장한다.

類編 右五祀. [禮器.]

여기까지는 '오사(五祀)'에 대한 내용이다. [「예기」편의 문장이다.]

---

6) 『예기』「교특생(郊特牲)」 052장 : 黃衣黃冠而祭, 息田夫也. 野夫黃冠. 黃冠, 草服也.

대사(大蜡)

【066】

天子大蜡[乍]八, 伊耆[其]氏始爲蜡. 蜡也者, 索[色窄反]也. 歲十二月合,
聚萬物而索饗之也.〈郊特牲-046〉[本在"報本反始也"下.]

천자가 지내는 성대한 사제사는['蜡'자의 음은 '乍(사)'이다.] 8명의 신을 섬기니,
이기씨가['耆'자의 음은 '其(기)'이다.] 처음으로 이러한 사제사를 시행했다. '사
(蜡)'라는 것은 찾는다는['索'자는 '色(색)'자와 '窄(착)'자의 반절음이다.] 뜻이다. 한
해의 12월에 모든 것이 닫히게 되면, 만물을 취합하여 신을 찾아서 제사를
지내는 것이다. [본래는 "근본에 보답하고 시초를 반추하는 것이다."[1]라고 한 문장 뒤에
수록되어 있었다.]

集說 蜡祭八神, 先嗇一, 司嗇二, 農三, 郵表畷四, 猫虎五, 坊六, 水
庸七, 昆蟲八. 伊耆氏, 堯也. 索, 求索其神也. 合, 猶閉也. 閉藏之月,
万物各己歸根復命, 聖人欲報其神之有功者, 故求索而享祭之也.

사제사에서는 8명의 신에게 제사를 지내니, 선색이 첫 번째 신이고, 사색
이 두 번째 신이며, 농이 세 번째 신이고, 우표철이 네 번째 신이며, 묘호
가 다섯 번째 신이고, 방이 여섯 번째 신이며, 수용이 일곱 번째 신이고,
곤충이 여덟 번째 신이다. '이기씨(伊耆氏)'는 요임금이다. '색(索)'자는
그 신을 찾는다는 뜻이다. '합(合)'자는 "닫는다."는 뜻이다. 모든 것이
닫히고 보관되는 달에 만물은 각자 자신의 근본으로 되돌아가고 본원으
로 회귀하게 되니, 성인은 그 신들의 공덕에 대해서 보답을 하고자 했기
때문에, 신을 찾아서 제사를 지내는 것이다.

---

1) 『예기』「교특생(郊特牲)」045장 : 帝牛不吉, 以爲稷牛. 帝牛必在滌三月, 稷牛
   唯具, 所以別事天神與人鬼也. 萬物本乎天, 人本乎祖, 此所以配上帝也. 郊之
   祭也, 大報本反始也.

附註 大蜡八, 按: 先嗇一, 司嗇二, 百種三, 農四, 郵表畷五, 禽獸六, 貓虎七, 坊與水庸八. 註分坊與水庸, 去百種·禽獸, 添昆蟲爲八. 但百種, 百穀之種, 自當別立爲一祭, 不可合於司嗇. 禽獸, 汎稱鳥獸, 不可以貓虎言. 坊與水庸, 經文雖着與字, 以一祭字總之, 不當分也. 昆蟲, 以下文"昆蟲無作"一語取義, 而昆蟲乃泛指蟲蛇之屬, 螟蝗之害穀, 亦在其中. 古註又見蔡邕獨斷, 而恐未然.

'대사팔(大蜡八)'이라고 했는데, 살펴보니, 선색(先嗇)이 첫 번째이고, 사색(司嗇)이 두 번째이며, 백종(百種)이 세 번째이고, 농(農)이 네 번째이며, 우표철(郵表畷)이 다섯 번째이고, 금수(禽獸)가 여섯 번째이며, 묘호(貓虎)가 일곱 번째이고, 방(坊)과 수용(水庸)이 여덟 번째이다. 주에서는 방(坊)과 수용(水庸)을 구분하고, 백종(百種)과 금수(禽獸)를 제외하고 곤충(昆蟲)을 여덟 번째로 첨가했다. 다만 '백종(百種)'은 모든 곡식의 종자에 해당하니, 그 자체로 마땅히 별도로 세워 하나의 제사 대상으로 삼아야 하며, 사색(司嗇)에 합사해서는 안 된다. '금수(禽獸)'는 조수를 범칭하는 것이니, 묘호(貓虎)로 말할 수 없다. 방(坊)과 수용(水庸)에 대해 경문에서는 비록 '여(與)'자를 그 사이에 붙였지만, 하나의 '제(祭)'자로 총괄하고 있으니,2) 나눠서는 안 된다. '곤충(昆蟲)'은 아래문장에서 "곤충은 발생하지 마라."3)라고 한 한 마디 말에서 의미를 취한 것이지만, '곤충(昆蟲)'은 벌레 등속을 범범하게 가리키는 것으로 명황(螟蝗)과 같이 곡식에 해를 끼치는 것들은 또한 그 안에 포함된다. 옛 주는 또한 채옹의 『독단』에 나오는데, 아마도 그렇지 않을 것이다.

---

2) 『예기』「교특생(郊特牲)」049장 : 古之君子, 使之必報之. 迎貓, 爲其食田鼠也; 迎虎, 爲其食田豕也, 迎而祭之也. 祭坊與水庸, 事也.

3) 『예기』「교특생(郊特牲)」050장 : 曰: "土反其宅, 水歸其壑, 昆蟲毋作, 草木歸其澤."

【067】

蜡之祭也, 主先嗇而祭司嗇也, 祭百種[上聲]以報嗇也. 〈郊特牲-047〉

사의 제사에서는 여덟 신들 중에서도 선색을 주인으로 삼고, 사색에게 제
사를 지내며, 모든 곡식의 종자를['種'자는 상성으로 읽는다.] 담당하는 신에게
제사를 지내서 농사를 지을 수 있도록 했던 공덕에 보답하는 것이다.

集說 嗇, 與穡同. 先嗇, 神農也. 主, 如前章主日之主, 言爲八神之
主也. 司嗇, 上古后稷之官. 百種, 司百穀之種之神也. 報嗇, 謂報其
敎民樹藝之功.

'색(嗇)'자는 곡식을 뜻하는 색(穡)자와 동일하다. '선색(先嗇)'은 농업을
주관하는 신이다. '주(主)'자는 앞장에서 "해를 주인으로 한다."라고 했을
때의 '주(主)'자와 같은 뜻이니, 이 말은 곧 여덟 신들의 주인으로 삼는다
는 뜻이다. '사색(司嗇)'은 상고시대 때 후직이라는 관리이다. '백종(百
種)'은 모든 곡식의 종자를 담당하는 신이다. '보색(報嗇)'은 그들이 백성
들을 교육하여 농작물을 기를 수 있도록 했던 공덕에 대해 보답한다는
뜻이다.

【068】

饗農及郵表畷[株劣反]·禽獸, 仁之至, 義之盡也. 〈郊特牲-048〉

농업과 관련된 신에게 제사를 지내서, 우표철과['畷'자는 '株(주)'자와 '劣(렬)'자의
반절음이다.] 금수까지도 흠향을 시키는 것은 인의 지극함이며 의를 다하는
것이다.

集說 農, 古之田畯, 有功於民者. 郵者, 郵亭之舍也. 標表田畔相連
畷處, 造爲郵舍, 田畯居之以督耕者, 故謂之郵表畷. 禽獸, 猫虎之屬
也.

'농(農)'은 고대의 전준으로, 백성들에게 공덕을 베풂이 있었던 자이다.

'우(郵)'라는 것은 문서를 전달하던 건물이다. 전답이 서로 연결된 밭두둑에 경계를 표시하여, 그곳에 우라는 건물을 짓고, 전준이 그곳에 거주하며 경작하는 자들을 감독하였다. 그렇기 때문에 '우표철(郵表畷)'이라고 부르는 것이다. '금수(禽獸)'는 고양이나 호랑이 등의 짐승들이다.

【069】

古之君子, 使之必報之. 迎貓, 爲[去聲]其食田鼠也; 迎虎, 爲其食田豕也, 迎而祭之也. 祭坊[防]與水庸, 事也. ⟨郊特牲-049⟩

고대의 군자는 부렸던 대상에 대해서 반드시 보답했다. 고양이 신을 맞이하는 것은 그가 농작물에 해를 끼치는 들쥐를 잡아먹기 때문이며['爲'자는 거성으로 읽는다.] 호랑이 신을 맞이하는 것은 그가 농작물에 해를 끼치는 멧돼지를 잡아먹기 때문이니, 그들을 맞이하여 제사를 지내는 것이다. 제방과['坊'자의 음은 '防(방)'이다.] 용수로의 신들에 대해서 제사를 지내는 것은 농사일에 도움을 주기 때문이다.

集說 田鼠·田豕, 皆能害稼, 故食之者爲有功. 迎者, 迎其神也. 坊, 隄也, 以蓄水亦以障水. 庸, 溝也, 以受水亦以洩水. 皆農事之備, 故曰事也. 眉山蘇氏以爲迎貓則爲貓之尸, 迎虎則爲虎之尸, 近於倡優所爲, 是以子貢言一國之人皆若狂也.

들쥐와 멧돼지는 모두 농작물에 피해를 줄 수 있는 동물들이다. 그렇기 때문에 그것들을 잡아먹는 동물들에게 공덕이 있다고 여기는 것이다. '영(迎)'이라는 말은 그 신을 맞이한다는 뜻이다. '방(坊)'자는 제방을 뜻하니, 물을 모아두고 또한 물이 넘치는 것을 막는다. '용(庸)'은 용수로를 뜻하니, 물을 받아들이고 또 물이 경작지로 스며들도록 하는 것이다. 이 모두는 농사에 대해 정비를 하는 것이다. 그렇기 때문에 '사(事)'라고 말한 것이다. 미산소씨[1]는 '영묘(迎貓)'가 곧 고양이 신을 대신하는 시동을 맞이한다는 뜻으로 여겼고, '영호(迎虎)'가 곧 호랑이 신을 대신하는 시동을 맞이한다는 뜻으로 여겼는데, 시동이 하는 짓은 광대들이 하는 짓과 유사하였기 때문에, 자공이 "온 나라 사람들이 모두 미친 듯이 즐거워했다."고 말했다고 주장한다.

【070】
曰: "土反其宅, 水歸其壑, 昆蟲毋[無]作, 草木歸其澤." 〈郊特牲-050〉
축문에서는 "흙은 그 안존한 장소로 돌아가라, 물은 본래의 구덩이로 돌아가라, 곤충은 발생하지 마라['毋'자의 음은 '無(무)'이다.] 초목은 수풀 지역으로 돌아가라."라고 한다.

集說 此祝辭也. 宅, 猶安也. 土安則無崩圮, 水歸則無泛溢. 昆蟲, 謂螟蝗之屬, 害稼者. 作, 起也. 草木各歸根于藪澤, 不得生於耕稼之土也.
이 구문은 축사에 해당한다. '택(宅)'자는 안존한 곳을 뜻한다. 토가 안존하게 된다면 흙이 붕괴되는 일이 없게 되며, 물이 되돌아가게 되면 범람하는 일이 없게 된다. '곤충(昆蟲)'은 해충인 명황 등의 부류로, 농작물에 해를 끼치는 것들이다. '작(作)'자는 "일어나다."는 뜻이다. 초목이 각각 수풀이 빽빽한 곳으로 뿌리를 되돌리게 된다면, 경작지에서 성장하지 못하게 된다.

附註 昆蟲無作草木歸其澤, 言時當冬末, 萬品歸根, 昆蟲安於坏, 蟄而不驚動, 草木斂其津潤而不疏泄也. 註以害穀之蟲爲言, 恐不長.

---

1) 미산소씨(眉山蘇氏, A.D.1009 ~ A.D.1066) : =소순(蘇洵). 북송(北宋) 때의 학자이다. 자(字)는 명윤(明允)이고, 호(號)는 노천(老泉)이다. 소식(蘇軾)과 소철(蘇轍)의 부친으로, 두 아들과 함께 '삼소(三蘇)'로 일컬어졌다. 저서로는 『역론(易論)』·『예론(禮論)』·『악론(樂論)』·『시론(詩論)』·『서론(書論)』·『춘추론(春秋論)』 등이 있다.

'곤충무작초목귀기택(昆蟲無作草木歸其澤)'이라는 말은 당시는 겨울 끝이 되어 만물이 근본으로 회귀하여, 곤충은 땅속에서 편안히 지내어 숨어 날뛰지 않고, 초목은 습기를 거둬들여서 물기가 흐르지 않는다는 뜻이다. 주에서는 곡식에 해를 끼치는 곤충으로 말을 했는데, 아마도 뛰어난 설명은 아닌 것 같다.

【071】

皮弁素服而祭, 素服以送終也. 葛帶榛杖, 喪殺[色介反]也. 蜡之祭, 仁之至, 義之盡也.〈郊特牲-051〉

피변을 쓰고 소복을 입고서 제사를 지내니, 소복을 입고서 제사를 지내는 것은 끝마침에 대해 잘 전송하는 것이다. 칡을 엮은 띠를 두르고 개암나무로 만든 지팡이를 잡는 것은 정식적인 상례에 따라 낮추는['殺'자는 '色(색)'자와 '介(개)'자의 반절음이다.] 것이다. 사제사는 인의 지극함이며 의의 극진함이다.

> **集說** 物之助成歲功者, 至此而老, 老則終矣, 故皮弁·素服·葛帶·榛杖以送之, 喪禮之殺也. 此爲義之盡. 祭報其功, 則仁之至也. 周禮·籥章云: "國祭蜡則歙豳頌, 擊土鼓, 以息老物."

만물이 세공(歲功)[1]을 도와서 완성하는 일을 하는데, 이 시기에 이르게 되어 노쇠해지니, 노쇠해지면 끝마치게 된다. 그렇기 때문에 피변을 쓰고 소복을 착용하며 칡으로 엮은 띠를 두르고 개암나무로 만든 지팡이를 잡고서 그것들을 전송하니, 이것은 상례에서 낮추는 것에 해당한다. 이것들은 의의 극진함이 된다. 제사를 지내서 그 공덕에 보답하게 된다면 인의 지극함이 된다. 『주례』「약장(籥章)」편에서는 "나라에서 사제사를 지내게 되면, 빈송(豳頌)을 연주하고, 토고를 두드려서, 노쇠해진 만물을 쉬게 한다."[2]고 했다.

---

1) 세공(歲功)은 한 해 동안 이룩한 공적(功績)을 지칭한다. 구체적으로는 한 해의 농사를 수확한다는 뜻이다. 『한서(漢書)』「예악지(禮樂志)」편에는 "陽出布施於上而主歲功, 陰入伏藏於下而時出佐陽. 陽不得陰之助, 亦不能獨成歲功."이라는 기록이 있다.

2) 『주례』「춘관(春官)·약장(籥章)」: 國祭蜡, 則吹豳頌, 擊土鼓, 以息老物.

【072】

黃衣黃冠而祭, 息田夫也. 野夫黃冠. 黃冠, 草服也.〈郊特牲-052〉

황색의 옷을 입고 황색의 모자를 쓰고서 제사를 지내는 것은 농부들을 휴식시키는 것이다. 초야에 머무는 자들은 황색의 모자를 쓴다. 황색의 모자는 초야에 머무는 자들이 착용하는 복장에 따른 모자이다.

集說 月令臘先祖五祀, 勞農以休息之, 此祭是也. 黃冠爲草野之服, 其詳未聞.

『예기』「월령(月令)」편에서는 "선조와 오사에게 납제사를 지내고, 농부들을 위로하여 휴식을 시킨다."3)라고 하였는데, 이곳에 말하는 제사가 바로 이것을 가리킨다. '황관(黃冠)'은 초야에 머무는 사람들이 입는 복장에 쓰는 모자이지만, 그 자세한 형태와 제작방법에 대해서는 들어보지 못했다.

【073】

大羅氏, 天子之掌鳥獸者也, 諸侯貢屬焉. 草笠而至, 尊野服也.〈郊特牲-053〉

대라씨는 천자에게 소속된 관리로, 천자에게 있는 조수를 담당하는 자이니, 제후들이 공물로 바치는 조수들이 여기에 포함된다. 제후의 공물을 가져온 자들은 풀로 엮은 관을 쓰고 찾아오니, 이러한 복장을 하는 이유는 초야의 사람들이 입는 복장을 존중하기 때문이다.

集說 諸侯鳥獸之貢, 屬大羅氏之掌, 其使者戴草笠, 是尊野服.

제후들이 공물로 바친 조수들은 대라씨가 담당하는 조수에 포함되며, 공

---

3) 『예기』「월령(月令)」 217장 : 天子, 乃祈來年于天宗, 大割祠于公社及門閭, 臘先祖·五祀, 勞農以休息之.

물을 가져온 자들은 풀로 엮은 관을 쓰게 되니, 이것은 초야의 사람들이
입는 복장을 존중하는 것이다.

【074】

羅氏, 致鹿與女, 而詔客告也. 以戒諸侯曰: "好田好女者亡其國." 〈郊
特牲-054〉

대라씨는 사슴과 여자를 데려와서 공납품을 들고 찾아온 심부름꾼에게 보
여주며, 천자의 명령을 알려주어, 그가 자신의 군주에게 아뢰게 한다. 그리
고 천자의 말을 전해 제후들에게 주의를 주며, "사냥을 좋아하고 여색을
좋아하는 자는 반드시 그 나라를 잃게 될 것이다."라고 말한다.

集說 鹿者, 田獵所獲. 女則所俘於亡國者. 客, 貢使也. 使者將返,
羅氏以鹿與女示使者, 以王命詔之, 使歸告其君, 而以王言戒之曰:
"好田獵好女色者必亡其國." 舊說如此. 然鹿可歲得, 而亡國之女不
恒有, 其詳未聞也.

사슴은 사냥을 통해 포획한 동물이다. 여자는 패망한 나라에서 포로로
획득한 여자이다. '객(客)'은 공납품을 가져온 심부름꾼이다. 심부름꾼이
장차 자신의 나라로 돌아가려고 할 때, 대라씨는 사슴과 여자를 심부름꾼
에게 보여주고, 천자의 명령을 그에게 일러주며, 그가 자신의 나라로 되
돌아가서, 자신의 군주에게 아뢰게 하고, 천자의 명령으로 주의를 주며,
"사냥을 좋아하고 여색을 좋아하는 자는 반드시 그 나라를 잃게 될 것이
다."라고 한다. 옛 학설에서 풀이한 내용은 이와 같다. 그런데 사슴이라
는 것은 해마다 얻을 수 있는 것이지만, 패망한 나라에서 포로로 잡은
여자는 항상 보유하고 있는 것이 아니니, 그 자세한 내용에 대해서는 모
르겠다.

八蜡以記四方. 四方年不順成, 八蜡不通, 以謹民財也. 順成之方,
其蜡乃通, 以移[去聲]民也. 旣蜡而牧, 民息已. 故旣蜡, 君子不興功.
〈郊特牲-056〉[本在"不斂藏之種也"下.]

여덟 신에게 사제사를 지낼 때에는 사방 제후국들의 길흉을 기록한 것을
참고한다. 사방의 제후국 중 흉년이 든 국가에서는 사제사를 지내지 않음
으로써 백성들의 재화를 아낀다. 풍년이 든 제후국에서는 제사를 지내서,
백성들의 마음을 편안하게['移'자는 거성으로 읽는다.] 한다. 사제사를 끝내고 만
물을 수렴하고 나면, 백성들을 쉬도록 할 따름이다. 그렇기 때문에 사제사
를 끝낸 다음에 군주는 사업을 일으키지 않는 것이다. [본래는 "수확하여 오래도
록 보관할 수 없는 품종이기 때문이다."4)라고 한 문장 뒤에 수록되어 있었다.]

集說 記四方者, 因蜡祭而記其豊凶也. 蜡祭之禮, 列國皆行之. 若
其國歲凶, 則八蜡之神, 不得與諸方通祭, 所以使民知謹於用財, 不
妄費也. 移者, 寬縱之義. 蓋歲豊, 則民財稍可寬舒用之也. 黨正屬
民飮酒, 始雖用禮, 及其飮酒醉飽, 則亦縱其酣暢爲樂, 夫子所謂一
日之澤是也. 農民終歲勤動, 而於此時得一日之樂, 是上之人勞農之
美意也. 旣蜡之後, 收斂積聚, 民皆休息, 故不興起事功也.

"사방을 기록한다."는 말은 사제사를 지내는 것에 기인하여 각 지역의
풍흉 정도를 기록한다는 뜻이다. 사제사의 예법에 따르면, 모든 제후국에
서 이 제사를 시행한다. 그런데 만약 어느 제후국에 흉년이 들게 된다면,
그 지역의 사제사를 받는 여덟 신들은 다른 지역에서 이들에 대한 통괄적
인 제사를 지내는데 참여할 수 없으니, 이러한 조치를 통해 백성들이 재물
을 씀에 신중하게 만들어서, 낭비하지 못하도록 하는 것이다. '이(移)'라는
것은 자유롭게 놔둔다는 뜻이다. 무릇 풍년이 든 해라면 백성들의 재물에
대해서는 사용하는 것을 너그럽게 수용하게 된다. 당정은 백성들을 취합하

---

4) 『예기』「교특생(郊特牲)」 055장 : 天子樹瓜華, 不斂藏之種也.

여 음주를 함에 처음에는 비록 예법에 따라서 시행하지만, 취하고 배가 부르게 되면 그 뜻에 따라 자유롭게 노는 것을 즐거움으로 삼으니, 공자가 하루 동안 즐겁게 논다고 한 말이 바로 이것을 가리킨다. 농민은 일 년 내내 수고롭게 일을 했고, 이 시기가 되어서야 하루 동안의 즐거움을 만끽하니, 이것은 위정자가 농민들을 위로하는 아름다운 뜻에 해당한다. 이미 사제사를 지낸 이후 농작물을 수확하여 저장을 하게 되면, 백성들은 모두 휴식을 취한다. 그렇기 때문에 사업을 일으키지 않는 것이다.

類編 右大蜡. [郊特.]
여기까지는 '대사(大蜡)'에 대한 내용이다. [「교특생」편의 문장이다.]

◈ 대향(大饗)

【076】

大饗其王事與[平聲]. 三牲·魚·腊, 四海九州之美味也. 籩豆之薦,
四時之和氣也. 內[納]金, 示和也. 束帛加璧, 尊德也. 龜爲前列, 先知
也. 金次之, 見[形旬反]情也. 丹·漆·絲·纊·竹·箭, 與衆共財也.
其餘無常貨, 各以其國之所有, 則致遠物也. 其出也, 肆[陜]夏而送之,
蓋重禮也. 〈禮器-067〉 [本在"七獻神"下.]

대향은 천자에게 해당하는 일이구나.['與'자는 평성으로 읽는다.] 소·양·돼지
라는 세 가지 희생물과 물고기와 말린 고기는 사해 및 구주에서 거둬온
맛좋은 음식들이다. 변과 두에 담아 올리는 여러 음식들은 사계절의 조화
로운 기운이 생성시킨 산물이다. 제후가 공납한['內'자의 음은 '納(납)'이다.] 금
은 제후들의 친근함을 드러낸다. 속백에 벽을 올리는 것은 덕성을 존숭하
는 것이다. 거북껍질을 가장 앞줄에 진열하는 것은 길흉을 판별할 수 있는
지혜를 갖추고 있으므로 가장 앞에 두는 것이다. 금을 그 다음 줄에 진열하
는 것은 사람의 정감을 드러내는['見'자는 '形(형)'자와 '旬(전)'자의 반절음이다.] 것
이다. 단칠 재료·옻칠 재료·명주·솜·대나무·작은 대나무 등을 모두
진열하는 것은 대중들과 함께 재화를 공유하는 것이다. 기타 오랑캐들이
가져오는 공물에는 정해진 규정이 없는데, 각자 그들의 나라에서 생산되는
것들을 가져온 것이므로, 멀리 떨어져 있는 지역의 사물들도 찾아오게끔
한 것이다. 제사를 도왔던 빈객들이 밖으로 나감에는 해하를['肆'자의 음은
'陜(해)'이다.] 연주하여 그들을 전송하니, 무릇 이러한 의식은 중대한 예에
해당하기 때문이다. [본래는 "일곱 차례 헌을 하니, 신령이 찾아와 계신 듯한 것이다."[1]
라고 한 문장 뒤에 수록되어 있었다.]

集說 大饗, 祫祭也. 言王事者, 明此章所陳, 非諸侯所有之事也. 三
牲, 牛·羊·豕也. 腊, 獸也. 少牢禮云: "腊用麋." 籩豆所薦品味, 皆

---

1) 『예기』「예기(禮器)」 066장 : 一獻質, 三獻文, 五獻察, 七獻神.

四時和氣之生成. 內金, 納侯邦所貢之金也. 示和, 諸侯之親附也.
一說, 金牲或從或革隨人, 故言和也. 君子於玉比德, 諸侯來朝, 璧加
於束帛之上, 尊德也. 陳列之序, 龜獨在前, 以其知吉凶, 故先之也.
金在其次, 以人情所同欲, 故云見情也. 自三牲以下至丹漆等物, 皆
侯邦所供貢, 竝以之陳列, 或備器用. 與衆共財, 言天下公共所有之
物也. 其餘無常貨, 謂九州之外, 蠻夷之國, 或各以其國所有之物來
貢, 亦必陳之, 示其能致遠方之物也. 但不以爲常耳. 諸侯爲助祭之
賓, 禮畢而出, 在無筭爵之後, 樂工歌陔夏之樂章以送之. 設施如此,
蓋重大之禮也. 註讀肆爲陔者, 周禮鍾師掌九夏, 尸出入奏肆夏, 客
醉而出, 則奏陔夏, 故知此當爲陔也.

'대향(大饗)'은 협제(祫祭)[2]이다. '왕사(王事)'라고 언급한 것은 이곳 문
장에서 진열되는 물건들은 제후들이 갖출 수 있는 사안이 아니라는 뜻을
나타낸다. '삼생(三牲)'은 소·양·돼지이다. '석(腊)'은 짐승의 말린 고
기이다. 『의례』「소뢰궤식례(少牢饋食禮)」편에서는 "석(腊)은 큰사슴의
고기를 이용한다."[3]라고 했다. 변과 두에 차려내는 맛좋은 음식들은 모
두 사계절의 조화로운 기운이 생성시킨 산물이다. '내금(內金)'은 제후들
의 나라에서 공납으로 들여온 금을 마당으로 들인다는 뜻이다. '시화(示
和)'는 제후들이 친근하게 따른다는 뜻을 나타낸다는 의미이다. 일설에는
금의 성향은 사람에 따라서 따르기도 하고 바뀌기도 한다. 그렇기 때문에
'조화[和]'를 언급했다고 말한다. 군자는 옥을 통해 자신의 덕을 비견하니,
제후들이 찾아와서 조회를 함에 속백 위에 벽을 올려두는 것은 그 덕을

---

2) 협제(祫祭)는 협(祫)이라고도 부른다. 신주(神主)들을 태조(太祖)의 묘(廟)에 모
   두 모셔놓고 지내는 제사이다. 『춘추공양전』「문공(文公) 2년」에 "八月, 丁卯, 大
   事于大廟, 躋僖公, 大事者何. 大祫也. 大祫者何. 合祭也, 其合祭奈何. 毀廟之
   主, 陳于大祖."라는 기록이 있다.
3) 『의례』「소뢰궤식례(少牢饋食禮)」: 司士又升魚·腊. 魚十有五而鼎. 腊一純而
   鼎, 腊用麋.

존숭하기 때문이다. 물건들을 진열하는 순서에 있어서, 거북껍질을 유독 가장 앞에 놓아두는 것은 그것이 길흉을 알 수 있기 때문에, 가장 앞에 진열하는 것이다. 금을 그 다음에 놓아두는 것은 사람의 정감상 모두가 동일하게 갖고 싶어 하는 것이기 때문이다. 그래서 "사람의 정감을 드러낸다."라고 말한 것이다. 삼생으로부터 그 이하로 단칠 재료·옻칠 재료 등의 사물들에 이르기까지, 이 모두는 제후들의 나라에서 공납한 것들이니, 이 모두를 진열하게 되는데, 그 중 어떤 것들은 기물을 만드는 재료로 사용된다. "대중들과 그 재물을 함께한다."는 것은 천하의 모든 사람들이 공동으로 소유한 사물이라는 뜻이다. "그 나머지는 정해진 것이 없는 재화이다."라고 한 말은 구주 이외의 오랑캐 나라에서는 간혹 각각 그들의 나라에서 생산되는 사물들을 가지고 찾아와서 공납을 하게 되니, 이 또한 반드시 진열하게 되며, 이를 통해서 멀리 떨어져 있는 나라의 사물들도 가져올 수 있다는 뜻을 나타내는 것이다. 다만 그것들은 고정된 품목으로 정형화시킬 수 없을 따름이다. 제후들은 제사를 돕는 빈객이 되는데, 의례 행사가 모두 끝나서 밖으로 나오게 되는 시기는 무산작을 한 이후에 놓이게 되며, 악공들은 해하라는 악장을 연주하여 그들을 전송하게 된다. 시행과 베풂을 이처럼 하는 이유는 이것이 중대한 예법에 해당하기 때문이다. 정현의 주에서는 '사(肆)'자를 해(陔)자로 해석하였는데, 『주례』「종사(鍾師)」편에서는 종사가 구하(九夏)⁴⁾를 담당한다고 하였고,⁵⁾ 시동

---

4) 구하(九夏)는 고대의 아홉 가지 악곡을 총칭하는 말이다. '하(夏)'자는 성대하다는 뜻에서 붙여진 명칭이다. 아홉 가지 악곡은 왕하(王夏), 사하(肆夏), 소하(昭夏), 납하(納夏), 장하(章夏), 제하(齊夏), 족하(族夏), 개하(祴夏: =陔夏), 오하(驁夏)이다. '구하'의 쓰임은 다양한데, 『주례』에 따르면 '왕하'는 천자가 출입할 때 연주하는 악곡이고, '사하'는 시동이 출입할 때 연주하는 악곡이며, '소하'는 희생물이 출입할 때 연주하는 악곡이고, '납하'는 사방의 빈객들이 찾아왔을 때 연주하는 악곡이며, '장하'는 신하가 공적을 세웠을 때 연주하는 악곡이고, '제하'는 부인이 제사를 지낼 때 연주하는 악곡이며, '족하'는 족인들이 모시고 있을 때 연주하는 악곡이고, '개하'는 빈객이 술을 마시고 밖으로 나갈 때 연주하는 악곡이며, '오하'

이 출입을 할 때 사하를 연주하며, 빈객들이 술을 충분히 마시고 밖으로 나오게 되면 해하(陔夏)를 연주한다고 하였다.[6] 그렇기 때문에 '사(肆)' 자가 마땅히 해(陔)자가 되어야 함을 알 수 있다.

集說 劉氏曰: 後篇言鍾次之, 以和居參之, 則此言內金示和, 亦取其聲之和耳. 見情也者, 見人情之和也.

유씨가 말하길, 다음 편에서는 "종을 그 다음에 진열하니, 조화로움 때문에 그 중간에 위치시키는 것이다."라고 하였으니, 이곳 문장에서 "쇠종 [金]을 안쪽에 두어 조화로움을 보인다."라고 한 말 또한 쇠종이 내는 조화로운 소리의 뜻을 취한 것일 따름이다. "사람의 정감을 드러낸다."는 말은 사람의 조화로운 감정을 드러낸다는 뜻이다.

附註 金次之見情, 言金德剛堅, 故示其性情之堅固也. 見音現. 註云"人情所同欲", 恐非.

'금차지현정(金次之見情)'이라 했는데, 금의 덕은 강하고 견고하기 때문

는 공(公)이 출입할 때 연주하는 악곡이다. 『주례』「춘관(春官)·종사(鍾師)」편에는 "凡樂事, 以鍾鼓奏九夏: 王夏·肆夏·昭夏·納夏·章夏·齊夏·族夏·祴夏·驁夏."라는 기록이 있고, 이에 대한 정현의 주에서는 두자춘(杜子春)의 주를 인용하여, "杜子春云, '內當爲納, 祴讀爲陔鼓之陔. 王出入奏王夏, 尸出入奏肆夏, 牲出入奏昭夏, 四方賓來奏納夏, 臣有功奏章夏, 夫人祭奏齊夏, 族人侍奏族夏, 客醉而出奏陔夏, 公出入奏驁夏,'"라고 풀이했다.

5) 『주례』「춘관(春官)·종사(鍾師)」: 凡樂事, 以鍾鼓奏九夏: 王夏·肆夏·昭夏·納夏·章夏·齊夏·族夏·祴夏·驁夏. / 개하(祴夏)를 해하(陔夏)라고도 부른다.

6) 『주례』「춘관(春官)·종사(鍾師)」편의 "凡樂事, 以鍾鼓奏九夏: 王夏·肆夏·昭夏·納夏·章夏·齊夏·族夏·祴夏·驁夏."에 대한 정현의 주: 杜子春云, "內當爲納, 祴讀爲陔鼓之陔. 王出入奏王夏, <u>尸出入奏肆夏</u>, 牲出入奏昭夏, 四方賓來奏納夏, 臣有功奏章夏, 夫人祭奏齊夏, 族人侍奏族夏, <u>客醉而出奏陔夏</u>, 公出入奏驁夏."

에 성정의 굳건함을 드러낸다는 뜻이다. '見'자의 음은 '現(현)'이다. 주에
서 "사람의 정감상 모두가 동일하게 갖고 싶어 하는 것이기 때문이다."라
한 말은 아마도 잘못된 설명인 것 같다.

類編 右大饗.
여기까지는 '대향(大饗)'에 대한 내용이다.

◈ 총론(摠論)

【077】

祀帝於郊, 敬之至也; 宗廟之祭, 仁之至也; 喪禮, 忠之至也; 備服器, 仁之至也; 賓客之用幣, 義之至也. 故君子欲觀仁義之道, 禮其本也.〈禮器-068〉

교외에서 상제에게 제사를 지내는 것은 경의 지극함에 해당한다. 종묘에서 조상에게 제사를 지내는 것은 인의 지극함에 해당한다. 상례를 치름에 성심을 다하는 것은 충의 지극함에 해당한다. 장례를 치르며 의복 및 기구들을 빠짐없이 갖추는 것은 인의 지극함에 해당한다. 빈객들이 폐물을 가지고 찾아오는 것은 의의 지극함에 해당한다. 그렇기 때문에 군자는 이러한 예의 시행 속에서 인과 의의 도를 관찰하고자 하는 것이니, 예는 그것들의 근본이 된다.

集說 祭天之禮簡素, 至敬無文, 所以爲敬之至; 仁之實, 事親是也, 事亡如事存, 所以爲仁之至; 附於身, 附於棺, 皆必誠必信, 所以爲忠之至; 斂之衣服, 葬之器具, 皆全備無缺, 莫非愛親之誠心, 故亦曰仁之至; 朝聘燕享, 幣有常用, 故幣帛筐篚將其厚意, 義之至也. 此仁與義之爲道, 皆可於行禮之際觀之, 故曰禮其本也.

하늘에 대해 제사지내는 예는 간소한데, 지극한 공경을 나타내야 하는 대상에 대해서는 꾸밈이 없으니, 경의 지극함이 되는 이유이다. 인의 실질이라는 것은 부모를 섬긴다는 것으로, 죽은 자를 섬김에 산 자를 섬기는 것처럼 하는 것이니, 인의 지극함이 되는 이유이다. 상례를 치를 때 죽은 자의 시신에 부장하고 관에 부장하는 것들에 대해서는 모두 성심과 신의를 다해야 하니, 충의 지극함이 되는 이유이다. 염을 할 때 사용하는 의복류와 장례를 치를 때 사용하는 기구들은 모두 완비해야 하며 누락되는 것이 없어야 하니, 부모를 사랑하는 진실된 마음이 아닌 것들이 없다. 그렇기 때문에 "인의 지극함이다."라고 말한 것이다. 조빙이나 연회를 할 때 사용되는 폐물에는 일정하게 사용되는 것들이 있다. 그렇기 때문에 폐백을 광주리에 담아서 두터운 뜻을 받들어야 한다고 했던 것이니,1) 바로 의의 지극함에 해당한다. 이러한 인과 의가 도로 나타남은 모두 예를 시행하는 과정 속에서 살펴볼 수 있다. 그렇기 때문에 "예는 그것들의 근본이 된다."고 말한 것이다.

類編　右摠論. [以上禮器.]

여기까지는 '총론(摠論)'에 해당한다. [여기까지는 「예기」편의 문장이다.]

---

1) 『시』「소아(小雅)·녹명(鹿鳴)」편의 모서(毛序): 鹿鳴, 燕群臣嘉賓也. 旣飮食
   之, 又實<u>幣帛筐篚, 以將其厚意</u>, 然後, 忠臣嘉賓, 得盡其心矣.

禮記類編大全卷之十九

『예기유편대전』 19권

◇ 郊特牲第十七 / 「교특생」 17편

[類編] 此卽禮運之中篇, 雜論諸禮及君大夫之僭禮, 仍極言禮之功用. 取篇首三字名篇.

이 편은『예기』「예운(禮運)」의 중편에 해당하는데, 여러 예법 및 군주와 대부의 참례를 뒤섞어 논의하고 있으며, 그로 인해 예의 공용에 대해 극언하고 있다. 편 앞에 나온 세 글자를 취해 편명으로 정한 것이다.

[類編] 本居禮器之下.

본래는『예기』「예기(禮器)」편 뒤에 수록되어 있었다.

「교특생」편 문장 순서 비교		
『예기집설』	『예기유편대전』	
	구분	문장
001		001
002		002
003		003
004		004
005		005
006		007
007		008
008		009
009		010
010		011
011		012
012		019
013		020
014		021
015		013
016		014
017		015
018		016
019		曾子問-046

「교특생」편 문장 순서 비교		
『예기집설』	『예기유편대전』	
	구분	문장
020		017
021		018
022		025
023		026
024		雜記下-078
025		雜記下-079
026		禮運-012
027		禮運-013
028		禮運-014
029		禮運-015
030		禮運-016
031		禮運-017
032		禮運-018
033		禮運-019
034		禮運-020
035		禮運-021
036		禮運-022
037		禮運-023
038		禮運-024
039		禮運-025
040		禮運-026
041		禮運-027
042		禮運-028
043		禮運-029
044		禮運-030
045		禮運-031
046		禮運-032
047		禮運-033
048		禮運-034
049		禮運-035
050		禮運-036
051		禮運-037
052		禮運-038
053		禮運-039
054		禮運-040

「교특생」편 문장 순서 비교		
『예기집설』	『예기유편대전』	
	구분	문장
055		禮運-041
056		禮運-042
057		禮運-043
058		禮運-044
059		禮運-045
060		禮運-046
061		禮運-047
062		禮運-048
063		禮運-049
064		禮運-050
065		禮運-051
066		禮運-052
067		禮運-053
068		禮運-054
069		禮運-055
070		禮運-056
071		禮運-057
072		禮運-058
073		禮運-059
074		禮運-060
075		
076		
077		
078		
079		
080		
081		
082		
083		
084		
085		
086		
087		
088		

【001】

郊特牲, 而社稷大牢. 天子適諸侯, 諸侯膳用犢. 諸侯適天子, 天子賜
之禮大牢. 貴誠之義也. 故天子牲孕[餘證反]弗食也, 祭帝弗用也.〈001〉

하늘에 대한 교제사에서는 한 마리의 희생물을 사용하고, 사직에 대한 제
사에서는 태뢰를 사용한다. 천자가 제후에게 찾아갔을 때, 제후는 음식을
올리며 송아지를 사용한다. 제후가 천자를 찾아뵐 때, 천자는 하사를 해주
는 의례를 시행하며 태뢰를 사용한다. 이처럼 하는 것은 진실됨을 귀하게
여기는 뜻에 해당한다. 그러므로 천자는 희생물 중 잉태를['孕'자는 '餘(여)'자
와 '證(증)'자의 반절음이다.] 한 것은 음식재료로 사용하지 않고, 상제에 대한
제사에서도 사용하지 않는다.

集說 禮有以少爲貴者, 故此二者, 皆貴特牲而賤大牢也. 犢未有牝
牡之情, 故云貴其誠愨.

예에서는 적은 것을 귀하게 여기는 경우도 있다. 그렇기 때문에 이러한
두 가지 경우에 있어서는 모두 한 마리의 희생물을 귀하게 여기고, 태뢰
를 천하게 여기는 것이다. 송아지는 암수의 정을 가지고 있지 않기 때문
에, "진실되고 정성스러움을 귀하게 여긴다."고 말한 것이다.

集說 朱子曰: 萬物本乎天, 人本乎祖, 故以所出之祖配天地. 周之
后稷生於姜嫄, 以上更推不去文武之功起於后稷, 故配天須以后稷.
嚴父莫大於配天, 宗祀文王於明堂以配上帝. 上帝, 卽天也, 聚天之
神而言之, 則謂之上帝. 又曰: 古時天地, 定是不合祭. 日月山川百
神, 亦無合共一時祭享之禮. 又曰: 五峯言無北郊, 只祭社便是. 此
說却好.

주자가 말하길, 만물은 하늘에 근본을 두고 있고, 사람은 조상에 근본을
두고 있다.[1] 그렇기 때문에 자신이 유래되어 나온 시조를 천과 지에 배향

---

1) 『예기』「교특생」045장 : 帝牛不吉, 以爲稷牛. 帝牛必在滌三月, 稷牛唯具, 所

하는 것이다. 주나라 시조에 해당하는 후직은 강원이 낳았고, 위로 다시
금 거슬러 올라가보면, 문왕이나 무왕의 공적은 후직을 통해 비롯되었던
것과 차이가 많이 나지 않기 때문에, 하늘에 배향할 때에는 후직으로 해
야 한다. 부모를 존엄하게 대하는 것에는 하늘에 배향하는 것보다 큰 것
이 없어서, 명당에서 문왕을 종주로 삼아 제사를 지내서, 상제에게 배향
하였다.[2] '상제(上帝)'는 곧 하늘에 해당하는데, 하늘의 신들을 묶어서
말을 한다면, 그 신을 '상제(上帝)'라고 부른다. 또 말하길, 고대에 천과
지에 대한 제사는 한데 합쳐서 제사를 지내지 않았다. 일·월·산·천
등의 백신(百神)[3]에 대한 제사에서도 또한 한데 합쳐서 일시에 제사를
지내는 예법이 없었다. 또 말하길, 오봉호씨[4]는 북쪽 교에서 제사를 지내
는 일이 없으니, 단지 사에 대한 제사가 바로 이 제사에 해당한다고 말했
다. 그 주장이 더 낫다.

集說 今按: 召誥用牲於郊, 牛二, 蔡氏以爲祭天地, 非也. 牛二, 帝

以別事天神與人鬼也. 萬物本乎天, 人本乎祖, 此所以配上帝也. 郊之祭也, 大
報本反始也.

2) 『효경』「성치장(聖治章)」: 子曰, 天地之性人爲貴. 人之行莫大於孝, 孝莫大於
嚴父. 嚴父莫大於配天, 則周公其人也. 昔者, 周公郊祀后稷以配天. 宗祀文王
於明堂以配上帝.

3) 백신(百神)은 백물(百物)이라고도 부른다. 온갖 신들을 총칭하는 말인데, 주요
신들은 제외되고, 주로 하위 신들을 가리킨다.

4) 오봉호씨(五峯胡氏, A.D.1105 ~ A.D.1161): =호굉(胡宏). 남송(南宋) 때의 성리
학자(性理學者)이다. 이름은 굉(宏)이고, 자(字)는 인중(仁仲)이며, 호(號)는 오
봉(五峯)이다. 호안국(胡安國)의 아들이며, 복건성(福建省) 숭안(崇安) 출신이
다. 형산(衡山)에서 20여 년 동안 독서에 열중하였고, 고종(高宗)이 승무랑(承務
郞)의 관직을 하사하였으나 사양하였다. 양시(楊時)와 후중량(侯仲良)에게서 수
학하고, 종신토록 가학(家學)을 전수하는 일에만 전념하였다. 학식이 풍부하고
덕행이 높아서, 당대의 사표(師表)로 추앙받았다. 저서로는 『호자지언(胡子知言)』,
『황왕대기(皇王大紀)』, 『오봉역외전(五峯易外傳)』 등이 있다.

牛・稷牛也. 社于新邑, 祭地也, 故用大牢.

살펴보니, 『서』「소고(召誥)」편에서는 교외에서 희생물을 사용하는데, 소가 2마리라고 했고,5) 이 문장에 대해서 채침6)은 천지에 대한 제사라고 여겼는데, 그 주장은 잘못되었다. 두 마리의 소는 곧 제우(帝牛)7)와 직우(稷牛)8)에 해당한다. 새로운 도읍에 사제사를 지낸 것은 곧 땅에 대한 제사를 지낸 것이다. 그렇기 때문에 태뢰를 사용한 것이다.

【002】

大路繁[盤]纓一就, 先路三就, 次路五就. 郊血, 大饗腥, 三獻爓[潛], 一獻孰, 至敬不饗味而貴氣臭也. 〈002〉

대로에는 반과['繁'자의 음은 '盤(반)'이다.] 영이 1취이고, 선로에는 3취이며, 차로에는 5취이다. 교제사 때에는 희생물의 피를 바치고, 대향에는 생고기를 바치며, 삼헌을 하는 제사에서는 데친 고기를['爓'자의 음은 '潛(잠)'이다.] 바치고, 일헌에는 익힌 고기를 바치니, 지극히 공경해야 하는 대상에 대해서는 음식의 맛을 흠향시키는 것이 아니고, 기운과 냄새를 귀하게 여긴다.

集說 臭, 亦氣也. 餘竝見前篇.

냄새 또한 기에 해당한다. 나머지 설명들은 모두 앞 편에 나온다.

---

5) 『서』「주서(周書)・소고(召誥)」: 若翼日乙卯, 周公朝至于洛, 則達觀于新邑營. 越三日丁巳, <u>用牲于郊, 牛二</u>. 越翼日戊午, 乃社于新邑, 牛一羊一豕一.

6) 채침(蔡沈, A.D.1167 ~ A.D.1230): =채구봉(蔡九峯). 남송(南宋) 때의 학자이다. 자(字)는 중묵(仲默)이고, 호(號)는 구봉(九峯)이다. 주자의 문인이자 사위이다. 주자가 완성하지 못했던 『서집전(書集傳)』을 완성하였다.

7) 제우(帝牛)는 교(郊)제사 때 희생물로 사용되는 소를 뜻한다. 교제사는 상제(上帝)에 대한 제사였으므로, 그 희생물에 대해서도 '제(帝)'자를 붙여서 부르는 것이다.

8) 직우(稷牛)는 후직(后稷)에 대한 제사 때 사용되는 소를 뜻한다. 후직을 뜻하는 직(稷)자를 붙여서, '직우'라고 부른 것이다.

附註 次路五就下脫"至敬無文也"五字. 不然, 大路以下至五就, 衍文.

'차로오취(次路五就)' 뒤에는 "지극히 공경을 다해야 하는 제사에서는 화려한 꾸밈을 하지 않는다."라고 한 다섯 글자가 누락되어 있다. 그렇지 않다면 '대로(大路)'로부터 '오취(五就)'까지는 연문에 해당한다.

【003】

諸侯爲賓, 灌用鬱鬯, 灌用臭也. 大饗尚腶[丁喚反]脩而已矣. 〈003〉

제후가 빈객이 되었을 때에는 술을 따라 땅에 부으며 울창주를 사용하니, 술을 땅에 부어서 신을 강림시킬 때에는 그 술의 냄새를 이용하기 때문이다. 천자가 제후들에게 큰 향연을 베풀어줄 때에는 음식들 중에서도 단수를['腶'자는 '丁(정)'자와 '喚(환)'자의 반절음이다.] 숭상할 따름이다.

集說 諸侯來朝, 以客禮待之, 是爲賓也. 在廟中行三享畢, 然後天子以鬱鬯之酒灌之, 諸侯相朝亦然, 明貴氣臭之義也. 周禮作祼字, 上公再祼而酢, 侯·伯一祼而酢, 子·男一祼未酢. 祼則使宗伯酌圭贊而祼之, 酢則賓酢主也. 此大饗, 謂王饗諸侯也. 脯加薑桂曰腶脩. 行饗之時, 雖設大牢之饌, 而必先設腶脩於筵前, 然後設餘饌, 故云尚腶脩也. 此明不享味之義.

제후가 천자에게 찾아와 조회를 할 때, 천자는 빈객에 대한 예법으로 제후를 대접하니, 이것이 바로 "빈객이 되었다."는 경우이다. 종묘 안에서는 세 차례 술을 따르는 일이 모두 끝나게 되면, 천자는 울창주를 이용해서 술을 따르게 되며, 제후들끼리 서로 조회를 할 때에도 이처럼 하니, 기운과 냄새를 귀하게 여긴다는 것을 나타낸 것이다. 『주례』에서는 '관(祼)'자로 기록하고 있는데, 상공에 대해서는 두 차례 술을 따르고 잔을 돌리며, 후작과 백작에 대해서는 한 차례 술을 따르고 잔을 돌리며, 자작과 남작에 대해서는 한 차례 술을 따르지만 잔은 돌리지 않는다고 했다.[1] '관(祼)'이라는 것은 종백(宗伯)[2]을 시켜서 규찬으로 술을 따르고 술을

---

[1] 『주례』「추관(秋官)·대행인(大行人)」: 上公之禮, 執桓圭九寸, …… 廟中將幣三享, 王禮再祼而酢. …… 諸侯之禮, 執信圭七寸, …… 廟中將幣三享, 王禮壹祼而酢. …… 諸伯執躬圭, 其他皆如諸侯之禮. 諸子執穀璧五寸, 繅藉五寸, …… 廟中將幣三享, 王禮壹祼不酢. …… 諸男執蒲璧, 其他皆如諸子之禮.

[2] 종백(宗伯)은 대종백(大宗伯)이라고도 부른다. 주(周)나라 때에는 육경(六卿) 중 하나에 해당하는 고위 관직이었다. 『주례』의 체제 속에서는 춘관(春官)의 수장이

땅에 뿌리는 행위이며, '초(酢)'라는 것은 빈객이 주인에게 술을 따라서 권하는 행위이다. 여기에서 말하는 '대향(大饗)'은 천자가 제후들에게 연회를 베풀어준다는 뜻이다. 포에 생강과 계피를 첨가한 것을 '단수(腶脩)'라고 부른다. 향연을 시행할 때, 비록 태뢰를 이용한 성찬을 차려내게 되지만, 반드시 무엇보다 앞서 자리 앞에 단수를 진설해야 하며, 그런 뒤에야 나머지 음식들을 진설하게 된다. 그렇기 때문에 "단수를 숭상한다."라고 말한 것이다. 그리고 이것은 곧 그 음식의 맛을 흠향하지 않는다는 뜻을 나타내고 있는 것이다.

【004】

大饗, 君三重席而酢焉; 三獻之介, 君專席而酢焉. 此降尊以就卑也. 〈004〉

제후들끼리 서로 조회를 하여 대향을 시행할 때, 군주는 자리를 세 겹으로 깔고서 술잔을 돌리게 되고, 상대방 군주가 신하를 시켜서 빙문을 온 경우에는 사신단 중 상개에 해당하는 대부에 대해서, 군주는 홑겹으로 된 자리를 깔고서 술잔을 돌리게 된다. 이것은 곧 존귀함을 낮춰서 낮은 곳으로 다가간 경우에 해당한다.

集說 此大饗是諸侯相朝, 主君饗客之禮. 諸侯之席三重, 今兩君禮

된다. 종묘(宗廟)에 대한 제사 등 주로 예제(禮制)와 관련된 일을 담당하였다. 후대의 관직체계에서는 예부(禮部)에 해당하기 때문에, 예부상서(禮部尙書)를 또한 '대종백' 혹은 '종백'이라고도 부른다. 『서』「주서(周書)·주관(周官)」편에는 "宗伯掌邦禮, 治神人, 和上下."라는 기록이 있다. 또 『주례』「춘관(春官)·종백(宗伯)」편에는 "乃立春官宗伯, 使帥其屬而掌邦禮, 以佐王和邦國."이라는 기록이 있는데, 이에 대한 정현의 주에서는 "宗伯, 主禮之官."이라고 풀이했다. 한(漢)나라 때에는 태재(太宰)라는 이름으로 관직명을 고치기도 했다. 한편 진(秦)나라 때에는 종실(宗室)의 일들을 담당하는 종정(宗正)이라는 관리가 있었는데, 한나라 때에는 이 관직명을 '종백'으로 고치기도 했다.

敵, 故席三重之席而受客之酢爵也. 若諸侯遣卿來聘, 卿禮當三獻, 其上介則是大夫, 故謂之三獻之介. 大夫席雖再重, 今爲介降一等, 止合專席. 君席雖三重, 今徹去兩重, 就單席受此介之酢爵, 是降國君之尊, 以就大夫之卑也.

이곳 문장에서 말하는 '대향(大饗)'은 제후들끼리 서로 만나보는 경우, 주인에 해당하는 제후가 빈객에 해당하는 제후에게 향연을 베푸는 예를 가리킨다. 제후의 자리는 세 겹으로 깔게 되는데, 이곳 문장에서 말하는 상황은 양측 군주에게 적용되는 예가 대등하기 때문에, 자리를 세 겹으로 깔고서 빈객이 권한 술잔을 받는 것이다. 만약 제후가 경을 파견하여 빙문을 할 경우, 경에게 해당하는 예는 삼헌에 해당하고, 그가 데려온 상개는 대부의 신분이 된다. 그렇기 때문에 이 대부를 가리켜서 '삼헌지개(三獻之介)'라고 부른 것이다. 대부의 자리는 본래 두 겹으로 깔게 되어 있지만, 현재 이곳에서 말하는 상황은 대부가 개의 임무를 맡아서 한 등급을 낮춘 경우이므로, 단지 한 겹의 자리를 깔게 될 따름이다. 그리고 군주의 자리가 비록 세 겹으로 깔게 되어 있지만, 현재 이곳에서 말하는 상황에서는 두 겹의 자리를 거둬내게 되고, 홑겹으로 된 자리에 앉아서 여기에서 말하는 개가 건넨 술잔을 받게 되니, 이것은 곧 군주의 존귀함을 낮춰서 대부처럼 신분이 낮은 상대에게 다가간 것이다.

【005】

饗禘[禴]有樂, 而食[嗣]嘗無樂, 陰陽之義也. 凡飮, 養陽氣也. 凡食, 養陰氣也. 故春禘[禴]而秋嘗, 春饗孤子, 秋食耆老, 其義一也. 而食嘗無樂, 飮養陽氣也, 故有樂; 食養陰氣也, 故無聲. 凡聲, 陽也. 〈005〉
봄에 고아들에게 향연을 베풀거나 봄의 정규 제사를[′禘′자의 음은 ′禴(약)′이다.] 지낼 때에는 음악이 포함되고, 가을에 노인들에게 밥을 대접하거나[′食′자의 음은 ′嗣(사)′이다.] 가을의 정규 제사를 지낼 때에는 음악이 포함되지 않으니, 이것은 음양의 뜻에 따라 구분을 지은 것이다. 무릇 마시는 것들은 양기를 기르는 수단이다. 무릇 먹는 것들은 음기를 기르는 수단이다. 그렇기 때문에 봄에 정규 제사를['禘'자의 음은 '禴(약)'이다.] 지내고, 가을에 정규 제사를 지내며, 봄에는 고아들에게 향연을 베풀고, 가을에는 노인들에게 밥을 대접하는 것은 그 의미가 동일하다. 그런데 밥을 대접하고 가을의 정규 제사를 지낼 때에는 음악이 포함되지 않는데, 마시는 것들은 양기를 기르는 수단이기 때문에 음악이 포함되는 것이다. 그리고 밥은 음기를 기르는 것이기 때문에 음악이 포함되지 않는 것이다. 무릇 소리는 양에 해당하기 때문이다.

集說 饗, 春饗孤子也. 禴, 春祭宗廟也. 孤子, 死事者之子孫. 食, 秋食耆老也. 嘗, 秋祭宗廟也. 周之禮, 春祠·夏禴·秋嘗·冬烝. 春禴, 夏殷之禮也. 饗禮主於酒, 食禮主於飯. 周制則四時之祭皆有樂.

'향(饗)'자는 봄에 고아들에게 향연을 베푼다는 뜻이다. '약(禴)'[3]자는 봄에 종묘에서 지내는 제사를 뜻한다. '고자(孤子)'는 국가를 수호하는 일에 목숨을 바쳤던 자들의 자손을 뜻한다. '사(食)'자는 가을에 노인들에게

---

3) 약(礿)은 약(禴)이라고도 부른다. 하(夏)나라와 은(殷)나라 때에는 봄에 종묘(宗廟)에서 지내는 제사를 뜻하는 용어로 사용하였지만, 주(周)나라 때에는 명칭을 고쳐서, 여름에 지내는 제사의 명칭으로 삼았다. '약(礿)'이 봄 제사를 뜻하는 용어로 사용될 때에는 적다[薄]라는 뜻으로, 봄에는 만물이 아직 성숙하지 않았으므로, 제사 때 차려내는 제수(祭需)들이 적게 된다. 그렇기 때문에 그 제사를 '약(礿)'이라고 부르는 것이다. 『예기』「왕제(王制)」편에는 "天子諸侯宗廟之祭, 春曰礿, 夏曰禘, 秋曰嘗, 冬曰烝."이라는 기록이 있고, 이에 대한 정현의 주에서는 "此蓋夏殷之祭名. 周則春曰祠, 夏曰礿, 以禘爲殷祭."라고 풀이했고, 진호(陳澔)의 『집설(集說)』에서는 "礿, 薄也. 春物未成, 祭品鮮薄也."라고 풀이했다. 한편 '약(礿)'자가 여름 제사를 뜻하는 용어로 사용될 때에는 삶다[汋=礿]의 뜻으로, 여름 4월에는 보리가 익어서, 삶아서 밥을 지을 수가 있다. 여름 제사 때에는 이처럼 보리밥을 헌상하기 때문에, 그 제사를 '약(礿)'이라고 부르는 것이다. 『춘추공양전』「환공(桓公) 8년」편에는 "夏曰礿."이라는 기록이 있는데, 이에 대한 하휴(何休)의 주에서는 "薦尙麥苗, 麥始熟可礿, 故曰礿."이라고 풀이했다. 그리고 『주례』「춘관(春官)·사존이(司尊彝)」편에서는 "春祠夏禴, 祼用雞彝·鳥彝, 皆有舟."라고 하여, 약(礿)을 '약(禴)'자로 기록하고 있다.

밥을 대접한다는 뜻이다. '상(嘗)'자는 가을에 종묘에서 제사를 지낸다는
뜻이다. 주나라 때의 예에서는 봄에는 사(祠)⁴⁾제사를 지냈고, 여름에는
약(禴)제사를 지냈으며, 가을에는 상(嘗)제사를 지냈고, 겨울에는 증(烝)
제사를 지냈다. 봄에 약(禴)제사를 지낸다는 것은 하나라와 은나라 때의
예법이다. 향례에서는 술이 위주가 되며, 사례에서는 밥이 위주가 된다.
주나라 때의 제도에서는 사계절마다 지내는 정규 제사에서는 모두 음악
을 포함시켰다.

附註 一說言"用饗於禘而有樂,　用食於嘗而無樂."　陳氏饗·禴·
食·嘗作四段說, 恐未然. 又云: "此論祭祀之義, 其所謂饗孤養老,
引而明之, 非竝論饗孤養老之禮也." 禘, 註作禴, 恐不然. 詳見祭義.
일설에는 "체(禘)에는 향례를 사용하여 음악이 포함되고, 상(嘗)에는 사례
를 사용하여 음악이 포함되지 않는다."라 한다. 진호의 향(饗)·약(禴)·
사(食)·상(嘗)에 대한 네 단락의 설명은 아마도 그렇지 않을 것이다.
또 말하길, "이것은 제사의 도의를 논의한 것인데, 이른바 고아에게 향연을
베풀고 노인을 봉양한다는 것들은 이를 인용하여 그 내용을 밝힌 것이니,
고아에게 향연을 베풀고 노인을 봉양하는 예법도 함께 논의한 것이 아니
다."라 했다. '체(禘)'에 대해 주에서는 약(禴)이라고 하였는데, 아마도
그렇지 않을 것이다. 자세한 내용은 『예기』「제의(祭義)」편에 나온다.

---

4) 사(祠)는 봄에 종묘(宗廟)에서 지내는 제사를 뜻한다. '사'자는 음식[食]을 뜻하는
글자로, 선왕(先王)들에게 음식을 대접한다는 의미에서, 봄의 제사를 '사'라고 부
르는 것이다. 『이아』「석천(釋天)」편에는 "春祭曰祠."라는 기록이 있는데, 이에
대한 곽박(郭璞)의 주에서는 "祠之言食."이라고 풀이했다. 한편 『예기』「왕제(王
制)」편에는 "天子諸侯宗廟之祭, 春曰礿, 夏曰禘, 秋曰嘗, 冬曰烝."이라는 기록
이 있고, 이에 대한 정현의 주에서는 "此蓋夏殷之祭名. 周則春曰祠, 夏曰礿,
以禘爲殷祭."라고 풀이했다. 즉 하(夏)나라와 은(殷)나라에서는 봄에 종묘에서
지내는 제사를 약(礿)이라고 불렀는데, 주(周)나라에 이르러, '약'이라는 명칭을
'사'로 고치게 되었다는 뜻이다.

【006】

賓入大門而奏肆夏, 示易[以豉反]以敬也, 卒爵而樂闋. 孔子屢歎之. 奠酬而工升歌, 發德也. 歌者在上, 匏竹在下, 貴人聲也. 樂由陽來者也, 禮由陰作者也, 陰陽和而萬物得.〈007〉[本在"明之義也"下.]

빈객이 대문으로 들어서게 되어 사하를 연주하는 것은 온화하면서도['易'자는 '以(이)'자와 '豉(시)'자의 반절음이다.] 공경스럽다는 뜻을 보이기 위해서이며, 술잔을 비우면 음악을 그치게 된다. 공자는 이러한 절차를 두고 매우 깊이 탄미하였다. 건네받은 술잔을 바닥에 내려놓으면 악공들은 당상에 올라가서 노래를 부르니, 빈객과 주인의 덕을 드러내기 위해서이다. 노래를 부르는 자는 당상에 위치하고 생황 등의 악기들은 당하에 위치하니, 사람의 목소리를 귀하게 여기기 때문이다. 음악은 양으로부터 비롯되어 나타나는 것이고, 예는 음으로부터 비롯되어 만들어진 것이니, 음양이 조화롭게 되고 만물이 마땅함을 얻게 된다. [본래는 '명지의야(明之義也)'[1]라고 한 문장 뒤에 수록되어 있었다.]

集說 燕禮則大門是寢門, 饗禮則大門是廟門也. 肆夏, 樂章名, 九夏見周禮. 易以敬, 言和易中有嚴敬之節也. 卒爵而樂闋, 謂賓至庭而樂作, 賓受獻爵拜而樂止, 及主人獻君樂又作, 君卒爵而樂止也. 歎之, 歎美之也. 奠酬而工升歌, 謂奠置酬爵之時, 樂工升堂而歌, 所以發揚賓主之德, 故云發德也. 匏竹, 笙也. 樂所以發陽道之舒暢, 禮所以肅陰道之收斂, 一闔一闢, 而萬事得宜也.

연례인 경우라면 '대문(大門)'은 곧 침문에 해당하고, 향례인 경우라면 '대문(大門)'은 곧 묘문에 해당한다. '사하(肆夏)'[2]는 악장의 이름이며,

---

1) 『예기』「교특생」006장 : 鼎俎奇而籩豆偶, 陰陽之義也. 籩豆之實, 水土之品也. 不敢用褻味而貴多品, 所以交於旦明之義也.

2) 사하(肆夏)는 고대의 악곡 이름이다. 구하(九夏) 중 하나이다. '구하'에는 왕하(王夏), 사하(肆夏), 소하(昭夏), 납하(納夏), 장하(章夏), 제하(齊夏), 족하(族夏), 극하(祴夏), 오하(驁夏)이다. 종묘(宗廟) 제사 때에는 시동이 출입할 때 이 악곡을

'구하(九夏)'는 『주례』에 그 기록이 나온다.3) '이이경(易以敬)'은 온화하고 평화로운 가운데에도 엄중하고 공경스러운 절도가 있음을 뜻한다. "술잔을 비우고 음악이 끝난다."는 말은 빈객이 마당에 도달하여 음악을 연주하고, 빈객이 바쳤던 술잔을 받고서 절을 하여 음악을 끝내는 것을 뜻하며, 또한 주인이 군주에게 술잔을 바치면 음악 또한 연주를 하고, 군주가 술잔을 비우면 음악도 그치게 됨을 뜻한다. '탄지(歎之)'는 탄미를 했다는 뜻이다. "술잔을 내려놓고 악공들이 올라가서 노래를 부른다."는 말은 건네받은 술잔을 바닥에 내려놓을 때, 악공들이 당상에 올라가서 노래를 부른다는 뜻으로, 주인과 빈객의 덕을 드러내기 위함이다. 그렇기 때문에 "덕을 나타낸다."고 말한 것이다. '포죽(匏竹)'은 생황이다. 음악은 양의 도가 퍼지는 것을 드러내는 방법이며, 예는 음의 도가 수렴하는 것을 엄숙하게 하는 방법이니, 한 번 닫히고 한 번 열리면서4) 모든 일들이 마땅함을 얻게 된다.

附註 示易以敬, 此句當在"樂闋"下. 易, 和易也. 奏肆夏, 和也. 樂闋, 敬也. "孔子屢歎之"五字, 疑有衍誤.

'시이이경(示易以敬)'이라는 구문은 마땅히 '악결(樂闋)' 뒤로 와야 한다.

연주하기도 하였다. 『시』의 송(頌)과 같은 것으로, 노래 중에서도 비중이 컸던 것이다. 『악(樂)』이 없어지면서, 이에 대한 음악도 함께 사라지게 되었다. 『주례』「춘관(春官)·대사악(大司樂)」편에는 "王出入則令奏王夏, 尸出入則令奏肆夏, 牲出入則令奏昭夏."라는 기록이 있고, 이에 대한 정현의 주에서는 "三夏, 皆樂章名."이라고 풀이했다. 또 『주례』「춘관(春官)·종사(鍾師)」편에는 "鍾師掌金奏. 凡樂事以鍾鼓奏九夏, 王夏·肆夏·昭夏·納夏·章夏·齊夏·族夏·祴夏·驁夏."라는 기록이 있고, 이에 대한 정현의 주에서는 "九夏皆詩篇名, 頌之族類也. 此歌之大者, 載在樂章, 樂崩亦從而亡."이라고 풀이했다.

3) 『주례』「춘관(春官)·종사(鍾師)」 : 凡樂事, 以鍾鼓奏九夏, 王夏·肆夏·昭夏·納夏·章夏·齊夏·族夏·祴夏·驁夏.

4) 『역』「계사상(繫辭上)」 : 是故闔戶謂之坤, 闢戶謂之乾, 一闔一闢謂之變.

'이(易)'자는 온화하고 평이하다는 뜻이다. 사하를 연주하는 것은 온화함에 해당한다. 음악을 마치는 것은 공경함에 해당한다. '공자루탄지(孔子屢歎之)'라는 다섯 글자에는 아마도 연문이거나 잘못된 점이 있는 것 같다.

【007】

旅幣無方, 所以別土地之宜, 而節遠邇之期也. 龜爲前列, 先知也.
以鍾次之, 以和居參之也. 虎豹之皮, 示服猛也. 束帛加璧, 往德
也.〈008〉

마당에 진열해두는 폐물들은 특정 장소에서만 바친 것들이 아니니, 이처럼
여러 지역에서 공납한 물건들을 진열하는 것은 각 지역의 토질에 따른 마
땅한 물건들을 변별하고, 거리적 차이에 따라 발생하는 시간의 차이를 조
절하는 방법이다. 거북껍질을 가장 앞줄에 진열하는 것은 그것이 지혜를
갖추고 있기 때문에 앞으로 진열하는 것이다. 종을 그 다음 줄에 진열하는
것은 조화로움을 갖추고 있으므로, 물건들의 중간에 위치하는 것이다. 호
랑이나 표범 등의 가죽을 진열하는 것은 난폭한 자를 굴복시키는 위엄을
보이기 위해서이다. 속백에 벽을 올리는 것은 유덕한 자에게 그 덕을 비유
할 수 있는 옥을 보내기 위해서이다.

集說 旅, 陳也. 庭實所陳之幣, 非一方所貢, 故曰無方. 以土地之産
各有所宜, 而地里有遠近, 則入貢之期日有先後也. 前篇言金次之,
此言鍾次之, 蓋金之爲器莫重於鍾, 故變文言之也. 金示和而參居庭
實之間, 故云以和居參之也. 君子於玉比德, 往德者, 言往進此比德
之玉於有德之人也.

'여(旅)'자는 "진열한다."는 뜻이다. 마당을 채우고 있는 진열된 폐물들은
특정 지역에서만 공납한 물건들이 아니다. 그렇기 때문에 "특별히 정해진
지역이 없다."고 말한 것이다. 땅에서 생산되는 산물들은 각각 그 지질에
따른 합당한 물품들이 있고, 또 지역에는 멀고 가까운 거리적 차이가 있
으니, 공납품을 들이는 시기에도 선후의 차이가 생기기 때문이다. 앞 편
에서는 금을 거북껍질 다음에 둔다고 하였는데, 이곳 문장에서는 종을
거북껍질 다음에 둔다고 하였다. 아마도 쇠를 주조하여 기물을 만든 것
중에서 종보다 중대한 것이 없기 때문에, 글자를 바꿔서 기록을 한 것
같다. 금은 조화로움를 드러내고, 마당을 채우는 물건들 중에서도 그 중

간에 위치하게 된다. 그렇기 때문에 "조화로움으로써 그 중간에 위치한
다."라고 말한 것이다. 군자는 옥을 통해서 덕을 빗대는데, '왕덕(往德)'
이라는 것은 그곳에 나아가서 덕을 빗대는 옥을 유덕한 자에게 전한다는
뜻이다.

附註 往德也, 往, 歸往之義, 言歸於德也. 註云"進此德", 未詳.
'왕덕야(往德也)'라 했는데, '왕(往)'자는 돌아간다는 의미이니, 덕으로
회귀함을 말한다. 주에서 "이러한 덕을 비견하는 옥을 보낸다."라 했는데,
상세하지 않다.

【008】

庭燎之百, 由齊桓公始也. 〈009〉

마당에 100개의 횃불을 켜두는 것은 본래 천자에게 해당하는 예법인데,
이러한 참례는 제나라 환공 때부터 시작되었다.

集說 此以下言朝聘失禮之事. 庭燎者, 庭中設炬火, 以照來朝之臣
夜入者. 大戴禮言天子百燎, 上公五十, 侯 · 伯 · 子 · 男三十. 今侯
國皆供百燎, 自桓公始之.

이곳 문장으로부터 그 아래의 문장들은 조빙에서 실례를 범한 사안들을
기록하고 있다. '정료(庭燎)'라는 것은 마당 안에 횃불을 설치하여, 조회
로 찾아오는 신하들이 밤에도 들어올 수 있도록 밝혀주는 것이다. 『대대
례기』에서는 천자는 100개의 횃불을 설치하고, 상공은 50개의 횃불을 설
치하며, 후작 · 백작 · 자작 · 남작은 30개의 횃불을 설치한다고 했다. 현
재 제후국에서는 모두 100개의 횃불을 설치하고 있으니, 이것은 제나라
환공 때부터 시작된 잘못이다.

【009】

大夫之奏肆夏也, 由趙文子始也. 〈010〉

대부의 의례에서 사하를 연주하는 것은 조문자로부터 시작되었다.

集說 大射禮公升即席奏肆夏. 燕禮賓及庭奏肆夏, 是諸侯之禮. 今
大夫之僭, 自晉大夫趙武始.

『의례』「대사례(大射禮)」편에서는 군주가 당에 올라가서 자리에 나아가
면, 사하라는 악곡을 연주한다고 했다.[1] 또 『의례』「연례(燕禮)」편에서

---

1) 『의례』「대사(大射)」: 公降一等揖賓, 賓辟, 公升即席. 奏肆夏.

는 빈객이 마당에 도달하게 되면 사하를 연주한다고 했으니,[2] 이것은 본래 제후에게만 해당하는 예이다. 그런데 현재는 대부들이 참람되게 사용하고 있으니, 이러한 잘못은 진나라 대부인 조무로부터 시작되었다.

【010】

朝覲大夫之私覿, 非禮也. 大夫執圭而使[去聲], 所以申信也. 不敢私覿, 所以致敬也. 而庭實私覿, 何爲乎諸侯之庭? 爲人臣者無外交, 不敢貳君也.〈011〉

조근의 예법에 있어서, 대부가 사적으로 다른 나라의 제후를 찾아가 만나보는 것은 비례가 된다. 대부가 자신의 군주가 부여한 명규를 들고 전사의 ['使'자는 거성으로 읽는다.] 임무를 시행하는 것은 자신의 신의를 펼치기 위한 것이다. 감히 사적으로 다른 나라의 제후를 만나보지 않은 것은 자신의 군주를 공경하기 위해서이다. 그러므로 마당에 선물을 채워놓고 사적으로 찾아가 만나보는 것을 어떻게 제후의 마당에서 시행할 수 있는가? 신하의 입장에 있는 자는 타국의 군주와 교류함이 없으니, 다른 나라의 군주에 대해서 감히 두 마음을 품을 수 없기 때문이다.

集說 朝覲之禮, 國君親往而大夫從, 則大夫不當又以己物而私覿主君, 故曰非禮也. 若大夫執其君之命圭而專使, 則當行私覿之禮, 以申己之信. 故從君朝覲而不敢私覿, 是敬己之君也. 今從君以來, 而施設庭實以爲私覿, 大夫何可爲此於諸侯之庭乎? 譏其與君無別也. 人臣無外交, 不敢貳心於他君, 所以從君而行, 則不敢私覿也.

조근의 예법에 있어서, 제후국의 군주가 직접 다른 나라로 찾아가게 되어 대부가 군주를 뒤따르게 된다면, 대부는 자기 개인의 물건을 가지고 사적으로 다른 나라의 제후에게 찾아가 만나보는 것을 할 수 없다. 그렇기

---

2) 『의례』「연례(燕禮)」 : 若以樂納賓, 則賓及庭, 奏肆夏.

때문에 '비례(非禮)'라고 말한 것이다. 만약 대부가 자신의 군주가 지급한 명규를 가지고 전사(專使)3)를 맡게 된다면, 사적으로 찾아가서 만나보는 예법을 시행하여, 자신의 신의를 펼칠 수 있게 된다. 그렇기 때문에 자신의 군주를 따라가 조근의 행차에 참여한 상태에서, 감히 사적으로 상대방 제후를 만나보지 않는 것은 자신의 군주를 공경하는 행위이다. 현재는 군주를 따라가 다른 나라에 찾아간 상태임에도, 마당에 선물로 가져간 물건들을 채우고, 사적으로 찾아뵙는 예물로 삼고 있으니, 대부의 신분을 가진 자가 어떻게 이러한 일들을 제후의 마당에서 시행할 수 있겠는가? 이것은 대부가 자신의 군주와 구별이 없도록 행동한 것을 기롱한 것이다. 신하된 자가 타국의 군주와 교류함이 없는 것은 감히 다른 나라의 군주에 대해서 두 마음을 품을 수 없기 때문이니, 이것은 자신의 군주를 뒤따라가 사신의 행렬에 참여한 상태에서 감히 사적으로 다른 나라의 군주를 찾아뵐 수 없는 이유가 된다.

【011】

大夫而饗君, 非禮也. 大夫强而君殺之, 義也. 由三桓始也. 〈012〉
대부의 신분인 자가 군주에게 향연을 베푸는 것은 비례이다. 대부가 강성하게 되면 군주가 그를 죽이니, 대의에 따르는 것이다. 이러한 일들은 삼환 때부터 시작되었다.

集說 大夫富强而具饗禮以饗君, 以臣召君, 故曰非禮. 大夫强橫僭逆, 必亂國家, 人君殺之, 是斷以大義也. 三桓, 魯之三家, 皆桓公之後也. 先是成季以莊公之命酖殺僖叔, 後慶父賊子般, 又弑閔公, 於是又殺慶父. 故云由三桓始.

---

3) 전사(專使)는 어떤 일을 주도적으로 처리할 수 있는 권한을 부여받은 사신(使臣)을 뜻한다.

대부가 부강하게 되어 향례의 의례를 갖춰 군주에게 향연을 베푸는 것은 신하의 입장이면서 군주를 부르는 격이 된다. 그렇기 때문에 '비례(非禮)'라고 말한 것이다. 대부가 강성하여 횡포를 부리며 참람되게 거스르면 반드시 국가를 혼란스럽게 만드니, 군주된 자는 그를 죽이는 것이다. 그리고 이것은 대의(大義)에 따라 결단한 것이다. '삼환(三桓)'은 노나라의 유력한 세 가문으로, 모두 노나라 환공의 후손이 된다. 앞서 성계는 장공의 명령에 따라서 희숙을 독살하였고, 이후에 경보는 자반을 죽이고, 또 민공을 시해하였으며, 이때 경보 또한 살해를 당했다. 그렇기 때문에 "삼환 때부터 시작되었다."라고 말한 것이다.

集說 疏曰: 按三桓之前, 齊公孫無知, 衛州吁, 宋長萬, 皆以强盛被殺. 此云由三桓始者, 據魯而言.

소에서 말하길, 삼환 이전을 살펴보면, 제나라 공손무지, 위나라 주우, 송나라 장만은 모두 강성함 때문에 피살을 당하였다. 여기에서 "삼환으로부터 시작되었다."라고 한 말은 노나라를 기준으로 언급한 것이다.

【012】
君之南鄕[去聲], 答陽之義也. 臣之北面, 答君也. 〈019〉 [本在"不繼世"下.]
군주가 남쪽을 바라보는[鄕자는 거성으로 읽는다.] 것은 양을 대하는 도리이다. 신하가 북면을 하는 것은 군주를 대하는 방법이다. [본래는 "대를 거듭하며 지위를 세습하지 못했던 것이다."[4]라고 한 문장 뒤에 수록되어 있었다.]

集說 答, 猶對也.
'답(答)'자는 "대한다."는 뜻이다.

---

4) 『예기』「교특생」 018장 : 諸侯不臣寓公, 故古者寓公<u>不繼世</u>.

【013】

大夫之臣不稽首, 非尊家臣, 以辟[避]君也.〈020〉

대부에게 소속된 가신들은 대부에게 머리를 조아리지 않는데, 이것은 가신들을 존귀하게 대우하는 규정이 아니라 군주에 대한 예법을 피하기['辟'자의 음은 '避(피)'이다.] 위해서이다.

集說 諸侯於天子稽首, 大夫於諸侯亦稽首, 惟家臣於大夫不稽首者, 非尊重家臣也, 以避國之正君也. 蓋諸侯與大夫同在一國, 大夫已稽首於君矣, 家臣若又稽首於大夫, 則似一國而兩君矣, 故云以辟君.

제후는 천자에 대해서 머리를 조아리게 되며, 대부 또한 제후에 대해서 머리를 조아리게 되는데, 오직 대부에게 소속된 가신만은 대부에 대해서 머리를 조아리지 않는다. 그 이유는 가신들을 존중하기 때문이 아니라 한 나라의 군주에게 해당하는 예법을 피하기 위해서이다. 무릇 제후와 대부가 모두 한 나라에 속해 있고, 대부가 이미 자신의 군주에게 머리를 조아렸는데, 대부의 가신이 만약 대부에 대해서도 머리를 조아리게 된다면, 마치 한 나라에 두 명의 군주가 있는 것처럼 보이게 된다. 그렇기 때문에 "군주에 대한 예법을 피하기 위해서이다."라고 말한 것이다.

【014】

大夫有獻弗親, 君有賜不面拜, 爲[去聲]君之答己也.〈021〉

대부는 헌상할 것이 있더라도 직접 군주에게 건네지 않으며, 군주가 하사를 해준 것이 있더라도 대부는 직접 군주를 바라보며 절을 하지 않으니, 군주가 번거롭게 자신을 향해 답배를 해야 하기['爲'자는 거성으로 읽는다.] 때문이다.

集說 有獻不親者, 使人往獻, 不身自往也. 不面拜, 不親見君之面而拜也, 恐煩君答拜故也.

"헌상할 것이 있더라도 직접 주지 않는다."는 말은 사람을 시켜서 헌상품을 보내고, 자신이 직접 찾아가서 건네지 않는다는 뜻이다. "바라보며 절하지 않는다."라는 말은 직접 군주를 대면하는 자리에서 절을 하지 않는다는 뜻이니, 아마도 군주를 번거롭게 해서 자신에게 답배를 하도록 만들게 되기 때문이다.

【015】

天子無客禮, 莫敢爲主焉. 君適其臣, 升自阼階, 不敢有其室也. 覲禮, 天子不下堂而見諸侯, 下堂而見諸侯, 天子之失禮也, 由夷王以下.〈013〉[本在"義也由三桓始也"下.]

천자에게는 빈객이 되는 예법이 없으니, 감히 천자를 대상으로 신하가 주인으로 자처할 수 없기 때문이다. 군주가 신하에게 찾아갔을 때, 군주는 주인이 오르는 동쪽 계단을 통해서 당에 오르니, 신하는 감히 그 건물을 사적으로 소유할 수 없기 때문이다. 근례에 있어서 천자는 당하로 내려가서 제후들을 조견하지 않는데, 당하로 내려가서 제후들을 조견하는 것은 천자가 실례를 범한 것이다. 이러한 일들은 이왕으로부터 그 이하의 천자들이 모두 따랐다. [본래는 "대의에 따르는 것이다. 이러한 일들은 삼환 때부터 시작되었다."5)라고 한 문장 뒤에 수록되어 있었다.]

集說 天子所以無客禮者, 以其尊無對, 莫敢爲主故也. 適臣而升自主階, 是爲主之義. 不敢有其室者, 言人臣不敢以此室爲私有而主之矣, 況敢爲主而待君爲客乎? 覲禮, 天子負斧依南面, 侯氏執玉入, 是不下堂見諸侯也. 惟春朝·夏宗, 以客禮待諸侯, 則天子以車出迎. 夷

---

5) 『예기』「교특생」012장 : 大夫而饗君, 非禮也. 大夫强而君殺之, 義也. 由三桓始也.

王, 康王之玄孫之子.

천자에게 빈객이 되는 예가 없는 이유는 그의 존귀함에는 상대할 자가 없으므로, 감히 신하를 빈객에 대비되는 주인으로 삼을 수 없기 때문이다. 신하에게 찾아가서 당에 오를 때, 주인이 오르는 동쪽 계단을 통해 오르는 것은 주인이 되는 도의에 따르기 때문이다. "감히 그 실을 갖지 않는다."고 한 말은 신하는 감히 이러한 실이라는 공간을 사적으로 소유하여, 주인행세를 할 수 없다는 뜻이니, 하물며 감히 주인의 입장이 되어서 군주를 대접하며 빈객으로 삼을 수 있겠는가? 근례에 있어서, 천자는 부의(斧依)6)를 등지고 남면을 하며, 제후들은 옥을 들고서 들어오니, 이것이 바로 당 밑으로 내려가서 제후들을 조현하지 않는다는 뜻이다. 오직 봄에 시행하는 조례와 여름에 시행하는 종례에서만 빈객에 대한 예법에 따라서 제후들을 대우하니, 천자는 수레에 올라서 밖으로 나가 그들을 맞이하게 된다. 이왕은 강왕의 현손의 아들이다.

【016】
諸侯之宮縣[玄], 而祭以白牡, 擊玉磬, 朱干設錫[陽], 冕而舞大武, 乘大路, 諸侯之僭禮也. 〈014〉

제후가 궁현으로['縣'자의 음은 '玄(현)'이다.] 악기들을 설치하고, 제사를 지낼 때 희생물로 백모를 사용하며, 옥경을 연주하고, 무용수들의 도구는 금으로 치장한['錫'자의 음은 '陽(양)'이다.] 적색의 방패를 사용하며, 무용수들에게 면복을 입혀서 대무를 추게 하고, 제사를 지낼 때 대로에 타는 것은 제후들이 천자의 예법에 대해서 참례를 한 것이다.

---

6) 보의(黼扆)는 부의(斧依) 또는 부의(斧扆)라고도 부른다. 고대에는 제왕의 자리 뒤에 병풍을 설치했는데, 병풍에는 도끼 무늬를 새겼기 때문에 '보의' 또는 '부의'라고 부른다.

集說 天子之樂, 四面皆縣, 謂之宮縣. 諸侯軒縣, 則三面而已. 白牡, 殷祭之正牲, 後代諸侯, 當用時王之牲也. 又諸侯當擊石磬, 玉磬, 天子樂器, 書言鳴球, 是也. 諸侯雖得舞大武, 但不得朱干設錫, 冕服而舞也. 干, 盾也. 錫者, 盾背之飾, 金爲之. 大路, 殷祭天所乘之車也.

천자의 의례에서 사용하는 악기들은 네 방면에 모두 걸어두게 되니, 이것을 '궁현(宮縣)'7)이라고 부른다. 제후는 '헌현(軒縣)'을 하니,8) 세 방면에 걸어두기만 할 뿐이다. '백모(白牡)'9)는 은나라에서 제사를 지낼 때 사용했던 규정에 따른 희생물이니, 후대의 제후들은 마땅히 당시의 천자가 사용하던 희생물의 규정에 따라야 한다. 또 제후는 마땅히 그 의례에서 석경을 연주해야 하니, 옥경은 천자가 사용하는 악기로, 『서』에서 '명구(鳴球)'10)라고 한 악기가 바로 옥경에 해당한다. 제후들의 의례에서 비록

---

7) 궁현(宮縣)은 악기를 설치할 때 4방면으로 설치하는 것을 뜻한다. 천자는 4방면에 모두 악기를 설치하는데, 이것을 '궁현'이라고 부른다. 참고적으로 제후가 악기를 설치하는 방식은 헌현(軒縣)이라고 하며, 3면에 악기들을 설치하는 것이고, 경(卿)이나 대부(大夫)가 악기를 설치하는 방식은 판현(判縣)이라고 하며, 2면에 악기들을 설치하는 것이고, 대부(大夫) 또는 사(士)가 악기를 설치하는 방식을 (特縣)이라고 부른다.

8) 『주례』「춘관(春官)·소서(小胥)」: 正樂縣之位, 王, 宮縣, 諸侯, 軒縣, 卿大夫, 判縣, 士, 特縣.

9) 백모(白牡)는 고대에 천자 및 제후가 제사 때 사용했던 흰색의 소를 뜻한다. 『시』「노송(魯頌)·비궁(閟宮)」편에는 "白牡騂剛, 犧尊將將."이라는 기록이 있는데, 이에 대한 모전(毛傳)에서는 "白牡, 周公牲也."라고 풀이했다. 즉 노(魯)나라에서는 주공(周公)에 대한 제사 때, '백모'를 사용했다는 뜻이다. 한편 『예기』「교특생(郊特牲)」편에는 "諸侯之宮縣, 而祭以白牡, 擊玉磬, 朱干設錫, 冕而舞大武, 乘大路, 諸侯之僭禮也."라는 기록이 있는데, 이에 대한 정현의 주에서는 "白牡·大路, 殷天子禮也."라고 풀이했다. 즉 '백모'를 사용하여 제사를 지내는 것은 은(殷)나라 때 천자(天子)만이 사용할 수 있었던 예법이라는 뜻이다.

10) 『서』「우서(虞書)·익직(益稷)」: 夔曰, 戛擊鳴球, 搏拊琴瑟以詠, 祖考來格, 虞賓在位, 群后德讓, 下管鼗鼓, 合止柷敔, 笙鏞以間, 鳥獸蹌蹌, 簫韶九成, 鳳皇

대무(大武)11)라는 춤을 출 수 있다 하더라도, 반대편을 금으로 장식한 적색의 방패는 사용할 수 없고, 면복을 착용하고서 춤을 추도록 할 수 없다. '간(干)'자는 방패를 뜻한다. '양(錫)'이라는 것은 방패의 뒤쪽을 장식한 것으로, 금으로 장식을 하게 된다. '대로(大路)'는 은나라에서 천자가 하늘에 대한 제사를 지낼 때 탔던 수레이다.

【017】

臺門而旅樹, 反坫, 綉[如字]黼丹朱中衣, 大夫之僭禮也. 〈015〉

대문을 설치하고, 출입구에 나무를 병풍처럼 심어서 가리며, 반점을 설치하고, 중의를 만들며 수보로['綉'자는 글자대로 읽는다.] 옷깃을 달고 적색으로 끝단을 대는 것은 대부들이 제후의 예법에 대해서 참례를 한 것이다.

集說 此皆諸侯之禮. 兩旁起土爲臺, 臺上架屋而門當其中, 故曰臺門. 旅, 道也. 樹, 屏也. 立屏當所行之路, 以蔽內外爲敬. 天子外屏, 諸侯內屏, 大夫以簾, 士以帷. 坫在兩楹之間, 兩君好會獻酬飲畢, 則反爵於其上, 故曰反坫. 舊讀繡爲綃, 今如字. 繡黼者, 繡刺爲黼文也. 丹朱, 染繒爲赤色也. 黼黼爲中衣之領, 丹朱爲中六之緣. 中衣者, 朝服·祭服之裏衣也, 制如深衣, 但袖小長耳. 冕服是絲衣, 則中衣用綃素. 皮弁服·朝服·玄端是麻衣, 則中衣用布也.

이곳 문장에서 말하고 있는 내용들은 제후에게 해당하는 예법이다. 양쪽 가에 흙을 쌓아서 대를 만들고, 대 위에 지붕을 얹고 문이 그 중앙에 위치하도록 했기 때문에, 이러한 건축물을 '대문(臺門)'이라고 부르는 것이다.

來儀.

11) 대무(大武)는 주(周)나라 때의 악무(樂舞) 중 하나로, 무왕(武王)에 대한 악무이다. 『주례』「춘관(春官)·대사악(大司樂)」편에는 '대무'에 대한 용례가 나오고, 이에 대한 정현의 주에서는 "大武, 武王樂也."라고 풀이하였다.

'여(旅)'자는 길을 뜻한다. 나무는 일종의 병풍이다. 병풍을 세울 때에는 지나다니는 통로에 위치하도록 하여, 내외를 가려서 공경스러움을 표시한다. 천자는 외병(外屛)[12]을 설치하고, 제후는 내병(內屛)[13]을 설치하며, 대부는 그 대신 주렴으로 가리게 되며, 사는 휘장으로 가리게 된다. '점(坫)'은 양쪽 기둥 사이에 두게 되는데, 양국의 군주들이 회합을 가질 때, 서로에게 올린 술잔을 받아서 마시게 된다면, 술잔을 그 위에 올려두게 된다. 그렇기 때문에 이러한 기능을 하는 받침대를 '반점(反坫)'이라고 부르는 것이다. 옛 학설에서는 '수(繡)'자를 초(綃)자로 해석했지만, 현재는 글자대로 읽는다. '수보(繡黼)'라는 것은 수를 놓아서 보 무늬를 새긴다는 뜻이다. '단주(丹朱)'는 옷감을 염색해서 적색으로 만든다는 뜻이다. 수보를 한 옷감은 중의의 옷깃이 되며, 단주를 한 옷감은 중의의 가장자리가 된다. '중의(中衣)'라는 것은 조복이나 제복 속에 입는 옷이며, 제작 방법은 심의와 동일하지만, 소매가 좁고 길다는 차이가 있을 뿐이다. 면복에는 명주실을 사용해서 만드니, 이때의 중의는 흰색의 생견을 사용해서 만든다. 피변복 · 조복 · 현단복은 마로 제작한 옷이므로, 이때의 중의는 포를 이용해서 만든다.

集說 石梁王氏曰: 繡當依詩文, 不可改爲綃.

석량왕씨가 말하길, '수(繡)'자는 마땅히 『시』의 문장에 따라서 글자대로 해석해야 하니, '초(綃)'자로 고칠 수가 없다.

---

12) 외병(外屛)은 천자가 문 밖에 설치했던 담장이다. 문 안에 있는 작은 담장을 내병(內屛)이라고 부르는데, 이것과 상대되는 말이다. 문 밖에 설치했기 때문에 '외(外)'자를 붙인 것이고, 병풍과도 같은 역할을 했기 때문에 '병(屛)'자를 붙여서 '외병'이라고 부른 것이다. 후대에는 조벽(照壁)으로 부르기도 했다.
13) 내병(內屛)은 제후가 문 안에 설치했던 담장을 뜻한다. 문 안쪽에 위치하여 '내(內)'자를 붙인 것이며, 병풍처럼 가려주는 역할을 하므로, '병(屛)'자를 붙여서 '내병'이라고 부른 것이다.

附註 臺門旅樹, 樹句, 旅, 列也. 黼句, 衣句. "繡黼", 言刺繡, 爲斧
展也. 註說亦通, 而文理似不然.

'대문려수(臺門旅樹)'라 했는데, '수(樹)'자에서 구문을 끊고, '여(旅)'자
는 열(列)자의 뜻이다. '보(黼)'자에서 구문을 끊고, '의(衣)'자에서 구문
을 끊는다. '수보(繡黼)'는 수를 놓아서 도끼 무늬가 들어간 병풍을 만든
다는 뜻이다. 주의 설명 또한 뜻이 통하지만 문리상 아마도 그렇지 않을
것이다.

【018】

故天子微, 諸侯僭; 大夫强, 諸侯脅. 於此相貴以等, 相覿以貨, 相賂
以利, 而天下之禮亂矣. 諸侯不敢祖天子, 大夫不敢祖諸侯. 而公廟
之設於私家, 非禮也. 由三桓始也.〈016〉

그러므로 천자가 미약하게 되면 제후가 참람되게 행동하고, 대부가 강성하
게 되면 제후는 협박을 당한다. 이렇게 되면 동급이 따르는 범례를 적용하
여 제멋대로 서로를 존귀하게 높이는 것이며, 재화를 가져가서 제멋대로
서로 만나보는 것이고, 이권으로써 제멋대로 서로에게 뇌물을 주어, 천하
의 예가 문란하게 되는 것이다. 제후는 감히 천자를 시조로 삼을 수 없고,
대부는 감히 제후를 시조로 삼을 수가 없다. 그러므로 군주의 묘를 자기
개인의 집에 설치하는 것은 비례이니, 이러한 비례는 삼환으로부터 시작되
었다.

集說　相貴以等, 謂檀相尊貴以等列也. 諸侯不敢祖天子, 而左傳云,
宋祖帝乙, 鄭祖厲王. 魯襄十二年, 吳子壽夢卒, 臨於周廟, 禮也. 魯
以周公之故立文王廟耳. 大夫不敢祖諸侯, 而左傳云, 凡邑有宗廟先
君之主曰都. 記者以禮之正言之. 而又有他義者. 舊說謂天子之子以
上德爲諸侯者, 得祀其所出, 故魯以周公之故立文王廟. 公子得祖先
君, 公孫不得祖諸侯, 故公子爲大夫者, 亦得立宗廟於其采地, 故曰
邑有宗廟先君之主也. 其王子母弟, 雖無功德, 不得出封爲諸侯, 而
食采畿內者, 亦得立祖王廟於采地, 故都宗人 · 家宗人掌祭祖王之
廟也. 由三桓始, 謂魯之三家立桓公廟也.

"서로 존귀하게 높이길 동급으로써 한다."라는 말은 제멋대로 서로를 존
귀하게 높이며, 동급의 범례들에 따른다는 뜻이다. 제후는 감히 천자를
시조로 삼을 수 없는데, 『좌전』에서는 송나라에서 제을을 조로 삼고, 정
나라에서 여왕을 조로 삼았다고 했다.[1] 그리고 노나라 양공 12년에는

---

1) 『춘추좌씨전』「문공(文公) 2년」：故禹不先鯀, 湯不先契, 文 · 武不先不窋. 宋

오나라 공자 수몽이 죽었는데, 양공이 문왕을 모신 주묘에서 곡을 했고, 이것은 예법에 맞는 행동이라고 했다.[2] 노나라에서는 주공 때문에 주공의 아버지인 문왕의 묘를 세울 수 있었던 것일 뿐이다. 대부는 감히 제후를 시조로 삼을 수 없는데, 『좌전』에서는 읍에 선군의 신주를 모신 종묘가 있다면 그 읍을 '도(都)'라고 부른다고 했다.[3] 이처럼 차이를 보이는 이유는 『예기』를 기록한 자는 예법의 규범 중 정례에 기준을 두어 언급했기 때문이다. 그리고 또한 여기에는 다른 뜻도 포함되어 있다. 옛 학설에서는 천자의 자식들 중 덕이 높아서 제후가 된 자들은 그들이 출생하게 된 대상에게 제사를 지낼 수 있다고 하였다. 그렇기 때문에 노나라에서는 주공 때문에 문왕에 대한 묘를 세울 수 있었다고 한다. 따라서 군주의 자식은 그들의 선군을 시조로 삼을 수 있지만, 군주의 손자들은 제후를 시조로 삼을 수 없는 것이다. 그렇기 때문에 군주의 자식들 중 대부가 된 자들 또한 그가 받은 채지에 종묘를 세울 수 있는 것이다. 그래서 읍 중에 선군의 신주를 모시는 종묘가 있다고 말한 것이다. 천자의 자식이나 천자와 어머니가 같은 동생들은 비록 공덕이 없어서, 밖으로 나가서 제후로 분봉을 받지 못했다 하더라도, 천자의 수도 안에 채읍을 받게 되는데, 이러한 자들 또한 자신의 채지에 천자를 시조로 삼아서 그에 대한 묘를 세울 수 있다. 그렇기 때문에 『주례』에는 도종인과 가종인이라는 관리가 있는 것이며, 이들은 천자를 시조로 삼는 묘에서 제사지내는 일을 담당했다. "삼환으로부터 시작되었다."는 말은 노나라의 유력한 세 가문이 각자 환공에 대한 묘를 세웠다는 뜻이다.

祖帝乙, 鄭祖厲王. 猶上祖也.

2) 『춘추좌씨전』「양공(襄公) 12년」: 秋, <u>吳子壽夢卒, 臨於周廟, 禮也.</u> 凡諸侯之喪, 異姓臨於外, 同姓於宗廟, 同宗於祖廟, 同族於禰廟. 是故魯爲諸姬, 臨於周廟; 爲邢·凡·蔣·茅·胙·祭, 臨於周公之廟.

3) 『춘추좌씨전』「장공(莊公) 28년」: 築郿, 非都也. <u>凡邑, 有宗廟先君之主曰都,</u> 無曰邑. 邑曰築, 都曰城.

'상귀이등(相貴以等)'에 대해 양촌은 제나라와 위나라처럼 서로 왕이라
칭하는 것이라 설명했는데, 이 말이 옳다.

【019】

賤不誄[壘]貴, 幼不誄長, 禮也. 唯天子, 稱天以誄之, 諸侯相誄, 非禮
也."〈曾子問-046〉[曾子問. 本在"朝夕否"下.]

신분이 낮은 자는 신분이 높은 자에게 뇌를[誄'자의 음은 '壘(루)'이다.] 하지 않
으며, 나이가 어린 자는 나이가 많은 자에게 뇌를 하지 않는 것이 올바른
예법이다. 오직 천자만이 하늘의 이름을 빗대어 뇌를 할 수 있으며, 제후들
끼리 서로 뇌를 하는 것은 비례이다. [「증자문」편의 문장이다. 본래는 "조석으로
지내는 전제사에는 참석하지 않는다."1)라고 한 문장 뒤에 수록되어 있었다.]

集說 誄之爲言累也, 累擧其平生實行爲誄而定其諡以稱之也. 稱
天以誄之者, 天子之尊無二, 惟天在其上, 故假天以稱之也. 人君之
事多稱天, 不獨誄也.

'뇌(誄)'라는 말은 묶는다는 뜻이니, 그가 평생 실행해온 업적들을 열거하
여 뇌문을 만들고, 그의 시호를 확정하여 죽은 자를 시호로 부르게 된다.
"천을 일컬어 뇌를 한다."는 말은 천자의 존귀함에는 버금갈 자가 없고,
오직 하늘만이 그 위에 있다. 그렇기 때문에 천자만이 하늘의 이름을 빌
려서 일컬을 수 있다. 군주가 하는 일들에서는 대부분 '천(天)'을 일컫는
것이니, 유독 뇌문에서만 그렇게 하는 것은 아니다.

【020】

天子存二代之後, 猶尊賢也. 尊賢不過二代.〈017〉[本在"由三桓始也"下.]
천자가 이전 두 왕조의 후손들을 보존시켜주는 것은 여전히 현명한 자를
존중하기 때문이다. 그러나 현명한 자를 존중하는 것은 두 왕조를 넘기지

---

1) 『예기』「증자문(曾子問)」 045장 : 曰: 君未殯, 而臣有父母之喪, 則如之何. 孔子
曰: 歸殯, 反于君所, 有殷事, 則歸, 朝夕, 否. 大夫, 室老行事, 士則子孫行事.
大夫內子, 有殷事, 亦之君所, <u>朝夕, 否</u>.

않는다. [본래는 "삼환으로부터 시작되었다."²⁾라고 한 문장 뒤에 수록되어 있었다.]

集說 疏曰: 古春秋左氏說周家封夏·殷二王之後以爲上公, 封黃帝·堯·舜之後謂之三恪. 恪者, 敬也, 敬其先聖而封其後.

소에서 말하길, 고문학파인 『춘추좌씨』의 학자들 주장에서는 주나라에서는 하나라와 은나라 두 왕조의 후손들을 분봉하여, 상공으로 삼았고, 황제·요·순의 후손들을 분봉하였으니, 이들을 '삼각(三恪)'이라 부른다. '각(恪)'이라는 말은 "존경한다."는 뜻으로, 선대 성왕을 존경하여, 그들의 후손들을 분봉해주는 것이다.

【021】
諸侯不臣寓公, 故古者寓公不繼世. 〈018〉
제후는 우공을 자신의 신하로 대하지 않는다. 그렇기 때문에 옛날에 우공들은 대를 거듭하며 지위를 세습하지 못했던 것이다.

集說 諸侯失國而寄寓他國者, 謂之寓公. 所寓之國, 不敢以之爲臣. 此寓公死, 則臣其子矣, 故云寓公不繼世.

제후가 자신의 나라를 잃고 다른 나라에 기탁해서 지내는 자를 '우공(寓公)'이라 부른다. 우공이 기탁해 있는 나라에서는 감히 그를 신하로 삼지 않는다. 이러한 우공이 죽게 되면 그의 자식들은 신하로 삼게 된다. 그렇기 때문에 "우공은 대를 거듭하며 지위를 세습하지 못했다."라고 말한 것이다.

---

2) 『예기』「교특생」 016장 : 故天子微, 諸侯僭; 大夫强, 諸侯脅. 於此相貴以等, 相覿以貨, 相賂以利, 而天下之禮亂矣. 諸侯不敢祖天子, 大夫不敢祖諸侯. 而公廟之設於私家, 非禮也. 由三桓始也.

【022】

孔子曰: "三日齊, 一日用之, 猶恐不敬. 二日伐鼓, 何居[如字]?"〈025〉
[本在"縣弧之義也"下.]

공자가 말하길, "3일 동안 재계를 하고, 다음 하루 동안 제사를 지내며 음악
을 사용하게 되는데, 이렇게 치러도 오히려 불경한 것은 아닐까 염려된다.
그런데 어찌하여 2일째 되는 날 북을 치는 자가 있는가? 도대체 무슨 정신
으로 이처럼 한단['居'자는 글자대로 읽는다.] 말인가?"라고 했다. [본래는 "활을 걸
어두는 도의에 해당한다."3)라고 한 문장 뒤에 수록되어 있었다.]

集說 齊者不聽樂, 恐散其志慮也. 今三日之間, 乃二日擊鼓, 其義
何所處乎? 怪之之辭.

재계를 하는 자들이 음악을 듣지 않는 이유는 그 뜻이 산만하게 됨을
염려하기 때문이다. 현재 3일이라는 기간 중 곧 2일째에 북을 치고 있으
니, 도대체 무슨 생각으로 이처럼 처신하는 것인가? 이것은 매우 괴이하
게 여긴 말이다.

附註 二日伐鼓何居, 居, 讀如其. 註如字, 訓以處, 未詳.

'이일벌고하거(二日伐鼓何居)'에서의 '거(居)'자는 기(其)자와 같이 풀
이한다. 주에서는 글자대로 읽는다고 했고 처(處)자로 풀이했는데, 상세
하지 않다.

---

3) 『예기』「교특생」 024장 : 孔子曰: "士使之射, 不能, 則辭以疾, 縣弧之義也."

【023】

孔子曰: "繹之於庫門內, 祊之於東方, 朝[如字]市之於西方, 失之矣."〈026〉

공자가 말하길, "오늘날 역을 지내며 고문 안에서 치르고 있고, 팽을 할 때에도 동쪽에서 하고 있으며, 아침에[‘朝’자는 글자대로 읽는다.] 시장을 개설하는 것도 서쪽에서 개설하고 있으니, 이 모두는 예법을 잃어버린 일들이다."라고 했다.

> **集說** 繹, 祭明日又祭也. 繹是堂上接尸, 祊是於室內求神, 皆一時之事. 繹之禮當於廟門外之西堂, 今乃於庫門內; 祊當在廟門外西室, 今乃於廟門外東方. 朝市, 卽周禮所謂朝時而市也. 當於市內近東, 今乃於市內西方. 此三事皆違於禮, 故曰失之矣.

‘역(繹)’이라는 것은 제사의 본식을 지낸 다음날 재차 지내는 제사를 뜻한다. 역을 할 때에는 당상에서 시동을 영접해야 하고, ‘팽(祊)’이라는 것은 묘실 안에서 신을 찾는 의식이니, 모두 동시에 치르는 사안에 해당한다. 역의 의례는 묘문 밖의 서쪽 당에서 치러야 하는데, 현재는 고문 안에서 시행하고 있으며, 팽(祊)은 마땅히 묘문 밖의 서쪽 협실에서 치러야 하는데, 현재는 묘문 밖의 동쪽에서 치르고 있다. ‘조시(朝市)’라는 것은 곧 『주례』에서 "아침에 시장을 개설한다."1)라고 한 것에 해당한다. 그리고 이것은 마땅히 시장 안에서도 동쪽과 가까운 곳에서 개설해야 하는데, 현재는 시장 안의 서쪽에서 개설하고 있다. 이 세 가지 일들은 모두 예법에 위배된 것이다. 그렇기 때문에 "잃어버렸다."라고 말한 것이다.

---

1) 『주례』「지관(地官)·사시(司市)」: 大市, 日昃而市, 百族爲主; 朝市, <u>朝時而市</u>, 商賈爲主; 夕市, 夕時而市, 販夫販婦爲主.

【024】

孟獻子曰: "正月日至, 可以有事於上帝; 七月日至, 可以有事於祖."
七月而禘, 獻子爲之也.〈雜記下-078〉[本在"文武之道也"下.]

맹헌자는 "정월 동지일에는 상제에게 교제사를 지낼 수 있고, 7월 하지일
에는 조상에게 체제사를 지낼 수 있다."라 했다. 7월에 체제사를 지내는
것은 맹헌자가 그처럼 했다. [본래는 "문왕과 무왕의 도이다."²⁾라고 한 문장 뒤에 수록
되어 있었다.]

集說 獻子, 魯大夫仲孫蔑. 正月, 周正建子之月也. 日至, 冬至也.
有事上帝, 郊祭也. 七月, 建午之月也. 日至, 夏至也. 有事於祖, 禘
祭也. 明堂位云: "季夏六月, 以禘禮祀周公於太廟." 蓋夏正建巳之
月, 郊用冬至, 禮之當然. 此言獻子變禮用七月禘祭, 然不言自獻子
始, 而但言獻子爲之, 蓋一時之事耳.

'헌자(獻子)'는 노나라 대부인 중손멸이다. '정월(正月)'은 주나라 정월로
북두칠성의 자루가 자(子) 방위에 오는 달이다. 이때의 '일지(日至)'는
동지를 뜻한다. "상제에게 일이 있다."는 말은 교제를 치른다는 뜻이다.
'칠월(七月)'은 북두칠성의 자루가 오(午) 방위에 오는 달이다. 이때의
'일지(日至)'는 하지를 뜻한다. "조상에게 일이 있다."는 말은 체제를 치
른다는 뜻이다. 『예기』 「명당위(明堂位)」편에서는 "계하인 6월에 체제사
의 예법으로 태묘에서 주공에 대한 제사를 지냈다."고 했으니, 아마도
하나라 정월인 북두칠성의 자루가 사(巳) 방위에 오는 달에는 교제사를
지내며 동지일에 따른 것은 예법상 당연한 일이다. 이곳의 내용은 맹헌자
가 예법을 바꿔서 7월을 이용하여 체제사를 지냈다는 뜻이다. 그런데 "맹
헌자로부터 시작되었다."라 말하지 않고, 단지 "헌자가 그처럼 했다."라
말한 것은 아마도 일시적으로 발생한 일이기 때문일 것이다.

---

2) 『예기』 「잡기하」 077장 : 張而不弛, 文武弗能也. 弛而不張, 文武弗爲也. 一張
一弛, <u>文武之道也</u>.

【025】

夫人之不命於天子, 自魯昭公始也.〈雜記下-079〉 [二段雜記.]

제후의 부인이 될 때에는 본래 천자에게 허락을 받아야 하는데, 제후의 부인이 천자에게 허락을 받지 않았던 일은 노나라 소공 때부터 시작되었다. [2개 단락은 「잡기」편의 문장이다.]

集說 昭公娶吳爲同姓, 不敢告天子, 天子亦不命之, 後遂以爲常. 此記魯失禮之由.

소공은 오나라에서 아내를 맞이하여 동성끼리 결혼을 하게 되어, 천자에게 감히 아뢸 수 없었고, 천자 또한 명령을 내려 허락을 할 수 없었으니, 그 이후에는 결국 이러한 것이 일상화되었다. 이것은 노나라에서 실례가 유래된 것을 기록한 것이다.

集說 疏曰: 天子命畿外諸侯夫人. 若畿內諸侯夫人及卿大夫之妻, 則玉藻註云: "天子諸侯命其臣, 后夫人亦命其妻也."

소에서 말하길, 천자는 수도 밖에 머무는 제후들의 부인에 대해서 명령을 하여 허락한다. 만약 천자의 수도 안에 머무는 제후들의 부인과 경 및 대부의 아내에 대해서라면, 『예기』「옥조(玉藻)」편에 대한 정현의 주에서 "천자와 제후는 그들의 신하에게 명령을 내리니, 왕후와 부인들 또한 그녀들의 휘하에 있는 처들에게 의복에 대한 명령을 내릴 수 있다."라 했다.

【026】

孔子曰: "嗚呼哀哉! 我觀周道, 幽·厲傷之, 吾舍[上聲]魯何適矣? 魯之郊禘, 非禮也, 周公其衰矣. 杞之郊也, 禹也, 宋之郊也, 契[先列反]也, 是天子之事守也, 故天子祭天地, 諸侯祭社稷."〈禮運-012〉 [以下禮運文. 本在"禮之大成也"下.]

공자가 말하길, "오호라, 슬프도다! 내가 주나라의 도를 살펴보니, 유왕과 여왕 때 크게 손상이 되었는데, 내가 노나라를 버리고['舍'자는 상성으로 읽는다.] 어디로 간단 말인가? 노나라에서 교제사와 체제사를 지내는 것은 비례이니, 주공의 도가 쇠약해진 것이구나. 기나라에서 교제사를 지냈던 것은 우임금 때문이었고, 송나라에서 교제사를 지냈던 것은 설['契'자는 '先(선)'자와 '列(렬)'자의 반절음이다.] 때문이었으니, 이 나라들은 천자의 제례를 고수하며 지낼 수 있었다. 그래서 천자는 천지에게 제사를 지내는 것이며, 제후는 사직에게 제사를 지내는 것이다."라고 했다. [이하의 기록들은 「예운」편의 문장이다. 본래는 "예 중에서도 가장 성대한 것이다."[3]라고 한 문장 뒤에 수록되어 있었다.]

集說 幽·厲之前, 周道已微, 其大壞則在幽·厲也. 魯周公之國, 夫子嘗言其可一變至道, 則舍魯何往哉? 然魯之郊禘則非禮矣. 禹爲三代之盛王, 故杞得以郊, 契爲殷之始祖, 故宋得以郊. 惟此二國, 可世守天子之事以事其祖, 周公雖聖, 人臣也, 成王之賜固非, 伯禽之受尤非. 周公制禮作樂, 爲萬世不易之典, 而子孫若此, 是周公之敎, 因子孫之僭禮而衰矣. 天地社稷之祭, 君臣之分, 稟不可踰, 曾謂人臣而可僭天子之禮哉!

유왕과 여왕 이전에도 주나라의 도는 이미 미약해져 있었는데, 그것이 크게 무너진 것은 유왕과 여왕 때이다. 노나라는 주공의 나라인데, 공자는 일찍이 노나라가 한 번 변하면 도에 이를 수 있다고 하였으니,[4] 노나라를 떠나 어디로 가겠는가? 그러나 노나라에서 교제사와 체제사를 지낸 것은 비례이다. 우임금은 삼대 때의 성왕이였기 때문에, 기나라에서는 교제사를 지낼 수 있었던 것이고, 설은 은나라의 시조였기 때문에, 송나

---

3) 『예기』 「예운(禮運)」 011장 : 作其祝號, 玄酒以祭, 薦其血毛, 腥其俎, 孰其殽. 與其越席, 疏布以冪. 衣其澣帛, 醴醆以獻, 薦其燔炙. 君與夫人交獻以嘉魂魄, 是謂合莫. 然後退而合亨, 體其犬·豕·牛·羊, 實其簠·簋·籩·豆·鉶羹, 祝以孝告, 嘏以慈告, 是謂大祥. 此禮之大成也.
4) 『논어』 「옹야(雍也)」 : 子曰, "齊一變, 至於魯, 魯一變, 至於道."

라에서는 교제사를 지낼 수 있었던 것이다. 오직 이 두 나라만이 대대로 천자의 제례를 지키며, 이로써 그들의 조상에게 제사를 지낼 수 있었는데, 주공이 비록 성인이었다고 하지만, 신하의 신분이었으므로, 성왕이 천자의 제사를 지낼 수 있도록 허락을 해준 것은 진실로 잘못된 일이며, 백금이 그것을 받아들인 것은 더욱 잘못된 일이다. 주공이 예악을 제정하여, 영원토록 변하지 않는 규범을 만들었는데, 자손들이 이와 같이 하였으니, 주공의 교화가 자손들의 참례로 인하여 쇠락해진 것이다. 천지와 사직에 대한 제사 규범은 군주와 신하의 구분이며, 그 구분이 엄격하므로 넘볼 수가 없었으니, 일찍이 신하이면서 천자의 예법을 범했다고 할 수 있겠구나.

集說 石梁王氏曰: 此一章眞孔子之言, 註不能明其旨. 天子祭天地, 諸侯但可祭社稷. 杞宋之郊, 是王者之後, 天子之事, 守禮之所許者. 魯而有郊, 是背周公所制之禮, 與杞宋不同也.

석량왕씨가 말하길, 이곳의 한 문장이야말로 진실로 공자의 말에 해당하는데, 정현의 주에서는 그 요지를 분명히 나타내지 못하고 있다. 천자는 천지에 대한 제사를 지내는데, 제후는 다만 사직에 대한 제사만 지낼 수 있다. 기나라와 송나라에서는 교제사를 지냈는데, 이들은 천자의 후손이므로, 천자에게 해당하는 일임에도, 그 예법을 고수하는 것을 허락받았던 나라들이다. 그런데 노나라에서 교제사를 지낸 것은 주공이 제정한 예법에 위배되니, 기나라나 송나라에서 교제사를 지낸 경우와는 다른 것이다.

【027】
祝嘏莫敢易其常古, 是謂大假. 〈禮運-013〉
제사를 지낼 때 축사(祝辭)와 가사(嘏辭)의 경우에는 감히 옛날부터 시행되어 왔던 고대의 예법을 바꿀 수가 없는 것이니, 이처럼 고대의 예법에 따라 시행하는 것을 '축복의 성대함'이라 부른다.

祭禮祝於始, 嘏於終, 禮之成也. 常古, 常事古法也. 不敢變易, 謂貴賤行禮, 一依古制也. 假, 亦當作嘏, 猶上章大祥之意. 言行當然之禮, 則有自然之福, 其福大矣.

제례에 있어서는 초반부에 축사를 하고, 종반부에 가사를 하니, 이 둘을 모두 시행해야만 예를 완성하게 된다. '상고(常古)'는 일상적으로 시행되었던 고대의 예법을 뜻한다. "감히 변화시키고 바꿀 수 없다."는 말은 신분의 차이와 상관없이 모두 의례를 시행할 때에는 동일하게 고대의 제도에 따랐다는 뜻이다. '가(假)'자 또한 마땅히 '가(嘏)'자로 읽어야 하니, '대가(大嘏)'라는 말은 곧 앞 문장에서 대상(大祥)이라고 한 뜻과 동일하다. 따라서 이 문장은 합당한 예법에 따라서 시행한다면, 자연적으로 축복이 내려지게 되는데, 그 축복이 성대하다는 뜻이다.

【028】

祝嘏辭說, 藏於宗祝巫史, 非禮也, 是謂幽國. 〈禮運-014〉

축사와 가사에 대한 기록과 말들을 종백과 대축, 무관과 사관에게만 보관시키는 것은 비례이니, 이러한 나라를 어둡고 우매한 나라라고 부른다.

祝嘏辭說, 禮之文也, 無文不行. 周禮大宗伯掌詔六號, 重其事耳. 衰世君臣慢禮, 惟宗祝巫史習而記之, 故謂幽昏之國, 言其昧於禮, 無以昭明政治也.

축사와 가사에 대한 기록과 말들은 예법에 따른 형식인데, 그러한 형식이 없으면 시행되지 않는다. 『주례』의 체제에 따르면, 대종백은 육호(六號)5) 중의 중대한 것을 대축에게 알려주는 일을 담당한다고 하였으니,6)

---

5) 육호(六號)는 여섯 종류의 호칭을 뜻한다. 제사와 관련하여 신들을 부르는 호칭 및 제사에 사용되는 물건들은 수식어를 붙여서 부르게 되는데, 이러한 수식어에 해당하는 여섯 가지 호칭은 신호(神號), 귀호(鬼號), 시호(示號), 생호(牲號), 자

그 일을 중시했기 때문이다. 쇠락한 세상에서는 군주와 신하가 예법에 대해 태만하게 굴어서, 오직 종백과 대축, 무관과 사관만이 그것을 익혀서 기록해두었다. 그렇기 때문에 "어둡고 우매한 나라라고 부른다."고 한 것이니, 이 말은 곧 예법에 대해 우매하여, 이러한 예법으로 정치를 널리 드러내지 못했다는 뜻이다.

【029】

醆[側眼反]斝[古雅反]及尸君, 非禮也, 是謂僭君.〈禮運-015〉

제사를 지내며 잔이나['醆'자는 '側(측)'자와 '眼(안)'자의 반절음이다.] 가['斝'자는 '古(고)'

호(齋號), 폐호(幣號)를 가리킨다. 정현의 주장에 따르면 '신호'는 천신(天神)들에 대한 호칭을 아름답게 부르는 것으로, 상제(上帝)를 '황천상제(皇天上帝)'라고 부르는 예와 같고, '귀호'는 조상신들에 대한 호칭을 아름답게 부르는 것으로, '황조백인 아무개[皇祖伯某]'라고 부르는 예와 같으며, '시호'는 땅의 신들에 대한 호칭을 아름답게 부르는 것으로, '후토(后土)'나 '지기(地祇)'라고 부르는 예와 같고, '폐호'는 옥(玉)을 아름답게 부르는 것으로, '가옥(嘉玉)'이라고 부르는 예와 같으며, '폐호'는 폐백을 아름답게 부르는 것으로, '양폐(量幣)'라고 부르는 예와 같다고 설명한다. 정사농(鄭司農)의 주장에 따르면, '생호'의 경우 희생물의 종류에 따라서 각각 부르는 호칭들이 있는데, 소의 경우 '일원대무(一元大武)'라고 부르고, 돼지의 경우 '강렵(剛鬣)'이라고 부르며, 양의 경우 '유모(柔毛)'라고 부르고, 닭의 경우 '한음(翰音)'이라고 부른다. 또 '자호'는 기장과 같이 제사 때 바치는 곡식들을 뜻하는데, 서(黍)의 경우 '향합(香合)'이라고 부르고, 양(粱)의 경우 '향기(香萁)'라고 부르며, 도(稻)의 경우 '가소(嘉疏)'라고 부르는 예와 같다고 설명한다. 『주례』「춘관(春官)·대축(大祝)」편에는 "辨六號, 一曰神號, 二曰鬼號, 三曰示號, 四曰牲號, 五曰齋號, 六曰幣號."라는 기록이 있고, 이에 대한 정현의 주에서는 "號, 謂尊其名, 更爲美稱焉. 神號, 若云皇天上帝. 鬼號, 若云皇祖伯某. 祇號, 若云后土地祇. 幣號, 若玉云嘉玉, 幣云量幣. 鄭司農云, '牲號, 爲犧牲皆有名號. 曲禮曰, 牛曰一元大武, 豕曰剛鬣, 羊曰柔毛, 雞曰翰音. 粢號, 謂黍稷皆有名號也. 曲禮曰, 黍曰香合, 粱曰香萁, 稻曰嘉疏.'"이라고 풀이했다.

6) 『주례』「춘관(春官)·대종백(大宗伯)」: 凡祀大神, 享大鬼, 祭大示, 帥執事而卜日, 宿, 眡滌濯, 涖玉鬯, 省牲鑊, 奉玉齋, 詔大號, 治其大禮, 詔相王之大禮. / 이 문장에 대한 정현의 주: 大號, 六號之大者, 以詔大祝, 以爲祝辭.

자와 '雅(아)'자의 반절음이다.] 등의 술잔으로 군주의 시동이 된 자에게 술을 따라 주는 것은 비례이니, 이처럼 행동하는 군주를 참람된 군주라고 부른다.

集說 醆, 夏之爵, 斝, 殷之爵. 尸君, 君之尸也. 杞·宋, 二王之後, 得用以獻尸, 其餘列國惟用時王之器. 今國君皆用醆斝以及於尸君, 非禮也, 是僭上之君耳.

'잔(醆)'은 하나라 때 천자가 쓰던 술잔이다. '가(斝)'는 은나라 때 천자가 쓰던 술잔이다. '시군(尸君)'은 군주의 시동이 된 자를 뜻한다. 기나라와 송나라는 두 왕조의 후예국이므로, 잔이나 가 등의 술잔을 사용해서 시동에게 술잔을 바칠 수가 있지만, 나머지 제후국들에서는 오직 당시의 천자가 하사해준 술잔만 사용할 수 있을 뿐이다. 오늘날 제후국의 군주들은 모두 잔이나 가와 같은 술잔을 사용해서, 군주의 시동이 된 자에게 술잔을 따라서 바치는데, 이것은 비례에 해당하며, 이처럼 행동하는 군주는 그 윗사람에게 참람되게 행동하는 군주에 해당할 따름이다.

【030】
冕弁兵革, 藏於私家, 非禮也, 是謂脅君.〈禮運-016〉
면류관이나 피변, 병장기 등을 대부의 집안에서 보관하는 것은 비례이니, 이처럼 행동하는 대부가 있다면, 그 나라의 제후를 협박을 당하는 군주라고 부른다.

集說 冕, 祭服之冠. 弁, 皮弁也. 大夫稱家, 大夫以朝廷之尊服·國家之武衛而藏於私家, 可見其强橫, 則此國君者, 乃見脅於强臣之君也.

'면(冕)'자는 제사 복장에 쓰는 면류관을 뜻한다. '변(弁)'자는 피변(皮弁)[7]을 뜻한다. 대부의 영지를 '가(家)'라고 부르는데, 조정에서나 입는 존귀한 복장과 국가제례 때 호위용으로 사용하는 병장기를 대부가 자신의 영지에 보관하게 되어, 그들이 세력의 강성함을 이용해서 횡포를 부리고 있다는 사실을 확인할 수 있다면, 그 나라의 군주가 된 자는 곧 세력이 강성한 신하에게 협박을 당하고 있는 군주에 해당한다는 사실을 알 수 있다.

【031】
大夫具官, 祭器不假, 聲樂皆具, 非禮也, 是謂亂國.〈禮運-017〉
대부가 자신들의 가신들을 업무별로 모두 갖추고, 제기를 완전하게 구비하여 남에게서 빌리지 않으며, 악기들을 모두 갖추는 것은 비례에 해당하니, 이러한 대부가 있는 나라를 난잡한 국가라고 부른다.

集說 家臣不能具官, 一人常兼數事. 具官, 是僭擬也. 祭器惟公孤以上得全備, 大夫無田祿者不設祭器. 以其可假也. 有田祿者祭器亦不得全具, 須有所假, 不假, 亦僭擬也. 周禮大夫有判縣之樂, 少牢饋食無奏樂之文, 是大夫祭不用樂也, 或君賜乃有之耳. 聲樂皆具, 亦僭擬也. 尊卑無等, 非亂國而何?

대부에게 소속된 가신들의 경우, 담당하는 업무별로 관리를 둘 수 없으니, 한 사람의 가신이 항상 여러 가지 업무들을 겸하고 있는 것이다. 따라서 업무별로 관리들을 모두 갖추는 것은 참람하게도 군주를 모방하는 행위에 해당한다. 제기의 경우 오직 제후에게 소속된 고 이상의 계층만이 완전하게 구비할 수가 있고, 대부들 중에 채읍으로 받은 영지가 없는 자의 경우에는 제기를 마련하지 않으니, 남에게서 빌릴 수 있기 때문이다.

---

7) 피변(皮弁)은 고대에 사용되었던 관(冠)의 명칭이다. 백색 사슴의 가죽으로 만든 모자이다. 한편 관(冠)에 따른 의복까지 포함한 의미로 사용되기도 한다. 『주례』「하관(夏官)·변사(弁師)」에는 "王之皮弁, 會五采玉璂, 象邸, 玉笄."라는 기록이 있다.

또 대부들 중에 채읍으로 받은 영지가 있는 자의 경우라 하더라도, 제기를 완전하게 구비할 수 없어서, 반드시 남에게서 빌리는 것도 있게 된다. 따라서 제기를 빌리지 않도록 완전하게 구비하는 일 또한 참람하게도 자신보다 상위 계층의 예법을 모방하는 행위가 된다. 『주례』의 기록에 따르면, 대부는 판현의 악기를 갖추지만, 『의례』「소뢰궤식례(少牢饋食禮)」편에도 음악을 연주한다는 문장이 없으니, 이 말은 곧 대부가 제사를 지낼 때에는 음악을 사용하지 않는다는 뜻에 해당하므로, 간혹 군주가 하사를 해 주어야만 곧 음악연주를 할 수 있을 따름이다. 따라서 악기들을 모두 갖추는 것 또한 참람되게 자신보다 상위 계층의 예법을 모방하는 행위에 해당한다. 이처럼 신분의 차등이 없으니, 난잡한 나라가 아니고 무엇이겠는가?

【032】

故仕於公曰臣, 仕於家曰僕. 三年之喪與新有昏者, 期[基]不使. 以衰催裳入朝, 與家僕雜居齊齒, 非禮也, 是謂君與臣同國. 〈禮運-018〉

그러므로 군주에게서 벼슬살이를 하는 자는 자신을 '신하'라 부르고, 대부 등에게서 벼슬살이를 하는 자는 자신을 '종'이라 부른다. 삼년상을 치른 자이거나 혼례를 치른 자에게는 1년['期'자의 음은 '基(기)'이다.] 동안 업무를 맡기지 않는다. 상복을 착용하고 조정에 들어가거나 조정에서 군주의 신하가 아닌 가신들과 더불어 뒤섞여서 행렬을 맞추는 것은 비례에 해당하니, 이러한 행태를 군주가 신하와 함께 그 나라를 공동으로 소유한다고 부른다.

集說 臣者, 對君之稱. 僕者, 服役之名. 仕於大夫者自稱曰僕, 則益賤矣. 人臣有三年之喪, 或新昏, 則一期之內, 君不使之, 所以體人情也. 就二者而論, 喪尤重於昏也. 今乃不居喪於家, 而以衰裳入朝, 是視君之朝如己之家矣是, 君與其臣共此國也. 就卿·大夫而言, 僕又其臣也, 今卿·大夫乃與其家之僕雜居齊列, 無貴賤之分, 亦是君與臣共此國也.

'신하'라는 말은 '군주'에 대비되는 말이다. '종'이라는 말은 어떤 일에 종사한다는 뜻의 명칭이다. 대부에게서 벼슬살이를 하는 자는 자신을 지칭하며 '복(僕)'이라고 부르니, 신하에 비해 그 신분이 더욱 미천하기 때문이다. 신하가 삼년상을 치렀거나 혹은 혼례를 치렀다면, 군주는 1년 동안 그를 부리지 않으니, 군주가 남의 정감까지도 자신의 정감처럼 느끼기 때문이다. 상사나 혼례에 대해서 논의하자면, 상사의 일이 혼례보다도 더욱 중대하다. 오늘날 신하에게 상이 발생했을 때, 그 신하가 상을 치르기 위해 자신의 집에 머물러 있는 경우가 아닌데도, 상복을 입고서 조정으로 들어가는 것은 군주가 주관하는 조정을 마치 자신의 집처럼 여기는 것이니, 이러한 행태는 군주가 자신의 신하들과 함께 그 나라를 공동으로 소유하는 것에 해당한다. 경과 대부에 대해서 말해보자면, '복(僕)'은 또한 그들의 신하에 해당하는데, 오늘날 경과 대부가 조정에서 곧 자신의 신하인 복들과 함께 뒤섞여 서며 행렬을 맞추는 것은 신분의 차별이 없는 것이니, 이 또한 군주가 신하들과 함께 그 나라를 공동으로 소유하는 것에 해당한다.

附註 期不使, 此義未詳. 蓋三年之喪, 君不呼其門, 期而使, 則非禮矣. 新有昏者, 雖宜寬假, 至於期不使, 則已久矣. 恐當以期限之期爲解, 喪期是三年, 昏禮婦三月而廟見, 三月則昏期也. 如此則不違於禮, 而文義亦通.

'기불사(期不使)'라 했는데, 이 의미에 대해서는 잘 모르겠다. 삼년상에 있어서 군주는 그의 집 대문에서 그를 부르지 않는데,[8] 1년이 지나서 그를 부리게 된다면 비례가 된다. 새로 혼례를 치른 자에 대해서는 비록 관대하게 대해주어야 하지만 1년이 지나도록 그를 부리지 않는다면 너무

---

8) 『춘추공양전』「선공(宣公) 1년」 : 古者臣有大喪, 則君三年不呼其門.

긴 기간이 된다. 아마도 이것은 기한(期限)이라고 할 때의 기(期)자로 풀이해야 할 것 같으니, 상의 기한은 삼년이고, 혼례에서 부인은 3개월이 지나 묘에서 알현하므로, 3개월은 혼례의 기한이 된다. 이처럼 한다면 예법에 어긋나지 않고 문장의 뜻 또한 통하게 된다.

【033】

故天子有田, 以處其子孫, 諸侯有國, 以處其子孫, 大夫有采, 以處
其子孫, 是謂制度.〈禮運-019〉

그러므로 천자에게는 수도 안의 경작지가 있어서, 이로써 자신의 자손들에
게 나눠주어 살아가게끔 하며, 제후에게는 분봉 받은 나라가 있어서, 이로
써 자신의 자손들에게 나눠주어 살아가게끔 하고, 대부에게는 하사받은 채
지가 있어서, 이곳에서 산출되는 녹봉으로 자신의 자손들을 살아가게끔 하
는 것이니, 이것을 바로 '선왕이 만든 제도'라 부른다.

集說 王之子弟有功德者封爲諸侯, 其餘則分以畿內之田. 諸侯子
孫命爲卿·大夫, 其有功德者亦賜采地. 所謂官有世功, 則有官族,
邑亦如之也. 大夫位卑, 不當割采地以與子孫, 但養之以采地之祿
耳. 此先王之制度也.

천자의 자제들 중 공덕을 갖춘 자는 분봉을 받아서 제후가 되고, 그 나머
지 자제들에 대해서는 천자의 수도 안에 있는 땅들을 나눠주게 된다. 제
후의 자손들이 작위의 등급을 받으면 경이나 대부가 되는데, 그들 중에
공덕을 갖춘 자는 또한 채지를 하사받는다. 이 말은 곧 "해당 관직에서
대대로 공적을 쌓은 점이 있다면, 관직 이름으로 족명을 지어주기도 하
며, 그 고을에 대해서도 또한 대대로 잘 다스리면, 고을이름으로 족명을
삼기도 한다."[1]라는 뜻이다. 대부의 지위는 낮으므로, 자신이 받은 채지
를 분할하여 자손들에게 줄 수 없고, 단지 채지에서 산출되는 녹봉으로
그들을 부양할 따름이다. 이것이 바로 선왕이 만든 제도이다.

---

1) 『춘추좌씨전』「은공(隱公) 8년」: 子建德, 因生以賜姓, 胙之土而命之氏. 諸侯
以字爲謚, 因以爲族. <u>官有世功, 則有官族, 邑亦如之.</u>

【034】

故天子適諸侯, 必舍[去聲]其祖廟, 而不以禮籍入, 是謂天子壞[怪]法亂紀. 〈禮運-020〉

그러므로 천자가 제후에게 찾아갈 때에는 반드시 그의 조묘에 머물게['舍'자는 거성으로 읽는다.] 되지만, 예법이 기록된 전적을 숙지하지 않고 그곳에 들어간다면, 이것을 "천자가 법도를 무너트리고['壞'자의 음은 '怪(괴)'이다.] 기강을 문란하게 한다."라고 부른다.

集說 廟尊於朝, 故天子舍之, 然必太史執簡記奏諱惡者, 不敢以天子之尊而慢人之宗廟也. 不如此, 則是壞法度, 亂紀綱矣.

종묘는 조정보다 존귀한 장소이다. 그렇기 때문에 천자가 그 장소에 머물게 된다. 그런데 반드시 태사를 시켜서 간책에 기록된 것을 가지고 와서, 피휘를 해야 할 것과 기일 등의 피해야 할 것들을 읽게 하는 이유는 천자가 존귀하다는 이유만으로 감히 남의 종묘에서 태만하게 굴 수 없기 때문이다. 이처럼 하지 않는다면, 이것은 법도를 무너트리고 기강을 문란하게 하는 행위에 해당한다.

【035】

諸侯非問疾弔喪, 而入諸臣之家, 是謂君臣爲謔. 〈禮運-021〉

제후가 자신의 신하들에 대해서, 질병 때 문병을 하거나 상사를 당하여 조문을 하는 경우가 아닌데도, 신하들의 집에 찾아가는 것을 "군주와 신하가 기롱한다."라고 부른다.

集說 諸侯於其臣有問疾弔喪之禮, 非此而往, 是戱謔也. 敗禮之禍, 恒必由之.

제후는 자신의 신하에 대해서, 질병이 걸렸을 때 문병을 가거나 상사에 대해서 조문을 하는 예법이 적용되지만, 이러한 일들이 아닌데도 찾아가

는 것은 희롱하는 행위에 해당한다. 예법을 어그러트리는 화근은 항상
반드시 이러한 데에서 연유한다.

【036】

是故, 禮者君之大柄也, 所以別嫌明微, 儐[擯]鬼神, 考制度, 別仁義,
所以治政安君也. 〈禮運-022〉

이러한 까닭으로, 예라는 것은 군주가 나라를 다스리는데 필요한 큰 손잡
이에 해당하니, 이것을 통해 의심스러운 것을 분별하고, 미묘한 일을 밝혀
내며, 귀신을 접대하고[‘儐’자의 음은 ‘擯(빈)’이다.] 제도를 상고하며, 인의를 변
별하니, 정치를 다스리고 군주의 지위를 안정시키는 방법이다.

集說 國之有禮, 如器之有柄, 能執此柄, 則國可治矣. 接賓以禮曰
儐, 接鬼神亦然, 故曰儐. 制度, 如禮樂衣服度量權衡之類, 考而正
之, 不使有異. 仁主於愛, 義主於斷, 別而用之, 必當其宜.

나라에 예가 존재하는 것은 마치 기물에 손잡이가 있는 것과 같으니, 이
러한 손잡이를 잘 잡을 수 있다면, 나라도 잘 다스릴 수 있는 것이다.
빈객을 예법에 맞게 접대하는 것을 ‘빈(儐)’이라 부르는데, 귀신을 접대하
는 일 또한 빈객을 접대하는 것처럼 한다. 그렇기 때문에 귀신을 접대하
는 일 또한 ‘빈(儐)’이라 부른 것이다. ‘제도(制度)’는 마치 예악이나 의복
류 또는 도량형이나 저울 등의 부류를 뜻하니, 잘 상고하고 바로잡아서,
차이가 생기지 않게 하는 것이다. 인(仁)은 사랑하는 마음을 위주로 하
고, 의(義)는 결단력을 위주로 하니, 잘 변별해서 활용하여, 반드시 그
올바름에 맞아야 한다.

【037】

故政不正, 則君位危, 君位危, 則大臣倍, 小臣竊. 刑肅而俗敝, 則法
無常, 法無常, 而禮無列, 禮無列, 則士不事也. 刑肅而俗敝, 則民不
歸也, 是謂疵[慈]國. 〈禮運-023〉

그러므로 정치가 올바르지 않으면, 군주의 지위는 위태롭게 되고, 군주의
지위가 위태롭게 되면, 대신들은 군주의 뜻을 위반하게 되고, 소신들은 도
적질을 일삼게 된다. 형벌만 혹독해지고 풍속이 피폐해지면, 법에 일정한
도리가 없게 되고, 법에 일정한 도리가 없게 되어, 예법에 따른 등차가 없
게 되니, 예법에 따른 등차가 없게 되면, 사들은 자신의 직무를 돌보지 않
는다. 형벌이 혹독하고 풍속이 피폐해지면, 백성들의 마음은 군주에게 귀
의하지 않으니, 이러한 나라를 '질병에 걸린 나라'라고['疵'자의 음은 '慈(자)'이
다.] 부른다.

集說 倍, 違上行私也, 或亦倍而去之之謂. 小臣竊, 所謂盜臣也.
肅, 峻急也. 俗敝, 人無廉恥, 風俗敝敗也. 治國無禮, 故至於刑肅而
俗敝. 爲君者但恣己用刑, 遂廢常法, 法廢而禮無上下之列矣. 宜乎
士不脩職, 民心離叛也, 豈非疵病之國乎?

'배(倍)'자는 윗사람의 뜻을 위배하고, 개인적인 뜻에 따라 행동한다는
뜻이며, 혹은 배신을 하여 떠나가는 것을 뜻하기도 한다. "소신들이 도적
질을 한다."는 말은 이른바 '도적질하는 신하[盜臣]'[2]를 뜻한다. '숙(肅)'
자는 혹독하다는 뜻이다. '속폐(俗敝)'는 사람들에게 염치가 없어져서, 풍
속이 피폐해진다는 뜻이다. 나라를 다스리는데 예가 없기 때문에, 형벌이
혹독하고 풍속이 피폐해지는 지경에 이른 것이다. 군주가 된 자가 단지
자기 마음이 내키는 대로 형벌을 시행하여, 결국 항상 지켜오던 법률을
없애버렸으니, 법률이 없어지고 예에 따라 신분의 등차를 지우던 질서가

---

2) 『대학』「전(傳) 10장」: 孟獻子曰, "畜馬乘不察於雞豚, 伐冰之家不畜牛羊, 百
乘之家不畜聚斂之臣, 與其有聚斂之臣, 寧有盜臣."

없어진 것이다. 따라서 사들이 자신의 직무를 시행하지 않고, 백성들의
마음이 떠나버리는 것이 마땅한 일인데, 어찌 질병에 걸린 나라가 아니겠
는가?

【038】
故政者, 君之所以藏身也. 是故, 夫政必本於天, 殽效以降命. 命降
于社之謂殽地, 降于祖廟之謂仁義, 降於山川之謂興作, 降於五祀
之謂制度. 此聖人所以藏身之固也. 〈禮運-024〉

그러므로 정치라는 것은 군주가 자신을 편안하게 안주시키는 방편이다. 이
러한 까닭으로 무릇 정치라는 것은 반드시 하늘의 도리에 근본을 두고,
그 법칙을 본받아서 명령을 내려야 한다. 명령을 사에서 내리는 것을 '땅의
도리를 본받은 것'이라 부르고, 조묘에서 내리는 것을 '인의'라 부르며, 산
천에서 내리는 것을 '사업을 흥성시키는 것'이라 부르고, 오사에서 내리는
것을 '제도'라 부른다. 이것이 바로 성인이 자신을 굳건하게 보존시켰던
방법이다.

集說 藏, 猶安也. 君者, 政之所自出, 故政不正, 則君位危. 書言"天
工人其代之", 典曰"天敍", 禮曰"天秩", 是人君之政, 必本於天而效法
之, 以布命於下也. 社, 祭后土也. 因祭社而出命, 是效地之政, 有事
於祖廟而出命, 是仁義之政, 有事於山川而出命, 是興作之政, 有事
於五祀而出命, 是制度之政. 效地者, 效其高下之勢, 以定尊卑之位
也. 仁義者, 仁以思慕言, 義以親疎言, 思慕之心無窮而親疎之殺有
定. 又親親, 仁也, 尊尊, 義也. 自仁率親, 等而上之至于祖, 而尊尊
之義隆, 自義率祖, 順而下之至于禰, 而親親之仁篤也. 興作之事, 非
材不成, 故於山川. 制度之興, 始於宮室, 故本五祀. 夫安上治民, 莫
善於禮. 聖人庸禮之政如此, 故身安而國可保也.

'장(藏)'자는 "편안하게 한다."는 뜻이다. 군주는 정치가 비롯되는 출로이

다. 그렇기 때문에 정치가 올바르지 못하다면 군주의 지위도 위태롭게 된다. 『서』에서는 "하늘의 일을 사람이 대신하는 것입니다."³⁾라고 하며, 법에 대해서는 "하늘이 차례대로 펼치다."라고 하였고, 예에 대해서는 "하늘이 질서를 지우다."라고 하였으니,⁴⁾ 이 말은 곧 군주가 시행하는 정치는 반드시 하늘에 근본을 두고 자연의 운행을 본받아 이로써 백성들에게 명령을 내리고 정사를 펼친다는 뜻이다. '사(社)'는 후토에게 제사를 지낸다는 뜻이다. 사에서 제사를 지내는 일에 연유하여 명령을 내리는 것은 땅의 도리를 본받은 정령에 해당하고, 조묘에서 제사를 지내면서 명령을 내리는 것은 인의의 정령에 해당하며, 산천에서 제사를 시행하면서 명령을 내리는 것은 사업을 흥성하게 하는 정령에 해당하고, 오사에서 제사를 시행하면서 명령을 내리는 것은 제도에 따른 정령에 해당한다. "땅의 도리를 본받는다."는 말은 땅의 높낮이에 따른 지세를 본받아서, 신분의 서열을 바로잡는다는 뜻이다. '인의(仁義)'라는 말에서 '인(仁)'자는 사모하는 마음에 기준을 두어 언급한 것이고, '의(義)'자는 친하고 소원한 관계에 기준을 두어 언급한 것이다. 따라서 '인의(仁義)'라는 말은 사모하는 마음은 무궁무진하지만, 친하고 소원한 차등적 관계에 따라 확정된 규정이 있다는 뜻이다. 또한 친근한 이를 친애하는 것은 '인(仁)'에 해당하며, 존귀한 자를 존귀하게 대하는 것은 '의(義)'에 해당한다. 인의 도리에 따라 부친을 따르고, 차등적으로 위로 소급하여 선조에게 이르게 되어, 존귀한 자를 존귀하게 여기는 의 또한 융성해지며, 의의 도리에 따라 선조를 따르고, 세대별로 내려와서 아래로 부친에게 이르게 되어, 친근한 이를 친애하는 인도 돈독해진다. 사업이 흥기되는 사안은 제대로 된 재목이 아니라면 이룰 수 없다. 그렇기 때문에 산천에서 명령을 내리는 것이

---

3) 『서』「우서(虞書)·고요모(皐陶謨)」: 無教逸欲有邦, 兢兢業業. 一日二日萬幾. 無曠庶官. 天工人其代之.

4) 『서』「우서(虞書)·고요모(皐陶謨)」: 天敍有典, 勅我五典五惇哉. 天秩有禮, 自我五禮有庸哉.

다. 제도가 흥기되는 것은 궁실을 짓는 일에서 시작되었다. 그렇기 때문에 오사에 근본을 두는 것이다. 위정자를 편안하게 안주시키고 백성들을 다스리는 방편에는 예보다 좋은 것이 없다. 성인은 예에 따라 정치를 시행함이 이와 같았기 때문에, 본인도 편안하게 보존하였고 국가도 보존할 수 있었던 것이다.

【039】

故聖人參於天地, 竝於鬼神, 以治政也, 處其所存, 禮之序也, 玩其所樂[洛], 民之治也. 故天生時而地生財, 人其父生而師教之, 四者君以正用之, 故君者立於無過之地也. 〈禮運-025〉

그러므로 성인은 천지의 운행을 돕고, 귀신들과 나란히 서서, 이로써 정치를 다스리고, 천지와 귀신이 머무는 장소에 위치하여, 올바르게 예의 질서를 정한 것이고, 천지와 귀신이 즐거워하는['樂'자의 음은 '洛(락)'이다.] 것들을 익혀서, 백성들을 다스렸던 것이다. 따라서 하늘은 계절의 기운을 낳고, 땅은 재화를 생산하며, 사람은 그의 부모로부터 태어나고, 스승은 그들을 가르치게 되므로, 이 네 가지는 군주가 자신을 올바르게 함으로써 활용하는 것이다. 그렇기 때문에 군주는 허물이 없는 위치에 있어야 한다.

集說 此承上章言政之事. 謂聖人所以參贊天地之道, 儗竝鬼神之事, 凡以治政而已. 故處天地鬼神之所存, 則天高地下, 萬物散殊, 聖人法之, 此禮之所以序也. 玩天地鬼神之所樂, 則流而不息, 合同而化, 聖人法之, 此民之所以治也. 四時本於天, 百貨産於地, 人生於父, 而德成於師, 此四者, 君以正用之, 謂人君正身修德, 順天之時, 因地之利, 而財成其道, 輔相其宜, 以左右民, 使之養生喪死無憾, 然后設爲庠序學校之敎, 由之以孝悌焉, 則有以富之敎之而治道得矣. 然其要在君之自正其身, 立於無過之地而後可, 不能正其身, 如正人何?

이 문장은 앞 문장의 내용에 이어서, 정치에 대한 사안을 언급하고 있다. 즉 성인은 천지의 도리를 돕고, 귀신이 시행하는 일들을 본뜨고 나란히 참여하니, 무릇 이로써 정치를 다스릴 따름이라는 뜻이다. 그렇기 때문에 천지와 귀신들이 머무는 곳에 처하게 된다면, 하늘은 높고 땅은 낮으며, 만물은 사방에 흩어져 자라나며 제각각 다르게 되니, 성인은 이것을 본받게 된다. 이것이 바로 예가 이로써 차례 지워지게 된 이유이다. 천지와 귀신이 즐거워하는 것들을 완상하게 된다면, 끊임없이 흘러서 쉼이 없으며, 화합하여 동화가 되니, 성인은 이것을 본받게 된다. 이것이 바로 백성들이 이로써 다스려지게 된 이유이다. 사계절의 운행은 하늘에 근본을 두고 있고, 모든 재화는 땅에서 생산되며, 사람은 부모에게서 태어나고, 덕은 스승을 통해 완성되는데, 이 네 가지 것들은 군자가 자신을 올바르게 한 이후에야 활용해야 하는 것이다. 즉 이 말은 군주가 자신을 올바르게 다스리고 덕을 수양하여, 하늘의 운행에 순응하며, 땅의 이로움에 따라서, 그 도리를 마름질하고 완성하며, 그 합당함을 보필하여서, 백성들을 돌봐주고, 백성들로 하여금 생활을 하며 장례를 치르는데 있어서 아쉬움이 없도록 만든 이후에야, 상(庠)과 서(序)[5]와 같은 학교를 세워 교육을 시키고, 그들에게 효제와 같은 도리로 거듭나게 한다면, 그들을 풍요롭게 만들고 교화를 시킬 수 있게 되어, 정치의 도리를 얻게 된다는 의미이다. 그런데 그 요점은 군주 본인이 자신을 올바르게 다스리는데 있어

---

5) 서(序)는 본래 향(鄕) 밑의 행정단위인 주(州)에 건립된 학교를 뜻한다. 『주례』「지관(地官)・주장(州長)」편에는 "春秋以禮會民而射于州序."라는 기록이 있다. 또한 하후씨(夏后氏) 때 건립한 학교로 설명하며, 동서(東西)와 서서(西序)로 구분하기도 한다. 『예기』「왕제(王制)」편에는 "夏后氏養國老於東序, 養庶老於西序."라는 기록이 있고, 이에 대한 정현의 주에서는 "皆學名也."라고 풀이했다. 한편 '서'는 은(殷)나라 때의 학교로 설명되기도 하며 주(周)나라 때의 학교로 설명되기도 한다. 『맹자』「등문공상(滕文公上)」편에는 "夏曰校, 殷曰序, 周曰庠, 學則三代共之."라는 기록이 있고, 『한서(漢書)』「유림전서(儒林傳序)」에는 "三代之道, 鄕里有敎, 夏曰校, 殷曰庠, 周曰序."라는 기록이 있다.

서, 조금의 잘못도 없는 상태에 이르게 한 뒤에야 가능하다. 따라서 자신을 올바르게 다스릴 수 없다면, 어떻게 남을 다스릴 수 있겠는가?

【040】

故君者所明[讀爲則]也, 非明[則]人者也, 君者所養[去聲]也, 非養人者也, 君者所事也, 非事人者也. 故君明[則]人則有過, 養人則不足, 事人則失位, 故百姓則[如字]君以自治也, 養君以自安也, 事君以自顯也. 故禮達而分[去聲]定, 故人皆愛其死而患其生.〈禮運-026〉

그러므로 군주가 된 자는 남이 본받아야['明'자는 '則(칙)'자로 풀이한다.] 할 대상이지, 남을 본받는['明'자의 음은 '則(칙)'이다.] 자가 아니고, 군주가 된 자는 봉양을['養'자는 거성으로 읽는다.] 받아야 할 대상이지, 남을 봉양하는 자가 아니며, 군주가 된 자는 섬김을 받아야 하는 대상이지, 남을 섬기는 자가 아니다. 그러므로 군주가 남을 본받게['明'자의 음은 '則(칙)'이다.] 되면, 허물이 생기게 되고, 남을 봉양하게 되면, 세상을 다스려나가기에는 역부족이 되며, 남을 섬기게 되면, 자신의 지위를 잃는 꼴이 된다. 그러므로 백성들은 군주를 본받음으로써['則'자는 글자대로 읽는다.] 자기 스스로를 다스려야 하고, 군주를 봉양함으로써 자기 스스로 생활의 안정을 찾아야 하며, 군주를 섬김으로써 자기 스스로 명성을 드날려야 한다. 그러므로 예가 온 세상에 두루 통하여 명분이['分'자는 거성으로 읽는다.] 바르게 확립되었던 것이고, 그러므로 사람들은 모두 의를 지키며 목숨을 던지는 것을 선망했고, 의롭지 못하게 살아가는 것을 치욕스럽게 생각했던 것이다.

集說 凡承上章君立於無過之地而言. 舊說, 明, 猶尊也, 故讀則君爲明君. 今定此章三明字皆讀爲則字, 則上下文義, 坦然相應矣, 不必迂其說也. 君者, 正身脩德而爲臣民之所則傚者也, 非則傚人者也, 臣民之所奉養也, 非奉養人者也, 臣民之所服事也, 非服事人者也. 君而則人, 則是身不足以爲人所取則, 而反取則於人, 非立於無過之地者矣. 君而養人, 則一人之身, 豈能供億兆人之食? 必不足矣.

君而事人, 則降尊以事卑, 爲失位矣. 惟百姓者則君而自治其身, 所謂文武興則民好善也. 養君而自安, 謂竭力供賦稅, 則有耕食鑿飮之安也. 事君以自顯, 謂竭忠盡職, 則有錫爵之榮也. 禮敎通達而名分不踰, 故人皆慕守義而死, 恥不義而生也.

이 문장은 앞 장에서 "군주가 허물이 없는 곳에서 선다."고 한 말을 이어서 언급한 내용이다. 옛 학설에서는 '명(明)'자를 "존귀하게 받든다."라고 여겼기 때문에, '칙군(則君)'이라는 기록을 '명군(明君)'이라고 풀이하였다. 지금 이곳 문장에 기록된 3개의 '명(明)'자를 모두 칙(則)자로 풀이해 보면, 앞뒤의 문맥이 무난하게 서로 호응이 되니, 반드시 옛 학설에 따라서 해석할 필요는 없다. 군주가 된 자는 자신을 바로잡고 덕을 수양하여, 신하와 백성들이 본받는 대상이 되어야 할 자이지, 남을 본받는 자가 아니며, 군주는 신하와 백성들이 받들어서 봉양해야 하는 대상이지, 남을 봉양하는 자가 아니며, 군주는 신하와 백성들이 복종해야 할 대상이지, 남에게 복종해야 할 자가 아니다. 군주가 되고서 남을 본받게 된다면, 이것은 곧 제 자신을 남이 본받도록 하기에 부족하여, 도리어 남을 본받게 되는 것이니, 허물이 없는 곳에서 우뚝 선 자에는 해당하지 않는다. 군주가 되고서 남을 봉양하게 된다면, 군주 한 사람이 어찌 모든 백성을 먹여 살릴 수 있겠는가? 반드시 역부족이 될 것이다. 군주가 되고서 남을 섬긴다면, 자신의 존귀함을 한껏 낮춰서 신분이 낮은 자를 섬기는 꼴이 되니, 결국 그 지위를 잃는 모양새가 된다. 오직 백성들만이 군주를 본받아서 스스로 제 자신을 다스리는 것이니, 이른바 문왕과 무왕이 일어난다면, 백성들이 선을 좋아하게 될 것이라는 뜻이다.6) 그리고 "백성들이 군주를 받들어 봉양하고, 이를 통해 자기 스스로 안주한다."는 말은 백성들이 자신의 능력을 모조리 발휘하며 경작을 하고, 산출된 양에서 일정부분

---

6) 『맹자』「고자상(告子上)」: 或曰, 性可以爲善, 可以爲不善, 是故文武興, 則民好善, 幽厲興, 則民好暴.

을 떼어 세금으로 내면, 경작을 하여 밥을 먹고 우물을 파서 물을 마시는 등 생활의 안정이 생긴다는 뜻이다. "군주를 섬기고, 이를 통해 자기 스스로 이름을 드날리게 된다."는 말은 충심을 다하고 직분에 충실하게 되면, 작위를 하사받게 되는 영예를 누리게 된다는 뜻이다. 예법과 교화가 온 세상에 두루 통하게 되어, 명분이 올바름에서 벗어나지 않기 때문에, 사람들이 모두 도리를 지키며 목숨을 버리는 일을 선망하게 되고, 의롭지 못하게 살아가는 일을 치욕스럽게 생각하게 되는 것이다.

集說 石梁王氏曰: 此處皆非夫子之言.

석량왕씨가 말하길, 이곳 문장들은 모두 공자의 말이 아니다.

附註 人皆愛其死而患其生, 言禮以養人爲本, 故人皆愛死而謀生, 不敢犯分侵禮也. 患如論語"患得"之患, 猶言以此爲念也.

'인개애기사이환기생(人皆愛其死而患其生)'이라 했는데, 예는 남을 길러주는 것을 근본으로 삼는다. 그렇기 때문에 사람들은 모두 죽는 것을 애석하게 여기고 살기를 도모하여 분수를 어기고 예법을 어기는 일을 감히 하지 않았다는 뜻이다. '환(患)'자는 『논어』에서 "얻을 것을 걱정한다."7)라고 했을 때의 환(患)자와 같으니, 이러한 것을 유념한다는 의미이다.

---

7) 『논어』「양화(陽貨)」: 子曰, "鄙夫可與事君也與哉? 其未得之也, <u>患得</u>之. 旣得之, 患失之. 苟患失之, 無所不至矣."

【041】

故用人之知[去聲], 去[上聲]其詐, 用人之勇, 去其怒, 用人之仁, 去其貪.〈禮運-027〉

그러므로 사람의 지혜로운['知'자는 거성으로 읽는다.] 점은 가려서 써야하지만, 그가 가진 속임수의 능력은 버려서['去'자는 상성으로 읽는다.] 쓰지 말아야 하고, 사람의 용맹함은 가려서 써야하지만, 그의 난폭함은 버려서 쓰지 말아야 하며, 사람의 인자한 점은 가려서 써야하지만, 그의 탐욕스러운 점은 버려서 쓰지 말아야 한다.

集說 言人君用人, 當取其所長, 舍其所短. 蓋中人之才, 有所長必有所短也. 去, 猶棄也. 有知謀者易流於欺詐, 故用人之知, 當棄其詐而不責也. 有剛勇者易至於猛暴, 故用人之勇, 當棄其猛暴之過也.

이 문장의 내용은 군주가 사람을 등용할 때에는 마땅히 그들의 뛰어난 점을 채택해야 하며, 단점은 버려서 쓰지 말아야 한다는 뜻이다. 무릇 일반인들이 가지고 있는 재질에 따르면, 뛰어난 점도 있지만, 반드시 단점이라고 할 만한 점도 가지고 있다. '거(去)'자는 "버린다."는 뜻이다. 지모를 갖춘 자는 속임수를 써서 책임을 회피하길 잘한다. 그렇기 때문에 사람들의 지혜는 가려서 쓰되, 마땅히 그들의 속임수는 버려서 쓰지 말고, 그러한 분야에 책임을 맡기지 말아야 한다. 강성함과 용맹함을 갖춘 자들은 난폭해지기 쉽다. 그렇기 때문에 사람의 용맹함은 가려서 쓰되, 마땅히 그가 가지고 있는 난폭한 점들은 버려서 쓰지 말아야 하는 것이다.

集說 朱子曰: 仁止是愛, 愛而無義以制之, 便事事都愛好. 物事也愛好, 官爵也愛愛, 錢也愛, 事事都愛, 所以貪也. 故用人之仁, 當棄其貪之失也.

주자가 말하길, '인(仁)'은 사랑함일 뿐인데, 사랑만 하고 의로움으로 제지하지 못한다면, 곧 모든 사물들에 대해 애착을 갖게 된다. 즉 사물들에 대해서도 좋아하고, 관작도 좋아하며, 돈도 좋아하게 되니, 모든 일들에 대해서 좋아하는 것은 곧 탐욕을 부리는 것이다. 그렇기 때문에 사람의 인자함은 가려서 쓰되, 그가 가진 탐욕의 잘못됨은 버려야 한다.

【042】
故國有患, 君死社稷, 謂之義, 大夫死宗廟, 謂之變[讀爲辨]. 〈禮運-028〉
그러므로 나라에 환란이 발생했을 때, 군주가 사직을 지키다가 죽는 것을 '의(義)'라 부르며, 대부가 군주의 종묘를 지키다가 죽는 것을 '변(辨)'이라 [變'자는 '辨'자로 풀이한다.] 부른다.

集說 大去死宗廟, 言衛君之宗廟而致死也. 然己之宗廟亦在本國, 不棄君之宗廟, 卽是不棄己之宗廟也. 舊說, 變, 讀爲辨. 辨, 猶正也. 一說, 其死有分辨, 非可以無死而死也.
"대부가 종묘를 지키기 위해 죽는다."는 말은 군주의 종묘를 지키며 목숨을 바친다는 뜻이다. 그런데 본인의 종묘 또한 자신의 나라에 있으므로, 군주의 종묘를 외면하지 않는다는 말은 곧 자신의 종묘를 외면하지 않는다는 뜻에 해당한다. 옛 학설에서는 '변(變)'자를 변(辨)자로 풀이하였다. 이때의 '변(辨)'자는 올바르다는 정(正)자와 같다. 또한 일설에는 그들의 죽음에 따라 그것을 기록하는 구별이 있으니, 죽지 않아도 되는데 죽은 경우는 아니라고 풀이한다.

附註 大夫死宗廟謂之變, 註: 變, 讀爲辨. 按: 宗廟, 指大夫之家廟. 言大夫旣許身於君, 則當死於國, 不當死於家. 謂之變, 言反於義理之正也. 孝經曰: "諸侯能保其社稷, 大夫能守其宗廟." 此亦以君死社稷對言. 曲禮: "大夫曰奈何去宗廟." 亦言大夫之家廟.
'대부사종묘위지변(大夫死宗廟謂之變)'이라 했는데, 주에서는 '변(變)'자를 변(辨)자로 풀이한다고 했다. 살펴보니, '종묘(宗廟)'는 대부의 집에 있는 종묘를 가리킨다. 즉 대부가 이미 군주에게 자신의 몸을 의탁했다면 마땅히 국가를 위해 목숨을 바쳐야 하며, 자신의 집안을 위해 목숨을 바쳐서는 안 된다는 뜻이다. '위지변(謂之變)'이라는 것은 의리의 정도와 반대가 된다는 뜻이다. 『효경』에서는 "제후는 자신의 사직을 지킬 수 있다."[1]라 했고, "대부는 자신의 종묘를 지킬 수 있다."[2]라 했으며, 『예기』「곡례(曲禮)」편에서는 "대부에 대해 어찌하여 종묘를 버리고 떠나시는 것입니까?"[3]라 했는데, 이 모두는 대부의 집에 있는 종묘를 뜻한다.

---

1) 『효경』「제후장(諸侯章)」: 高而不危, 所以長守貴也. 滿而不溢, 所以長守富也. 富貴不離其身, 然後能保其社稷, 而和其民人.

2) 『효경』「경대부장(卿大夫章)」: 三者備矣, 然後能守其宗廟.

3) 『예기』「곡례하(曲禮下)」: 國君去其國, 止之曰, "奈何去社稷也?" 大夫曰, "奈何去宗廟也?" 士曰, "奈何去墳墓也?" 國君死社稷, 大夫死衆, 士死制.

【043】

故聖人耐[能]以天下爲一家, 以中國爲一人者, 非意之也, 必知其情,
辟[婢亦反]於其義, 明於其利, 達於其患, 然後能爲之. 何謂人情? 喜·
怒·哀·懼·愛·惡·欲, 七者弗學而能. 何謂人義? 父慈·子孝·
兄良·弟弟·夫義·婦聽·長惠·幼順·君仁·臣忠, 十者謂之人
義. 講信脩睦, 謂之人利. 爭奪相殺, 謂之人患. 故聖人之所以治人七
情, 脩十義, 講信脩睦, 尚慈讓, 去[上聲]爭奪, 舍禮何以治之?〈禮運-029〉

그러므로 성인은 능히['耐'자의 음은 '能(능)'이다.] 천하의 모든 백성을 자신의
가족처럼 삼으며, 백성들을 자신처럼 삼는 자인데, 이것은 자기 개인의 생
각으로 억측을 한다고 해서 될 것이 아니니, 반드시 백성들의 정감을 알아
야 하며, 그들이 따라야 할 도의를 열어주고['辟'자는 '婢(비)'자와 '亦(역)'자의 반
절음이다.] 그들이 이롭게 여기는 것들에 대해 잘 알고 있어야 하며, 그들이
우환으로 여기는 것들에 대해서도 잘 알아야 하니, 그런 이후에야 이처럼
할 수 있는 것이다. 그런데 무엇을 사람의 정감이라 부르는가? 기쁨·노여
움·슬픔·두려움·사랑함·싫어함·욕망을 뜻하니, 이러한 일곱 가지 감
정들은 따로 배우지 않아도 모두가 갖추고 있는 것들이다. 또 무엇을 사람
이 따라야 할 도의라 부르는가? 부친의 자애로움·자식의 효성스러움·형
의 선량함·동생의 공경스러움·남편의 의로움·부인의 순종함·연장자
의 은혜로움·어린 자들의 온순함·군주의 인자함·신하의 충성스러움이
니, 이러한 열 가지 것들을 '인의'라 부른다. 신의를 가르치고 화목함을
실천하는 것을 '사람에게 이로운 것'이라 부른다. 다투고 빼앗으며 서로
상해를 가함을 '사람에게 우환이 되는 것'이라고 부른다. 그러므로 성인은
이로써 사람의 일곱 가지 정감을 다스리고, 열 가지 도의를 다듬으며, 신의
를 가르치고, 화목함을 실천하며, 자애로움과 겸손함을 숭상하고, 다투고
빼앗는 것들을 없애게['去'자는 상성으로 읽는다.] 되는데, 이러한 일들에 있어서
예를 버려두고서 무엇으로써 다스리겠는가?

集說 非意之, 謂非以私意臆度而爲之也, 必是知其有此七情也. 故
開辟其十義之途, 而使之由之, 明達其利與患之所在, 而使之知所
趨, 知所避, 然後能使之爲一家, 爲一人也. 七情不學而能, 有禮以治

之, 則人義人利由此而生. 禮廢, 則人患由此而起.

'비의지(非意之)'라는 말은 자기 개인의 생각으로 억측을 하여 시행하는 것이 아니라는 뜻이니, 즉 반드시 백성들에게 이러한 일곱 가지 감정이 있다는 사실을 알고 있어야 한다는 의미이다. 그렇기 때문에 그들이 따를 열 가지 도의의 길을 열어서, 그들로 하여금 따르도록 하는 것이니, 그들이 이롭게 여기고 근심거리로 여기는 것이 어디에 있는지를 잘 알고 있어서, 그들로 하여금 지향해야 할 것들을 알게 하고, 피해야 할 것들을 알게 한 이후에야, 백성들을 내 가족처럼 삼을 수 있고, 내 몸처럼 삼을 수 있게 된다. 일곱 가지 감정들은 배우지 않아도 모두 발휘할 수 있는 감정인데, 예로써 그것들을 다스리게 된다면, 사람이 따라야 할 도의와 사람에게 이로운 것들이 바로 이로부터 생겨나게 된다. 따라서 예가 없어지게 되면, 사람에게 우환이 되는 것이 바로 이로부터 발생하게 된다.

集說 問: "愛與欲何別?" 朱子曰: "愛是汎愛那物, 欲則有意於必得, 便要拏將來."

묻기를 "사랑과 욕망은 어떻게 구별됩니까?"라고 하자 주자는 "사랑은 어느 사물에게나 널리 사랑하는 것이며, 욕망은 반드시 얻어야겠다고 뜻을 가지게 되어, 꼭 얻고자 하는 것이다."라고 했다.

附註 辟於其義. 辟與譬同, 言喩於其義.

'벽어기의(辟於其義)'라 했는데, '辟'자는 비(譬)자와 같으니, 그 의에 대해서 비유한다는 뜻이다.

【044】

飲食男女, 人之大欲存焉. 死亡貧苦, 人之大惡存焉. 故欲惡者, 心
之大端. 〈禮運-030〉

먹고 마시며 남녀 간에 관계를 맺는 것 속에는 사람의 가장 큰 욕망이 존재
한다. 죽음과 가난함이라는 것 속에는 사람의 가장 큰 싫어함이 존재한다.
따라서 욕망과 싫어함은 사람의 마음속에 있는 정감들 중에서도 가장 큰
단서가 된다.

集說 人心雖有七情, 總而言之, 止是欲惡二者, 故曰大端也.

사람의 마음속에 비록 일곱 가지 정감이 포함되어 있다 하지만, 이것들을
총괄적으로 언급한다면, 단지 욕망과 싫어함이라는 두 가지 정감으로 통
괄된다. 그렇기 때문에 '큰 단서[大端]'라고 말한 것이다.

【045】

人藏其心, 不可測度[大洛反]也. 美惡皆在其心, 不見[現]其色也, 欲一
以窮之, 舍禮何以哉? 〈禮運-031〉

사람은 그 마음을 깊숙한 곳에 감추고 있으니, 쉽사리 헤아려볼['度'자는 '大
(대)'자와 '洛(락)'자의 반절음이다.] 수 없다. 감정의 아름다움과 추함은 모두 그
마음속에 있어서, 그 사람의 안색을 통해서 드러나지['見'자의 음은 '現(현)'이
다.] 않으니, 일일이 따져보고자 함에 예를 버려두고 무엇으로써 관찰할 수
있겠는가?

集說 欲惡之心藏於內, 他人豈能測度之? 所欲之善惡, 所惡之善
惡, 豈可於顏色覘之? 若要一一窮究而察識, 非求之於禮不可. 蓋七
情中節, 十義純熟, 則舉動自然合禮, 若七情乖僻, 人倫有虧, 則言動
之間, 皆失常度矣. 有諸中, 必形諸外也. 若不知禮, 則無以察其情
義之得失於動作威儀之閒矣.

욕망하고 싫어하는 마음들은 마음 깊숙한 곳에 숨어 있으니, 다른 사람이

어찌 그것들을 잘 헤아려볼 수 있겠는가? 욕망하는 마음의 선악과 싫어하는 마음의 선악을 어찌 그 사람의 안색을 통해서 관찰 할 수 있겠는가? 만약 일일이 따져보고 관찰하고자 한다면, 예에서 그 방법을 모색하지 않고서는 불가능하다. 무릇 인간에게 내재된 일곱 가지 정감들이 법도에 맞고, 열 가지 도의가 사람들에게 숙련되어 있다면, 그 사람의 행동은 자연스럽게 예에 맞게 되는데, 만약 일곱 가지 정감이 어그러지고 치우치게 되어, 인륜이 어그러지는 일이 발생하게 되면, 그 사람이 말하고 행동하는 모든 것들이 항상된 법도에 맞지 않게 된다. 마음에 있는 것들은 반드시 겉으로 드러나게 된다. 만약 예에 대해서 알지 못한다면, 행동하고 위엄을 갖추는 사이에서, 그 사람이 가지고 있는 정감과 도의가 합당하거나 어긋난다는 사실을 관찰할 수 있는 방법이 없게 된다.

【046】

故人者, 其天地之德·陰陽之交·鬼神之會·五行之秀氣也. 〈禮運-032〉
그러므로 사람은 천지가 낳아준 덕을 품고 있고, 음양의 교합에 의해 태어났으며, 귀신의 두 기운이 오묘하게 합치되어 응결된 결과물이고, 오행 중에서도 가장 빼어난 기운을 타고난 존재이다.

集說 天地·鬼神·五行, 皆陰陽也. 德, 指實理而言, 交, 指變合而言, 會者, 妙合而凝也. 形生神發, 皆其秀而最靈者, 故曰五行之秀氣也.
천지(天地)·귀신(鬼神)·오행(五行)은 모두 음양(陰陽)의 기운에 해당한다. '덕(德)'은 음양의 실리(實理)를 가리켜서 언급한 말이고, '교(交)'는 음양의 변화와 화합을 가리켜서 언급한 말이며, '회(會)'는 음양의 기운이 오묘하게 화합하여 응결된다는 뜻이다. 사람의 육신과 정신이 생겨남에 그 기운들은 모두 음양의 기운 중에서도 가장 빼어나고 영묘한 것들이다. 그렇기 때문에 '오행 중에서도 가장 빼어난 기운'이라고 말한 것이다.

石梁王氏曰: 此語最粹.

석량왕씨가 말하길, 이 문장은 가장 핵심이 되는 말이다.

【047】

故天秉陽, 垂日星, 地秉陰, 竅[欺要反]於山川, 播[上聲]五行於四時, 和
而後月生也. 是以三五而盈, 三五而闕.〈禮運-033〉

그러므로 하늘은 양기를 부려서 해와 별들을 하늘에 수놓았고, 땅은 음기
를 부려서 산천에 구멍을 뚫어['竅'자는 '欺(기)'자와 '要(요)'자의 반절음이다.] 기운
이 통하게 하였으며, 사계절마다 오행을 배치시켰는데['播'자는 상성으로 읽는
다.] 이러한 운행이 조화를 이룬 뒤에야 달이 생겨나게 된다. 이러한 까닭으
로 달은 15일마다 보름달이 되고, 15일마다 그믐달이 된다.

集說 竅於山川, 山澤通氣也. 五行, 一陰陽也. 質具於地, 氣行於
天, 春木·夏火·秋金·冬水, 各主其事以成四時. 月之盈虧, 由於
日之近遠. 四序順和, 日行循軌, 而後月之生明如期, 望而盈, 晦而
死, 無朓朒之失也.

"산천에 구멍을 뚫는다."는 말은 산과 연못에 기운을 통하게 한다는 뜻이
다.1) 오행은 결국 음양이다. 재질은 땅에서 갖춰지고, 기운은 하늘에서
운행하게 되며, 봄의 목덕, 여름의 화덕, 가을의 금덕, 겨울의 수덕은 각
각 자신이 맡은 일을 주관함으로써 사계절을 이룬다. 달이 차고 이지러짐
은 해와의 거리에 달려 있다. 사계절의 순서가 법칙에 따라 조화롭고,
해의 운행이 궤도를 따르게 된 이후에야 달이 빛을 발함도 주기에 맞게
되어, 보름이 되어 달이 차고, 그믐이 되어 달이 없어지게 되니, 조뉵(朓
朒)2)의 차이가 생기지 않게 된다.

---

1) 『역』「설괘전(說卦傳)」: 天地定位, <u>山澤通氣</u>, 雷風相薄, 水火不相射, 八卦相錯.
2) 조뉵(朓朒)은 육조(朒朓)라고도 부른다. 천문학의 용어로, 매월 초에 달이 동쪽

【048】

五行之動, 迭[田結反]相竭也. 五行·四時, 十二月, 還旋相爲本也.〈禮運-034〉

오행의 운행은 갈마들어서[迭'자는 '田(전)'자와 '結(결)'자의 반절음이다.] 교대로 소진이 된다. 오행·사계절·12개월은 다시 돌아와 교대로 시작점이 된다.

集說 動, 運也. 竭, 盡也, 終也. 本者, 始也. 五行之運於四時, 迭相終而還相始, 終則有始, 如環無端也. 冬終竭而春始來, 則春爲夏之本, 春竭而夏來, 則夏又爲秋之本. 已往者爲見在者所竭, 見在者爲方來者所本. 五行四時十二月, 莫不皆然也.

'동(動)'자는 "운행한다."는 뜻이다. '갈(竭)'자는 "다한다."는 뜻이며, "끝마친다."는 뜻이다. '본(本)'이라는 말은 "시작된다."는 뜻이다. 오행은 사계절 속에서 운행을 하면서, 갈마들며 서로 끝을 맺고서, 다시금 돌아와 서로 시작을 하게 되니, 끝을 맺게 되면 새로운 시작이 있게 되는 것으로,[3] 마치 둥근 옥에 시작과 끝부분이 없는 것과 같다. 겨울이 끝을 맺어 소진이 되고 봄이 비로소 도래하게 되면 봄은 여름의 시작이 되고, 봄의 기운이 소진되어 여름이 찾아오게 되면 여름은 또한 가을의 시작이 된다. 이미 떠나간 것은 현재에 있는 것들을 위해 소진되어 없어진 것이며, 현재에 남아 있는 것들은 앞으로 도래할 것에 의해 시작점이 된다. 오행과 사계절 및 12개월 중에는 이와 같지 않은 것이 없다.

【049】

五聲·六律·十二管, 還相爲宮也.〈禮運-035〉

오성(五聲)[4]·육률(六律)[5]·12개의 관(管)은 순환하여 서로의 궁(宮)이

하늘에 나타나고, 매월 말에 달이 서쪽 하늘에 나타나는 것을 가리킨다.

3) 『역』「고괘(蠱卦)·단전(象傳)」: "先甲三日, 後甲三日", 終則有始, 天行也.

된다.

集說 五聲, 宮·商·角·徵·羽也. 六律, 陽聲, 黃鍾子, 太簇寅, 姑洗辰, 蕤賓午, 夷則申, 無射戌也. 陰聲, 謂之六呂, 大呂丑, 應鍾亥, 南呂酉, 林鍾未, 仲呂巳, 夾鍾卯也. 六律·六呂, 皆是候氣管名. 律, 法也, 又云述也. 呂, 助也, 言助陽宣氣也. 摠而言之, 皆可稱律, 故月令十二月皆稱律也. 長短之數, 各有損益. 又有娶妻生子之例. 長短損益者, 如黃鍾長九寸, 下生者, 三分去一, 故下生林鍾長六寸也. 上生者, 三分益一, 如林鍾長六寸, 上生太簇長八寸也. 上下之生, 五下六上, 蓋自林鍾末至應鍾亥, 皆在子午以東, 故謂之下生. 自大呂丑至蕤賓午, 皆在子午以西, 故謂之上生. 子午皆屬上生, 當云七上, 而云六上者, 以黃鍾爲諸律之首, 故不數也. 律娶妻而呂生子者, 如黃鍾九以林鍾六爲妻, 太簇九以南呂六爲妻, 膈八而生子, 則林鍾生太簇, 夷則生夾鍾之類也. 各依此推之可見. 還相爲宮者, 宮爲君主之義, 十二管更迭爲主, 自黃鍾始, 當其爲宮, 五聲皆備. 黃鍾第一宮, 下生林鍾爲徵, 上生太簇爲商, 下生商呂爲羽, 上生姑洗爲角, 餘倣此. 林鍾第二宮, 太簇三, 南呂四, 姑洗五, 應鍾六, 蕤賓七, 大呂八, 夷則九, 夾鍾十, 無射十一, 仲呂十二也. 此非十二月之次序, 乃律呂相生之次序也.

'오성(五星)'은 궁(宮)·상(商)·각(角)·치(徵)·우(羽)를 뜻한다. '육

---

4) 오성(五聲)은 오음(五音)이라고도 하며, 일반적으로 궁(宮), 상(商), 각(角), 치(徵), 우(羽) 다섯 가지 음을 뜻한다. 당(唐)나라 이후에는 또한 합(合), 사(四), 을(乙), 척(尺), 공(工)으로 부르기도 했다. 『맹자』「이루상(離婁上)」편에는 "不以六律, 不能正五音."이라는 기록이 있는데, 이에 대한 조기(趙岐)의 주에서는 "五音, 宮商角徵羽"라고 풀이하였다.

5) 육률(六律)은 12율(律) 중 양률(陽律)에 해당하는 황종(黃鍾), 태주(大簇), 고선(姑洗), 유빈(蕤賓), 이칙(夷則), 무역(無射)을 가리키는 용어이다. 또한 12율과 같은 의미로 사용되었다.

률(六律)'은 12율 중에서 양에 해당하는 소리를 뜻하니, 12지 중 자(子)에 해당하는 황종(黃鐘), 인(寅)에 해당하는 태주(大簇), 진(辰)에 해당하는 고선(姑洗), 오(午)에 해당하는 유빈(蕤賓), 신(申)에 해당하는 이칙(夷則), 술(戌)에 해당하는 무역(無射)을 가리킨다. 음에 해당하는 소리는 '육려(六呂)'를 뜻하니, 축(丑)에 해당하는 대려(大呂), 해(亥)에 해당하는 응종(應鐘), 유(酉)에 해당하는 남려(南呂), 미(未)에 해당하는 임종(林鐘), 사(巳)에 해당하는 중려(仲呂), 묘(卯)에 해당하는 협종(夾鍾)을 가리킨다. 육률과 육려는 모두 기후를 측정하는 피리관의 명칭이다. '율(律)'자는 법도를 뜻하고, 또한 '술(述)'이라고도 부른다. '여(呂)'자는 "돕는다."는 뜻으로, 양기를 도와서 기를 펼치도록 한다는 뜻이다. 총괄적으로 말을 하자면, 이 모두는 '율(律)'이라고 부를 수 있다. 그렇기 때문에 『예기』「월령(月令)」편에서는 12개월의 기후를 말하면서, 모두 '율(律)'이라고 불렀던 것이다. 피리관의 길이를 정할 때에는 각각 줄이거나 더하는 방법이 있다. 또 아내를 맞아 자식을 낳는 것과 같은 방법도 있다. 길이를 줄이거나 더하는 방법은 예를 들어 황종음을 내는 피리관의 길이는 9촌인데, 그 아래로 파생되는 것은 그 길이를 3등분하여, 전체 길이에서 그 하나 만큼을 뺀 것이다. 그렇기 때문에 그 아래로 파생되는 임종음을 내는 피리관은 그 길이가 6촌이 되는 것이다. 위로 파생되는 것은 그 길이를 3등분하여, 전체 길이에서 그 하나 만큼을 더한 것이다. 예를 들어 임종음을 내는 피리관의 길이는 6촌인데, 위로 파생되는 태주음을 내는 피리관은 그 길이가 8촌이다. 기준음을 놓고 봤을 때, 상하로 파생되는 음 중 다섯 음은 아래로 파생되고, 여섯 음은 위로 파생되는데, 무릇 미에 해당하는 임종음부터 해에 해당하는 응종음까지는 12지로 원형을 그렸을 때, 모두 기준 축이 되는 자(子)와 오(午)의 동쪽에 놓이게 된다. 그렇기 때문에 '하생(下生)'이라고 부르는 것이다. 또 축에 해당하는 대려음부터 오에 해당하는 유빈음까지는 모두 자와 오의 서쪽에 놓이게 된다. 그렇기 때문에 '상생(上生)'이라고 부르는 것이다. 또한 자'에 해당하는 황종음과 오에 해당하는 유빈음은 모두 상생에 속한다. 그렇기 때문에 마땅히 상생은 7개라고 해야 하는데, 여섯 개의 상생이라고 부른 이유는 황종음은 여러 음들의 기준이 되기 때문에, 그 수치 안에 포함시키지 않은 것이다. 율이 아내를 맞아들이고, 여가 자식을 낳는다는 말은 예를 들어 황종은 9로써 임종의 6을 아내로 삼고, 태주는 9로써 남려의 6을 아내로 삼는데, 8을 벌리며 새끼음을 낳으니, 임종은 태주를 낳고, 이칙은 협종을 낳는 부류와 같은 것이다. 나머지 음들에 대해서도 이러한 방법에 따라 유추해보면, 그 세부 내용들을 알 수 있다. "순환하여 서로의 궁(宮)이 된다."는 말은 오음 중 궁에는 군주의 의미가 포함되어 있으니, 12개의 음을 내는 피리관들은 다시금 갈마들며 서로의 주인이 되는데, 황종으로부터 음이 시작되므로, 마땅히 그 음은 오음 중의 궁에 해당하며, 오음은 이를 통해 모두 갖춰지게 된다. 황종이 1궁이 되면, 하생인 임종은 치가 되고, 상생인 태주는 상이 되며, 하생인 남려는 우가 되고, 상생인 고선은 각이 되며, 나머지도 모두 이와 같다. 따라서 임종이 2궁이 되고, 태주가 3궁이 되며, 남려가 4궁이 되고, 고선이 5궁이 되며, 응종이 6궁이 되고, 유빈이 7궁이 되며, 대려가 8궁이 되고, 이칙이 9궁이 되며, 협종이 10궁이 되고, 무역이 11궁이 되며, 중려가 12궁이 되는 경우에도 위의 경우와 같다. 그런데 이것들은 12개월의 순서를 뜻하는 것이 아니니, 곧 육률과 육려가 생겨나는 순서에 해당한다.

【050】

五味 · 六和[去聲] · 十二食, 還相爲質也.〈禮運-036〉

오미 · 육화['和'자는 거성으로 읽는다.] · 12개월 동안 각 달마다 먹는 음식들은 순환하여 서로간의 바탕이 된다.

集說　酸 · 苦 · 辛 · 鹹, 加滑與甘, 是五味 · 六和也. 十二食, 十二月之所食也. 還相爲質者, 如春三月以酸爲質, 夏三月以苦爲質, 而六和皆相爲用也.

신맛[酸] · 쓴맛[苦] · 매운맛[辛] · 짠맛[鹹]에 향신료 맛[滑]과 단맛[甘]을
더한 것이 바로 '오미(五味)'와 '육화(六和)'에 해당한다. '십이식(十二
食)'은 12개월 동안 각 달마다 먹는 음식들이다. "순환하여 서로간의 바
탕이 된다."는 말은 예를 들어 계춘인 3월에는 신맛을 음식의 기본 바탕
으로 삼고, 계하인 6월에는 쓴맛을 바탕으로 삼게 되어, 육화가 모두 서
로간의 쓰임이 된다는 뜻이다.

附註 質, 當作主.

'질(質)'자는 마땅히 주(主)자가 되어야 한다.

【051】

五色・六章・十二衣, 還相爲質也. 〈禮運-037〉

오색(五色)¹⁾・육장・12개월마다 입는 의복은 순환하여 서로간의 바탕이
된다.

集說 五色, 靑・赤・黃・白・黑也. 幷天玄爲六章. 十二月之衣, 如
月令春衣靑・夏衣朱之類. 還相爲質, 謂畫繢之事, 主其時之一色,
而餘色間雜也.

'오색(五色)'은 청색・적색・황색・백색・흑색이다. 오색은 하늘의 검은
색과 합쳐 '육장(六章)'이 된다. 12개월마다 입는 의복이라는 것은 예를
들어 『예기』「월령(月令)」편에서 봄에는 의복을 청색으로 하고, 여름에는
의복을 적색으로 한다는 부류와 같다. "순환하여 서로간의 바탕이 된다."는
말은 수를 놓거나 그림을 그리는 일에 있어서, 그 시기에 해당하는 한
색깔을 주된 색으로 사용하고, 나머지 색들을 중간에 가미한다는 뜻이다.

【052】

故人者, 天地之心也, 五行之端也, 食味別[皮列反]聲被色而生者也.
〈禮運-038〉

그러므로 사람은 천지의 마음을 담고 있으며, 오행의 단서를 가지고 있고,
음식의 맛을 분별하며 소리를 분별하고['別'자는 '皮(피)'자와 '列(렬)'자의 반절음이
다.] 의복의 색깔을 분별할 줄 아는 존재로 태어났다.

集說 天地之心, 以理言, 五行之端, 以氣言. 食五味, 別五聲, 被五

---

1) 오색(五色)은 청색[靑], 적색[赤], 백색[白], 흑색[黑], 황색[黃]을 뜻한다. 고대에는
   이 다섯 가지 색깔을 순일한 색깔로 여겨서, 정색(正色)으로 규정하였고, 그 이외
   의 색깔들은 간색(間色)으로 분류하였다.

色, 其間皆有五行之配, 而性情所不能無者.

천지의 마음이라는 말은 이치에 기준을 두고 한 말이며, 오행의 단서라는 말은 기에 기준을 두고 한 말이다. 오미를 분별하여 맛보고, 오성을 분별하여 들으며, 오색을 분별하여 의복에 적용하는데, 그 사이에는 모두 오행과 짝을 이룸이 있고, 성정상 없을 수 없는 것이다.

集說 問: "人者天地之心." 朱子曰: "謂如天道福善禍淫, 乃人所欲也. 善者人皆欲福之, 淫者人皆欲禍之." 又曰: "敎化皆是人做, 此所謂人者天地之心也."

묻기를 "사람이 천지의 마음이라는 말은 무슨 뜻입니까?"라고 하자 주자가 대답해주길, "마치 하늘의 도리에 따라 선한 자에게는 복을 내려주고 음란한 자에게는 재앙을 내려주는 것이 곧 사람들도 바라는 점이라는 뜻이다. 즉 선한 자에 대해서는 사람들이 모두 그에게 복을 주려고 하며, 음란한 자에 대해서는 사람들이 모두 재앙을 주려고 한다는 뜻이다."라고 했다. 또 말하길, "교화라는 것은 모두 사람답게 만드는 것으로, 여기에서 말하는 것처럼 '사람이 천지의 마음이다.'라는 뜻이다."라고 했다.

【053】

故聖人作則, 必以天地爲本, 以陰陽爲端, 以四時爲柄, 以日星爲紀, 月以爲量[去聲], 鬼神以爲徒, 五行以爲質, 禮義以爲器, 人情以爲田, 四靈以爲畜[許又反]. 以天地爲本, 故物可擧也, 以陰陽爲端, 故情可睹也, 以四時爲柄, 故事可勸也, 以日星爲紀, 故事可列也, 月以爲量, 故功有藝也, 鬼神以爲徒, 故事可守也, 五行以爲質, 故事可復也, 禮義以爲器, 故事行有考也, 人情以爲田, 故人以爲奧也, 四靈以爲畜, 故飮食有由也. 〈禮運-039〉

그러므로 성인은 규범을 제정함에 반드시 천지를 근본으로 삼으며, 음양을 단서로 삼고, 사계절을 정치를 시행하는 큰 기조로 삼으며, 해와 달을 기강으로 삼고, 달을 기한으로[*畢*자는 거성으로 읽는다.] 삼으며, 귀신을 짝을 이루어야 할 대상처럼 삼고, 오행을 올바름으로 삼으며, 예의를 기물을 완성하는 것처럼 삼고, 사람의 정감 다스리는 것을 농경지를 다스리는 것처럼 삼으며, 네 가지 신령스러운 동물들을 집에서 기르는 가축처럼['畜'자는 '許(허)'자와 '又(우)'자의 반절음이다.] 삼는다. 천지를 근본으로 삼았기 때문에 모든 사물들이 시행될 수 있으며, 음양을 단서로 삼았기 때문에 정감을 살펴볼 수 있고, 사계절을 큰 기조로 삼았기 때문에 사업을 권면할 수 있으며, 해와 별을 기강으로 삼았기 때문에 사업을 열거하여 제시할 수 있고, 달을 기한으로 삼았기 때문에 사업의 결과물을 식물을 재배하듯 시기에 맞도록 할 수 있으며, 귀신을 의지하고 짝을 이루는 동류로 삼았기 때문에 사업을 오래도록 지킬 수 있고, 오행을 올바른 바탕으로 삼았기 때문에 사업을 재차 진행할 수 있으며, 예의를 기물을 만들 듯이 하였기 때문에 사업의 수행에 있어서 이룸이 생기는 것이고, 사람의 정감에 대해서 농경지를 다스리듯 하였기 때문에 사람에게는 방안의 중심인 아랫목이 생긴 것처럼 된 것이며, 네 가지 신령스러운 동물들을 가축처럼 기르게 되었기 때문에 음식을 만들 때 사용할 수 있는 재료들이 생긴 것이다.

集說 此章凡十條, 自天地至人情九條, 皆是覆說前章諸事. 萬事萬物之理, 不出乎天地之間, 聖人作爲典則, 而以天地爲本, 則事物之理, 皆可擧行.

이곳 문장에 기록된 총 10가지 조목 중 천지에 대한 조목부터 인정에 대한 조목까지의 9개는 모두 앞 장에서 설명한 여러 사안에 대해 재차 설명한 말이다. 모든 사물들의 이치는 천지 사이에서 벗어나지 않으니, 성인이 법칙을 만들며 천지를 근본으로 삼는다면, 모든 사물들의 이치가 시행될 수 있게 된다.

集說 情之善者屬陽, 惡者屬陰, 求其端於陰陽, 則善惡可得而見.

정 중에서 선한 부류의 것들은 양에 속하고, 악한 부류의 것들은 음에

속하는데, 음양 안에서 그 단서를 찾게 된다면, 선악을 확연히 판별할
수 있게 된다.

集說 柄, 猶權也. 四時各有當爲之事, 執當時之權柄, 以敎民立事,
則事可勸勉而成.

'병(柄)'은 저울대와 같다. 사계절마다 각각 마땅히 시행해야 할 일들이
있으니, 해당 계절의 정책 기조를 가지고서 백성들을 교화시키고 사업을
수립한다면, 해당 일들에 대해서 백성들에게 권면하여 성사시킬 수 있게
된다.

集說 日星爲紀, 如日中星鳥, 日永星火之類, 所以紀時之早晚. 列
者, 以十二月之事, 詳列以示民, 而使之作爲也.

"해와 별을 기강으로 삼는다."고 하였는데, 여기에서 말하는 해와 별은
낮과 밤의 길이가 같아져서 춘분이 되고, 해당 별자리가 남방 주작의 7수
가 되거나 낮의 길이가 길어져서 하지가 되고, 해당 별자리가 동방 창룡
의 대화성이 된다고 할 때의 해나 별 등의 종류와 같다. 따라서 이것을
통해 각 계절별 시간의 빠르고 늦음에 대해 기틀을 세우게 된다. '열(列)'
이라는 말은 12개월마다 시행해야 할 일들을 자세히 열거하여 백성들에
게 보여주고, 그들로 하여금 자신들이 해야 할 일들을 시행토록 한다는
뜻이다.

集說 量, 限量也, 謂十二月之分限. 分限不踰, 則所爲皆得其時, 故
事功滋長, 如樹藝然也.

'양(量)'이라는 말은 수량의 한정을 뜻하니, 즉 12개월마다의 구분된 기한
을 의미한다. 이러한 기한을 벗어나지 않게 된다면, 시행하는 일들이 모
두 알맞은 때를 얻게 된다. 그렇기 때문에 사업의 성과도 더욱 커지는
것이니, 마치 수목이 무성해지는 것과 같다.

集說 徒, 如徒侶之相依. 郊社·宗廟·山川·五祀之禮, 皆與政事相依, 卽前章敎地以下諸事. 如此行政, 則凡事可悠久不失也.

'도(徒)'는 동년배들이 서로 의지하고 짝을 이룬다는 뜻과 같다. 교사·종묘·산천·오사에서 시행하는 제례들은 모두 정사와 서로 연계되니, 곧 앞 장에서 "땅의 도리를 본받는다."라고 한 말부터 그 이하의 여러 사안들에 해당한다. 만약 이처럼 정치를 시행한다면, 모든 일들을 오래도록 시행하더라도 정상궤도에서 벗어나지 않게 될 것이다.

集說 五行之氣, 周而復始. 質, 猶正也. 國家歲有常事, 必取正於五行之時分, 則其事亦今歲周而來歲復始也.

오행의 기운은 한 바퀴를 순환하면 재차 시작된다. '질(質)'자는 올바름을 뜻한다. 국가의 입장에서는 1년마다 고정적으로 시행해야 할 일들이 있는데, 반드시 오행에 따른 각 계절별 정령에서 그 바름을 취해야 하니, 그렇게 된다면 해당 사안 또한 올해에 한 바퀴를 순환하고도, 그 다음해에 재차 시작이 된다.

集說 器必成而後適於用, 今用禮義如成器, 則事之所行, 豈有不成者乎? 考, 成也.

기물은 반드시 완성된 이후에야 쓰이게 되니, 오늘날 예의를 사용함에 기물을 완성하는 것처럼 한다면, 해당 사업을 시행함에 어찌 완성되지 않는 경우가 생기겠는가? '고(考)'자는 "완성한다."는 뜻이다.

集說 治人情如治田, 不使邪辟害正性, 如不使稊稗害嘉穀, 則人皆有宿道向方之所, 如室之有奧也.

사람의 정감을 다스리는 일은 농경지를 다스리는 일과 같으니, 사벽한 마음이 올바른 본성을 해치지 못하게 하는 것을 모양이 유사한 잡초들이 곡식을 해치지 못하게 하는 것처럼 한다면, 사람들은 모두 도로 귀의하며 올바르게 나아가야 할 방향을 알게 되니, 이것은 마치 방안에 중심이 되는 아랫목이 있는 것과 같다.

集說 六畜, 人家所豢養. 四靈本非可以豢養致者, 今皆爲聖世而出, 如馴畜然, 皆聖人道化所感耳. 飮食有由者, 由, 用也. 謂四靈爲鳥獸魚鱉之長, 長至則其屬皆至, 有可用之以供庖廚者矣.

육축(六畜)2)은 집안에서 먹이를 주어 키우는 동물이다. 사령(四靈)3)은 본래 먹이를 주며 기를 수 있는 동물이 아닌데, 현재 이 동물들이 모두 성인이 다스리는 세상에 출현하여, 마치 길들여서 사육하는 가축처럼 되니, 이 모두는 성인이 도에 따라 교화를 하여 그것에 감화되었기 때문이다. "음식에 유(由)가 있다."는 말에서, '유(由)'자는 쓰임이라는 뜻이다. 즉 네 가지 신령스러운 동물들은 조수나 물고기, 자라 등의 수장이 되는데, 수장이 되는 동물들이 찾아온다면, 그 안에 소속된 모든 생물들이 찾아오게 되어, 이것들을 사용해서 부엌에 제공할 만한 것들이 있게 된다는 의미이다.

【054】
何謂四靈? 麟·鳳·龜·龍, 謂之四靈. 故龍以爲畜, 故魚鮪[偉]不淰[審], 鳳以爲畜, 故鳥不獝[況必反], 麟以爲畜, 故獸不狘[許月反], 龜以爲畜, 故人情不失. 〈禮運-040〉

---

2) 육축(六畜)은 여섯 종류의 가축을 뜻한다. 말[馬], 소[牛], 양[羊], 닭[雞], 개[犬], 돼지[豕]를 가리킨다. 『춘추좌씨전』「소공(昭公) 25년」에는 "爲六畜·五牲·三犧, 以奉五味."라는 기록이 있고, 이에 대한 두예(杜預)의 주에서는 "馬·牛·羊·雞·犬·豕."라고 풀이했다.
3) 사령(四靈)은 네 가지 신령스러운 동물을 뜻한다. 기린[麟], 거북이[龜], 봉황새[鳳], 용[龍]을 가리킨다.

그렇다면 무엇을 '사령(四靈)'이라 부르는가? 기린·봉황·거북이·용을 '사령(四靈)'이라 부른다. 그러므로 용을 가축으로 삼았기 때문에, 물고기들이['鮪'자의 음은 '偉(위)'이다.] 놀라서 달아나지['淰'자의 음은 '審(심)'이다.] 않고, 봉황을 가축으로 삼았기 때문에, 새들이 날아가지['獝'자는 '況(황)'자와 '必(필)'자의 반절음이다.] 않으며, 기린을 가축으로 삼았기 때문에, 짐승들이 달아나지['狘'자는 '許(허)'자와 '月(월)'자의 반절음이다.] 않고, 거북이를 가축으로 삼았기 때문에, 사람들의 정감도 잃지 않게 된다.

集說 鮪, 魚之大者, 故持言之. 淰, 群隊驚散之貌. 獝, 驚飛也. 狘, 驚走也. 三靈物既馴擾如畜, 則其類皆隨從之, 雖見人亦不爲之驚而飛走矣. 龜能前知, 人有所決以知可否, 故不失其情之正也. 上三物皆因飮食有由而言, 龜獨不言介蟲之類應者, 以其爲決疑之寶, 非可以飮食之物例之也.

'유(鮪)'는 물고기들 중에서도 큰 놈이다. 그렇기 때문에 특별히 지시해서 언급한 것이다. '심(淰)'자는 무리가 놀라서 뿔뿔이 흩어지는 모양을 뜻한다. '휼(獝)'자는 놀라서 날아간다는 뜻이다. '월(狘)'자는 놀라서 달아난다는 뜻이다. 용·봉황·기린이라는 세 가지 영물들을 가축처럼 길들이게 된다면, 그들과 같은 부류의 동물들도 모두 뒤따라 순종하게 되어, 비록 사람을 보게 되더라도 또한 사람으로 인해 놀라서 날아가거나 달아나지 않게 된다. 거북이는 앞으로 발생할 일들을 알 수 있어서, 사람은 결단할 일이 생기면 거북점을 통해서 가부를 판단하게 된다. 그렇기 때문에 정감의 올바름도 잃지 않게 된다. 앞에서 말한 세 가지 영물들은 모두 음식의 재료로 사용되는 점이 있기 때문에, 이러한 관점에서 관련 동물들에 대해 언급한 것인데, 거북이에 대해서는 유독 딱딱한 껍질을 가진 동물 부류들이 어떻게 반응하는지 언급하지 않았다. 그 이유는 거북이를 의심스러운 사안을 판결할 수 있는 보배로 여겨서, 음식으로 사용되는 동물들과 같은 것으로 제시할 수 없었기 때문이다.

集說 石梁王氏曰: 四靈以爲畜, 衍至此無義味, 太迂疏, 何所無龜?

석량왕씨가 말하길, "네 가지 영물들을 가축으로 삼는다."는 말에 대해서, 쓸데없이 부풀려져 이곳 문장까지 설명되고 있는데, 특별한 의미는 없으며, 매우 우활한 얘기이다. 어느 곳엔들 거북이가 없겠는가?

【055】

故先王秉蓍龜, 列祭祀, 瘞[瞳]繒[似仍反], 宣祝嘏辭說, 設制度. 故國有禮, 官有御, 事有職, 禮有序. 〈禮運-041〉 [繒下, 當有幣字. 辭說二字衍文.]

그러므로 선왕은 시초점과 거북점을 쳐서 제사를 차례대로 거행하였고, 폐백을['繒'자는 '似(사)'자의 '仍(잉)'자의 반절음이다.] 매장하여['瘞'자의 음은 '瞳(에)'이다.] 신에게 아뢰었으며, 축사와 가사의 말들을 선양하고, 제도를 설치하였다. 그렇기 때문에 나라에는 예가 생겼으며, 관직은 다스려졌고, 사업에는 그 직임이 생겼으며, 예에는 질서가 생기게 되었다. ['繒'자 뒤에는 마땅히 '幣'자가 있어야 한다. '辭說'이라는 두 글자는 연문이다.]

集說 瘞, 埋也. 繒, 幣帛也. 祭法云: "瘞埋於泰祈, 祭地也." 繒之言贈, 埋幣告神者, 亦以贈神也. 宣, 揚也. 先王重祭祀, 故定期日於蓍龜, 而陳列祭祀之禮. 設爲制度如此其詳, 制度一定, 國家有典禮可守, 官有所治, 事有其職, 禮得其字也.

'예(瘞)'자는 "매장한다."는 뜻이다. '증(繒)'은 제물로 바치는 폐백이다. 『예기』「제법(祭法)」편에서는 "태절(泰折)4)에 폐백을 매장하여, 땅에 제

---

4) 태절(泰折)은 북쪽 교외에 설치되었던 제단을 뜻한다. 땅에 대한 제사를 지내던 곳이다. 단(壇)자와 절(折)자는 모두 흙을 쌓아올려 제사지내는 장소를 만든다는 뜻이다. 태(泰)자는 천지(天地)와 같은 중요한 신들에게 제사를 지낸다는 뜻에서 붙여진 글자이다. 『예기』「제법(祭法)」편에는 "燔柴於泰壇, 祭天也. 瘞埋於泰折, 祭地也."라는 기록이 있고, 이에 대한 정현의 주에서는 "壇·折, 封土爲祭處也."라고 풀이하였다.

사를 지냈다."라고 하였다. '증(繒)'자는 "바친다."는 뜻으로, 폐백을 매장
하여 신에게 아뢰는 것은 또한 이것을 통해 신에게 제물을 바치는 것이
다. '선(宣)'자는 "드날린다."는 뜻이다. 선왕은 제사를 중시하였기 때문
에, 시초점과 거북점을 쳐서 제사지낼 날짜를 정하고, 제사의 의례를 차
례대로 거행하였다. 제도를 설치할 때 이처럼 상세하였고, 또한 제도가
일정하여, 국가에는 지킬만한 예법이 생기게 되었고, 관직은 다스려지게
되었으며, 사업에는 그 직임이 생기게 되었고, 예는 올바른 질서를 얻게
된 것이다.

【056】

故先王患禮之不達於下也. 故祭帝於郊, 所以定天位也. 祀社於國,
所以列地利也. 祖廟, 所以本仁也. 山川, 所以儐鬼神也. 五祀, 所
以本事也. 故宗祝在廟, 三公在朝, 三老在學, 王前巫而後史, 卜筮
瞽侑皆在左右, 王中[句], 心無爲也, 以守至正.〈禮運-042〉

그러므로 선왕은 예가 천하에 두루 달통하지 않을까를 염려한다. 그렇기
때문에 교외에서 상제에게 제사를 지내는 것은 하늘의 지위를 확정하는
방법이다. 국성에서 사직에 제사를 지내는 것은 땅의 이로움을 열거하여
천명하는 방법이다. 종묘에서 제사를 지내는 것은 인을 근본으로 삼는 방
법이다. 산천에게 제사를 지내는 것은 귀신을 빈객처럼 접대하는 방법이
다. 오사에 제사를 지내는 것은 일에 근본을 두는 방법이다. 그러므로 종축
은 종묘에 위치하고, 삼공은 조정에 위치하며, 삼로는 학교에 위치하고,
천자는 무들을 앞에 위치시키며, 사들을 뒤에 두고, 거북점과 시초점을 치
는 관리와 악사 및 사보(四輔)[5]들은 모두 천자의 좌우에 위치하며, 천자는

---

5) 사보(四輔)는 사린(四鄰)이라고도 부른다. 군주를 보좌하는 네 명의 측근 신하들
이다. 해당 관직명에 대해서는 이견이 있어서, 의(疑), 승(丞), 보(輔), 필(弼)을
'사보'로 부르기도 하며, 도(道), 필(弼), 보(輔), 승(承)을 '사보'로 부르기도 한다.
이들이 각각 담당하는 일들에 대해서는 정확히 알려진 바가 없다. 다만 『예기』「문

그 중심에 위치하니[‘中’자에서 구문을 끊는다.] 마음에 다른 작용이 일어나지 않아서, 이로써 지극히 올바른 도리를 지키게 된다.

集說 天子致尊天之禮, 則天下知尊君之禮, 故曰定天位. 食貨所資, 皆出於地, 天子親祀后土, 正爲表列地利, 使天下知報本之禮也. 仁之實, 事親是也. 人君以子禮事尸, 所以達仁義之教於下也. 儐禮鬼神而祭山川, 本諸事爲而祭五祀, 皆是使禮教之四達, 此亦前章未盡之意. 廟有宗祝, 朝有三公, 學有三老・五更, 無非明禮教以淑天下. 巫主祓臨之禮而居前, 史書言動之實而居后, 瞽爲樂師, 侑爲四輔, 或辨聲樂, 或贊威儀, 而王居其中, 此心何所爲哉? 不過守君道之至正而已. 此又是人君以禮自防, 示教於天下也.

천자가 하늘을 존귀하게 받드는 예를 지극히 시행하면, 천하의 모든 백성들이 군주를 존귀하게 받드는 예를 알게 된다. 그렇기 때문에 "하늘의 지위를 확정한다."고 말한 것이다. 음식과 재화가 재료로 삼는 것들은 모두 땅에서 생산되는데, 천자가 직접 후토에게 제사를 지내는 것은 바로 땅의 이로움을 차례대로 나타내어, 천하의 백성들로 하여금 본원에 보답하는 예에 대해서 알게끔 하는 것이다. 인(仁)의 실질은 부모를 섬기는데 있다. 군주가 자식이 시행하는 예에 따라서 시동을 섬기는 것은 천하에

왕세자(文王世子)」편에 대한 공영달(孔穎達)의 소(疏)에서는 "尙書大傳云: '古者天子必有四鄰: 前曰疑, 後曰丞, 左曰輔, 右曰弼. 天子有問, 無以對, 責之疑; 可志而不志, 責之丞; 可正而不正, 責之輔; 可揚而不揚, 責之弼. 其爵視卿, 其祿視次國之君也.'"라고 기록하였다. 즉 공영달은 『상서대전(尙書大傳)』을 인용하여, 천자의 앞에 있는 자를 '의'라고 부르고, 뒤에 있는 자를 '승'이라고 부르며, 좌측에 있는 자를 '보'라 부르고, 우측에 있는 자를 '필'이라 부른다고 설명한다. 또한 '의'는 천자의 의문에 대하여 대답을 하는 자이고, '보'는 천자가 올바르게 행동할 수 있도록 일러주는 자이며, '승'은 천자가 뜻으로 삼아야 할 것들을 알려주는 자이고, '필'은 천자가 선양해야 할 것들을 알려주는 자라고 설명한다. 이들의 녹봉은 차국(次國)의 제후에 비견되었다.

인의의 교화가 두루 통하도록 하기 위해서이다. 귀신을 손님처럼 예에
맞게 접대하고 산천에 제사를 지내며, 사업과 시행하는 일들에 근본으로
두고 오사에 제사를 지내는 것은 모두 예법과 교화가 사방에 두루 통하도
록 하기 위해서이니, 이 말들은 또한 앞 문장에서 설명이 미진했던 부분
이다. 종묘에는 종축이 있고, 조정에는 삼공이 있으며, 학교에는 삼로와
오경이 있어서, 예법과 교화를 밝혀서 천하를 바르게 하지 않는 경우가
없다. 무(巫)라는 관리는 조문하고 곡하는 예법들을 담당하여, 왕 앞에
위치하는 것이고, 사(史)라는 관리는 말하고 행동하는 사실을 기록하여,
왕 뒤에 위치하는 것이며, 고(瞽)는 악사이고, 유(侑)는 사보인데, 여기에
속한 관리들 중 어떤 자들은 소리를 변별하고, 또 어떤 자들은 위엄을
갖추고 거동하는 일들을 도우며, 왕은 그 중간에 위치하는데, 이러한 마
음을 가지고 무엇을 할 것인가? 지극히 올바른 군주의 도리를 지키는 것
에 불과할 따름이다. 이것은 또한 군주가 예로써 스스로를 방비하여, 천
하의 모든 백성들에게 교화를 펼치는 일에 해당한다.

集說 石梁王氏曰: 巫, 祭祀方用. 卜筮, 有事方問. 謂常在左右, 非也.
석량왕씨가 말하길, 무(巫)들은 제사 때 쓰이는 자들이며, 거북점과 시초
점은 사안이 있을 때 묻게 되는 것이다. 따라서 위에서 "왕의 좌우에 있
다."라고 한 말을 왕의 좌우에 항상 머물러 있다고 풀이하는 것은 잘못된
해석이다.

【057】
故禮行於郊, 而百神受職焉. 禮行於社, 而百貨可極焉. 禮行於祖廟,
而孝慈服焉. 禮行於五祀, 而正法則焉. 故自郊社・祖廟・山川・五
祀, 義之脩而禮之藏[去聲]也. 〈禮運-043〉
그러므로 예를 교외의 제사에서 제대로 시행하여, 모든 신들이 자신의 직

무를 제대로 수행하게 되었다. 또한 예를 사직의 제사에서 제대로 시행하여, 모든 재화를 풍족하게 사용할 수 있게 되었다. 또한 예를 조묘의 제사에서 제대로 시행하여, 효도와 자애의 도리가 시행되었다. 또한 예를 오사의 제사에서 제대로 시행하여, 법도와 규범이 올바르게 되었다. 그러므로 예의 시행은 교사·조묘·산천·오사 등에 대한 제사로부터 시행되었는데, 이러한 것들은 모두 의리를 정돈하여 나타내고, 예를 보존하는['藏'자는 거성으로 읽는다.] 방법이 된다.

集說 此承上文祭帝於郊等禮而言. 百神受職, 謂風雨節, 寒暑時, 而無咎徵也. 百貨可極, 謂地不愛寶, 物無遺利也. 孝慈服, 謂天下皆知服行孝慈之道也. 正法則, 謂貴賤之禮, 各有制度, 無敢僭踰也. 聖王精禋感格, 其效如此, 由此觀之, 則郊社·祖廟·山川·五祀, 皆義之脩飾而禮之府藏也. 前言山川興作, 而此不言者, 法則之事包之也.

이 기록은 앞에서 "상제에 대한 제사를 교외에서 지낸다."는 등의 예에 대한 내용을 이어서 언급한 문장이다. "백신이 직책을 받는다."는 말은 비바람이 적절하게 되고, 추위와 더위가 시기에 맞게 되어, 재앙의 조짐이 없게 된다는 뜻이다. "백화를 지극하게 할 수 있다."는 말은 땅이 보화를 아까워하지 않아서, 사물에 대해 그 이로움을 다 사용하지 못하는 경우가 없다는 뜻이다. "효도와 자애로움이 실천된다."는 말은 천하의 모든 백성들이 효도와 자애의 도리를 시행해야 한다는 사실을 알게 된다는 뜻이다. "법칙과 규범을 올바르게 한다."는 말은 귀천에 따른 예법에 각각 합당한 제도가 생겨서, 감히 참람되게 넘보는 일이 없게 된다는 뜻이다. 성왕이 상제에 대한 제사를 정결히 시행하여, 그 뜻에 감복하여 신들이 찾아오게 되면, 그 효과가 이와 같으니, 이를 통해 살펴본다면, 교사·조묘·산천·오사에 대한 제사 등은 모두 그 의리를 정돈하여 나타내고, 예를 보존하는 방법이 된다. 앞 문장에서는 산천에 대해서 사업을 흥기시킨다고 하였는데, 이곳 문장에서 이러한 내용을 언급하지 않은 이유는 법칙에 대한 사안이 이러한 것까지도 포괄하고 있기 때문이다.

【058】

是故, 夫禮必本於大[太]一, 分而爲天地, 轉而爲陰陽, 變而爲四時,
列而爲鬼神, 其降曰命, 其官於天也. 〈禮運-044〉

이러한 까닭으로, 무릇 예라는 것은 반드시 태일에['大'자의 음은 '太(태)'이다.]
근본을 두고 있어서, 태일이 분화되어 천지가 되듯이 예는 분화하여 귀천
등의 등급이 되며, 태일이 전화하여 음양이 되듯이 예는 전화하여 길흉
등의 사안이 되고, 태일이 변화하여 사계절이 되듯이 예는 변화하여 오래
되고 가까운 차이가 되며, 태일이 나열되어 귀신이 되듯이 예는 나열되어
근본에 보답하는 정감이 되니, 이것을 명령으로 내리는 것을 '명(命)'이라
부르고, 하늘을 본받는 일을 위주로 한다.

集說 極大曰太, 未分曰一. 太極, 函三爲一之理也, 分爲天地, 則有
高早貴賤之等, 轉爲陰陽, 則有吉凶刑賞之事, 變爲四時, 則有歲月
久近之差, 列爲鬼神, 則有報本反始之情. 聖人制禮, 皆本於此以降
下其命令者, 是皆主於法天也. 官者, 主之義.

지극히 큰 것을 '태(太)'라 부르며, 아직 분화되지 않은 것을 '일(一)'이라
부른다. '태극(太極)'은 천·지·인의 셋을 머금어 하나가 되는 이치이니,
분화되어 천지가 된다면, 높고 낮음 또는 귀천을 나누는 등급이 생기고,
전화하여 음양이 된다면, 길흉과 상벌을 시행하는 일들이 생기며, 변화하
여 사시가 된다면, 연과 달에 길고 짧아지는 차이가 생기고, 나열되어
귀신이 된다면, 근본에 보답하고 시초로 돌아가는 정감이 생긴다. 성인이
예를 제정할 때에는 모두 이러한 뜻에 근본을 두고서 명령을 내리게 되
니, 이것은 모두 하늘을 본받는 일을 위주로 한다. '관(官)'은 "위주로 한
다."는 뜻이다.

集說 石梁王氏曰: 禮家見易有太極字, 翻出一箇太一, 仍是諸子語. 其官於天也一句, 結上文. 官天地, 當如莊子義.

석량왕씨가 말하길, 예학자들은 『역』에 태극(太極)이라는 글자가 있는 것에 착안하여, '일(一)'자를 보태어 '태일(太一)'이라는 단어로 각색을 하였는데, 이것은 여전히 제자백가들의 학설에서 벗어나지 못한 것이다. "하늘을 본받는다[其官於天]."라는 한 구문은 앞 문장들을 결론지은 글이다. 그런데 "천지를 본받는다."는 말은 『장자』에서 표방하는 뜻과 같다.[6]

【059】

夫禮必本於天, 動而之地, 列而之事, 變而從時, 協於分[去聲]藝. 其居人也曰養[義], 其行之以貨力 · 辭讓 · 飮食, 冠昏 · 喪祭 · 射御 · 朝聘.〈禮運-045〉 [御, 當作鄕.]

무릇 예는 반드시 하늘의 도리에 근본을 하여, 움직여서 땅의 도의를 본받고, 나열되어 일의 근본을 두게 되며, 변화하여 사계절을 따르게 되고, 기한과[分'자는 거성으로 읽는다.] 결과물의 시한에 합치된다. 이것을 사람에게 있어서는 '도의'라고['養'자의 음은 '義(의)'이다.] 부르며, 시행할 때에는 재력과 근력 · 사양함의 예절 · 음식 등의 물건으로써 하니, 관례 · 혼례 · 상례 · 제례 · 활 쏘는 예법 · 수레 모는 예법 · 조례 · 빙례 등이다. ['御'자는 마땅히 '鄕'자로 기록해야 한다.]

集說 此亦本前章本於天殽於地之意. 動而之地, 卽殽地也. 列而之事, 卽五祀所以本事也. 變而從時, 卽四時以爲柄也. 協, 合也. 分, 謂月以爲量也. 藝, 卽功有藝也. 上言義之脩, 禮之藏, 故此亦始言禮, 終言義. 居人, 猶言在人也. 禮雖聖人制作, 而皆本於人事當然之義, 故云居人曰義也. 冠昏而下八者皆禮也, 然行禮者必有貨財之

---

6) 『장자』「덕충부(德充符)」: 將求名而能自要者, 而猶若是, 而況官天地, 府萬物, 直寓六骸, 象耳目, 一知之所知, 而心未嘗死者乎.

資, 筋力之强, 辭讓之節, 飮食之品, 亦皆當然之義也.

이 문장의 내용 또한 앞 문장에서 "하늘의 도리에 근본을 두고 땅의 도리를 본받는다."고 한 뜻에 근본을 두고 있다. "움직여서 땅에 다가간다."는 말은 "땅의 도리를 본받는다."는 뜻에 해당한다. "나열하여 사안에 다가간다."는 말은 "오사에 제사를 지내는 것은 일에 근본을 두는 방법이다."는 뜻에 해당한다. "변화하여 시기에 따른다."는 말은 "사계절을 정치를 시행하는 큰 기조로 삼는다."는 뜻에 해당한다. '협(協)'자는 "합치된다."는 뜻이다. '분(分)'자는 "달을 기한으로 삼는다."는 뜻이다. '예(藝)'자는 "사업의 결과물에 번성함이 있다."는 뜻이다. 앞 문장에서는 "도의를 수식하고, 예법이 보존된다."고 언급하였다. 그렇기 때문에 이곳 문장에서도 처음에는 예에 대해서 언급하고, 끝에서는 도의에 대해서 언급한 것이다. '거인(居人)'은 '사람에게 있어서'라는 뜻이다. 예는 비록 성인이 제작한 것이지만, 이 모두는 사람이 시행하는 일들에서 당연시되는 도의에 근본을 두고 있다. 그렇기 때문에 "사람에게 있어서는 '의(義)'라고 부른다."라고 말한 것이다. 관례 및 혼례 이하의 여덟 가지 항목들은 모두 예에 속한다. 그러나 예를 시행하는 데에는 반드시 재화의 밑천이 있어야 하고, 근력의 강함도 있어야 하며, 사양하는 예절도 있어야 하고, 음식과도 같은 많은 물품도 있어야 하는데, 이 모두는 또한 당연한 도의에 해당한다.

附註 居人曰養, 陳註: 養當作義. 按: 傳曰: "禮, 以養人爲本." 養字自通, 何必改也? 禮書歷言養其耳, 養其目, 養其性, 尤覺養字明暢.

'거인왈양(居人曰養)'이라 했는데, 진호의 주에서는 '양(養)'자는 마땅히 의(義)자로 기록해야 한다고 했다. 살펴보니, 전하는 말에서는 "예는 사람을 길러주는 것을 근본으로 삼는다."라고 했으니, 양(養)자도 그 자체로 의미가 통하는데 반드시 고칠 필요가 있겠는가? 예와 관련된 서적들에서는 "그 귀를 기른다."라 했고, "그 눈을 기른다."라 했으며, "그 성을 기른다."라 분명히 언급했으니, 더욱 양(養)자의 뜻을 분명하게 알 수 있다.

【060】

故禮義也者, 人之大端也. 所以講信脩睦, 而固人之肌膚之會・筋骸
之束也. 所以養生・送死・事鬼神之大端也. 所以達天地・順人情
之大竇也. 故唯聖人爲知禮之不可以已也. 故壞[怪]國・喪[去聲]家・
亡人, 必先去[上聲]其禮. 〈禮運-046〉

그러므로 예의라는 것은 사람에게 있어서는 큰 단서가 된다. 즉 예의는
신의를 강론하고 친목을 다지는 방법이며, 또한 사람의 살과 피부가 결부
되어 있고, 근육과 뼈가 결속되어 있는 것처럼 굳건하게 결속시키는 방법
이다. 뿐만 아니라 예의는 살아있는 자를 부양하고, 죽은 자를 전송하며,
귀신을 섬기는데 있어서도 큰 단서가 되고, 천지의 도리에 두루 달통하고,
사람의 정감에 따르는 큰 출입구가 된다. 그렇기 때문에 오직 성인만이
예는 그만 둘 수 없는 대상임을 알고 있었다. 그러므로 나라를 패망시키고
['壞'자의 음은 '怪(괴)'이다.] 영지를 잃어버리며['喪'자는 거성으로 읽는다.] 자신을
망친 자들은 반드시 먼저 그 예를 버렸기['去'자는 상성으로 읽는다.] 때문이다.

集說 肌膚之總會, 筋骨之聯束, 非不固也, 然無禮以維飭之, 則惰
慢傾則之容見矣, 故必禮以固之也. 竇, 孔穴之可出入者. 由於禮義
則通達, 不由禮義則窒塞, 故以竇譬之. 聖人之能達天道順人惰者,
以其知禮之不可以已也. 彼敗國之君, 喪家之主, 亡身之夫, 皆以先
去其禮之故也.

살과 피부가 결부되어 있고, 근육과 뼈가 결부되어 있는데, 이러한 경우
에는 굳건하게 붙어있지 않은 것이 없으나 예로 유지시켜 삼감이 없다면
나태하고 흐트러진 모습이 드러나게 된다. 그렇기 때문에 반드시 예로써
굳건하게 만들어야 한다. '두(竇)'자는 출입이 가능한 구멍을 뜻한다. 예
의로부터 비롯된다면 두루 통하게 되고, 예의에 따르지 않는다면 막히게
된다. 그렇기 때문에 구멍으로 비유를 한 것이다. 성인이 천도에 달통하
고 인정에 따를 수 있었던 이유는 그가 예를 그만둘 수 없다는 사실을
알고 있었기 때문이다. 반면 저 패망한 나라의 군주, 영지를 잃은 주인,

자신을 망친 사람들은 모두 먼저 그 예법을 버렸기 때문이다.

【061】
故禮之於人也, 猶酒之有糵也, 君子以厚, 小人以薄.〈禮運-047〉
그러므로 예와 사람의 관계는 비유하자면 술에 누룩이 있는 것과 같으니,
군자는 예에 대해 노력했기 때문에 군자가 된 것이고, 소인은 소홀했기
때문에 소인이 된 것이다.

集說 人以禮而成德, 如酒以麴糵而成味. 君子厚於禮, 故爲君子,
小人薄於禮, 故爲小人, 亦如酒之有醇醨也.

사람은 예를 통해서 덕을 완성하니, 마치 술이 누룩을 통해서 향미를 완
성하는 것과 같다. 군자는 예에 대하여 노력했기 때문에 군자가 된 것이
고, 소인은 예에 대하여 소홀했기 때문에 소인이 된 것이니, 이 또한 술
중에서도 순일한 술이 있고 조악한 술이 있는 경우와 같다.

【062】
故聖王脩義之柄・禮之序, 以治人情. 故人情者, 聖王之田也, 脩禮
以耕之.〈禮運-048〉
그러므로 성왕은 의의 요체와 예의 질서를 정비하여, 사람의 정감을 다스
린다. 그렇기 때문에 사람의 정감이라는 것은 성왕이 경작하는 농경지와
같은 것이니, 예를 정비하여서 사람의 정감을 경작하는 것이다.

集說 劉氏曰: 脩者, 講明也. 柄者, 人所操也. 聖王講明乎義之所
在, 使人得所持循而制事之宜也. 人能操義之要, 以處禮之序, 則情
之發皆中節矣, 故可以治人情也. 禮者, 人情之防範, 脩道之敎, 莫先
於禮, 故治人之情, 以禮爲先務, 如治田者必先以耒耜耕之也.

유씨가 말하길, '수(脩)'라는 말은 강론하여 밝힌다는 뜻이다. '병(柄)'이라는 것은 사람이 어떤 도구를 사용할 때 잡게 되는 주요부위이다. 성왕은 의가 있는 곳을 강론하여 밝혀서, 사람들로 하여금 준수하게 만들어서, 일을 처리할 때의 합당함을 얻게끔 한 것이다. 사람들이 의의 요점을 잡고서, 예에 따른 질서에 대처할 수 있게 된다면, 인정의 발로가 모두 절도에 맞게 된다. 그렇기 때문에 이로써 인정을 다스릴 수 있는 것이다. '예(禮)'라는 것은 사람의 정감을 규범화하는 것이니, 도를 실천하는 교화 중에서 예보다 앞서는 것이 없다. 그렇기 때문에 사람의 정감을 다스릴 때, 예를 급선무로 삼는 것이니, 이것은 마치 농경지를 경작할 때 반드시 먼저 쟁기나 보습 등으로 밭을 가는 것과 같다.

【063】

陳義以種[去聲]之. 〈禮運-049〉

의를 펼쳐서 씨앗을 파종하는['種'자는 거성으로 읽는다.] 것이다.

集說 義者, 人情之裁制, 隨事制宜而時措之, 如隨田之宜而種所當種也.

'의(義)'라는 것은 인정을 재단하고 절제하는 것으로, 일에 따라 합당함에 맞추고, 시의 적절하게 사용하는 것이니, 마치 경작지의 상태에 따라서 심을 수 있는 품종을 파종하는 것과 같다.

【064】

講學以耨之. 〈禮運-050〉

학문을 강론하여, 싹을 북돋워주는 것이다.

集說 禮義固可使情之中節, 然或氣質物欲蔽之, 而私意生焉, 則如草萊之害嘉種矣. 故必講學以明理欲之辨, 去非而存是, 如農之耨, 以去草養苗也.

예의는 진실로 사람의 정감을 절도에 맞게끔 할 수 있지만, 간혹 기질과 사물에 대한 욕심이 그것을 가리게 되어, 사특한 생각이 발생하게 되니, 이것은 마치 잡초가 경작물을 해치는 경우와 같다. 그렇기 때문에 반드시 학문을 강론하여 천리와 인욕의 분별을 밝혀서, 그릇됨을 제거하고 올바름을 보존해야 하니, 이것은 마치 농사에서 김매기를 하여 잡초를 제거하고 싹이 자라나도록 하는 것과 같다.

【065】

本仁以聚之. 〈禮運-051〉

인(仁)에 근본을 두고서, 수확을 하는 것이다.

集說 講學以耨之者, 博而求之於不一之善, 所以得一本萬殊之理. 本仁以聚之者, 約而會之於至一之理, 所以造萬殊一本之妙也. 至此, 則會萬理爲一理, 而本心之德全矣. 此如穀之熟而斂之也.

"학문을 강론하여 북돋워준다."는 말은 널리 배워서 일률적이지 않은 올바름 속에서 이치를 추구하는 것이니, 이것은 하나의 근본이 모든 것에 다다르는 이치를 얻는 것이다. "인(仁)에 근본을 두고서 취합한다."는 말은 요약을 하여 지극한 하나의 이치로 귀결시키는 것으로, 이것은 온갖 것들이 하나의 근본에 다다르는 오묘한 도리를 만들어내는 것이다. 이러한 경지에 도달하게 된다면, 모든 이치를 회합하여 하나의 이치로 귀결시키게 되고, 본래부터 가지고 있는 마음의 덕성이 온전하게 보존된다. 이것은 마치 곡식이 여물어서 거둬들이는 것과 같다.

【066】

播樂以安之.〈禮運-052〉

음악을 퍼트려서, 백성들을 편안하게 만들어주는 것이다.

集說 聚之者, 利仁之事, 未能安仁也. 故必使之詠歌舞蹈以陶養其德性, 消融其查滓, 而使之和順於道德焉, 則造於從容自然之域矣. 此則如食之而厭飫也. 此五者聖王脩道之敎, 始終條理如此, 而講學居其中, 以通貫乎前後. 蓋禮耕義種, 入德之功, 學之始條理也. 仁聚樂安, 成德之效, 學之終條理也. 自始至終, 於仁義禮樂無所不講, 至其成也, 則禮義之功著於先, 仁樂之效見於後焉.

취합한다는 것은 인을 이롭게 여기는 사안으로, 아직 인을 편안하게 여길 수 없는 것이다. 그렇기 때문에 반드시 그들로 하여금 시가를 노래 부르고 춤추게 하여, 그들의 덕성을 배양시키고, 남아 있는 찌꺼기들을 제거하게 만들며, 그들로 하여금 도덕에 합치되고 순종하도록 해야만, 자연의 도리에 따르게 되는 경지에 도달하게 된다. 이렇게 된다면, 마치 음식을 먹어서 포만감을 느끼게 되는 경우와 같게 된다. 앞서 언급한 다섯 가지 사안들은 성왕이 도리를 정비하여 펼친 교화로, 처음부터 끝까지의 조리가 이와 같은데, 학문을 강론하는 일이 그 중간에 위치하여, 앞뒤의 사안을 관통하고 있다. 무릇 예를 통해 밭을 갈고 의를 통해 파종을 하는 것은 덕성으로 진입하는 노력으로, 이것은 곧 학문을 하는 시작점의 이치이다. 인으로 취합을 하고 악을 통해 편안하게 만드는 것은 덕을 이룬 효과로, 학문을 하는 종결점의 이치이다. 시종일관 인의예악에 대하여 강설하지 않는 바가 없어서, 그 결실이 이루어지는 경지에 도달하게 된다면, 예의의 공덕은 앞서서 드러나게 되고, 인악의 효과는 그 뒤에서 나타나게 된다.

【067】

故禮也者, 義之實也. 協諸義而協, 則禮雖先王未之有, 可以義起

也. 〈禮運-053〉

그러므로 예라는 것은 의에 따라 규정된 제도이다. 의에 화합하도록 하여
합당하게 한다면, 비록 선왕이 예를 아직 갖추지 않았다 하더라도, 의를
통해서 예를 일으킬 수 있다.

集說 實者, 定制也. 禮者, 義之定制, 義者, 禮之權度. 禮一定不易,
義隨時制宜, 故協合於義而合當爲者, 則雖先王未有此禮, 可酌之於
義而創爲之禮焉. 比所以三代損益不相襲也.

'실(實)'이라는 것은 규정된 제도이다. '예(禮)'라는 것은 의에 따라 규정
한 제도이며, '의(義)'라는 것은 예에 따라 형평성을 맞추는 기준이다. 예
는 한번 정해지면 바뀌지 않지만, 의는 시기에 따라 합당함에 맞추게 된
다. 그렇기 때문에 의에 화합하여 마땅히 해야 할 것에 합치된다면, 비록
선왕이 이러한 예를 아직 갖추지 않았다 하더라도, 의에서 취득하여 예를
창조할 수 있다. 이것이 바로 삼대가 전대에 비추어 예법 중 덜어낼 것은
덜어내고, 보탤 것은 보태어, 단순히 답습만 하지 않았던 이유이다.

【068】

義者, 藝之分[去聲], 仁之節也. 協於藝, 講於仁, 得之者强. 〈禮運-054〉

의라는 것은 외적인 일을 구분하는 기준이며['分'자는 거성으로 읽는다.] 내적인
인함을 조절하는 절도이다. 재예에 합치시키고, 인함을 풀어내서, 이러한
이치를 터득한 자는 강성하게 된다.

集說 藝以事言, 仁以心言. 事之處於外者, 以義爲分限之宜, 心之
發於內者, 以義爲品節之制. 協於義者, 合其事理之宜也. 講於仁者,
商度其愛心之親疏厚薄, 而協合乎行事之小大輕重, 一以義爲之裁

制焉. 上好義, 則民莫敢不服, 故得義者强.

재예는 구체적인 사안의 측면에서 언급한 말이고, 인자함은 마음의 측면에서 언급한 말이다. 외적으로 대처하는 일들에서는 의를 구분의 합당함으로 삼고, 내적으로 발현하는 마음에서는 의를 등급과 절차를 정하는 제도로 삼는다. "의에 합치된다."는 말은 사리의 합당함에 합치된다는 뜻이다. "인을 풀어낸다."는 말은 사랑하는 마음에 따른 친소와 두텁고 엷은 구분을 측량하여, 일을 시행할 때 나타나는 대소와 경중의 차이에 합치시켜서, 한결같이 의로 그것들을 재단하고 제정해야 한다는 뜻이다. 위정자가 의를 따르게 되면, 백성들 중에는 감히 복종하지 않는 자가 없게 된다. 그렇기 때문에 의를 얻는 자가 강성해지는 것이다.

【069】
仁者, 義之本也, 順之體也, 得之者尊. 〈禮運-055〉
인이라는 것은 의의 근본이며, 순리의 바탕이 되니, 이러한 이치를 터득한 자는 존귀하게 된다.

集說 仁者, 本心之全德, 故爲義之本, 是乃百順之體質也. 元者善之長, 體仁足以長人, 故得仁者尊. 上文言禮者義之實, 此言仁者義之本, 實以散體言, 本以全體言, 同一理也. 張子謂經禮三百, 曲禮三千, 無一事之非仁也. 猶之木焉, 從根本至枝葉皆生意, 此全體之仁也. 然自一本至十枝萬葉, 先後大小各有其序, 此散體之禮也. 而其自本至末, 一校一葉, 各具一理, 隨時榮悴, 各得其宜者, 義也.

'인(仁)'이라는 것은 마음에 내재된 온전한 덕성에 근본을 두고 있기 때문에, 의의 근본이 되니, 이것은 곧 모든 순리의 바탕이 된다. '원(元)'이라는 것은 선 중에서도 으뜸이니, 인을 체득하면 사람들 중에서도 뛰어난 자가 될 수 있다. 그렇기 때문에 인을 얻은 자가 존귀하게 되는 것이다. 앞 문장에서는 예가 의의 실질이라고 언급하였고, 이곳 문장에서는 인이 의의 근본이라고 언급하였는데, 실질이라는 말은 부분 부분에 기준을 두고 언급한 말이며, 근본이라는 말은 전체에 기준을 두고 언급한 말이니, 모두 똑같은 하나의 이치이다. 장자는 기준이 되는 예가 300가지이고, 세세한 예가 3,000가지인데, 한 가지 일이라도 인이 아닌 것이 없다고 말했다. 이것을 나무에 비유하자면, 곧 뿌리와 줄기로부터 가지와 잎사귀에 이르기까지 모두 생기를 가지고 있으니, 이것이 바로 전체적인 측면에서의 인이다. 그런데 하나의 줄기로부터 수만 개의 가지와 잎사귀에 이르기까지, 선후와 대소에 각각 해당하는 질서가 있게 되니, 이것이 바로 부분 부분에 해당하는 예이다. 그리고 근본으로부터 말단에 이르기까지, 하나의 가지 하나의 잎사귀라 하더라도, 각각 하나의 이치를 머금고 있는데, 시의에 따라 꽃을 피우고 또는 시들게 됨에 각각 그 올바름에 맞는 것이 바로 의이다.

【070】

故治國不以禮, 猶無耜而耕也. 爲禮不本於義, 猶耕而弗種也. 爲義而不講之以學, 猶種而弗耨也. 講之以學而不合之以仁, 猶耨而弗穫也. 合之以仁而不安之以樂, 猶穫而弗食也. 〈禮運-056〉

그러므로 나라를 다스림에 예로써 하지 않음은 보습이 없는데도 밭을 가는 것과 같다. 예를 시행함에 의에 근본을 두지 않음은 밭을 갈되 파종을 하지 않는 것과 같다. 의를 시행하되 학문으로 강론하지 않는 것은 파종을 하되 김을 매지 않는 것과 같다. 학문으로 강론을 하되 인에 합치시키지 않는 것은 김을 매되 수확을 하지 않는 것과 같다. 인에 합치시키되 음악으로 편안하게 해주지 않는 것은 수확을 하되 음식을 먹지 않는 것과 같다.

集說 此反譬以申明前段. 聖學敎養之事, 有始有卒, 其序不可紊而功不可缺, 如此.

이 문장은 비유를 반대로 하여, 앞 단락의 내용을 거듭 밝힌 것이다. 성인의 학문을 통해 교화와 배양을 하는 사안에는 정해진 시작과 마침이 있어서, 그 순서를 문란하게 할 수 없고, 그 노력 또한 누락할 수 없음이 이와 같다.

【071】

安之以樂而不達於順, 猶食而弗肥也. 四體旣正, 膚革充盈, 人之肥也. 父子篤, 兄弟睦, 夫婦和, 家之肥也. 大臣法, 小臣廉, 官職相序, 君臣相正, 國之肥也. 天子以德爲車, 以樂爲御, 諸侯以禮相與, 大夫以法相序, 士以信相考, 百姓以睦相守, 天下之肥也. 是謂大順. 大順者, 所以養生送死事鬼神之常也. 〈禮運-057〉

안주시키길 음악으로 하되 순리에 통달하지 못함은 음식을 먹되 살이 찌지 않는 것과 같다. 사지가 올바르게 성장하고 피부가 탱탱하게 되는 것은 사람이 살찌는 것이다. 부자관계가 돈독해지고 형제관계가 화목해지며 부부관계가 조화롭게 되는 것은 집안이 살찌는 것이다. 대신들이 법도에 따르고 소신들이 염치를 지니며 관직자들이 서로 질서를 지키고 군주와 신하가 서로 올바르게 만드는 것은 국가가 살찌는 것이다. 천자는 덕을 수레로 삼고, 음악을 수레 모는 사람으로 삼으며, 제후는 예로써 서로 왕래하고, 대부는 법도로써 서로 차례를 지키며, 사는 신의로써 서로 상고해주고, 백성들은 화목함으로 서로를 지켜주는 것들은 천하가 살찌는 것이다. 이것을 바로 크게 순종함이라고 부른다. '대순(大順)'이라는 것은 삶을 부양하고, 죽은 자를 전송하며, 귀신을 섬기는 항상된 도리이다.

集說 前章至播樂以安之而止, 此又益以不達於順, 猶食而弗肥一節者, 蓋安之以樂以前, 皆是成已之功, 大學明德之事也, 達之於順以後, 方是成物之效, 大學新民之事也. 故以人身之肥設譬, 而言家國天下之肥, 至此乃是聖學之極功. 成己成物, 合內外之道, 大學身脩·家齊·國治·天下平之事也, 故謂之大順. 大順則無爲而治, 所以養生送死事鬼神, 各得其常也. 以上竝劉氏說.

이전 문장에서는 "음악을 전파하여 편안하게 한다."라는 문장에 이르러 내용이 끝났는데, 이곳에서는 또한 "순리에 통달하지 않는 것은 음식을 먹었어도 살찌지 않는다."라는 한 구절을 덧붙이고 있다. 그 이유는 "음악으로써 편안하게 한다."고 한 말의 이전 문장들은 모두 자신을 완성하는 노력에 해당하는데, 이것은 『대학』에 기록된 "덕을 밝힌다."는 사안에 해당한다. "순리에 통달한다."고 한 말의 이후 문장들은 사물을 완성한 결실에 해당하는데, 이것은 『대학』에 기록된 "백성들을 새롭게 만든다." 는 사안에 해당한다. 그렇기 때문에 사람의 몸이 살찐다는 사실을 가지고 비유하여, 가·국가·천하를 살찌우는 내용을 언급한 것이니, 이러한 경지에 이르게 된다면, 이것은 곧 성인의 학문에서 추구하는 지극한 공덕에 해당한다. 자신을 완성하고 만물을 완성하는 것은 내외를 합치는 도리이니, 『대학』에 기록된 자신이 다스려지고, 가가 다스려지며, 국가가 다스려지고, 천하가 평화로워지는 사안에 해당한다. 그렇기 때문에 이것을 '대순(大順)'이라고 부른 것이다. 큰 순리를 터득하게 된다면, 인위적인 행위를 하지 않아도 잘 다스려지게 되니, 이것은 곧 삶을 부양하고, 죽은 자를 전송하며, 귀신을 섬기는 일에 있어서, 각각 그 항상된 도리를 얻게 되는 것이다. 이상의 내용들은 모두 유씨의 주장이다.

集說 大臣法, 盡臣道也. 小臣廉, 不虧所守也. 以德爲車, 由仁義行也. 以樂爲御, 動無不和也. 以禮相與, 朝聘以時也. 以法相序, 上不偪下, 下不僭上也. 以信相考, 久要不忘也. 以睦相守, 出入相友, 守望相助, 疾病相扶持也. 肥者, 充盛而無不足之意.

"대신들이 법칙을 따른다."는 말은 신하의 도리를 지극하게 실천한다는 뜻이다. "소신들이 염치를 지닌다."는 말은 수호해야 할 것들을 훼손시키지 않는다는 뜻이다. "덕을 수레로 삼는다."는 말은 인과 의에 따라서 시행을 한다는 뜻이다. "음악을 수레 모는 사람으로 삼는다."는 말은 행동에 조화롭지 않은 것이 없다는 뜻이다. "예로써 서로 왕래한다."는 말은 시기에 맞도록 조례와 빙례를 실시한다는 뜻이다. "법도로써 서로 질서를 지킨다."는 말은 윗사람은 아랫사람을 핍박하지 않고, 아랫사람은 윗사람을 범하지 않는다는 뜻이다. "신의로써 서로 상고한다."는 말은 오래된 약속이라 하더라도 잊지 않는다는 뜻이다. "화목함으로 서로를 지킨다."는 말은 출입하며 서로 협력하고, 지켜주면서 서로 돕고, 병에 걸리면 서로 부축해준다는 뜻이다. "살찐다."는 말은 충만하고 융성하여 부족함이 없다는 뜻이다.

【072】

故事大積焉而不苑[尹], 竝行而不謬, 細行而不失. 深而通, 茂而有間, 連而不相及也, 動而不相害也. 此順之至也. 故明於順, 然後能守危也.〈禮運-058〉

그러므로 중대한 사안이 목전에 누적되더라도 정체되지['苑'자의 음은 '尹(윤)'이다.] 않으며, 서로 다른 사안이 동시에 시행되더라도 어그러지지 않고, 세밀한 일들이 시행되더라도 빠트리는 일이 없게 된다. 요원한 일이라 하더라도 소통이 되고, 복잡한 일이라 하더라도 서로간의 구별이 생기게 되며, 연접해 있는 일이라 하더라도 서로 침범을 하지 않게 되고, 작용이 동시에 발생하여 겹치는 일이 되더라도 서로 피해를 주지 않게 된다. 이것이 바로 순리의 지극한 효과이다. 그렇기 때문에 순리에 해박한 이후에야 국가를 위기로부터 수호할 수 있게 된다.

集說 此以下至篇終, 皆是發明大順之說. 謂以此大順之道治天下, 則雖事之大者, 積疊在前, 亦不至於膠滯. 雖事之不同者, 一時竝行, 亦不至舛謬也. 雖小事所行, 亦不以其微細而有失也. 雖深賾而可通, 雖茂密而有間, 謂有中間也. 兩物接連而相及, 則有彼此之爭, 兩事一時而俱動, 則有利害之爭. 不相及, 不相害, 則無所爭矣. 此泛言人君治天下之事, 有大有細, 有深有茂, 有連有動, 而自然各得其分理者, 不過一順之至而已. 故明於順, 然後能守危亡之戒, 而不至於危亡也.

이곳 문장부터 「예운」편의 끝까지는 모두 '대순(大順)'을 천명하는 설명들이다. 즉 이 문장의 뜻은 이러한 대순의 도리로 천하를 다스리게 된다면, 비록 중대한 사안들이 목전에 중첩되게 놓인다 하더라도, 교착되어 정체되는 지경에 이르지 않게 된다. 또한 비록 서로 다른 일들이 일시에 진행된다 하더라도, 착오를 일으키는 지경에는 이르지 않게 된다. 또한 비록 사소한 일들이 시행되더라도, 그것들이 미미하고 세세하다는 이유로 빠트리는 일이 없게 된다. 또한 비록 심오한 일이라 하더라도, 소통이 될 수 있게 되고, 비록 복잡한 일이라 하더라도, 서로간의 경계에 구별이 생기는데, "간이 생긴다."는 말은 곧 중간에 간극이 있다는 뜻이다. 두 사물이 서로 연접하여 다다르게 된다면, 서로간의 다툼이 발생하고, 두 사안이 일시에 모두 작용하게 된다면, 이해를 따지는 다툼이 발생하게 된다. "서로 다다르지 않는다."는 말과 "서로 해를 입히지 않는다."라는 말은 곧 다툼이 없다는 뜻이다. 이 문장의 내용은 군주가 천하의 일들을 다스릴 때에는 그 사안에는 큰 것도 있고 세밀한 것도 있으며, 심오한 것도 있고 복잡한 것도 있으며, 연접해 있는 것도 있고 작용이 겹치는 것도 있는데, 자연적으로 각각 그것에 맞는 이치를 얻게 되는 것은 하나의 순리에 따른 지극함에 불과할 따름이라는 내용을 광범위하게 설명한 것이다. 그렇기 때문에 순리에 밝은 연후에야 국가를 위태롭게 만들고 패망하게 만들지 말라는 지침을 지켜낼 수 있어서, 그러한 지경에 이르지 않게 되는 것이다.

【073】
故禮之不同也, 不豐也, 不殺[色介反]也, 所以持情而合危也. 故聖王所以順, 山者不使居川, 不使渚者居中原, 而不敝也. 用水・火・金・木・飲食必時, 合男女, 頒爵位, 必當[去聲]年德, 用民必順. 故無

水旱昆蟲之災, 民無凶饑妖孽之疾.〈禮運-059〉

그러므로 예에는 신분의 귀천에 따라 다르게 적용하는 규정이 있으며, 검소해야 할 경우에는 풍부하게 하지 않는 규정이 있고, 융성하게 해야 할 경우에는 낮춰서['殺'자는 '色(색)'자와 '介(개)'자의 반절음이다.] 하지 않는 규정이 있으니, 이러한 것들이 바로 사람들의 정감을 유지하고 계층을 통합하여, 위태로움으로부터 수호하는 방법이다. 그렇기 때문에 성왕이 백성들의 정감을 따랐던 방법은 예를 들어 산림지역에 거주하는 자에 대해서는 그들을 하천지역으로 이주시켜 거주하도록 하지 않으며, 물가에 거주하는 자에 대해서는 평지로 이주시켜 거주하도록 하지 않게 하여, 백성들이 곤경에 빠지지 않도록 하는 것이다. 그리고 수·화·금·목·음식 등을 사용할 때에는 반드시 올바른 시기에 따르고, 남자와 여자를 결혼시킬 때와 작위를 하사할 때에는 반드시 해당하는 나이와 덕성에 합당하게끔['當'자는 거성으로 읽는다.] 하며, 백성들을 부릴 때에는 반드시 농한기에 따른다. 그렇기 때문에 수해나 가뭄 또는 곤충으로 인한 재해가 없는 것이며, 백성들에게는 흉재나 기근 또는 요망한 사건 및 생물들에게 발생하는 기이한 변고 등의 우환이 없게 되는 것이다.

集說 貴賤有等, 故禮制不同, 應儉者不可豊, 應隆者不可殺. 所以維持人情, 不使之驕縱, 保合上下, 不使之厄亂也. 聖王所以順民之情者, 如安於山, 則不徙之居川, 安於渚, 則不徙之居中原, 故民不困敝也. 獺祭魚然后虞人入澤梁, 及春獻鼈脣, 狄獻龜魚之類, 是用水必時也. 春取楡柳之火, 夏取棗杏之火, 季夏取桑柘之火, 狄取柞楢之火, 冬取槐檀檀火. 又周禮季春出火, 季秋納火之類, 是用火必時也. 卝人以時取金玉錫石, 及月令季春審五庫之量, 金鐵爲先, 是用金必時也. 仲冬斬陽木, 仲夏斬陰木, 是用木必時也. 飲食則如食齊視春時, 羹齊視夏時之類, 是也. 合男女必當其年, 頒爵位必當其德, 用民必於農隙. 凡此皆是以順行之, 故能感召兩間之和, 而無旱乾水溢及螟蝗之災也. 凶飢, 年凶殺不熟也. 妖, 謂衣服歌謠草木之恠. 孽, 謂禽獸蟲豸之恠. 史家五行志所載代有之. 疾, 患也.

귀천에 따른 등급 차이가 있기 때문에, 예에 따른 제도도 다른 것이며, 검소하게 처리할 일을 대할 때에는 풍요롭게 할 수 없고, 융성하게 처리할 일을 대할 때에는 낮춰서 할 수 없다. 이것은 사람의 정감을 유지하여, 교만하고 방종한 곳으로 빠지지 않게 하여, 상하의 계층을 보호하고 합치시켜서, 위태롭고 혼란스러운 지경에 이르지 않게끔 하는 방법이다. 성왕이 백성들의 정감을 따랐던 방법은 예를 들어 산 지역에서 안주하고 있는 경우라면, 하천 지역으로 옮겨서 거주하지 않게끔 하고, 물가에서 안주하고 있는 경우라면, 평지로 옮겨서 거주하지 않게끔 하였기 때문에, 백성들이 곤란하게 되거나 피폐해지지 않았던 것이다. 수달이 물고기를 제사지낸 연후에야 우인(虞人)1)이 못에 들어가 물고기를 잡고, 봄이 되면 자라와 조개를 바치며, 가을이 되면 거북이와 물고기를 바치는 부류는 바로 수를 사용하되 반드시 올바른 시기에 따르는 것이다. 봄에는 느릅나무와 버드나무로 피운 불을 사용하고, 여름에는 대추나무와 은행나무로 피운 불을 사용하며, 계하에는 뽕나무와 산뽕나무로 피운 불을 사용하고, 가을에는 떡갈나무와 졸참나무로 피운 불을 사용하며, 겨울에는 홰나무와 박달나무로 피운 불을 사용한다. 또『주례』에 기록된 것처럼 계춘 때 본격적으로 불을 사용하도록 알리고, 계추 때 야외에서 불을 지피는 것을 금지하는 부류가 바로 화를 사용하되 반드시 올바른 시기에 따르는 것이다. 관인은 시기에 따라 금·옥·주석·돌 등을 채취하고,『예기』「월령(月令)」편에서 계춘 때 다섯 종류의 창고에 보관된 물건들의 품질 및 수량을 살펴본다고 했을 때, 금과 철을 가장 먼저 하는 것은 바로 금을 사용하되 반드시 올바른 시기에 따르는 것이다. 중동 때 양목(陽木)2)을 베고, 중하 때 음목(陰木)3)을 베는 것은 바로 목을 사용하되 반드시 올바른 시기에

---

1) 우인(虞人)은 산림(山林)을 관장하는 관리이다.『여씨춘추(呂氏春秋)』「계하(季夏)」에는 "乃命虞人入山行木."이라는 기록이 있고, 이에 대한 고유(高誘)의 주에서는 "虞人, 掌山林之官."이라고 풀이하였다.
2) 양목(陽木)은 산의 남쪽 부근에서 생장하는 나무를 뜻한다.

따르는 것이다. 음식의 경우에는 예를 들어 밥의 온도는 봄철의 기후처럼 맞춰서 따뜻하게 하고, 국의 온도는 여름철의 기후처럼 맞춰서 뜨겁게 하는 부류가 바로 이러한 경우이다. 남자와 여자를 결혼시킬 때에는 반드시 적정한 연령에 맞추고, 작위를 하사할 때에는 반드시 해당하는 덕성에 견주어서 하며, 백성들을 부릴 때에는 반드시 농한기에 한다. 무릇 이러한 모든 것들은 바로 순리에 따라 시행하였기 때문에, 천지사이의 조화로운 기운을 감응시켜 불러올 수 있어서, 가뭄이나 수해 및 해충의 재해가 없게 된다. '흉기(凶飢)'는 그 해에 흉년이 들어 곡식이 익지 않았다는 뜻이다. '요(妖)'자는 복장과 백성들이 부르는 노랫말 또는 초목 등에 괴이한 기류나 변고가 발생한 것을 뜻한다. '얼(孽)'자는 짐승이나 곤충의 새끼에게 불상사가 발생한 것을 뜻한다. 역사가들이 기록한 각 역사서의 「오행지」에는 대대로 이러한 내용들을 기록하고 있다. '질(疾)'자는 우환 이라는 뜻이다.

【074】
故天不愛其道, 地不愛其寶, 人不愛其情. 故天降膏露, 地出醴泉, 山出器車, 河出馬圖, 鳳皇麒麟皆在郊棷藪, 龜龍在宮沼, 其餘鳥獸 之卵胎, 皆可俯而闚也, 則是無故, 先王能脩禮以達義, 體信以達順. 故此順之實也.〈禮運-060〉 [以上禮運]
그러므로 하늘은 그 도리를 내려줌에 인색하지 않으며, 땅은 그 보화를 내어줌에 인색하지 않고, 사람은 그 정감을 베풂에 인색하지 않다. 그러므로 하늘은 감미로운 이슬을 내려주고, 땅은 달콤한 샘물을 내어주며, 산은 상서로운 기구와 수레를 내어주고, 황하에서는 용마가 하도와 같은 상서로운 징표를 내어주며, 봉황과 기린은 모두 교외의 연못에 머물게 되고, 거북이와 용은 궁성의 못가에 머물게 되며, 나머지 조류와 짐승들의 알과 새끼

---

3) 음목(陰木)은 산의 북쪽 부근에서 생장하는 나무를 뜻한다.

들에 대해서도 모두 몸을 굽혀서 살펴 볼 수 있게 되는데, 이것은 곧 특별한 요인이 있어서가 아니니, 선왕이 예를 정비하여 도의에 두루 달통하고, 신의를 체득하여 순리에 달통할 수 있었기 때문이다. 그러므로 이것이 바로 순리의 실질이다. [여기까지는 「예운」편의 문장이다.]

集說 舊說, 器爲銀甕丹甑, 車爲山車垂鉤, 謂不待揉治而自圓曲也. 晉時恒山大樹自校, 根下有璧七十, 圭七十三, 皆光色精奇異常玉. 又張掖·柳谷之石, 有八卦璜英之象, 亦此類也. 楸與甑同. 龍之變化叵測, 未必宮沼有之, 亦極言至順感召之卓異耳. 不以辭害意可也. 脩禮以達義者, 脩此禮以爲敎, 而達之天下無不宜也. 體信以達順者, 反身而誠, 而達之天下無不順也. 此極功矣, 故結之曰此順之實也.

옛 학설에서는 "'기(器)'자는 은옹(銀甕)[4])과 단증(丹甑)[5])을 뜻하며, '거(車)'자는 산거(山車)[6])와 수구(垂鉤)[7])를 뜻한다."고 하였는데, '수구(垂鉤)'라는 것은 가공을 하여 인위적으로 구부리지 않아도 자연스럽게 원형으로 굽어진 나무를 뜻한다. 진나라 때 항산 지역에서는 큰 나무가 저절로 뽑혀진 사건이 발생하였는데, 그 나무의 뿌리 부근에는 벽 70개와 규 73개가 있었다. 그런데 그 옥들은 모두 광채와 색깔이 정교하고 남달라서, 일반적인 옥들과는 달랐다. 또 장액 땅의 유곡에 있던 돌에는 팔괘와 패옥 형상이 새겨져 있었는데, 또한 이러한 부류들이 바로 상서로운 징조

---

4) 은옹(銀甕)은 은색 바탕으로 된 술단지이다. 고대인들은 태평성세 때 출현하는 상서로운 징조물로 여겼다.

5) 단증(丹甑)은 붉은색으로 된 솥이다. 고대인들은 풍년이 들 때 이러한 솥이 출현한다고 여겼다.

6) 산거(山車)는 제왕에게 덕이 있을 때 출현한다는 수레를 뜻한다. 고대인들은 상서로운 징조물로 여겼다.

7) 수구(垂鉤)는 나무를 가공하지 않아도, 자연적으로 수레바퀴처럼 원형으로 굽어진 것을 뜻한다. 고대인들은 태평성세 때 나타나는 상서로운 징조로 여겼다.

에 해당한다. '추(菆)'자는 수(藪)자와 같은 뜻이다. 용은 변화무쌍하여 헤아리기가 어려워서, 반드시 궁전의 늪가에 있는 것이 아닌데도, 이처럼 표현한 이유는 또한 지극한 순리에 따라서 감응시켜 불러들이는 것들 중 가장 탁월한 것만을 제시하며, 극진하게 언급했을 따름이니, 글자상의 표면적인 뜻으로 본래의 뜻을 해쳐서는 안 된다. "예를 정비하여 의에 달통한다."는 말은 이러한 예법을 정비하여 교화로 삼고, 천하 사람들에 게 두루 퍼지게 하여, 올바르지 못한 것이 없도록 한다는 뜻이다. "신을 체득하여 순리에 달통한다."는 말은 자신을 돌이켜서 항상 진실되게 하 고, 천하 사람들에게 두루 퍼지게 하여 순리에 따르지 않는 자가 없도록 한다는 뜻이다. 이것은 곧 순리에 따른 극명한 효과이다. 그렇기 때문에 결론을 내리면서, "이것이 순리의 실질이다."라고 말한 것이다.

【集說】 程子曰: 君子脩己以敬, 篤恭而天下平, 惟上下一於恭敬, 則 天地自位, 萬物自育, 而四靈畢至矣. 此體信達順之道.

정자가 말하길, 군자는 자신을 다스리길 경으로써 하며, 독실하고 공손히 하여 천하가 평안해진다고 하였으니, 오직 상하의 모든 계층이 한결같이 공손함과 공경함에 따른다면, 천지는 스스로 제자리를 찾게 되며, 만물은 스스로 생육되고, 네 가지 영물 또한 모두 이르게 된다. 이것이 바로 신의 를 체득하여 순리에 달통하는 도리이다.

【集說】 朱子曰: 信是實理, 順是和氣, 體信是致中, 達順是致和. 實體 此道於身, 則自然發而中節, 推之天下而無所不通也.

주자가 말하길, 신은 진실된 도리이고, 순은 중화의 기운인데, 신의를 체 득하는 것은 중도를 이루는 것이고, 순리에 달통하는 것은 중화를 이루는 것이다. 진실로 이러한 도리를 자기 자신에게 체득시키게 된다면, 자연히 발현하는 것들이 모두 절도에 맞게 되므로, 이것을 미루어 나아가 천하에 적용하더라도 통용되지 않는 것이 없게 된다.

| 저자소개 |

최석정(崔錫鼎, 1646~1715)

· 조선 후기의 문신이자 학자이다.
· 본관은 전주(全州)이고 초명은 석만(錫萬)이며, 자는 여시(汝時)·여화(汝和)이고, 호는 명곡(明谷)·존와(存窩)이며, 시호는 문정(文貞)이다.

| 역자소개 |

정병섭鄭秉燮

· 1979년 출생
· 2002년 성균관대학교 유교철학과 졸업
· 2004년 성균관대학교 대학원 유학과 석사
· 2013년 성균관대학교 대학원 유학과 철학박사
· 『역주 예기집설대전』·『역주 예기보주』·『역주 예기천견록』을 완역하였다.
· 『의례』, 『주례』, 『대대례기』 번역과 한국유학자들의 예학 관련 저작들의 번역을 계획 중이다.

· 『예기유편대전(禮記類編大全)』의 표점과 원문은 한국유경편찬센터(http://ygc.skku.edu)의 자료를 사용하였다.

譯註
禮記類編大全 ④

초판 인쇄 2020년 2월 1일
초판 발행 2020년 2월 18일

저   자 | 최 석 정(崔錫鼎)
역   자 | 정 병 섭(鄭秉燮)
펴 낸 이 | 하 운 근
펴 낸 곳 | 學古房

주   소 | 경기도 고양시 덕양구 통일로 140 삼송테크노밸리 A동 B224
전   화 | (02)353-9908 편집부(02)356-9903
팩   스 | (02)6959-8234
홈페이지 | hakgobang.co.kr
전자우편 | hakgobang@naver.com, hakgobang@chol.com
등록번호 | 제311-1994-000001호

ISBN   979-11-6586-136-0 94150
           979-11-6586-132-2 (세트)

값 : 34,000원

※ 파본은 교환해 드립니다.